V&R

Arbeiten zur Pastoraltheologie

Herausgegeben von
Eberhard Hauschildt und Jürgen Ziemer

Band 39

Vandenhoeck & Ruprecht
in Göttingen

Die Kirche des Wortes

Zum evangelischen Predigt-
und Gemeindeverständnis

Von

Jochen Cornelius-Bundschuh

Vandenhoeck & Ruprecht
in Göttingen

Die Deutsche Bibliothek – CIP-Einheitsaufnahme

Cornelius-Bundschuh, Jochen:
Die Kirche des Wortes : zum evangelischen Predigt- und Gemeindeverständnis /
von Jochen Cornelius-Bundschuh. – Göttingen: Vandenhoeck und Ruprecht, 2001
(Arbeiten zur Pastoraltheologie ; Bd. 39)
Zugl.: Göttingen, Univ., Habil.-Schr.
ISBN 3-525-62366-6

Als Habilitationsschrift auf Empfehlung der Theologischen Fakultät
der Georg-August-Universität Göttingen gedruckt mit Unterstützung
der Deutschen Forschungsgemeinschaft.

Satz: Satzspiegel, Nörten-Hardenberg
Druck- und Bindearbeiten: Hubert & Co., Göttingen

Gedruckt auf alterungsbeständigem Papier

Inhalt

Vorwort

„Luthers Kirche ist Kirche des Wortes ..., protestantische Kultur ... Kultur des Ohres."[1] Kein in dogmatischen Konstruktionen gefangener Theologe, sondern der Historiker Thomas Nipperdey hat im Lutherjahr 1983 in dieser Weise über die evangelische Kirche gesprochen und dabei nicht nur vergangene Zeiten im Blick gehabt. In der praktischen Theologie ist das „Misstrauen gegenüber der Wirksamkeit von Wort und Sakrament im Leben der Gemeinde"[2] demgegenüber spätestens seit dem Ende des 19. Jahrhunderts stetig gewachsen.

Versuche wie der von Hermann Diem aus dem Jahr 1948 über die „Geburt der Gemeinde in der Predigt"[3] haben der Kritik an dem „Wortfetischismus" und der „Wortgläubigkeit"[4] der evangelischen Kirchen keinen Einhalt bieten und der These, das Wesen der Kirche zeige sich im „durch den Heiligen Geist vergegenwärtigten Wirken Gottes in der Predigt"[5], keine Plausibilität mehr verschaffen können. Zu fern, zu wenig realistisch, nicht mit den konkreten religiösen und kirchlichen Handlungsvollzügen vereinbar erscheinen solche Überlegungen einer Praktischen Theologie nach der ‚empirischen Wende', die ihre Hoffnungen auf Erkenntnisse über psychologische, pädagogische oder soziologische Strukturen und Mechanismen als Bedingungen kirchlicher Praxis richtet.

Die Diskussion um die gegenwärtige Medienkultur hat die Rückfragen an die „Kirche des Wortes" als „Wort- und Schriftkirche"[6] weiter verstärkt: Sie zählt heute „zu jener verbal genormten Moderne, von der man sagen hört, ihre Zeit sei abgelaufen. Postmoderne. Ende der Wortkultur, Ende des Buchzeitalters, Ende der rationalen Ernsthaftigkeit. Zerstreuung, Entpflichtung und Unterhaltsamkeit haben das Sagen übernommen. Der Zeitgeist wird von einer varietéhaften Diffusion des Wirklichkeitsbewusstseins bestimmt, sodass mit dem Wort allein kein Staat mehr zu machen ist. Schlechte Zeiten also für den Solo-verbo-Protestantismus."[7]

---

1 Nipperdey, 1983, 15.
2 Möller, 1987, 142.
3 Vgl. Diem
4 Hofmann, 1983, 48.
5 Von Soosten, 14.
6 Nipperdey, 1983, 16.
7 Timm, 1993, 189. Vgl. Albrecht, 1993 und Fuchs, 1989.

Positiv aufgenommen wird die Auflösung des Zusammenhangs von ‚Wort‘ und ‚Gemeinde‘ von denjenigen, die die Feststellung: „der Einzelne (ist) das zentrale Thema der Praktischen Theologie"[8] zum Programm erhoben haben und nicht nur nach der „Individualisierung der Religion", sondern auch nach der „Individualisierung durch Religion"[9] fragen. Doch auch wer angesichts der gesellschaftlichen Tendenz zur Individualisierung[10] nach neuen Formen der Vergesellschaftung, nach einer theologisch verantwortbaren „Grundstruktur der Sozialgestalt der Kirche"[11] sucht, sieht zumeist in der ‚Wortkirche‘ dafür kein Potenzial, sondern betrachtet ‚Versprachlichung‘ eher als eine Ursache für die Auflösung sozialer Formen.

In der Homiletik spitzt sich die Problematik zu: trotz aller gegenteiligen dogmatischen Erklärungen[12], „wie auch immer die ekklesiologische Bestimmung von der ‚Kirche des Wortes‘ gemeint gewesen sein mag, ihre Wirkungsgeschichte legt Zeugnis darüber ab, dass sie primär als Auskunft über das alles beherrschende Kommunikationsmedium in der protestantischen Kirche verstanden worden ist."[13] *Die Zeitansage vom Ende des Protestantismus des Wortes gewinnt Gestalt als Krise der Predigt und ihrer Bedeutung für die Kirche.*[14] In homiletischen Seminaren und Pfarrkonferenzen werden Zweifel laut, ob der Predigt nicht zu große Bedeutung eingeräumt wird, ob nicht größeres Gewicht auf andere Aspekte der Gemeindearbeit gelegt werden müsse. Das primäre Verständnis des evangelischen Pfarrers und der Pfarrerin als Prediger und Predigerin scheint unzeitgemäß angesichts der Frage, wie Gemeinde aufgebaut und Kirche in der Gegenwart aktuell und relevant bleiben kann.[15] Eher schon rückt das zweite Element des siebten Artikels der Augsburgischen Konfession, das Abendmahl, in den Vordergrund, wenn es um ein theologisches Zentrum des Gemeindeaufbaus gehen soll.[16] Als ganzheitliches, leibhaftiges Geschehen, als „Ausdruck dessen, dass es mit Reden nicht getan ist"[17], wird „die eucharistische Vision"[18] der Abstraktheit und Kopflastigkeit einer ‚Wortfixierung‘ entgegengesetzt. „Die gegenwärtigen Formen kirchlicher Neuaufbrüche scheinen mit gemeinschaftsstiftender Erfah-

---

8 Rössler, 1986, 63.
9 Luther, 1992, 12.
10 Vgl. Elias, 1991; Beck, 1986, bes. 113–248; Wilkinson, 1997.
11 Von Soosten, 28.
12 Vgl. Herms, 1984.
13 Neuhaus, 1992, 87.
14 Vgl. Preul, 1997, 21.
15 Vgl. etwa Person und Institution, 62–71. 163–167; Christsein gestalten, 103–105.
16 Vgl. den Titel des Sonderheftes der Pastoraltheologie zum 70. Geburtstag von Werner Jetter „Abendmahl und Gemeindeerneuerung".
17 Bader, 53.
18 Vgl. Käßmann.

rung verknüpft zu sein, sei es im Bereich politischer Aktion, sei es im Bereich der religiösen Feier, etwa in der Mahlgemeinschaft. ... Damit deutet sich an, dass die Institution der gottesdienstlichen Predigt innerhalb des Lebens der christlichen Gemeinde nur noch eine mögliche Gestalt der Kommunikation des Evangeliums sein kann."[19] „Ein Festhalten an der Zentralstellung professioneller Predigt ignoriert die durch die gesellschaftliche Differenzierung veränderten Kommunikationsbedingungen."[20]

Die folgende Untersuchung will weder die sozialen gegen die individuellen Aspekte des Predigtgeschehens ausspielen noch die Verkündigung gegen die Eucharistie oder die Diakonie als entscheidende Elemente kirchlicher Existenz[21]; sie müssen in ihrer differenzierten Zusammengehörigkeit berücksichtigt und bedacht werden. Sie bestreitet auch nicht das Recht und den Sinn von Umorientierungen oder Neugewichtungen im Blick auf die ekklesiologische Gestalt, sei es in Anpassung an bzw. im Widerspruch gegen gesellschaftliche Veränderungen oder auf Grund theologischer oder ökumenischer Überlegungen; sie hält schließlich fest an der Bedeutung sozialwissenschaftlicher Erkenntnisse für praktisch-theologische Theoriebildung. *In ihr geht es vielmehr darum, den theologischen, sozialen und anthropologischen Sinn der Entscheidung für die Konzentration auf das Wort in Erinnerung zu rufen und in seiner aktuellen Bedeutung insbesondere für die Homiletik durchsichtig zu machen.* Statt „das mediale Missverständnis bzw. die mediale Engführung der theologischen Fundamentalkategorie ‚Wort‘"[22] zu kritisieren und diese Festlegung zu relativieren, will sie die Stärke und Relevanz der Konzentration auf Hören und Reden, auf die Predigt, gerade auch im Blick auf die Konstitution von Gemeinde deutlich machen. Nicht die „szenische Erinnerung"[23], also ein Gewebe aus Bildern, sondern das Wort, nicht nur als „Grund und ... Gegenstand der Glaubenskommunikation"[24], sondern gerade als Kommunikationsmedium, ist ein wesentliches Charakteristikum der theologischen Existenz evangelischer Kirchen und Gemeinden, das sie als spezifischen Beitrag und wichtige Tradition in den ökumenischen Dialog einzubringen haben; nur wenn sie dies bewusst wahrnehmen, wird wirklicher Dialog, wird Einheit als befreite Vielfalt möglich sein. Wollen die evangelischen Kirchen jedoch von der Hervorhebung des Wortes und der Predigt Abschied nehmen, sollten sie dies (selbst-)

---

19 Daiber, 1991, 49.
20 Hermelink, 144. Hinweise auf den Bedeutungsverlust des Wortes auch in der Seelsorge bzw. der christlichen Therapie bei Heimbrock, 1994, 48 ff. Zum Thema Heilung durch Sprache vgl. auch Cornelius-Bundschuh, 1998.
21 Vgl. Daiber, 1991, 63 f.; vgl. auch Sölle, 179–200.
22 Neuhaus, 1992, 95 f.
23 Herms, 1984, 245.
24 Herms, 1984, 243.

bewusst tun; nur dann können sie sich im Wissen um Verlust und Gewinn neu orientieren und eine theologische Identität in den Herausforderungen der Gegenwart wahren.[25]

Die Reflexion des Zusammenhangs von Wort, Predigt und Gemeinde hat aber nicht nur für die Selbstverständigung und den ökumenischen Prozess Bedeutung. Gerade angesichts der anhaltenden Erfahrung der Wirkungslosigkeit der Predigt[26] trotz zunehmender Berücksichtigung der „homiletische Situation"[27] ist es sinnvoll, noch einmal über die Prämissen nachzudenken, unter denen gegenwärtige Homiletik das Verhältnis von Predigt, Wort und Predigtgemeinde wahrnimmt. Handelt es sich bei der Feststellung: „Die Kirche ist im Wort"[28] um eine dogmatische Behauptung ohne praktisch-theologische Implikationen[29]? Bezeichnet sie „den charakteristischen kirchlichen Akt"[30], nämlich die Predigt? Oder ist sie eine dogmatische Beschwörungsformel, die Wirklichkeit verdeckt?[31] Muss sie gar als wesentliche Ursache für die Schwierigkeit von evangelischen Christinnen und Christen gesehen werden, ‚Kirche' angemessen zu begreifen und zu begründen?[32] Fördert sie Verinnerlichung und Individualisierung des Glaubens, den ‚Verlust' der sozialen Dimension der christlichen Religion[33]?

Die Rekonstruktion homiletischer Theorien unter Rückgriff auf sprach-, sozial- und kommunikationswissenschaftliche Erkenntnisse hat an dieser Stelle nicht weiter geführt. Vor dem Hintergrund individualistisch und personalistisch zentrierter Vorstellungen von (Glaubens-) Kommunikation lassen sich zwar Modelle individuellen Zuspruchs, von Verständigung als Dialog und Gespräch und von dem Ineinander von Produktion und Rezeption in der Predigt denken; die gleichzeitige Entstehung von Glaube und Gemeinde im verkündigten Wort, die der Satz ‚ecclesia creatura verbi' behauptet, wird jedoch nicht erfasst. Die in diesem Konzept anklingenden Vorstellungen von Worten, die Menschen ergreifen, sie überwältigen und grundlegend verändern, werden nicht bedacht oder als neuzeitlicher Anthropologie unangemessen, fundamentalistisch und autoritär diskriminiert. Die vorliegende Arbeit ist demgegenüber unter homiletischen Gesichtspunkten gerade an solchen

---

25 Zur Wahrnehmung gegenwärtiger Analysen kirchlicher Entwicklungen als Gestaltungen eines Trauerprozesses vgl. Cornelius-Bundschuh, 1994.

26 Vgl. Martin, 1984, 46–49 und die dort angeführte Literatur.

27 Vgl. Hermelink.

28 Mechels, Weinrich, 9.

29 So die These von Herms, 1984.

30 Busch, 15.

31 Vgl. Mechels, Weinrich, 10, die noch weitere Typen des Verständnisses dieses Satzes anführen und kritisch bewerten. Weitere kritische Bonmots bei Neuhaus, 1992, 86 f.

32 Vgl. Sölle, 188.

33 Vgl. von Soosten, 13–17.

Aspekten eines dynamischen bzw. energetischen Wortverständnisses interessiert. Sie strebt keine „gedankenlos(e) Rehabilitation des Magischen"[34] an, vertritt aber die These, *dass die Kraft des (gepredigten) Wortes durch den Rückgriff auf rhetorisch, kommunikationswissenschaftlich oder rezeptionstheoretische orientierte Ansätze nicht zureichend erfasst wird, für ein angemessenes Predigtverständnis jedoch grundlegend ist.*

Wer homiletisch interessiert über ,Wort' und ,Kirche' reflektieren will, bleibt in doppelter Hinsicht Dilettant. Die systematischen und praktisch-theologischen Arbeiten zur Kirchentheorie sind komplex und vielgestaltig.[35] Wohl noch umfangreicher ist die Bibliothek der Wissenschaften, die sich mit der Bedeutung, Funktion und Struktur von Sprache beschäftigen.[36] Unter der von mir ins Auge gefassten Fragestellung kann es nicht darum gehen, diesen Entwürfen im Einzelnen nachzugehen oder gar interne Entwicklungen und Differenzen aufzuarbeiten; vielmehr werde ich an verschiedenen Stellen darauf hinweisen, wie die homiletische Theoriebildung etwa neuere rhetorische Erkenntnisse[37], Arbeiten der Ordinary Language School[38] oder der Rezeptionsästhetik[39] rezipiert hat, um dadurch den jeweiligen homiletischen Ansatz transparenter zu machen. Soziolinguistische Fragen im engeren Sinn (vgl. A 4) und spezielle Untersuchungen zur Predigt als Gruppensprache, etwa zum Verhältnis von „Kanzelsprache und Sprachgemeinde"[40], das für die nieder- oder plattdeutsche Predigt wichtig ist oder die Semantik und Pragmatik der nationalen Predigt bzw. der Kriegspredigt am Anfang dieses Jahrhunderts bestimmt hat[41], werden ebenso nur am Rande behandelt wie die Frage nach dem Gegenüber von Amt und Gemeinde. Sie spielt im Verhältnis von Predigt und Gemeinde eine wichtige Rolle, ist jedoch homiletisch unter der hier nicht zu verfolgenden Frage nach dem Verhältnis der Predigerin bzw. des Predigers zur Gemeinde zu verhandeln.

---

34 Heimbrock, Streib, 1994, 11.

35 Vgl. für einen Überblick über die systematische Diskussion etwa Kühn; Mechels, Weinrich; für die Praktische Theologie neuerdings Preul, 1997 mit weiterer Literatur.

36 Vgl. als für Theologinnen und Theologen konzipierte Einführung, die die Vielzahl der Perspektiven und Probleme erahnen lässt: Grözinger, 1991; den knappen Überblick über Probleme im Umfeld von Sprache und Religion mit weiterer Literatur bei Beutel, 1994 und Dalferth, 1994, 111 f.f; einen guten Überblick über das gesamte Problemfeld gibt auch auf deutsch vorliegende „Cambridge Encyclopedia of Language" von David Crystal.

37 Vgl. etwa Ueding, Steinbrink.

38 Vgl. die Dissertation von Schulte; dort auch weitere Literaturangaben und 45 f. ein knapper Überblick über Rezeptionen durch Arens, Bayer, Casper, Dalferth, Hornig, H. Luther u. a.

39 Vgl. zur Einführung Warning; neuerdings auch Gehring.

40 Vgl. Kanzelsprache und Sprachgemeinde.

41 Vgl. Cornehl, 1985.

Die folgenden Beiträge leben aus der Konzentration auf homiletisches Material, Predigttheorien und Predigten[42]; sie umkreisen wie in einer Ellipse die beiden Brennpunkte ,Predigt' und ,Gemeinde'. Sie suchen Antworten auf die grundsätzliche Frage nach dem Wortverständnis, der Rolle der Predigt und dem Sozialitätsbegriff in dem Feld von Konnotationen, in das der Satz ,Kirche als Geschöpf des Wortes'[43] führt, und wollen Folgerungen für die homiletische Theorie und Praxis ziehen.

Der Aufbau der Arbeit folgt dem Dreischritt: gegenwärtige Bestandsaufnahme und Problembestimmung (A), historische Rückfrage (B) und Suche nach aktuellen Perspektiven (C). Teil A befragt seit den sechziger Jahren veröffentlichte einflussreiche homiletische Konzeptionen nach ihrem Wortverständnis, ihrem Zugang zur Gemeinde und ihrer Verhältnisbestimmung von Predigt und Gemeinde. Dabei kommen Potenziale und Defizite in den Blick, ergeben sich nicht nur charakteristische Unterschiede, sondern auch überraschende Übereinstimmungen. Mit den gleichen Fragen wendet sich Teil B Luthers Invokavitpredigten aus dem Jahr 1522 im Vertrauen darauf zu, dass die Beschäftigung mit Predigten nicht weniger phänomen-adäquat ist wie „sozialwissenschaftliche Beschreibungen des Glaubenslebens."[44] Ihre Interpretation soll helfen, Aspekte des Konzepts ,ecclesia creatura verbi' zu rekonstruieren, die in der gegenwärtigen homiletischen Debatte wenig berücksichtigt werden, um aus der Distanz neue Einsichten zu gewinnen. In einem knappen abschließenden Kapitel C werden in A entwickelte Problemstellungen und in B gewonnene Perspektiven in den Horizont der gegenwärtigen Debatte um die Kraft des Wortes gerückt, die aktuelle Bedeutung der Konzentration auf das Wort und das Hören in der Gemeinde hervorgehoben und Konsequenzen für die gegenwärtige homiletische Theorie und Praxis angedeutet.

Die Arbeit wurde von der Theologischen Fakultät der Georg-August-Universität Göttingen im Wintersemester 1999/2000 als Habilitationsschrift für das Fachgebiet Praktische Theologie angenommen. Mein Dank gilt an erster Stelle Herrn Prof. M. Josuttis, der mir während meiner Göttinger Assistentenzeit, aber auch im Pfarramt ein anregender und ermutigender Gesprächspartner in allen Fragen der Praktischen Theologie war und ein Gutachten zu dieser Untersuchung erstellt hat. Herr Prof. Christof Bizer und Herr Prof. Bernd Möller waren freundlicherweise bereit, das praktisch-theologische Koreferat bzw. das kirchengeschichtliche Gutachten zu übernehmen. Ihnen habe ich ebenso zu danken wie dem Freund und ehemaligen Kollegen Prof. Hans-Martin

---

42 Sie beschränkt sich auf die ,klassische' Predigtsituation; die Chancen und Probleme von Predigt in Presse, Rundfunk oder Fernsehen kommen nur am Rand in den Blick.

43 Vgl. hierzu auch Selbach.

44 Dalferth, 1994, 110.

Gutmann, der immer wieder als Gesprächspartner zur Verfügung stand. Dank gilt schließlich der Evangelischen Kirche von Kurhessen-Waldeck und der DFG, die durch Zuschüsse zu den Druckkosten die Veröffentlichung dieser Arbeit ermöglichten, und dem Verlag Vandenhoeck und Ruprecht und den Herrn Proff. Eberhard Hauschildt und Jürgen Ziemer, die die Untersuchung in die Reihe der ‚Arbeiten zur Pastoraltheologie‘ aufnahmen.

Fuldabrück, im Dezember 2000   Dr. Jochen Cornelius-Bundschuh

A. Predigt und Gemeinde: Modelle ihrer Beziehung

Die Predigt als Zentrum kirchlichen Lebens steht unter Druck: zu monologisch und autoritär, wirklichkeitsfern und irrelevant lauten einige der häufig geäußerten Vorwürfe. Für die Homiletik ist diese Situation nicht neu: spätestens mit den Arbeiten von Friedrich Niebergall hat sie sie als Herausforderung ernst genommen, danach gefragt: „Wie predigen wir dem modernen Menschen?"[1] und auf unterschiedliche Weise versucht, die Bedeutung der Predigt erneut plausibel zu machen. Den Wegen, die im Folgenden vorgestellt werden, ist gemeinsam, dass sie das Nachdenken über die Hörerinnen und Hörer und ihre Situation als wesentliches Element der homiletischen Theorie[2] und der konkreten Predigtvorbereitung[3] betrachten, auch wenn diese Reflexion verschiedene Gestalt annehmen kann. Immer geht es darum, das Gegenüber in seiner psychosozialen Bestimmtheit, in seiner theologischen Bedeutung, als Faktor im Kommunikationsgeschehen oder als Bedingung der Rezeption präziser in den Blick zu bekommen und daraus Hinweise für Predigttheorie und -praxis zu gewinnen.

Schon die verwendete Begrifflichkeit zeigt jedoch eine spezifische Beschränktheit der Perspektiven: in den Entwürfen ist selten von der Predigtgemeinde die Rede, etwas häufiger, jedoch ohne den Übergang vom Individuum zur sozialen Größe zu reflektieren, pluralisch von den Hörern, fast durchgängig aber von ‚dem Hörer', d. h. einem männlichen[4], sprach- bzw. kommunikationsfähigen Individuum; und dies, obgleich sich der Kreis der Menschen, die sich am Sonntag in der Kirche versammeln, empirisch überwiegend aus Frauen zusammensetzt und glücklicherweise doch in den meisten Fällen aus einer Gruppe von mehr als zehn Personen besteht. *Statt der ecclesia ist ‚der einzelne Hörer' Bezugspunkt der Predigt und ihrer Theorie.* Ihn gilt es möglichst genau zu kennen,

---

1 Vgl. Niebergall, 1920; vgl. auch 1906; 1921 und 1929; zu Niebergall und zur homiletischen Neuorientierung seit dem Ende des 19. Jahrhunderts: Winkler, 1990, 609–611; Wintzer, 1969, 119–183 u. ders., 1989, 22–27.

2 Vgl. Engemann, 1993, 195 unter Verweis auf Dannowski, 1990, 92.

3 Vgl. etwa zum Aufbau der Predigtstudien: E. Grözinger, 1992, 11–33.

4 Vgl. als Ausnahme etwa Kiesow, bes. 37 f.; zur Debatte um eine inklusive Sprache vgl. u. a. Frauen fordern eine gerechte Sprache und Roth; zur Frage nach einem feministischen Zugang zur Homiletik: Köhler.

mit ihm ins Gespräch zu kommen, sich mit ihm zu verständigen, um effektiver kommunizieren, um sprachlich und sozial angemessener predigen zu können. Die für die reformatorische Theologie zentrale Aussage, dass das Wort die Gemeinde schafft, wird als prinzipielle Zuschreibung an die Predigt zumeist unter dem Stichwort ,dogmatisch' abgewiesen, ihr möglicher empirischer Gehalt kaum reflektiert.

Im folgenden werden sechs Entwürfe einer homiletischen Theorie unter drei Fragestellungen untersucht, um die angedeutete Problemstellung zu präzisieren: Welches Wortverständnis liegt ihren Überlegungen zugrunde? Wie gewinnen sie einen Zugang zur Gemeinde? Wie beschreiben sie das Verhältnis von Predigt und Gemeinde? Die Fragen gehören eng zusammen, setzen aber jeweils einen eigenen Akzent: wie Predigt verstanden wird, ob als vollmächtiges Wort oder als Gesprächsbeitrag, entscheidet mit über die Bedeutung dieser Sprachhandlung im Miteinander der Gemeinde; ob Worte oder ein anderes Kommunikationsmedium eine Gemeinde prägen, ja konstituieren, bestimmt wesentlich ihre Gestalt; wie Zugänge zur Predigtgemeinde gesucht und welche gefunden werden, hat Folgen für das Predigtverständnis, aber auch dafür, wie miteinander kommuniziert wird; das Verständnis der ,kommunikativen' Struktur im Predigtakt nimmt Aspekte aus den beiden ersten Fragekreisen auf und konzentriert sie auf die Frage, wie das Miteinander von Predigt und Gemeinde beschrieben wird.

Die Darstellung versucht, der Dynamik der Entwürfe gerecht zu werden. Andererseits wird nicht der Anspruch erhoben, sie umfassend darzustellen; vielmehr treten Aspekte in den Vordergrund, die unter den genannten Fragen wichtig sind, andere, für die besprochene homiletische Theorie zentrale, bleiben im Hintergrund. Einige der Autoren haben ihre Entwürfe im Laufe der Jahre mehr oder weniger tiefgreifend verändert; auch hierauf wird nur insoweit eingegangen, als dadurch Problemstellungen verdeutlicht werden können. Diese Konzentration führt nicht nur zu neuen Perspektiven auf einzelne Ansätze, sondern u. a. auch zu überraschenden Übereinstimmungen zwischen sonst scheinbar gegensätzlichen Konzepten. Für die Untersuchung wurden Ansätze ausgewählt, die für die gegenwärtige homiletische Debatte wichtig und in gewisser Weise repräsentativ sind; einige von ihnen sind in besonderer Weise von der Frage nach dem Verhältnis von Predigt und Gemeinde geprägt oder zeichnen sich durch ihren spezifischen methodischen Zugang zum Thema aus.[5]

---

5 Andere Ansätze, etwa von van der Geest, 1978 oder allgemeiner einer psychologisch bzw. psychoanalytisch interessierten Homiletik werden aus Platzgründen nicht ausführlich behandelt, sondern nur an einzelnen Stellen, sofern sie für das hier angesprochene Problem neue Aspekte enthalten, mit angesprochen.

Am Anfang der Untersuchung stehen die Ausführungen von ERNST LANGE, der das Konzept ‚ecclesia creatura verbi' zurückstellen wollte[6], um Platz zu schaffen für eine ernsthafte Auseinandersetzung mit dem ‚Wie' der Predigtarbeit, und damit breitenwirksam die Neuorientierung der Homiletik eingeläutet hat (A 1). RUDOLF BOHREN wird häufig noch der Vorgeschichte dieser Wende zugerechnet, weil er seine Überlegungen bewusst in die Tradition der reformatorischen Homiletik[7] und die sich auf diese beziehende der Dialektischen Theologie stellt. Der Erscheinungstermin seines Werkes, sein Bemühen um die „Zeitgenossenschaft der Predigt"[8], seine Auseinandersetzung mit gegenwärtigen Erfahrungen von Anfechtung und Sprachlosigkeit sowie die Brechungen in seinem Predigtverständnis zeigen jedoch, dass sein Entwurf bereits im Bewusstsein der von Lange beschriebenen Krise konzipiert ist (A 2).

Die weiteren Entwürfe, die im ersten Teil vorgestellt werden, stellen sich bewusst in die Tradition von Ernst Lange. Sie grenzen sich von homiletischen Konzeptionen ab, die bei der Selbsttätigkeit des Wortes ansetzen. Ihr je eigenes Gewicht gewinnen sie durch die Aufnahme spezifischer human-, sozial- und sprachwissenschaftlicher Theorien und Methoden. Einen wesentlichen Beitrag leistet dabei die (Wieder-) Entdeckung der Rhetorik als Bezugswissenschaft der Homiletik, um die sich besonders der Mainzer Praktische Theologen GERT OTTO in seinem Zugang zur Predigttheorie und Vorbereitungspraxis bemüht hat. Als Rede zielt Predigt auf ‚überzeugende' Verständigung und auf Wahrheitsfindung auf einem Forum, das nicht auf die Predigtgemeinde bzw. die Kirche beschränkt ist. Als religiöse Rede – und hier gewinnt für Otto im Laufe der Jahre die Aufnahme der Poetik an Gewicht – zielt sie auf die Transzendierung vorgegebener sprachlicher und gesellschaftlicher Wirklichkeit. (A 3)

Sozialwissenschaftliche Theoriebildung und empirische Untersuchungen zur Beschreibung des Predigtgeschehens und der Rolle der Gemeinde in ihm, bilden den Ausgangspunkt für die soziale Homiletik von HORST ALBRECHT (A 4) und den Entwurf von KARL-FRITZ DAIBER (A 5). Beide Ansätze führen zu einer differenzierteren Kenntnis der Gemeinde, ihrer Situation und ihrer Sprache. Während Albrecht sich dem Zusammenhang von Predigt und Gemeinde mit Hilfe der Soziolinguistik nähert, also danach fragt, welche sprachliche Gestalt der Predigt eigentlich welche Predigtgemeinde erreichen kann, hat Daiber die Erwartungen der Gemeinde und die Rezeptionsbedingungen der Predigt im Blick.

---

6 Vgl. Lange, 1987a, 19: „Zu fragen ist in diesem Zusammenhang nicht nach der Predigt als praedicatio verbi divini, als Ursprung der Kirche, ..., sondern nach dem konkreten homiletischen Akt, nach der wöchentlichen Predigtaufgabe und ihrer Lösung."

7 Bohren, 1980, 50.

8 Gräb, 1988, 22.

Die bisher genannten Ansätze bauen darauf, dass die Predigt im Rahmen eines Verständigungsprozesses eine den Hörerinnen und Hörern vermittelbare Botschaft transportiert. Die Kenntnis der Voraussetzungen ihrer Produktion und Rezeption eröffnet die Möglichkeit, diesen Kommunikationsprozess zu optimieren. An dieser Überzeugung haben in jüngster Zeit GERHARD MARCEL MARTIN und WILFRIED ENGEMANN Zweifel geäußert. Auf der Grundlage einer rezeptionsästhetischen bzw. semiotischen Theorie bestimmen sie die Predigt als offenes Kunstwerk und als grundsätzlich ergänzungsbedürftig (A 6). Die mit dem Namen Ernst Lange assoziierte Wendung der Homiletik kommt hier an eine Grenze, insofern die grundsätzliche Unabschließbarkeit der Bestimmung der homiletischen Situation offen gelegt wird, von einer Eigenbewegung des Wortes nicht mehr gesprochen werden kann und Gemeinde als Gegenüber der Predigt nur noch als Gesamtheit der individuellen, produktiven Rezeptionen zu beschreiben ist. Soll die Rede von der Kirche als Geschöpf des Wortes weiterhin als homiletischer relevanter Satz verstanden werden, wird sie sich im Gegenüber zu dieser Konzeption verantworten müssen.

A 1. Auf der Suche nach der Verständigung mit der Gemeinde

Ernst Langes Konzeption der Predigt als Phase im Gespräch

„Der Satz ‚Die Gemeinde lebt von der Predigt' war zunächst einfach ein Programm, ein ‚Vor-Urteil', wurde aber dann immer mehr in dem Sinn zur Erfahrung, dass die sonntägliche Gemeindeversammlung für alle Beteiligten faktisch der Punkt war und blieb, an dem über Wert und Unwert, Potenz und Impotenz, Erfolg und Misserfolg, Engagement und Distanz im Hinblick auf das gesamte Gemeindeexperiment von Woche zu Woche entschieden wurde. Zentrum der Gemeinde am Brunsbütteler Damm war und ist ihr sonntäglicher Gottesdienst, positiv und negativ, so vielfältig ihre Aktivitäten in der Woche auch sein mögen."[1] Mit diesen Sätzen leitet Ernst Lange 1968 seinen Predigtband „Die verbesserliche Welt" ein und hält damit fest: Die Predigt ist das wesentliche Element des gemeindlichen Kommunikationsprozesses; diese Zentralstellung kommt ihr für Lange jedoch nicht auf Grund ihres dogmatischen Anspruchs zu, sondern ist Ergebnis einer empirischen Analyse.

Wird hier die Tradition des Mit- und Ineinander von Predigt und Gemeinde ausgehend von Erfahrungen mit der Berliner Ladenkirche betont, so bleibt dies im Gesamt seiner Theorie eher untypisch. Die wirkungsgeschichtlich kaum zu überschätzende, wenn auch bis heute umstrittene[2] Bedeutung seiner Überlegungen liegt in seinem Beitrag zu

---

1 Lange, 1987b, 52.

2 Vgl. schon die Debatte Bohren – Krusche: Bohren, 1981 u. Krusche; neuerdings auch Müller, 1986, 550, Gräb, 248 Anm. 248, v.d. Laan und Klessmann, 1996, bes. 428–430. Ein wichtiges Thema ist die Frage der Bewertung von Langes Sprache: Sein Stil ist essayistisch und situationsbezogen. Manche Ausführungen sind dementsprechend schwer präzise zu erfassen, wirken widersprüchlich, aus Langes Sicht wohl entsprechend der Widersprüchlichkeit der ‚Situation', in die sie gesprochen werden. Während dies für Bohren in eine „homiletische Theorie für eine Predigt der Verschwommenheit" (1981, 417) führt, interpretiert Krusche es als „schöpferische Inkonsequenz" (434). Gerade unter der Perspektive der Wirkungsgeschichte in weiten Kreisen der Predigenden halte ich die positiven Seiten seiner Sprache: den Hang zur Praxis, zur Veränderung, zur Konkretion, zum Lebensbezug für zentral. Vgl. die ausführliche Auseinandersetzung mit Langes Sprache bei Bohren, 1981, bes. 417–421 sowie mit weiterer Literatur Hermelink, 1992, 162 ff.

einer Neuorientierung der Predigt und der Homiletik.[3] Mit der teilweise polemischen Abwendung von dem traditionellen, vermeintlich „übersteigerten Predigtbegriff"[4], der ihre kirchengründende Funktion behauptet, eröffnet er den Predigerinnen und Predigern die Möglichkeit, die „pragmatisch-empirische Öffnung"[5] der Theorie und Praxis des kirchlichen Lebens im homiletischen Bereich zuzulassen; seine Überlegungen zur Gestaltung der Predigtarbeit geben Anstöße zu einer grundsätzlichen Revision dieser „exemplarischen Kommunikationssituation der Kirche"[6] und ordnen sie dem größeren „Wirkungszusammenhang[...] ‚Kommunikation des Evangeliums'"[7] ein.

Lange versucht, die Lebenswirklichkeit seiner Zuhörerinnen und Zuhörer möglichst präzise zu erfassen, betont aber gleichzeitig die grundsätzliche Spannung zwischen dieser Lebenssituation und der Wirklichkeit der Verheißung. In seinen homiletischen Beiträgen will er nicht das Problem „der Predigt ... als Ursprung der Kirche" thematisieren, „sondern nach dem konkreten homiletischen Akt, nach der wöchentlichen Predigtaufgabe und ihrer Lösung"[8] fragen. Angesichts der vielfach empfundenen Sprachlosigkeit des Glaubens tritt Lange engagiert für ein „Ver-Sprechen von Verheißungstradition und Situation"[9] ein und macht einem Glauben, der „mundtot gemacht" zu werden droht „durch die Sprache der Tatsachen"[10], Mut, auf die Gemeinde der Befreiten zu hoffen, auf „die wirklichen Kirchen – im Licht ihrer Möglichkeit."[11] Hierin und in seinem Bemühen um Zeitgenossenschaft, Aktualität und unbedingte Verständlichkeit für freie Gegenüber liegt ein wesentlicher Grund für die enorme Wirkung seiner Arbeiten; er hat damit Impulse gegeben, die die Praktische Theologie und speziell die Homiletik nicht mehr aus den Augen verlieren darf.

1.1. Die Predigt als Phase im Wirkungszusammenhang „Kommunikation des Evangeliums"

In seinem grundlegenden Vortrag von 1967 „Zur Theorie und Praxis der Predigtarbeit" nennt Lange vier „Indizien"[12], die auf eine nur noch „un-

---

3 Vgl. Josuttis, 1978, 22.
4 Hermelink, 1992, 131.
5 Hermelink, 1992, 14.
6 Hermelink, 1992, 275.
7 Lange, 1987a, 13.
8 Lange, 1987a, 19.
9 Lange, 1987a, 28; vgl. auch Lange, 1987b, 67 u.ö.
10 Lange, 1987a, 26.
11 Lange, 1972, 224.
12 Lange, 1987a, 9.

tergeordnete Bedeutung der Predigt im ‚System religiöser Versorgung'"
hindeuten: die transparochiale Kommunikation gewinnt gegenüber dem
ortsgemeindlichen Gottesdienst an Relevanz; im persönlichen Bereich
verliert die Kirche an Wirkung und Bedeutung, im gesellschaftlichen
Bereich gewinnt sie hinzu; in der Volkskirche sind die Handlungen
wichtiger „als die dabei gehaltenen Reden"; „selbst innerhalb der Ortsgemeinde" nimmt „die Bedeutung der Predigt und des sonntäglichen
Gottesdienstes zugunsten anderer Begegnungsformen . . . ständig"[13] ab.

Lange sieht diese Entwicklung vor allem als „polemische Reaktion auf
ihre (i.e. der Predigt, J.C.-B.) in der Tat gefährliche Isolierung und
quasisakramentale Überhöhung in der allerjüngsten Theologie- und Kirchengeschichte"[14] und als Kritik an einem überhöhten „Predigtan-
spruch"[15]. Ein Predigtbegriff, der „Predigt als praedicatio verbi divini"
versteht, ist „für die Praktische Theologie, für die Homiletik untaug-
lich"[16]. Er orientiert sich an „der Frage der Verheißung, die die Kirche
mit ihrem Predigtauftrag hat"[17], die jedoch gerade ihrem Tun entzogen
ist. Damit gehört er „in die Prolegomena der Praktischen Theologie."[18]
„Die Praktische Theologie aber, als das Nachdenken über die Vollzüge
der gegenwärtigen Kirche und ihre verantwortliche Wahrnehmung, fragt
nach dem Auftrag, der diese Verheißung hat, und nach seiner verantwortlichen Erfüllung. Und indem sie so fragt, muss sie methodisch weitgehend von der Verheißung des Auftrags abstrahieren, jedenfalls kann
ihr die Verheißung niemals als Antwort auf die Frage nach dem verantwortlichen Vollzug von Predigt dienen."[19] Auftrag und Verheißung können „keinen Augenblick voneinander gelöst werden", müssen aber doch
„streng unterschieden bleiben."[20] Die Predigt ist ganz „im Rahmen zwischenmenschlicher Kommunikationsmöglichkeiten"[21] zu verantworten,
und nur in diesem Zusammenhang daraufhin zu befragen, ob sie es

---

13 Lange, 1987a, 10; vgl. 47.
14 Lange, 1987a, 12.
15 Lange, 1987a, 13.
16 Lange, 1987a, 19.
17 Ebd.
18 Lange, 1987a, 20. Gräb, 1988, 247 f., hat darauf hingewiesen, dass Lange seine eigene
Theorie an dieser Stelle „nicht unerheblich missverstanden" habe. Nicht „die Ersetzung
der theologischen Inhaltsbestimmtheit der Predigt durch ein ihren Hörerbezug herstellen-
des ‚Verfahren', sondern ... die Durchführung dieses Inhalts mit Rücksicht auf die seine
Kommunikabilität bewerkstelligende Form" ist das Ziel seiner eigenen Überlegungen.
19 Lange, 1987a, 19.
20 Lange, 1987e, 111. „Der systematisch-theologische Predigtbegriff" ermöglicht, begründet und begrenzt die „eigentlich homiletische Frage, wie man eine Predigt mache,
besser, was man tue, wenn man predige, und wie man es verantwortlich tun könne." (Lange,
1987a, 20)
21 Lange, 1987a, 27.

vermag, dem „Wunder der Befreiung des Glaubens", das sie „schlechterdings nicht bewirken" kann, „den Weg (zu) bereiten"[22].

Das Interesse von Ernst Lange gilt also im Predigtakt vordringlich der „mensch-liche(n) Verantwortung und ihre(r) Wahrnehmung"[23]. Die „Kommunikation des Evangeliums" ist eine „Verständigungsbemühung", deren „Funktion ... die Verständigung mit dem Hörer über die gegenwärtige Relevanz der christlichen Überlieferung"[24] ist. Dieses Anliegen ist „prinzipiell verfügbar"[25], „ein erreichbares Ziel", während der Prediger oder die Predigerin nicht über die Erfüllung der „Verheißung dieser Verständigungsbemühung" verfügen: „das Einverständnis und die Einwilligung des Glaubens in das Bekenntnis der christlichen Kirche, dass Jesus Christus der Herr sei, und zwar in der zugespitzten Form, dass er sei mein Herr in je meiner Situation."[26]

Durch die Unterscheidung zwischen der Verheißung und dem Auftrag des homiletischen Aktes und durch die Annahme, der Auftrag sei erfüllbar, steigen einerseits die ‚handwerklichen' Anforderungen an die Predigenden, andererseits kommt es zu einer Entdramatisierung der Predigtarbeit[27]. Der Prediger oder die Predigerin werden entlastet; die Hörerinnen und Hörer bleiben frei zu Zustimmung und Ablehnung; die Predigt erscheint als ein zwischenmenschlicher Kommunikationsvorgang, für den gilt: Verständigung ist möglich. Das ‚Glaubensgeschehen' selbst aber, zu dem die Predigt bzw. der mit ihr verbundene Verständigungsprozess gleichsam nur noch das, wenn auch wichtige Vorwort ist, bleibt unzugänglich.[28] Vom ‚Wortgeschehen' Predigt abgekoppelt verliert es an Bedeutung für die Homiletik; seine theologische bzw. pneumatologische Struktur (vgl. A 2) kommt ebenso wie seine soziale Dimension und die Frage, welche Bedeutung die Worthaftigkeit für den „Weg des Glaubens"[29] hat, kaum in den Blick. Die ‚Einwilligung des Glaubens' wird als ein mehr oder weniger bewusster Akt der (inneren) Rezeption durch die einzelnen Hörenden gesehen. Nach einer eigenständigen Mächtigkeit des Wortes, das die Hörenden in, mit und unter dem Kommunikations-

---

22 Lange, 1987a, 26.
23 Lange, 1987a, 19.
24 Lange, 1987a, 20.
25 Lange, 1987e, 111.
26 Lange, 1987a, 20. M. Klessmann, 1996, 429 f. hat auf Grund des in dieser und ähnlichen Formulierungen zum Ausdruck kommenden „autoritären Gefälles" (430) eine bleibende Nähe zwischen Lange und der dialektischen Theologie festzustellen gemeint.
27 Lange, 1987a, 35 f.
28 Vgl. Klessmann, 1995, 301, der Lange an dieser Stelle noch gefangen in der Grundkonzeption der dialektischen Theologie sieht. Gräb, 1988, 248 hat darauf hingewiesen, dass in Langes Ansatz die „dogmatisch-theologischen" und die „pragmatisch-technischen" Aspekte der Predigtarbeit auseinanderfallen, da sie nicht, wie z. B. bei E. Hirsch „in der Subjektivität des Predigers die sie einheitlich organisierende Mitte" finden.
29 Lange, 1987b, 67.

geschehen ‚ergreift', ohne auf diesen Prozess reduzierbar zu sein, wird zunächst nicht gefragt.

Entlastet, aber in gewisser Hinsicht auch *entmächtigt* wird die Predigt zudem, indem Lange sie als „Phase in einem viel breiter angelegten Kommunikationsprozess"[30] sieht. „Die sonntägliche Predigt ist eine unter vielen Verständigungsbemühungen der Kirche, die sich ... voneinander klar unterscheiden und auch unterschieden werden müssen, die aber, sofern es sich in ihnen allen um den Wirkungszusammenhang ‚Kommunikation des Evangeliums' handelt, auch einen Problemzusammenhang bilden. Es geht in allen diesen Kommunikationsformen um das Problem der bezeugenden Interpretation der biblischen Überlieferung."[31] Wird diese Gesamtaufgabe allein der sonntäglichen Predigt aufgebürdet, wird sie überfordert. Auch Bestrebungen, die „problematisierte und überlastete Position Sonntagspredigt normativ ... für alle anderen Kommunikationsbemühungen der Kirche"[32] zu machen, führen in die Irre, insofern sie die notwendige Vielgestaltigkeit und Mehrstufigkeit dieses kommunikativen und interpretativen Geschehens übersehen. Dennoch ist die homiletische Arbeit wichtig, denn eine gründliche Reflexion über die Predigt, die „wegen der speziellen Situation dieser Bemühung"[33] „besonders prekär ist", wird aber „auch den anderen Kommunikationsbemühungen in jenem ‚System religiöser Versorgung' zugute"[34] kommen.

Nur „von der Situation her", nicht auf Grund theologischer Bestimmungen sieht Lange „die ortsgemeindliche Predigt"[35] als gegenwärtig „noch unentbehrlich"[36] an. Die Predigt steht als geschichtliche Form der Kommunikation des Evangeliums unter dem Vorbehalt der Vorläufigkeit, jedoch ohne dass Bedingungen benannt werden, unter denen sie ihre zentrale Bedeutung endgültig verlieren wird. ‚Noch' jedenfalls hebt sie sich aus dem Gesamtprozess heraus: durch „ihr institutionelles Gewicht; ... ihre durch das Herkommen bestimmte kultische Gestalt; ... ihre(n) enormen Funktionsverlust" und „von der Kirche noch nicht wahrgenommene(n) Funktionswandel; ... ihre gegenwärtige, nach Gegenden verschiedene, aber doch gewisse gemeinsame Züge aufweisende Zusammensetzung und ... ihre für den Prediger quälende Unübersichtlichkeit als homiletische Situation."[37] Auf den Wandel des kirchlichen Lebens, der mannigfaltige Gründe hat, u. a. ein hohes und differenziertes Anforderungspotenzial der und an die Menschen, die jeweils eine höchst unter-

---

30 Lange, 1987a, 12.
31 Lange, 1987a, 13.
32 Ebd.
33 Ebd.
34 Lange, 1987a, 14.
35 Lange, 1987a, 20.
36 Lange, 1987a, 14.
37 Lange, 1987a, 21.

schiedliche „Zukunft mit ihrer Kirche"[38] als Volkskirche, Vereinskirche oder Kirche für andere vor sich sehen, lässt sich nicht mit „Reißbrettentwürfe(n)"[39] reagieren. Vielmehr geht es um die „Frage verantwortlich geleisteter Übergänge", etwa in der „Ortsgemeinde. Und ein solches Übergehen wird nicht zu Stande kommen ohne die Predigt, die nun einmal im Leben der Gemeinden eine wesentliche Bedeutung hat."[40] Zudem behaftet „das zeitgenössische Bewusstsein die evangelische Kirche bei ihrem traditionellen Anspruch, die predigende Kirche zu sein"[41], genauso wie das Selbstbild und die Ausbildung von Pfarrerinnen und Pfarrern. „Aus dieser Testsituation" kann sich die Kirche „vorläufig ... nicht selbst entlassen oder in ihr entlasten."[42] Erst in der Predigt gilt sie als „ganz sie selber", auch wenn Pfarrerinnen und Pfarrer, Distanzierte und Mitglieder der Kerngemeinde ihre Distanz zur Kirche und zum Gottesdienst „fast durchweg" auf „die unverständliche, langweilige, nichts sagende, irrelevante, abstrakte, autoritäre oder pathetische Predigt"[43] zurückführen. Einen Ausweg stellt weder der Verweis auf die Autorität der Schrift, das Gewicht der Tradition, die „institutionell garantierte Autorität"[44] des Predigers oder der Predigerin oder deren Glaubwürdigkeit dar. Vielmehr ist es der Akt der Predigt selbst, der wie jede andere Verständigungsbemühung im Raum der Kirche, sich als relevant für das Leben der Hörerinnen und Hörer erweisen muss und – von überzogenen Ansprüchen entlastet – dies als Verständigungsgeschehen auch leisten kann.

Paradigma der (Wort-) Verkündigung im Raum der Kirche ist nicht mehr die am Text orientierte Sonntagspredigt, sondern die *Kasualpredigt* mit ihrem vermeintlich klareren Situationsbezug. „Dem Text, der Perikope und der exegetischen Arbeit an der Perikope" kommt nicht länger der „Primat"[45] zu, auch wenn „das Engagement des Predigers in seiner homiletischen Situation ... das Fragen nach dem Text"[46] radikalisiert, wie umgekehrt, „mit dem Eindringen des Predigers in seinen Text ... sich ihm auch das Bild von seiner homiletischen Situation"[47] verschärft. Nicht länger geht es in der Predigt darum, „biblische Texte möglichst wortgetreu in möglichst heutiger Sprache nachzusprechen"[48], sondern um

---

38 Vgl. Cornelius-Bundschuh, 1994.
39 Lange, 1987a, 48.
40 Ebd.
41 Lange, 1987a, 14.
42 Lange, 1987a, 15.
43 Ebd.
44 Lange, 1987b, 56.
45 Lange, 1987a, 40.
46 Lange, 1987b, 64.
47 Lange, 1987b, 65.
48 Lange, 1987a, 36.

ein „neues Wort", statt um „Repetition", um „verantwortliche Neuformung der Überlieferung", damit „ihre lebensentscheidende Relevanz für das jeweilige Hic et Nunc zur Sprache gebracht wird, und zwar verständlich, sodass Einverständnis oder Ablehnung möglich wird."[49] Für die Gemeinde ist es im Zweifel wichtiger[50], dass sie „ihr eigenes Leben im Licht der Verheißung jetzt besser versteht", als dass sie „die biblische Überlieferung in der konkreten Gestalt eines bestimmten Textes jetzt besser versteht als vor der Predigt."[51]

In der konkreten Predigtarbeit ist der „Verstehenszirkel"[52] von Verheißungstradition und Situation mehrfach zu durchschreiten, sodass es zu einem besseren Verständnis von Text und Situation kommt, zu dem auch „homiletische Textkritik"[53] und „homiletische Situationskritik"[54] gehören. Am Ende steht dann der „der Situation, dem Text und der Person des Predigers gemäßeste"[55] „Predigteinfall", die „optimale Interpretationsmöglichkeit", „kein Offenbarungsereignis", aber ein wichtiger, schöpferischer Moment der „plötzlich durchbrechenden Klarheit"[56], „ein Durchbruch im Verstehen und zur Möglichkeit des Verständlichmachens."[57] Dabei wird der Text „im Interesse der Verständigung verbraucht"[58], insofern er die in dieser Situation zu aktualisierende Predigttradition, das „Selbstverständliche und darum eben nicht mehr recht Hörbare"[59] profiliert, verfremdet und neu laut werden lässt. So wie Lange einen Widerstand der Situation in ihrer jeweiligen Konkretheit erkennt, so sieht er auch einen „Widerstand des Einzeltextes"[60], der gerade durch seine Einzigartigkeit und Konkretheit gegenüber dem „Christentum als Quersumme der Texte"[61] die Fragen radikal zuspitzt und damit die Antworten relevant macht. Er „verfremdet das, was sich von selbst versteht.

---

49 Lange, 1987a, 29. In einem Referat aus dem Jahr 1965 ist die verwendete Terminologie im Anschluss an Kornelis H. Miskotte noch etwas anders: Hier ist der Interpret derjenige, der sich auf die Überlieferung konzentriert und der Zeuge derjenige, der die Relevanz hier und jetzt im Blick hat. „Aber erst in ihrem Zusammenwirken sind Interpretation und Zeugnis der ganze Dienst am Wort." (Lange, 1987e, 112).

50 Lange, 1987b, 67, hält diese Alternative nur für sinnvoll, „wo die beiden Fragen in Konkurrenz miteinander treten." Allerdings ist das „gar nicht selten der Fall."

51 Lange, 1987b, 67.

52 Lange, 1987a, 32.

53 Lange, 1987a, 33: „Wo werde ich als Anwalt meiner Hörer Zeuge des Relevantwerdens der Überlieferung in ihrer Bewegung von Situation zu Situation?"

54 Ebd.

55 Lange, 1987b, 65.

56 Lange, 1987a, 34.

57 Lange, 1987a, 51.

58 Lange, 1987a, 23; vgl. 1987b, 53. Vgl. zum Begriff des ,Verbrauchens' die Ausführungen im Teil A 2.1 und 6.3.

59 Ebd.

60 Lange, 1987a, 30.

61 Lange, 1987a, 29.

... In seiner durch seine historische Situation herausgeforderten Beson-
derheit ... ermöglicht und erzwingt er die Konkretion der Rede. ... Der
Text ermöglicht der Hörergemeinde die kritische Distanz gegenüber dem
Zeugnis des Predigers und diesem selbst die Kontrolle seiner Rede."[62]

„Die besondere Verständigungsaufgabe des einzelnen homiletischen Aktes" ist „die Klärung" einer „homiletischen Situation". Sie soll als „diejenige
spezifische Situation des Hörers, bzw. der Hörergruppe verstanden werden, durch die sich die Kirche ... zu einem konkreten, dieser Situation
entsprechenden Predigtakt herausgefordert sieht."[63] „Klärung" erinnert
einerseits „an den Begriff der Aufklärung", insofern „Predigt eine Verständigungsbemühung ist, die streng im Bereich zwischenmenschlicher
Kommunikation, ihrer Bedingungen und Möglichkeiten bleibt", andererseits daran, dass es um die „reale Veränderung einer Situation" geht:
Predigt zielt auf „Befreiung", nicht nur auf „Erhellung"[64], auf „die Befrie-
digung ... des Bedürfnisses nach Sinnvergewisserung des Zeitgenossen"
nicht „als Rechtfertigung des Status quo, sondern als seine Aufhebung"[65].
Die Wirklichkeit der Hörerinnen und Hörer soll und kann in der Predigt
so zur Sprache kommen, dass eben dieselbe Wirklichkeit „im Lichte der
Verheißung auf eine eigentümliche Weise für Gott, für den Glauben und
seinen Gehorsam in Liebe und Hoffnung zu sprechen beginnt ..., dass in
dieser Wirklichkeit Gottesdienst und Götzendienst, Treue und Verrat,
Hoffnung und Illusion, Wahrheit und Lüge, die Chance der Freiheit und
die Gefahr der Unfreiheit sich voneinander unterscheiden und so der Weg
des Glaubens in Liebe und Hoffnung sichtbar wird. Ob er gegangen wird,
ist der Predigt entzogen."[66] Auch an dieser Stelle zeichnen sich Langes
Ausführungen einerseits durch ein großes Vertrauen in die Möglichkeit
gelingender und verfügbarer Kommunikation aus, dem andererseits ein
grundsätzlicher Vorbehalt zugeordnet ist, der theologisch begründet wird
und im individuellen Rezeptionsverhalten, in Ablehnung oder Einverständnis Gestalt gewinnt.

1.2. Die ‚wirkliche' Predigtgemeinde:
Möglichkeiten und Grenzen ihrer Erkenntnis

„Der Hörer in seiner Situation ist der Zielpunkt des Weges, den der
Prediger zu gehen hat."[67] „Die Frage nach dem Hörer und seiner Situa-

---

62 Lange, 1987a, 42 f.; vgl. Lange, 1987b, 66 f.
63 Lange, 1987a, 22; vgl. die ausführliche Untersuchung von Hermelink, 1992.
64 Lange, 1987a, 26.
65 Lange, 1987a, 11.
66 Lange, 1987a, 27.
67 Lange, 1987a, 49.

28

tion hat daher selbstständigen Rang neben und in der Regel (zeitlich, wenn auch nicht theologisch) sogar vor der Frage nach der Überlieferung."[68] Es ist Ernst Langes Verdienst, diesen Aspekt der Predigtarbeit (wieder)[69] verstärkt ins Blickfeld der homiletischen Theorie und Praxis gerückt zu haben und damit entscheidende Impulse für die Aus- und Fortbildung der Predigerinnen und Prediger, wie auch für Forschungen zur Predigtgemeinde gegeben zu haben.[70] Ein Prozess der Annäherung an die konkreten Hörerinnen und Hörer und ihre Situation wurde ausgelöst, „mit denen ich es heute und hier zu tun habe und die ich so genau wie möglich zu kennen und zu erkennen versuchen muss."[71] Dabei ist ihm bewusst, wie schwierig eine „Erschließung der Situation"[72] und ein methodisch reflektiertes Wahrnehmen der Gemeinde ist: „Wie kann ich mit meinem Hörer über sein Leben reden", wenn „das Leben in der modernen Welt ... von der Kanzel aus nicht mehr überschaubar", wenn es ohne „formulierbare Einheit und Einheitlichkeit" „im Geflecht der hochdifferenzierten Funktionen und Beziehungen des Lebens in der modernen Industriegesellschaft"[73] verläuft?

Hat Lange versucht, die Predigtaufgabe theologisch „zu entmythologisieren und zu entdramatisieren"[74], so schraubt er die Ansprüche an die Kenntnis der Predigtgemeinde in die Höhe: auf die singularische und lapidare Formulierung „Kenntnis des besonderen Hörerkreises, mit dem der Prediger es zu tun hat"[75], folgt eine Aufzählung vieler relevanter Fragestellungen nach dem Gegenüber der Predigt unter biologisch-physiologischen, psychologischen, soziologischen, aber auch erziehungswissenschaftlichen, religionspsychologischen und kirchensoziologischen[76] Blickwinkeln. Relativiert wird dieser Anspruch insofern, als Lange feststellt, dass „kein homiletisches Verfahren dem Prediger diese Kenntnis seiner Gemeinde vermitteln"[77] kann. Vielmehr ist sie nur im Zusammenspiel von Menschenkenntnis, Aus- und Weiterbildung, Partizipation, Interesse und Engagement zu gewinnen. „Ein homiletisches Verfahren kann lediglich die Frage nach dem Hörerkreis wachhalten und ihre Bedeutung für den Predigtvollzug unterstreichen."[78]

---

68 Lange, 1987a, 50.
69 Vgl. Wintzer, bes. 137–153 (zu Paul Drews) und 154–164.
70 Vgl. Handbuch, 144.
71 Lange, 1987a, 40.
72 Lange, 1987a, 37.
73 Lange, 1987b, 58.
74 Lange, 1987a, 36.
75 Lange, 1987a, 37.
76 Hier liegt ein besonderes Gewicht von Langes Überlegungen: vgl. z. B. Lange, 1987e, 120 ff.
77 Lange, 1987a, 37.
78 Ebd.

Für wichtig hält Lange die „Kenntnis des gesellschaftlichen Kraft- und Beziehungsfeldes, in dem der Hörerkreis steht und das die Kommunikationsbemühung der Predigt auf vielfältige Weise bedingt und beeinflusst."[79] Die „Lage vor Ort" und die „homiletische Großwetterlage" sind möglichst genau wahrzunehmen, im Blick auf die Kirche insbesondere im „Ernstnehmen des Kommunikationsprozesses jenseits der Gottesdienste, hier also des Gemeindekatechumenats"[80]. Das homiletische Verfahren kann nur „Anstöße für die Meditation" und Materialien geben, „die zur bewussten Einbeziehung der ‚Lage' in die Predigtarbeit ermutigen und nötigen"[81]; „Methoden"[82] zur Erschließung der gesellschaftlichen und kirchlichen Lage beurteilt Lange skeptisch. Die Situation bleibt mehrdeutig und wird in der Predigtvorbereitung, auch in dem Modell der *Predigtstudien*, mehr aphoristisch und essayistisch als methodisch erschlossen.[83]

Im Blick auf die „Kenntnis des Vorverständnisses der Gemeinde von der christlichen Überlieferung" kann das neue homiletische Verfahren der ‚Predigtstudien' dagegen „wirklich Hilfen und Methoden bieten"[84], indem es zur Wahrnehmung der bisherigen Predigtpraxis und ihrer Bewertung durch die Gemeinde, der Geschichte des Luthertextes und früherer Predigten, der christlichen Tradition und des religiösen Brauchtums, aber auch von Erfahrungen aus Besuchen und dem Unterricht anleitet. „All das ist Niederschlag der Wirkungsgeschichte der Predigt und der Auseinandersetzung dieser Predigt mit der Antipredigt der Ideologien, Weltanschauungen, Tabus und Vorurteile. All das sind Spuren und Dokumente gegenwärtiger Frömmigkeit und der Jedermann-Ideologie, die mit ihr im Streit liegt."[85]

Die Versuche, sich den Hörerinnen und Hörern und ihrer ‚Lage' anzunähern, bündeln sich im Begriff der „homiletischen Situation". Es ist „unbestreitbar", „dass jede Kommunikationsbemühung der Kirche durch eine bestimmte Hörersituation herausgefordert ist, die eben durch diese Herausforderung, die sie enthält, für die Kirche zur homiletischen Situation wird."[86] Als wichtigen Faktor zur Bestimmung der homiletischen Situation beschreibt Lange den „spezifischen Widerstand", den sie einer „verständliche(n) Bezeugung der Relevanz der christlichen Über-

---

79 Ebd.
80 Lange, 1987a, 38.
81 Ebd.
82 Lange, 1987a, 51. Vgl. Lange, 1987a, 30: „Gibt es überhaupt eine methodische Erhellung der homiletischen Situation und bis zu welchem Grad?"
83 Vgl. Hermelink, 1992 u. E. Grözinger, 1992.
84 Lange, 1987a, 39.
85 Ebd.
86 Lange, 1987a, 24.

lieferung im Hic et Nunc"[87] leistet. „Er ist das, was alle bisherige Predigt des Evangeliums für den einzelnen Hörer und für die Hörergemeinde irrelevant zu machen droht oder faktisch irrelevant macht. Er ist das Ensemble ... der schlechten Erfahrungen von Christen mit der Welt, der Gemeinde und mit sich selbst. Er verkörpert ... die Kapitulation des Glaubens vor der Unausweichlichkeit der Tatsachen. Er ist das, was jetzt und hier vielstimmig gegen Gott, gegen die Vertrauenswürdigkeit Gottes und gegen die Möglichkeit, den Sinn des Gehorsams gegenüber Gott spricht."[88] Insofern bestimmt Lange die homiletische Situation in biblischer Terminologie als „Situation der Anfechtung", wobei offen bleibt, ob es eine spezifische Differenz zwischen den Erfahrungen der Hörerinnen und Hörer und denen der Prediger bzw. Predigerinnen in dieser Situation gibt, die „angesichts der Sprache der Tatsachen ... die aufgetragene Rede von Gott"[89] zum Verstummen zu bringen droht.

Bei dem Versuch, die Situation zu erfassen, bleibt „Entscheidendes für den Prediger überhaupt unbekannt und unerkennbar"[90]. Nach dem „Zerbruch" der „parochialen Symbiose", in der der Pfarrer selbstverständlich mit dem Leben seiner Gemeinde vertraut war, misst er deshalb der „Intuition"[91] und einer „vorbehaltlosen Teilhabe am Geschick des Hörers"[92] eine entscheidende Funktion bei der Wahrnehmung der Predigtgemeinde zu.[93] Volle Partizipation ist jedoch schwer vorstellbar, es kann immer nur um eine Annäherung bei bleibender Differenz gehen.[94] Als Ausweg bzw. Ersatz schlägt Lange ein intensiviertes Gespräch vor, in dem die Pfarrerinnen und Pfarrer zuhören und mit den Menschen reden, deren Situation sie kennen lernen wollen, um so wieder zu einem relevanten Zeugnis zu gelangen.

Insgesamt lässt sich fragen, ob, nachdem der hohe Anspruch an die theologische und exegetische Seite der Predigtarbeit auf diese Weise ermäßigt ist[95], die Kritik an der unredlichen und ungenügenden Predigt-

---

87 Ebd; vgl. Lange, 1987b, 63: „Die ‚Sprache der Tatsachen‘ als Widerstand gegen die Predigt genau zu hören und zu verstehen ist ein hermeneutisches Problem für die Predigt, das dem des Verstehens biblischer Texte gleich geordnet ist, ja das sich mit diesem auf eine eigenartige Weise verschränkt."

88 Lange, 1987a, 25.

89 Ebd.

90 Lange, 1987a, 30; vgl. Lange, 1987e, 127.

91 Lange, 1987a, 31; vgl. dazu ausführlicher Lange, 1987e, 114 f.

92 Lange, 1987a, 30; vgl. Lange, 1987b, 59 u. 63: „Der Prediger wird in den Widerstand der Situation in dem Maße hereingezogen, als er an seinem Hörer partizipiert, als er ‚drin ist‘ im Geschick seines Hörers."

93 Vgl. Lange, 1987e, 113: „Voraussetzung gelungener Kommunikation ist die Partizipation des Redenden an der Lage des Hörenden, das Interesse, das Drinsein der Kirche in der Situation, die die Predigt herausfordert."

94 Vgl. Lange, 1987e, 114 f., bes. Anm 14.

95 Trillhaas, 1964, 9 spricht von einer „Ermäßigung des Predigtbegriffs".

vorbereitung nun unter neuem Vorzeichen *als ebenfalls kaum lösbare Frage nach der Kenntnis der Situation* wiederkehrt: die Predigerinnen und Prediger „wissen, was *Kenntnis der Situation* sein müsste, und erfahren doch von Woche zu Woche, wie wenig sie dem zu entsprechen vermögen."[96]

Darüber hinaus stellt Langes Zugang zur Predigtgemeinde und ihrer Situation vor weitere Probleme:

1. Eine spezifische Situation für einen einzelnen sonntäglichen Predigtakt lässt sich nach Lange „außerordentlich schwer beschreiben". Einerseits besteht ein hohes Maß an Gleichförmigkeit zwischen den einzelnen Predigtauftritten, andererseits begegnet eine große „Unübersichtlichkeit"[97], da sich die Predigtsituation aus einer Vielzahl von Situationen von individuellen Hörerinnen und Hörern und von Gruppen in der Predigtgemeinde zusammensetzt, ja „letztlich jeder Hörer in einer spezifischen, nur ihm selbst bekannten und erhellbaren Lage ist"[98].

Es lässt sich unter humanwissenschaftlichen, vor allem aber unter theologischen Perspektiven bezweifeln, ob die einzelnen tatsächlich in der Lage sind, ihre Situation zu erkennen und zu erhellen. Die von Lange als Defizit beschriebene Begrenztheit unserer Erkenntnis der homiletischen Situation hat einen theologischen Sinn: die Predigenden können im Blick auf die Hörerinnen und Hörer nicht mehr als typologisieren und klassifizieren; dies allerdings müssen sie mit aller Gründlichkeit. Die Person der einzelnen Hörerin und des einzelnen Hörers wie die Gemeinde als ganze bleibt jedoch fremd, nur Gott kennt ihre Wirklichkeit. Nicht in der Predigtvorbereitung, sondern nur im Akt der Predigt selbst kommt es zu einer Erschließung der fremden Situation durch das Wort Gottes selbst, über die wir nicht verfügen.

Ebenso ist mit diesem Zugang die Frage gestellt, ob es, bei aller Bedeutung einer Zuwendung zur Lebenswirklichkeit der einzelnen Gemeindeglieder, wirklich angemessen ist, „das Gegenüber der Predigt … als Ensemble individueller Situationen"[99] zu begreifen. Im Anschluss an Gadamer hat Peter Krusche darauf hingewiesen: „Wo wir wirklich den andern als Individualität im Auge haben, z. B. im therapeutischen Gespräch oder im Verhör des Angeklagten, ist die Situation der Verständigung gar nicht wahrhaft gegeben."[100] Wenn Lange Verständigung als vordringliche Aufgabe der Predigt sieht, geht es bei der Bestimmung der ‚homiletischen Situation' gerade nicht um die Erfassung von Individua-

---

96 Nach: Lange, 1987a, 40 f.: kursiver Text von mir, J.C.-B.; in Langes Text heißt es statt Kenntnis der Situation: Kenntnis der Exegese.

97 Lange, 1987a, 23.

98 Lange, 1987a, 50.

99 Hermelink, 1992, 266 f. vgl. 267, wo Hermelink auf „die zunehmende Individualität der homiletischen Situationen" hinweist.

100 Gadamer, 363, hier zitiert nach Krusche, 1981, 431.

lität. Statt auf individuelle und persönliche Situationen zu schauen und Gefahr zu laufen, die Individualisierungstendenz der Gegenwart[101] noch zu überhöhen, gilt es in der Homiletik den engen Zusammenhang von Individualität und Konformität, von eigenen und zugeschriebenen Identitäten, von Zwängen und Freisetzungen theologisch und homiletisch verantwortlich reflektieren; nur so eröffnet die Predigt einen Raum zum Leben in Freiheit.[102]

2. „Predigen heißt: Ich rede mit dem Hörer über sein Leben. ... Er, der Hörer, ist mein Thema, nichts anderes; freilich: er, der Hörer vor Gott. Aber das fügt nichts hinzu zur Wirklichkeit seines Lebens, die mein Thema ist, es deckt vielmehr die eigentliche Wahrheit dieser Wirklichkeit auf."[103] Die Rede von der ,eigentlichen Wahrheit der Wirklichkeit' zeigt, dass die bei Lange begegnende emphatische und singularische Verwendung des Terminus ,Wirklichkeit' keineswegs eine eindeutige Bestimmung ist. Der Versuch, eine möglichst präzise Kenntnis der Predigtgemeinde zu erlangen, zielt nicht darauf, deren vorfindliche Lage zu reproduzieren oder sie den Predigenden zum Gesetz zu machen, wie dies Lange verschiedentlich vorgeworfen wurde.[104] Die Situation der modernen Menschen ist für ihn auch nicht nur Ort der Anfechtung, des Widerstands und der Befreiung in der Begegnung mit der Verheißung, sondern enthält als kommunikativ verfasste Realität, als ,aufgeklärte' Wirklichkeit immer schon einen Vorschein der zukünftigen Befreiung. Es sind mindestens *drei Ebenen*, die Langes Verständnis der Wirklichkeit der Predigtgemeinde prägen: eine theologisch begründete unter dem Stichwort ,Verheißung' (1), die der Wirklichkeit der ,Tatsachen' (2) widerspricht und mit diesen im Kampf liegt, und schließlich die Erfahrungen säkularer Kommunikativität (3), die im Gegensatz zur Starrheit der Institution Kirche von ihm positiv bewertet werden. Diese dreifache Bestimmtheit erlaubt eine reiche und mannigfaltige Wahrnehmung homiletischer Probleme; eine präzise und theologisch verantwortete Differenzierung des Zusammenhangs zwischen sozial- und humanwissenschaftlicher Kenntnisnahme und theologisch begründeter Bestimmung der Gemeinde fehlt jedoch.

3. Die Erfassung einer spezifischen homiletischen Situation ist immer nur eine von mehreren möglichen Wahrnehmungen, in die die Wahrnehmenden immer schon verwickelt sind.[105] Die Situation ist für die Predi-

---

101 Vgl. etwa: Beck, 1986, bes. 113–248; Elias, 1991, 15–98. 207–315; Münch, bes. 231 ff. und zur Situation der Kirche 244 ff.

102 Vgl. im Zusammenhang der Auseinandersetzung um die Studie ,Christsein gestalten': Welker, 1987.

103 Lange, 1987b, 58.

104 Vgl. Bohren, 1981, 424; Vgl. den Aphorismus, 430: „Wer mit der ,Wirklichkeit' beginnt, kommt in ihr um." Anders: Krotz, 1980, 15.

105 Dies gilt auch für Predigtvorbereitungskreise, die selbst schon einen spezifischen

genden nicht letztlich durchschaubar und handhabbar, die Gemeinde kein „Objekt"[106]. Das Bild vom Pfarrer, der in seiner Parochie gleichsam selbstverständlich „kommunikationsfähig in jeder Hinsicht"[107] gewesen ist, ist eher eine von gegenwärtigen Interessen geleitete Rückprojektion als eine angemessene Beschreibung der historischen Entwicklung; Pfarrer haben immer mit ihren ‚Brillen' gelesen, mit solchen der Oberschicht, des Bildungsbürgertums, der Mächtigen, manchmal auch bewusst mit anderen; bestimmte Lebensbereiche bestimmter Gemeindeglieder waren ihnen gänzlich unvertraut oder von vorneherein stark abgewertet.[108] Gerade Langes Impuls, sich auch den Distanzierten zuzuwenden, ist hierfür ein Beleg. Er macht deutlich, dass die Konzentration auf die Situation der Gemeinde, der Versuch, das Wort auf eine bestimmte Wirklichkeit zu beziehen, sich nicht davon freihalten kann, *das Wort einzuengen*. Die Rede vom „Anwalt der Hörergemeinde in ihrer jeweiligen Lage" kann die Vielgestaltigkeit und Widersprüchlichkeit der Gemeinde verdecken[109], ebenso wie die vom „Anwalt der Überlieferung in der besonderen Gestalt des Textes"[110] kontrafaktisch eine eindeutig identifizierbare Botschaft unterstellt. Beide anwaltlichen Tätigkeiten können zu Bemächtigungsversuchen der Predigenden werden, die die Macht des Wortes kanalisieren.

Der grundlegende und uneinholbare Perspektivismus im Umgang mit Situation wie Text wird von Lange gesehen[111]; Möglichkeiten, ihm durch eine „vorrangige theologische Bestimmung der Situation"[112] gerecht zu werden, ohne sich durch dogmatische Festlegungen die Offenheit für Neues und Fremdes zu versperren oder sich einer vermeintlich unübersichtlichen ‚Empirie' auszuliefern, kommen aber kaum in den Blick. Es wird im Schlussteil zu fragen sein, ob nicht die Formulierung „Kirche als Geschöpf des Wortes" gerade darin ein Recht hat, dass allererst das Wort der Predigt eine Situation als spezifische Situation, eine Gemeinde als spezifische Gemeinde erkenn- und wahrnehmbar macht.

Zugang zur Gemeinde darstellen. Wichtig ist es, die Wahrnehmung meiner Wahrnehmung der homiletischen Situation im Blick zu behalten: Konfirmandinnen und Konfirmanden sind z. B. eine Gruppe aus der Predigtgemeinde, deren Situation der- oder diejenige, der oder die predigt, wahrnimmt, um sich auf sie zu beziehen, deren Situation aber selbst schon massiv durch eine spezifische Wahrnehmung der homiletischen Situation und des homiletischen Aktes bestimmt ist. Vgl. grundsätzlich zu „Praktischer Theologie als Kunst der Wahrnehmung": Grözinger, 1995.

106 Bohren, 1981, 426.

107 Lange, 1987a, 31.

108 Vgl. etwa Marbach, 1978; speziell zur Homiletik: Albrecht, 1985, 17–29.

109 Gräb, 1988, 248, konstatiert bei Lange wegen des Fehlens einer theologischen Situationskritik eine „Hypostasierung des Hörers", die übersieht, „dass der Hörer immer das Bild ist, das der Prediger sich von ihm macht."

110 Lange, 1987a, 30.

111 Vgl. Lange, 1987e, 129; zum Ganzen vgl. 127 ff.

112 Hermelink, 1992, 12.

1.3. Das Gespräch und der Exorzismus als Grundstrukturen des Zusammenhangs von Predigt und Gemeinde

Die Predigt als Phase im Wirkungszusammenhang ‚Kommunikation des Evangeliums' ist eine Verständigungsbemühung, die Anteil hat an der anthropologisch und religionstheoretisch begründeten „Notwendigkeit, sich des Sinnes von Dasein zu vergewissern und sich mit anderen über diesen Sinn von Dasein in religiösen Symbolen zu verständigen und zu vereinigen."[113] „Das religiöse Bedürfnis"[114] wird zum Anlass der Bildung einer religiösen Gemeinschaft, insofern Menschen sich notwendig mit anderen über den von ihnen gefundenen bzw. gesuchten Sinn des Lebens verständigen müssen. Die kirchlichen Kommunikationsbemühungen treten in diese Konstellation mit einer spezifischen Struktur und einem spezifischen Anspruch ein: Sie sammeln und senden[115], sie gewinnen Gestalt in „ekklesia und diaspora."[116] Das Wort als Oberbegriff kirchlicher Interaktion und Kommunikation zielt auf den „Dienst aller"[117] „ihrer zerstreuten Glieder"[118] in der Welt; „indem die aus der Zerstreuung heimkommenden Christen ihre Anfechtung und die Chancen ihres Gehorsams in das Gespräch der Gemeinde einbringen, wird die Predigt situationsgemäß, also verständlich und auftragsgemäß sein."[119] Aber das Wort weiß auch um die Anfechtung, der der Glaube in der Welt ausgesetzt ist; sie weist ihn zurück „in die versammelte Gemeinde, in deren Kommunikation das Wort sich Glauben schafft, den angefochtenen Glauben erneuert."[120]

Mit der Kommunikation des Evangeliums verbindet sich ein Anspruch, der in der gegenwärtigen Situation der „Exzentrizität der Kirche im gesellschaftlichen Geschehen" und der „veränderten Wirklichkeitserfahrung des heutigen Menschen"[121] problematisch geworden ist: „indem das Evangelium als Wort für alle erklingt, verbindet es alle, die hören, und macht sie einander über alle Schranken und Grenzen hinweg als Nächste verbindlich; und eben diese Kommunikation aller im Frieden Jesu hat die Verheißung seiner Gegenwart. Aber das Problem des Wortes für alle ist, dass es seiner Situation und heute in der parzellierten Welt mehr denn je *unsicher* ist. ... Eben darum sollte die gottesdienstliche Predigt im Gespräch mit den Hörern ... erwachsen und wiederum ins Gespräch

---

113 Lange, 1987a, 11.
114 Ebd.
115 Vgl. Lange, 1987e, 116.
116 Lange, 1987e, 131.
117 Lange, 1987e, 118.
118 Lange, 1987e, 133.
119 Lange, 1987e, 134.
120 Ebd.
121 Lange, 1987e, 131.

mit den Hörern hineinführen."[122] Die grundsätzliche Verunsicherung, inwiefern es in der heutigen, unübersichtlichen Welt ein klares und gewisses Wort für alle geben kann, hat das Wort selbst ergriffen. Nur als *Kirche des Gesprächs*, als fortwährender, auf Verständigung und Einverständnis zielender Kommunikationsprozess[123] scheint Kirche noch bestehen zu können.

Unter dem Begriff ‚Kommunikation des Evangeliums' rückt das „prinzipiell Dialogische des gemeinten Vorgangs"[124] in den Mittelpunkt der Überlegungen zur kirchlichen Existenz. „Mitspracherecht[...] und Mitsprachepflicht"[125] werden zu grundlegenden Bestimmungen gemeindlicher Existenz, Gesprächsstrukturen lösen die bisherigen Kirchenstrukturen ab, andere Aspekte von Kirche treten zurück. „Geht es bei der Kommunikation des Evangeliums um die verständliche Bezeugung der Relevanz der Überlieferung des Glaubens für das Hic et Nunc, dann ist die sonntägliche Predigt in ihrer Isolierung prinzipiell nicht ausreichend zur Erfüllung des Kommunikationsauftrags."[126] Sie bleibt immer „ein allgemeines, in der notwendigen Konkretion behindertes Wort" und insofern „ein Gesprächsgang", der „durch weitere Stufen der Interpretation ergänzt werden"[127] muss. „Ob sie ein sinnvoller Gesprächsgang ist, entscheidet sich daran, in welchem Maße sie aus dem Gespräch erwächst und wiederum ins Gespräch hineinführt."[128] „Predigtvorbereitungskreise"[129], um die homiletische Situation zu erkennen, die zur Predigt herausfordert, Predigt und anschließende „methodische Predigtkritik"[130], durch die sich der Predigende um der „homiletischen Selbstkritik" und „um der Gemeinde willen" vergewissern kann, „wie weit er sich verständlich gemacht, was seine Predigt ausgerichtet und angerichtet hat"[131], gehören eng zusammen.

---

122 Lange, 1987e, 138. Hervorhebung von mir, J.C.-B.

123 Zur doppelten Verwendung des Begriffs „Kommunikation" als Beschreibung wie als Norm bei Lange vgl. Hermelink, 1992, 182.

124 Lange, 1981, 101; vgl. 1987a, 50.

125 Lange, 1987b, 67.

126 Lange, 1987a, 46 f.

127 Lange, 1987a, 47; vgl. 35: „Der homiletische Akt als isolierte Bemühung vermag ... diesen Auftrag nicht zu erfüllen. Er ist faktisch nur eine Phase in einem mehrphasigen Interpretationsvorgang. Denn die sonntägliche Predigt ist notgedrungen ein ‚Wort für viele', das die Konzentration auf die Situation des einzelnen Menschen, der einzelnen Gruppe, der speziellen Auftragslage schuldig bleiben muss." Vgl. auch Lange, 1987e, 138 ff.

128 Lange, 1987a, 47; vgl. 73: „Die Predigt ist dann nichts anderes als die hervorgehobene Form eines Beitrags zu diesem Gespräch der Glaubenden."

129 Lange, 1987a, 46. Lange wird nicht müde darauf hinzuweisen, „in welchem Maße er (i.e. der Prediger, J.C.-B.) heute auf das kontinuierliche Gespräch mit dem Hörer angewiesen ist." (Ebd.).

130 Lange, 1987a, 45.

131 Lange, 1987a, 46.

In der gegenwärtigen Praxis gelingt dies noch nicht, ist die Predigt noch nicht Teil eines großen kommunikativen Zusammenhanges, Element einer offenen, dialogischen Kirche. Gerade in der „Präsenzgemeinde"[132] erzeugt noch allzu oft „der monologisierende, hörunfähige, autoritäre Pfarrer ... die sich wegduckende, schweigende, passive Gemeinde und wird von ihr erzeugt."[133] Deshalb bedarf eine Reform der Predigt der Kirchenreform; nur eine veränderte „Struktur des Pfarramt und der Ortsgemeinde", die nicht „den Monolog des Pfarrers"[134], sondern den Dialog, das Gespräch in und mit der Gemeinde fördert, den „Mund"[135] der Hörerinnen und Hörer öffnet, wird auch den Weg zu anderen Predigten bahnen. Solche „Kommunikationsfähigkeit" ist allerdings „nur noch in sehr engen Grenzen institutionell zu sichern, sie muss von Personen und Gruppen geleistet werden, ... die Institutionen können nur die Voraussetzungen für diese persönliche Leistung von Partizipation, Präsenz und Kompetenz schaffen."[136] Umgekehrt wirkt sich „der verantwortliche Gebrauch dieser Situation ... in den gesamten Wirkungszusammenhang ‚Kommunikation des Evangeliums' hinein positiv"[137] aus. „Die Predigt ist nach wie vor, nur auf ihre messbaren Wirkungen hin betrachtet, ein sozialpädagogisches Instrumentarium ersten Ranges, sie wirkt über längere Zeiträume hin klimaverändernd. ... Man sollte auch von daher, gerade im Interesse einer wie auch immer verstandenen Kirchenreform, angesichts dieser entscheidenden Schleuse möglicher Reform keineswegs resignieren."[138]

Exkurs: Die Predigt, die Gemeinde und der Prediger bzw. die Predigerin

Im Gesamtrahmen des kommunikativen Handelns der Kirche kommt der Person des Pfarrers bzw. der Pfarrerin eine große Bedeutung zu. Auch wenn sie sich nicht mehr zuerst als Predigende verstehen: die homiletische Arbeit ist „derjenige Ort, an welchem der Prozess des Glaubens exemplarisch und zugleich mit größtmöglicher Öffentlichkeit zum Ausdruck kommen soll"[139]; die Predigt steht im Zentrum der Ausbildung; noch immer entscheidet sich für viele Pastorinnen und Pastoren „an dieser Stelle ... ihre Stellung zu ihrem Beruf"[140]. Gleichzeitig wird in der „Wirkungslosigkeit der Predigt"[141] exem-

---

132 Lange, 1987a, 16. Mit diesem Begriff bezeichnet Lange den Teil der volkskirchlichen Gemeinde, der in der Kirchensoziologie auch „Kerngemeinde" genannt wird.
133 Ebd.
134 Lange, 1987b, 59.
135 Lange, 1987a, 40.
136 Lange, 1987a, 31.
137 Lange, 1987a, 16 f.
138 Lange, 1987a, 17.
139 Hermelink, 1992, 73.
140 Lange, 1987a, 17.
141 Hermelink, 1992, 297; vgl. zum ganzen Hermelink, 1992, 156 ff. u. 216 ff.

plarisch die Problematik der gegenwärtigen pastoralen Situation erfahrbar. „Der für die Funktionsfähigkeit und den Wandel der gegenwärtigen Kirche entscheidende Berufsstand" ist „an dieser Stelle weithin krank."[142]

Ausgangspunkt für Langes Überlegungen zur Rolle der Predigenden ist die Feststellung, dass eine fundamentale „Differenz zwischen Prediger- und Hörersituation" und eine grundlegende „Distanz"[143] zwischen beiden Seiten besteht. Während ihm die Wirklichkeit der Gemeindeglieder als die ‚reale Wirklichkeit' erscheint, qualifiziert er die in der kirchlichen Tradition und in der Praxis der Pastorinnen und Pastoren ‚vorausgesetzte Wirklichkeit' als der heutigen gesellschaftlichen Lage weithin nicht angemessen. Insofern verheißt die Überwindung der „kommunikativen Distanz" immer auch die Wiederherstellung des „Wirklichkeitsbezug(es)" der kirchlichen Institution"[144]. Bei der Überbrückung dieser Distanz handelt es sich „um eine gemeinsame Verantwortung beider Parteien – des Sprechers und des Hörers"[145], die normalerweise zusammen sind „als gleichberechtigte Partner eines Kommunikationsvorgangs, ... nicht wie Priester und Laie, wie Lehrer und Schüler, wie Obrigkeit und Untertan, wie Produzent und Konsument, sondern wie die Mitglieder eines Teams bei der gemeinsamen Arbeit"[146]. Es gibt „keinen Monopolanspruch des traditionellen Pfarramts"[147], lediglich eine „höhere Sachkunde in der Auslegung der Tradition", die „nicht notwendig auch höhere Sachkunde hinsichtlich der Situation"[148] impliziert. Hier ist der „Grundsinn von laikos" wieder zu entdecken: „der, der zum laos gehört und mit seiner Taufe die Ordination zum Priestertum erhalten hat."[149] Auch die Predigenden sind Laien, alle aber „Individuationen der einen reichen, bunten Gnade Christi."[150] Die Pfarrerinnen und Pfarrer haben die zentrale Aufgabe, denjenigen zuzuarbeiten, die vornehmlich nach draußen gehen, sie zu stärken, zu beraten, zu entlasten. Dazu müssen sie nicht als Amtspersonen auftreten, sondern den kritischen Dialog suchen, damit die Gemeinde „zu der Urteilsfähigkeit, die sie für ihren Gottesdienst in der diaspora braucht"[151], kommt.

Dennoch bleibt in der eigentlichen Predigtsituation ein „Gegenüber von Wort und Antwort, ... von Amt und Gemeinde", das „zum Wesen der Kirche"[152] gehört. „Es gibt hier in der Tat ... ein unaufhebbares Vorher und Nachher, Oben und Unten. Und dieses Gegenüber, ohne das Wortverkündigung nicht gedacht werden kann, ist nichts Gleichgültiges, sondern in ihm wahrt sich das Geheimnis des Wortes Gottes, das Geheimnis des Glaubens, das Geheim-

142 Lange, 1987a, 19.
143 Hermelink, 1992, 262.
144 Hermelink, 1992, 26.
145 Lange, 1987e, 112.
146 Lange, 1987b, 61.
147 Lange, 1987e, 118.
148 Lange, 1987e, 119.
149 Lange, 1987e, 135.
150 Ebd.
151 Lange, 1987e, 137.
152 Lange, 1987e, 110.

nis der Gemeinde Jesu."[153] Dem entspricht einen besondere Verantwortung des Predigers, dem „die eigentliche Übersetzungsarbeit"[154] angelastet wird: er soll in der Predigt sagen, „wie er die Relevanz der Überlieferung für die Situation sieht. ... Und eben das hat er nun verständlich zu sagen, und für das, was er hier sagt, ist er persönlich haftbar. Er ist haftbar dafür, dass er verstanden wird."[155] „Die Predigtmisere" liegt darin, dass, wer predigt, „mit seiner Verkündigung gar nicht erst an den Punkt" kommt, „an dem sich Glauben und Unglauben entscheiden. Er kann sich nicht verständlich machen. ... Die Worte, die er spricht, stiften weder Ja noch Nein, weder den Aufbruch der Gemeinde noch den Abbruch verfehlter Beziehungen zu ihr. Drinnen und draußen bleibt alles beim alten, als spräche man nicht."[156]

Haftung konkretisiert sich als Kompetenz zur Kommunikation[157], d. h. zu einer Verständigung, die insofern gelingt, als sie ein begründetes Ja oder Nein ermöglicht; sie beinhaltet die Bereitschaft, jederzeit in einen Diskurs einzutreten über das eigene Wort und seine Bedeutung für die Hörerinnen und Hörer, über die eigene Glaubwürdigkeit oder auch über die Folgen der eigenen Worte im seelsorgerlichen und diakonischen Bereich. Demgegenüber ist, wer predigt, „nicht verantwortlich dafür, dass Wort Gottes geschieht und dass das Wort Gottes sich Glauben verschafft. Die Kommunikation des Evangeliums, der auch seine Predigt dient, hat diese Verheißung, aber der Prediger ist nicht haftbar für die Erfüllung dieser Verheißung."[158]

In der Wahrnehmung des Predigers und der Predigerin spiegelt sich die Beschreibung der Predigtsituation: *wer predigt, ist wesentlich Kommunikator, zuständig für das Erreichen von Verständigung, ob es zum Glauben kommt, liegt nicht in der Hand der Predigenden.* Allerdings wird auch hier nicht benannt, in welchem Verhältnis die Predigenden zu der von Lange immer wieder proklamierten Gegenwart der Wirklichkeit Gottes stehen. Wie die Predigt nur eine Phase im großen Wirkungszusammenhang Kommunikation des Evangeliums ist, so leistet auch der Pfarrer oder die Pfarrerin ihren Beitrag zum kirchlichen Leben „vor allem außerhalb des homiletischen Auftragsfeldes im engeren Sinn."[159] Viel hängt „zum Beispiel am Grad der Partizipation des Predigers an seiner Gemeinde, ihrem persönlichen, gemeindlichem und ihrem Zeitgeschick und an der Weise, wie die sonntägliche Predigt sinnvoll zusammengeordnet ist mit anderen Kommunikationsbemühungen."[160] Letztlich können nicht einmal alle Pfarrerinnen und Pfarrer dazu verpflichtet werden, zu predigen. „Jeder Pfarrer hat teilzunehmen an dem Gesamtauftrag der Kommunikation des Evangeliums in der Fülle der parochialen und transparochialen Herausforderungen. Aber gibt es irgendeine zureichende Begründung für die

---

153 Lange, 1987e, 109.
154 Lange, 1987a, 32.
155 Lange, 1987a, 28.
156 Lange, 1987a, 18.
157 Vgl. Lange, 1987a, 45.
158 Lange, 1987a, 36.
159 Lange, 1987a, 44.
160 Ebd.

Forderung, jeder Pfarrer müsse dies, trotz seiner ganz andersartigen Begabung, in der Weise der sonntäglichen Predigt tun?"[161] Lange schlägt ein Differenzierungsprogramm vor, das den Ausbau von „Zentralkirchen, als spezielle Predigtkirchen"[162] ebenso vorsieht, wie die Ausbildung von Pfarrerinnen und Pfarrern für den Dienst in den Massenmedien und die Beschränkung mancher Kolleginnen und Kollegen auf unterrichtliche, seelsorgerliche oder andere Tätigkeiten.

Die Predigt verliert in diesem Ansatz ihre „traditionelle Zentralfunktion"[163]. Ein sich durch Freiheitlichkeit, Kommunikativität und Solidarität auszeichnendes „Zusammenleben der Gemeinde", „ihre Menschlichkeit"[164] zieht mehr Menschen außerhalb der Kirche an; innerhalb dieses Rahmens kommt der Predigt dann allerdings eine zentrale Rolle zu, insofern sie einen besonders wichtigen Gesprächsgang darstellt. Den „Anspruch", dass Kirche wesentlich „Kirche der Predigt"[165] ist, sieht Lange durch die Einordnung in dieses umfassendere Kommunikationsmodell nicht aufgegeben, sondern lediglich transformiert. Denn praktisch tritt nun „die ganze Woche ins Zeichen der Predigtarbeit"[166], insofern alle Kommunikation in der Kirche sich letztlich von der Definition der Predigt als ‚Kommunikation des Evangeliums' her verstehen muss und zu ihr beiträgt.

Neben der Einordnung des Predigtvorgangs in ein allgemeines Gesprächs- bzw. Kommunikationsmodell als Grundstruktur gemeindlicher Existenz begegnet bei Ernst Lange noch ein anderer Versuch, die Wirkung der Predigt auf die Hörerinnen und Hörer und ihr Leben zu beschreiben. Die in der Predigt bzw. allgemeiner: in der ‚Kommunikation des Evangeliums' sich vollziehende „Veränderung betrifft den Zwang, den die Realität auf den Glauben ausübt"[167], insofern „der Anspruch der Wirklichkeit ... sich als stärker denn der Anspruch Gottes"[168] erweist; „die gegenwärtige Wirklichkeit Gottes wird strittig angesichts der wirklichen Gegenwart."[169] Nicht nur wer sich um Bildung bemüht, auch wer predigt, begegnet in den Gemeinden „einer Anhäufung von Marginalisierten. ... Lauter ‚Besessene', denen nur der Exorzismus helfen könnte, die Zerstörung der verinnerlichten Fremdherrschaft."[170] Damit erhält der Predigtakt eine ganz andere, sehr wesentliche Funktion für das Glau-

---

161 Lange, 1987a, 45.
162 Ebd.
163 Lange, 1987a, 16.
164 Lange, 1987b, 55.
165 Lange, 1987b, 60.
166 Lange, 1987b, 53.
167 Lange, 1987a, 27.
168 Lange, 1987a, 26.
169 Lange, 1987a, 26 f.
170 Lange, 1980, 85.

bensgeschehen: in ihr wird „dieser Zwang, dieser Bann ... gebrochen. ... Was geschieht, ist Bannbruch, Exorzismus."[171]

Dieser Argumentationsgang führt Lange in die Nähe eines Sprachverständnisses, das die performativen Aspekte von Sprache nicht nur, nicht einmal primär unter dem Stichwort Kommunikation oder Verständigung zu erfassen sucht, *sondern die Wirkmächtigkeit des Wortes oder der Worte jenseits der Akteure und ihres Rezeptionsverhaltens im Blick hat* und das auch in Langes Überordnung des Predigenden als Ausdruck des Geheimnisses Gottes durchscheint.

Allerdings relativiert Lange diese Überlegungen sogleich wieder und versucht, sie mit seinem Kommunikations- bzw. Gesprächsmodell auszugleichen: für ihn geht es in diesem Bannbruch eigentlich um „Aufklärung", insofern „damit dem Vorgang der Aufklärung seine eigentliche Intention und Würde als Exorzismus"[172] zurückgegeben und tatsächlich ein Weg aus der Gefangenschaft eröffnet wird. Bannbruch heißt dann vor allem Verflüssigung, kritische Relativierung von Traditionen und Ideologien, sofern sie den Prozess der Kommunikation des Evangeliums behindern. Nicht im unmittelbaren sprachlichen Handeln gewinnt die Predigt also heute ihre exorzistische Kraft, sondern in der Reflexivität, im Rückgriff auf weitere Gesprächsgänge etwa bezüglich ihrer Relevanz oder Glaubwürdigkeit. Der Exorzismus wird zur Metapher.[173] Die sich mit dem Stichwort ‚Bannbruch' verbindende Perspektive, dass in der Predigt etwas so zu Sprache kommt, dass es die Hörerinnen und Hörer überwältigt, ihre Lebensumstände grundlegend verändert, wird zurückgenommen in einen umfassenden, allerdings nicht auf die Kognition beschränkten Prozess der Verständigung. Soll eine Predigt für die Hörerinnen und Hörer Bedeutung gewinnen, muss sie sich kommunikativ durch den Rückgriff auf immer neue Anschlussdiskurse bewähren.

Angesichts der Unabschließbarkeit solcher Diskurse erscheint es zweifelhaft, dass die Kommunikation des Evangeliums ein Ende findet und die Predigt ihre „Aufgabe, ... so vom Glauben zu reden, dass seine Relevanz für das Leben ... *unbestreitbar* wird"[174], erfüllen kann. Wenn es in der

---

171 Lange, 1987a, 27; vgl. unten A 2.1.; zum ganzen vgl. Fechtner, Friedrichs, bes.: 314–316.

172 Ebd. Vgl. auch Lange, 1980, 141–145 u. 42: „Transparenz herstellen, das hieße, die Teufelskreise aufklären und zerschlagen, in denen wir uns quälen. ... Ich benutze das Wort Teufelskreis mit Bedacht. Diese Gefangenschaften haben nämlich wirklich etwas Dämonisches. Und darum ist mehr erforderlich als bloße Aufklärung im platten Sinn. ... damit ich von meinen Wahnvorstellungen frei werden kann, braucht es so etwas wie Dämonenaustreibung, einen Exorzismus, heute würde man sagen, eine Durchbruchserfahrung, ein Aha-Erlebnis."

173 Vgl. Fechtner, Friedrichs, 316.

174 Lange, 1987b, 55; Hervorhebung von mir, J.C.-B.

Predigt nicht mehr „um Leben und Tod"[175] geht, wie der Begriff des Exorzismus ursprünglich unterstellt, sondern darum in einem Prozess der Verständigung den Hörerinnen und Hörern die Relevanz des Evangeliums plausibel zu machen, führt sie die Hörerinnen und Hörer hinein in einen unabschließbaren, „je neuen, kritischen Verstehensprozess" der „konkreten Vermittlung von Wort Gottes und eigener Erfahrung"[176]. Das Theologumenon ‚verbum externum', das in der homiletischen Tradition für Gewissheit, Klarheit und Verlässlichkeit, für den Abschluss der Kommunikation in der Predigt steht, wird in eine zirkuläre Struktur eingeordnet: „Das Wort Gottes, von dem die Gemeinde lebt, sagt sie sich nicht selbst, es trifft sie im strengen Sinn von außen, als ‚mundlich wort', als ‚leiblich wort', als verbum externum"[177]. Dabei geht es um eine dreifache ‚Äußerlichkeit': es ist notwendig das Wort des anderen Menschen, der es selbst wiederum aus der Schrift hat, die wiederum nicht aus sich selbst heraus Wort Gottes ist, sondern nur „in ihrem Gepredigt-Werden"[178]. „Dass das Wort des Mitmenschen mich als Wort Gottes trifft, liegt also nicht in dem Redenden begründet, sondern ... ist und bleibt Verheißung, deren zuverlässige Erfüllung das Wunder der Treue Gottes ist."[179] Steht die zweite Stufe des ‚Außen' bei Lange für den Aspekt der Institutionalisierung, so die dritte für Relativierung, Verflüssigung, Vorläufigkeit. Sie führt das Amt und die Gemeinde, dieses Gegenüber, das für Lange „zum Wesen der Kirche"[180] gehört, immer wieder zurück auf die zwischen ihnen stattfindende Kommunikation – in ein endloses Gespräch.[181]

Greift man zurück auf Langes Unterscheidung von drei Funktionen des Gottesdienstes: absolutio, promissio und missio[182], so ist besonders

---

175 Lange, 1987b, 54; vgl. zu Luther: B 4.1.
176 Hermelink, 1992, 267.
177 Lange, 1987e, 109 f.
178 Lange, 1987e, 110.
179 Ebd.
180 Ebd.
181 In diesem Zusammenhang ist auf Langes Bonhoeffer-Rezeption hinzuweisen. Lange, 1987b, 57, nimmt Bonhoeffer auf als Gewährsmann dafür, dass „‚das Wort der Kirche an die Welt'" nur „‚vollmächtig sein'" kann, wenn es „‚aus der tiefsten Kenntnis der Welt dieselbe in ihrer ganzen gegenwärtigen Wirklichkeit'" betrifft. Er übersieht jedoch, dass Bonhoeffer mit seinem Anspruch an Predigt, „‚jetzt und hier aus der Kenntnis der Sache heraus in konkretester Weise das Wort Gottes, das Wort der Vollmacht'" zu sagen, nicht einfach die „Klarheit und Stringenz" des Situationsbezugs der Predigt als einlösbare Größe im Verständigungsakt einfordert, sondern sehr wohl den Rezeptionsakt, wenn auch spezifisch differenziert im Blick auf die Predigt des Evangeliums und des Gebotes, mit im Blick hat. Im Unterschied zu Lange geht Bonhoeffer gerade auch in dem zitierten Abschnitt aus „Zur theologischen Begründung der Weltbundarbeit" davon aus, dass das Wort der Kirche das Wort des Christus praesens ist, „heute und hier gültiges, bindendes Wort" (Bonhoeffer, 1978, 144), nicht „etwas anderes, Menschliches, ein Wort der Ohnmacht" (Bonhoeffer, 1978, 145), eben kein Gesprächsgang unter anderen.
182 Hermelink, 1992, 177.

der erste Aspekte der Vergewisserung in einem solchen Konzept von Predigt als Verständigungsbemühung nur schwer zu verankern. Seine Wahrnehmung der Gemeinde und der Predigt scheinen darin übereinzukommen, dass er beide unter einem bleibenden Rechtfertigungsdruck sieht. In der „soziale(n) Marginalität des parochialen Milieus"[183] und in einer Zeit, in der die Kirche zu einer „mehr und mehr isolierte(n) Institution"[184] wird, müssen Predigt und Gemeinde mit einer grundlegenden Verunsicherung leben, die sie unauflöslich an die *permanente Kommunikation* kettet. Lässt sich die Hoffnung auf die Gemeinde der Befreiten[185], das Verständnis von Predigt als Bannbruch, als aktuelle Vergewisserung für Zeitgenossen im Angesicht der Macht der gesellschaftlichen Zwänge festhalten, ohne auf das Modell des endlosen Gesprächs zurückgreifen zu müssen?

---

183 Hermelink, 1992, 204.

184 Hermelink, 1992, 205. Langes Bemühen um eine Methodisierung der Predigtarbeit entspringt in diesem Sinne weniger dem Wunsch, homo faber auf der Kanzel zu sein; sie ist eher Ausdruck der verunsicherten Existenz der Prediger und Predigerinnen in der Gegenwart.

185 Vgl. dazu Langes wichtiges und bewegendes Buch zur ökumenischen Bewegung: Lange, 1972.

A 2. Die wirkmächtige Predigt und das Gespräch

‚Predigt und Gemeinde‘ bei Rudolf Bohren

„Predigt und Gemeinde"[1] lautet der Titel der ersten Sammlung von Beiträgen zur Praktischen Theologie von Rudolf Bohren aus dem Jahr 1963. Die dort gedruckten Aufsätze aus dem Pfarramt und den ersten Jahren als Professor in Wuppertal kreisen um diese zwei Themen, kommen jedoch kaum auf ihren Zusammenhang zu sprechen. Zwar sieht er schon damals die Predigt nicht nur als individuelles Geschehen, sondern als „Leistung der Gemeinde."[2] Sein Hauptinteresse gilt jedoch pastoraltheologischen Überlegungen, insbesondere dem Gedanken einer „Ergänzung der Brüder"[3]. „Die Predigt muss also nicht nur getragen werden von der Individualität des Predigers, des Einen und Besonderen, der nun eben redet. Die Predigt muss aus der Gemeinde kommen und darf nicht aus einer azurenen Einsamkeit herstammen … Diejenigen Pfarrer, die ihre Predigten gemeinsam mit einer Mannschaft vorbereiten, sind sicher auf dem Weg zum evangelischen Zeugnis."[4] „Wird der biblische Fundamentalsatz über das Zeugnis wieder ernst genommen, so sprengt dieser das verdammte Einmannsystem."[5]

Die ‚Predigtlehre‘ von 1971 geht dann ausführlicher auf das Zusammenspiel von Predigt und Gemeinde ein: „Der theologische Satz, wonach die Gemeinde eine Schöpfung des Wortes ist, wird unter uns nicht angefochten. Predigt, die Gemeinde schafft, gleicht dann einer Dichtung mit der inneren Tendenz, ‚sich ihr Publikum zu schaffen‘."[6] Auch Veröffentlichungen vom Ende der achtziger Jahre machen die Frage zu einem zentralen Thema seiner homiletischen Arbeit, wie die Titel zweier kleinerer Aufsätze signalisieren: „Predigt und Gemeindeaufbau"[7] und „Predigtanalyse und Gemeindeaufbau"[8]. „Die Diskrepanz zwischen der Geist

---

1 Bohren, 1963a.
2 Bohren, 1963b, 55.
3 Bohren, 1963b, 57.
4 Bohren, 1963b, 54 f.
5 Bohren, 1963b, 55; mit Verweis auf Mt 18, 15–20.
6 Bohren, 1980, 453.
7 Bohren, 1989b, 9–12.
8 Bohren, 1989a, 93–100.

schenkenden Predigt des Apostels und der in der Anrede an den einzelnen versickernden Predigt von heute ist mir zunehmend ein Schmerz."[9] Bohren knüpft explizit an das Motiv von der ecclesia als creatura verbi an und sieht die Predigt als Mitte der Gemeinde, von der her alles wächst oder vergeht. „Bedenkt man, dass die Kirche eine Kreatur des Wortes ist, so hängt das Leben der Kirche am Wort, und das heißt, wo die Sprache korrupt wird, wird auch die Kirche korrupt und umgekehrt. Bessert sich hingegen die Sprache der Predigt, bessert sich auch die Kirche."[10] Die „Sorge um die Kirche ist primär Sorge um ihr Wort", „dass Kirche Kirche werde"[11], hängt am Verständnis und der Praxis der Predigt.

Wie Dietrich Bonhoeffer und in explizitem Anschluss an dessen Homiletik betont Bohren den sozialen Aspekt des Christuswortes, das uns trägt; „indem es dies tut, schafft es Gemeinschaft."[12] „Wo Bonhoeffer vom Tragen des Wortes spricht, da kommt sofort die Kommunität der Kirche in Sicht. In der Gliedschaft des Leibes ist auch der Prediger ein Angenommener und Getragener."[13] Im Gegensatz zu den im Vorwort beschriebenen Tendenzen behauptet er einen starken Wirkungszusammenhang zwischen kirchlichem Leben und Predigtgeschehen, geradezu im Sinne eines syllogismus (practicus) zwischen kirchlicher Praxis und Predigt. *Die verbi, die die Gemeinde aufbauen, sind die Worte der Predigt;* homiletische Reflexion erscheint als zentrales Thema Praktischer Theologie.

Im Unterschied zu Ernst Lange betont Rudolf Bohren in seinen Ausführungen zum Wort- und Sprachverständnis die grundlegende Differenz zwischen den theologisch qualifizierten Worten und der zwischenmenschlichen Kommunikation. Charakteristisch für sein Konzept ist der Zugang zur Predigtgemeinde. Wer ihre Würde wahren will, bleibt skeptisch gegenüber allen – notwendigen – Versuchen, ihre Wirklichkeit empirisch und methodisch zu erfassen; statt dessen gilt es, die Gemeinde zu ‚erfinden', sie unter der Perspektive ihrer Erwählung zu sehen. Zusammen finden Predigt und Gemeinde bei Bohren – wie bei Lange – zunächst auf der Grundlage eines Gesprächsmodells: aus und in dem Gespräch lebt die Gemeinde; aus ihm kommt die Predigt und mündet wieder in es ein. Ihr Ziel weist jedoch über das Gespräch hinaus: ins Entzücken.

---

9 Bohren, 1989b, 10.
10 Bohren, 1989a, 94.
11 Ebd.
12 Bohren, 1980, 560.
13 Ebd.

2.1. Zwischen Redseligkeit und Sprachlosigkeit, Wort und Geist: Die Macht der Predigt

Das Schweigen zu brechen, sich „gegen den Schatten ..., den das Schweigen auf die Welt wirft"[14], zu stellen, ist ein, wenn nicht das zentrale Anliegen von Bohrens homiletischer Theorie. „Absolute Wortlosigkeit ist die Hölle."[15] Aus ihr führt die Predigt heraus – ins Hören, Antworten und Beten. Solche Sprach- und Wortlosigkeit ist jedoch nicht zu verwechseln mit Stille und Schweigen, das Wort und die Sprache der Predigt nicht mit der Redseligkeit und dem „Wortgeräusch"[16], das auch in der Kirche des Wortes anzutreffen ist, in der „das Mundwerk pausenlos laufen" muss, „auch wenn es leer läuft."[17] Vielmehr sind die verwendeten Begriffe theologisch qualifiziert und zielen auf die Unterscheidung des alltäglichen Sprechens vom ‚Wort', das sich wesentlich durch seine Wirkmächtigkeit auszeichnet. „In einer sprachlosen Welt, die sich immer wieder durch die Rhetoren überreden lässt und die Worte nur verbraucht, muss es Menschen geben, die Schweigen lernen, um das rechte Wort für ihre Zeit zu finden. Im Wort-Fasten allein ist das Wort zu finden, das notwendige, das wir verloren haben", das „im Schweigen Macht über den Prediger"[18] gewinnt. Solch eine Praxis des Schweigens in einer Gruppe von Christenmenschen setzt ein „Zeichen der Freiheit und des Widerstandes in dieser Welt"[19], bringt gerade im bewussten Verzicht „auf viele Wirkungsmöglichkeiten"[20] einen „Zeit- und Sprachgewinn" und macht „aus einem Konformisten einen Protestanten und aus einem Gejagten einen Exorzisten."[21] Die Worte bekommen wieder ihre heilende Qualität: „Wo Lob Lob und Klage Klage ist, brechen sie ein Schweigen."[22]

Bohren wendet sich gegen die Eingrenzung der „Predigt des Evangeliums ... auf einen verbalen Akt,"[23] obwohl er betont, dass sich der heilige Geist ans Wort gebunden hat. So wie das Wort ohne den Geist nicht genug ist, so gibt der Geist „nichts außer dem Wort"[24], ja Bohren kann von einer „Wortbedürftigkeit des Geistes"[25] sprechen. Gott unter-

---

14 Bohren, 1980, 7.
15 Bohren, 1980, 66; vgl. unten (C 4.) zu Luther, der statt der Wortlosigkeit die falschen Worte mit der Hölle identifiziert.
16 Bohren, 1986, 169; vgl. 168: „Wortlärm".
17 Bohren, 1986, 167.
18 Ebd. Zum Stichwort ‚verbrauchen' vgl. auch die Abschnitte bei Lange (A 1.1.) und Engemann (A 6.3.)
19 Bohren, 1986, 168.
20 Bohren, 1986, 169.
21 Bohren, 1986, 168.
22 Bohren. 1986, 169.
23 Bohren, 1980, 289.
24 Bohren, 1980, 82.
25 Bohren, 1980, 83.

wirft sich in der Offenbarung dem Gesetz der Sprache. Gerade an der Frage der Armen als primären Adressaten des Evangeliums zeigt sich aber, dass die Kirche erst glaubwürdig wird, wenn sie mit dem Wort predigt und „mit ihrem ganzen Wesen."[26] Damit öffnet sich der Predigtbegriff für die Ganzheitlichkeit der Verkündigung, wozu auch eine Ablehnung der „Eliminierung des Enthusiasmus"[27] gehört, denn die Geistesgegenwart ist das Geheimnis der Predigenden wie der Gemeinde. Geistesgegenwart gibt es auch außerhalb des Kanons, der wesentlich der (selbst-)kritischen Prüfung dient.[28] Dementsprechend wird das mündliche Wort dem schriftlichen vorgeordnet: „wenn die Beobachtung richtig ist, dass zum Begriff des Wortes Gottes das Gesprochen-Werden notwendig hinzugehört, wird die Distanz der orthodoxen Schriftlehre von der Schrift selbst sofort deutlich."[29] Nur durch das Sprechen wird die Predigt zur Anrede, bleibt nicht nur vermeintlich eindeutige, propositionale Wahrheit, sondern wird Macht, die ergreift. „Die Texte sollen wieder werden, was sie waren, gesprochenes Wort, gepredigte Predigt."[30]

Die Funktion, die Bestimmtheit der Predigt zu sichern, hat für Bohren neben der Schrift vor allem der „Name"[31]. „Die Predigt wird am Namen nachprüfbar."[32] Er ist „ein Kraftfeld"[33], aus dem sich die Gemeinde, die Predigt und die Predigenden speisen; in seiner „Unübersetzbarkeit" und „Unbegreiflichkeit"[34] bindet er die Menschen an sich und aneinander. In ihm steckt eine „Sprachreduktion"[35], die sich der Weitschweifigkeit ebenso widersetzt wie der Formelhaftigkeit, die Fremdheit und Nähe zulässt und nicht aus der Angst heraus im Rezitieren stecken bleibt, aktuell Verantwortung übernehmen zu müssen. Der Name unterscheidet die menschliche Sprache von der der Tiere und steht für die Macht derjenigen, in deren Name gepredigt wird, die ein „Machtwort"[36] gesprochen haben. An dieser Macht erhält der Sprecher oder die Sprecherin Anteil, sodass er oder sie dem Menschen, der in Verhältnissen lebt, „die stärker sind als seine Willenskräfte", ein „lösendes"[37], Freiheit schenkendes Wort sagen kann, das „eine neue, gereinigte Atmosphäre"[38] schafft.

---

26 Bohren, 1980, 289.
27 Bohren, 1980, 86.
28 Vgl. Bohren, 1980, 109 ff.
29 Bohren, 1980, 133.
30 Bohren, 1980, 148.
31 Vgl. Bohren, 1980, 89 ff.
32 Bohren, 1980, 93.
33 Bohren, 1980, 96, im Anschluss an Rosenstock-Hussey.
34 Bohren, 1980, 95.
35 Bohren, 1980, 99.
36 Bohren, 1980, 313.
37 Bohren, 1980, 314.
38 Bohren, 1980, 316.

Wie bei Lange „erweist sich das Modell des Exorzismus als wesentlich für das Verständnis der Predigt."[39] Allerdings rückt Bohren es in einen anderen Horizont. Er sucht nicht den Ausgleich mit der Tradition der Aufklärung, sondern versucht die *Rede vom Exorzismus* durch ihre Einordnung in den Rahmen von „Streitgesprächen"[40] zu plausibilisieren. Für ihn ist „die größere Gefahr als der Fundamentalismus ... eine platte Aufgeklärtheit ..., die den Horizont des sehr flachen Landes für den aller Welten hält. Sie übersieht, dass der Mensch in Verhältnissen lebt, die stärker sind als seine Willenskräfte."[41] Die Predigt sucht „den Menschen von dem zu befreien, was stärker ist als seine Entscheidungskraft. ... Exorzistische Predigt sagt dem Menschen ein Wort, das er sich in seiner Lage nicht zu sagen vermag und das ihn an das Tun Jesu verweist. ... Exorzistische Predigt befreit, indem sie die Übermacht des Namens demonstriert, besser, indem der Name seine Übermacht demonstriert."[42] „Sie vermag die Teufeleien zum Schweigen zu bringen."[43] Andernfalls „bleibt die Predigt ohnmächtig"[44] und wird in der Folge zumeist gesetzlich, insofern sie ihre „Ohnmacht in Forderungen an die Hörer"[45] übersetzt.

Bohren ist an der Macht des Predigtwortes interessiert, daran, dass Predigen mehr ist als unverbindliches, harm- und wirkungsloses Wortewechseln. „Das Wort ist unser Material. Es soll zur Energie werden."[46] „Predigt verändert die Öffentlichkeit, in der gepredigt wird, sie ist gesellschaftlich wirksam"[47]; „der leise Lärm der Umkehr wird in der Welt einen Widerhall finden."[48] Besonders deutlich wird das an der Zungenrede, die aus der Macht kommt und die eschatologische Sprache vorwegnimmt.

In einer neueren Veröffentlichung, die Bohren zusammen mit G. Debus und anderen zum Thema ‚Predigtanalyse' vorgelegt hat, zeigen die Autoren, dass das Stichwort „Redefluss"[49] hilfreich ist, um die Wirkmächtigkeit der Predigt zu kennzeichnen. Ausgehend von einer „Lektüre der Weisheitsliteratur" gelangen sie zu der Feststellung, dass „in dieser Metaphorik ... ein tiefes Wissen um den Zusammenhang von Wort und Geist" steckt „wie auch ein Wissen darüber, dass in der Rede, in ihrem

---

39 Bohren, 1980, 313 unter Verweis auf Thurneysen und Blumhardt d. Ä.; vgl. zum ganzen 313–316; vgl. auch oben: A 1.3. und: Fechtner, Friedrichs, bes.: 308–311.
40 Bohren, 1980, 315.
41 Bohren, 1980, 314.
42 Ebd.
43 Bohren, 1980, 316.
44 Bohren, 1980, 314.
45 Bohren, 1980, 315.
46 Bohren, 1980, 37.
47 Bohren, 1980, 316; vgl. 342: „Predigten werden die Welt verändern."
48 Bohren, 1980, 361.
49 Debus, 1989, 57.

Fluss, Bewusstes und Unbewusstes sich mischt: ‚mitreißend' kann eine Rede sein oder ein ‚seichtes Geplätscher'. Wir fragen uns: Sollte ‚Sprechhandlung' nicht durch ‚Redefluss' ergänzt werden? Bonhoeffers Rede vom ‚Tragen des Wortes' spricht dafür! Auch die von der ‚Eigenbewegung des Wortes': Die Predigt soll mitreißen in die neue Welt Gottes."[50] Zudem hat die *Metapher vom Fluss* den Vorteil nicht von Ich-Du-Relationen auszugehen, sondern eine transindividuelle und transpersonale Perspektive zu eröffnen; Konflikte um die Wirksamkeit der Predigt lassen sich damit in einer Terminologie rekonstruieren, die neue Perspektiven eröffnet: „Der menschliche Redefluss präludiert oder staut Gottes Kommen, er ‚beschleunigt' oder hält es auf."[51] Auf die Frage nach der Struktur einer im Redefluss konstituierten Sozialität wird in der Veröffentlichung allerdings nicht eingegangen.

2.2. Die ‚wirkliche' Gemeinde, ihre Fremdheit und Würde

„Die Gemeinde ist da, wie das Evangelium da ist. Beide wollen wahrgenommen werden."[52] In seiner ‚Predigtlehre' behandelt Bohren das Gegenüber des Predigers und der Predigerin unter der Überschrift: „Der Hörer"[53]. Rezipient der Predigt scheint das einzelne, männliche Individuum zu sein. Andererseits betont Bohren „das zugleich individuelle und soziale Wesen des Menschen"[54] und wendet sich dagegen, dass vergessen wird, „dass der Mensch als soziales Wesen in seiner Neuschöpfung erst recht sozial bleibt. Nicht dass damit das Individuelle ausgeschaltet wäre; aber es ist nicht ohne das soziale."[55] Dass der Hörer wie der Prediger an der Gnade Anteil hat, „wird vor allem deutlich in seiner Gliedschaft an der Gemeinde. Gnade gibt es auch außerhalb der Gemeinde, in der Gemeinde aber sollen diese Gaben erkannt, benannt, geübt werden."[56] Gerade die pneumatologische Fundierung seiner ‚Predigtlehre' lässt ihn besonders an der Vielzahl und Vielfalt der Hörer und Hörerinnen interessiert sein. „Versuchen wir, die Predigtlehre vom Gedanken der Einwohnung des Geistes im Einzelnen und in der Vielheit her zu bedenken, werden wir dem Prediger und dem Hörer mehr Aufmerksamkeit widmen als im Entwurf einer Homiletik nach dem Denkmodell der Christolo-

---

50 Debus, 1989, 57 f. unter Verweis auf Bonhoeffer, 1961, 237 ff.
51 Debus, 1989, 56. Vgl. zum Fließen des Wortes unten C 1.1. sowie Gestrich, 1989, 365 f. und Josuttis, 1995b, 61 mit Hinweis auf die grundlegende sozialpsychologische Arbeit von Csikszentmihalyi.
52 Bohren, 1980, 562.
53 Vgl. Bohren, 1980, 441 ff.
54 Bohren, 1980, 310.
55 Bohren, 1980, 307.
56 Bohren, 1980, 470.

gie."[57] Der Zusammenhang von Person und Gemeinschaft, von Reflexivität und (theonomer) Reziprozität[58], von Vielfalt und Bestimmtheit, von Tradition und Aktualität, aber auch transindividuelle und transsoziale Aspekte können in einem pneumatologischen Zugang angemessener thematisiert werden als in homiletischen Ansätzen, die sich an schöpfungstheologischen oder christologischen Modellen orientieren.[59]

Im Nachwort zur vierten Auflage hat Bohren die Spannung zwischen seinem theoretischen Anspruch und seinen singularischen und maskulinen Formulierungen aufgenommen und selbst Einwände gegen den Begriff „Hörer" benannt, der „zurzeit der Homiletik liebstes Kind"[60] ist. „Der Begriff ‚Hörer' atmet Distanz. Davon, dass das Wort alle trägt und vereinigt und uns zu Gliedern an einem Leib macht, scheint der Begriff nichts zu wissen."[61] Zudem ist die Behauptung, der Vorteil des Terminus „Hörer" liege darin, dass er „über die Rolle des Hörens hinaus nichts besagt"[62], nicht erst auf Grund heutiger Reflexionen zum Thema: „inklusive Sprache in Predigt und Gottesdienst"[63] obsolet, die die (Überzahl der) Hörerinnen mit ihren spezifischen Hörbedingungen ernst nimmt. Schon Bohren hat herausgearbeitet, dass der Begriff die eingespielten Rollen fixiert, das Wesen der Gemeinde verdunkelt, die „Reduktion der Predigt auf Innerlichkeit"[64] ebenso wie die Entpolitisierung fördert, vor allem aber eine marktkonforme Homiletik zwischen Angebot und Nachfrage begünstigt.[65]

In den schon erwähnten neueren Texten[66] hat sich Bohrens Terminologie gewandelt: nun bevorzugt er plurale Formulierungen bzw. den Begriff „Gemeinde", gerade weil damit „der ekklesiologischen Problematik"[67] in der Homiletik Raum gegeben wird. Bei der folgenden Darstellung, die sich in weiten Teilen an der ‚Predigtlehre' orientiert, wird zu bedenken sein, ob die Revision der Terminologie auch eine Verän-

---

57 Bohren, 1980, 75.

58 Bohren, 1980, 76, versucht Bullingers „est" im Anschluss an van Ruler mit dem Begriff der „theonomen Reziprozität" zu kennzeichnen. Das Wunder der Predigt ist Gottes Primat und unser Dabeisein. Eingeführt wird der Begriff der „theonomen Reziprozität" in Bohren, 1975, 67-76. Vgl. dazu die Bemerkung in A. Grözinger, 1989, 110.

59 Vgl. Welker, 1992.

60 Bohren, 1980, 560. Die Spannung zeigt sich noch in einer Einladung des von Bohren maßgeblich mitinitiierten Ökumenischen Vereins zur Förderung der Predigt e. V. mit der Evangelischen Akademie Baden zu einer Tagung Anfang 1997 unter dem Titel „Hörer macht Predigt" und der Unterfrage: „Wie hört die Gemeinde eine Predigt?"

61 Ebd.

62 Bohren, 1980, 561.

63 Vgl. etwa Frauen, 1990;. Roth, 1990; Köhler.

64 Bohren, 1980, 561.

65 Vgl. Ebd.

66 Bohren, 1989a und b

67 Bohren, 1980, 561.

derung der Inhalte beinhaltet oder sich die früheren Ausführungen auf den Begriff ‚Gemeinde' übertragen lassen.

Wie finden Predigende einen Zugang zur Gemeinde? Oder mit den Worten der ‚Predigtlehre': „Wie finde ich ... den Hörer, wie wird er für mich ‚greifbar', besser: begreifbar?"[68] Zunächst sind es zwei Abgrenzungen, die den Weg zur Wahrnehmung der Predigtgemeinde markieren: *Homiletik muss sich die Freiheit von den Hörerinnen und Hörern bewahren,* damit die Gemeinde nicht zum „Gesetz der Predigt"[69] wird – so der Vorwurf gegenüber E. Lange –, *sie darf sie aber auch nicht verachten* – so der Vorwurf an E. Thurneysen. Bohren will dementsprechend einerseits die Gemeinde möglichst genau und umfassend wahrnehmen und sich ihr aussetzen, ja ihr Ehre und Respekt erweisen, andererseits eine theologisch begründete Distanz zu ihr und ihren Wünschen und Vorstellungen halten.

In der ersten Perspektive ist die Predigtgemeinde „eine Art Text und will als zweiter Text exegetisiert und meditiert sein."[70] Wie beim ersten Text hat der oder die Predigende ein „hermeneutisches Problem"[71]: er oder sie muss sich in seine Hörerinnen und Hörer verwandeln, d. h. sich von sich selbst freimachen und sich den anderen verknechten (1. Kor 9,19–23). Bohren konkretisiert diesen „Weg zum Hörer"[72] in acht Schritten: Er beginnt mit dem Dank, wie in den Briefeinleitungen des Paulus, fordert das Sehen, Auge in Auge: „Soziologie, Psychologie, Romane und Lyrik in allen Ehren, aber sie ersetzen nicht das Sehen, sie entbinden mich nicht, den Hörer selbst zu sehen. Ich muss selbst predigen, deshalb muss ich selbst sehen."[73] Es folgt das Fragen als Zeichen des sensiblen Interesses, der Empathie, das Hören als Zuhören, denn das große Ohr zeichnet den Prediger oder die Predigerin aus, und „innerliches Nachsprechen, Mitsprechen und Widersprechen."[74] „Als Prediger höre ich dem einzelnen zu, höre auf die Sprache der Gemeinde und die Landessprache."[75] Denn „das Wort dessen, der nur mit halbem Ohr zuhört, hat keine Macht."[76] Das zu Herzen nehmen, meint eine ganzheitliche Reflexion über die Hörerschaft, ein Erweitern der eigene Existenz um die der Hörerinnen und Hörer; schließlich Traum und Vision: „Der Hörer sei der Traum des Predigers"[77] und die

---

68 Bohren, 1980, 465.
69 Bohren, 1980, 449.
70 Bohren, 1980, 460.
71 Ebd.
72 Bohren, 1980, 474.
73 Bohren, 1980, 479.
74 Bohren, 1980, 481.
75 Bohren, 1980, 483.
76 Bohren, 1980, 482.
77 Bohren, 1980, 489.

Diakonie als „Hörhilfe"[78]: sie „interpretiert das Wort."[79] Am Ende steht die „Verwandlung"[80]: der Prediger „mit seinem ganzen Leib"[81] soll „sich mit dem Wort in die Hörer verwandeln"[82]; es kommt gleichsam zu einer „unio mystica zwischen Redner und Hörer."[83] „Dieses Mit-Sein wird so stark, dass die eigene Existenz die Gemeinde umgreift."[84] Der Prediger setzt sich „aus einem Privaten" um „in eine Vielzahl. In solchem Umsetzen erreicht die evangelische Freiheit ihre höchste Stufe, indem sie sich frei macht von sich selbst und sich dem anderen verknechtet."[85] „Alles entscheidet sich daran, dass die ‚Partizipation' zuerst kommt und dann die ‚Kenntnis', dass der Pfarrer zuerst Glied der Gemeinde und als solcher ein von den Gemeindegliedern Empfangender wird. Einer, der sich der Gemeinde verdankt und darum auch für die Gemeinde dankt. Alle ‚Kenntnis' steht dann im Dienst der ‚Partizipation'."[86] In dieser ‚Partizipation' und ‚Umsetzung' gewinnen die Predigenden eine „Vollmacht", die es ihnen ermöglicht, die Hörenden besser zu verstehen, als sie sich selber verstehen, und ihnen „Neues über sich" zu sagen.[87]

Wer sich auf diesen Weg machen will, erkennt sehr bald *eine bleibende Differenz*: der ‚wirkliche' Hörer, noch genauer die ‚wirkliche' Predigtgemeinde aus Männern und Frauen, Alten, Mittelalterlichen, Konfirmanden und Konfirmandinnen, aus Alleinstehenden und Ehepaaren – die Differenzierungen lassen sich beliebig vermehren – ist nicht zu erreichen. Das „Bedenken des Hörers" bleibt „Fragment"[88]. Die Konzentration homiletischer Entwürfe auf den einzelnen männlichen Hörer ist deshalb immer auch als Versuch zu lesen, die Komplexität der vorfindlichen Gemeinde zu reduzieren, die Offenheit einzugrenzen, mit der eine solche „Akkommodation des Geistes"[89] ebenso wie die Auslegung eines Bibeltextes leben muss. Bohrens Hinweis, sich diesem Problem durch die Auswahl repräsentativer Gemeindeglieder als „Vertreter der Hörerschaft"[90] zu stellen, kann diese Grenze ebenfalls nicht überwinden, denn die Beschränktheit des Zugriffs auf die Hörerinnen und Hörer ist erkenntnistheoretisch und – für Bohren entscheidend – theologisch begründet.

---

78 Bohren, 1980, 494.
79 Bohren, 1980, 496.
80 Bohren, 1980, 497.
81 Debus, 1989, 55.
82 Bohren, 1980, 498.
83 Bohren, 1980, 485.
84 Bohren, 1980, 486.
85 Bohren, 1980, 461.
86 Bohren, 1981, 427.
87 Bohren, 1980, 487.
88 Ebd.
89 Bohren, 1980, 462.
90 Bohren, 1980, 466; vgl. dazu den Beitrag von Krieg, 1993.

„Die Hörer, die ich vor mir habe, sind nicht die Hörer, die die Kommunikationsforschung untersucht hat. Diese kann wohl Gesetzmäßigkeiten des Kommunikationsprozesses herausarbeiten; das Geheimnis des Hörers und seines Hörens bleibt . . .: das Geheimnis seiner Erwählung und der Zukunft, die er mit Gott hat. So markiert sowohl der Glaube wie der Unglaube, die Erwählung wie die Verstockung eine Grenze der Kommunikationsforschung ... Die Kommunikationsforschung vermag die Unbekanntheit des Hörers so wenig aufzuheben wie die Exegese die Fremdheit des Textes. Dies spricht weder gegen die Kommunikationsforschung noch gegen die Exegese."[91] Ein Kommunikationsmodell, das die Verständigung zwischen Prediger und Gemeinde von einer möglichst genauen wechselseitigen Kenntnis abhängig sieht, jedes Bemühen um eine möglichst mund- und ohrgerechte Sprache, stößt an seine Grenze, denn es hilft nicht, das grundsätzliche Problem der Verkündigung zu überwinden: „Wie kann ich den Hörer erreichen, wenn sich auch die beste Information über den Hörer als ungenügend erweisen sollte?"[92]

Am Ende von Bohrens Versuchen, sich der Predigtgemeinde zu nähern – und damit sind wir bei der zweiten Perspektive – steht die empirisch erfahrbare und theologisch zu begründende Erkenntnis: *der Hörer bleibt unbekannt, die Predigtgemeinde ist gegenüber allen Versuchen ihrer Handhabbarmachung immer auch eine Gemeinschaft der (dem Prediger bzw. der Predigerin und untereinander) Fremden!* Deshalb ist jeder Versuch, die Identität der Gemeinde durch Abgrenzung zu gewinnen bzw. zu stabilisieren, zum Scheitern verurteilt. „Auch die Predigt von irgendeinem Teufel wirkt irgendwie ‚kirchenfestigend'."[93] „Wo aber das Böse Thema wird, wo seine Beschwörung die Gemeinde sammelt und eint, pervertiert christliche Predigt."[94] Mag der zu bekämpfende Bezugspunkt heute nicht mehr Teufel heißen, so sind andere Mythen an seine Stelle getreten, die die Kirche einen sollen zu einer Gemeinschaft der Gleichen, als „Kristallisationspunkte der Verständigung und Stärkung des Bewusstseins eigener Gerechtigkeit."[95]

Mit welcher theologischen Argumentation begründet Bohren diese Erkenntnis? „Die Prädestinationslehre bildet den hermeneutischen Schlüssel zur Hörerschaft. ... Sie öffnet mir das Tor zu dem Unbekannten, dessen Ohr ich suche, und zeigt mir den gegenüber (sic!), wie er von Gott gemeint, wie er im Unverborgenen, in Wahrheit ist."[96] Der Prediger findet, ja ‚*erfindet*' „den Vorgefundenen als vor Gott befindlich", als

91 Bohren, 1980, 154.
92 Bohren, 1980, 31.
93 Bohren, 1980, 107.
94 Ebd.
95 Ebd.
96 Bohren, 1980, 467; Hervorhebung von mir, J.C.-B.

Mitglied der „auserwählten Gesellschaft"[97]. „Im Projektieren und Entwerfen des Hörers kommt ihm (meinem Entwurf, J.C.-B.) die Gnade zuvor."[98] Wer predigt, rechnet nicht einzelne zur Gemeinde hinzu, ruft sie nicht in die Gemeinde hinein oder zählt die Glieder der Gemeinde zusammen[99], sondern will ihre Existenz „in der Gemeinde ... entdecken."[100] Statt den einzelnen zu privatisieren, soll die Predigt „ihn einweisen in das soziale Sein des Erhöhten in seiner Gemeinde."[101]

Damit ist das Übergewicht der theologischen Analyse und der Hermeneutik des ersten Textes pointiert herausgestellt. *Weil Bohren die Gemeinde unter der Perspektive ihrer Erwählung in den Blick nimmt, darf auf keinen Fall zu viel von den Hörern und Hörerinnen erwartet werden, sondern alles von dem, der erwählt, vom dreieinigen Gott.*[102] Wird von dieser Grundentscheidung abgewichen, kommt es bei der Auslegung des ersten und des zweiten Textes zu einem „Zwiespalt mit dem Wort, wird ... der Hörer zum Abgott bzw. zum Nichts."[103]

Es ist also „verfehlt, wenn man den Hörer sozusagen an sich betrachtet. Solche Betrachtung mag ein soziologisches oder psychologisches oder sonst wie verfertigtes Präparat im Auge haben, nicht den Hörer in seiner Wahrheit."[104] „Die im Namen des Vaters, des Sohnes und des Heiligen Geistes Versammelten sind mehr als eine Summe von psychologisch und soziologisch erfassbaren Einzelpersonen, mehr auch als nur Hörer, Zuhörer. Gerade auf dieses Mehr kommt es an."[105] Gegen alle sozialwissenschaftlichen Versuche, die „Abstraktion für Wirklichkeit"[106] halten, aber auch gegen alle für Bohrens Zeitanalyse zentralen Erkenntnisse, die in Auseinandersetzung mit gegenwärtiger Poesie und Literaturwissenschaft zu gewinnen sind[107], erschließt sich „die Kenntnis des Hörers" letztlich „nur in der Gotteserkenntnis."[108] „Die Sicht des Glaubens, die Hoffnung ist der Erfahrung immer schon voraus und überrundet damit auch alle wissenschaftliche Erkenntnis des Hörers, ohne diese zu verachten."[109] „Der Glaube sieht den Hörer mit dem Wort zusammen, gleichwie er ihn mit dem ersten Hörer zusammensieht."[110] Der erste

---

97 Ebd.
98 Bohren, 1980, 468.
99 Vgl. schon Wingren, 1955, 234.
100 Bohren, 1980, 307.
101 Bohren, 1980, 308.
102 Vgl. Bohren, 1980, 342.
103 Debus, 1989, 55.
104 Bohren, 1980, 455.
105 Bohren, 1980, 561 f.
106 Bohren, 1980, 456.
107 Vgl. bes. Bohren, 1980, 330–342.
108 Bohren, 1980, 456.
109 Bohren, 1980, 472.
110 Ebd.

Hörer aber ist der dreieinige Gott. Nach ihm „als dem Mittler zwischen dem Sprecher und den Hörenden"[111] richtet sich die Predigt. Er „ist in der Predigt zuerst und zuletzt anzureden und durch ihn die Hörer."[112] „Hörerschaft gibt es nicht außerhalb und ohne diesen ersten Hörer. Homiletische Überlegungen, die den Hörer ohne den ersten Hörer bedenken, gehen an der Wirklichkeit des Hörers als eine(r) von Gott bestimmte(n) vorbei, sie verkennen und verraten den Hörer."[113] Wer predigt, sieht immer schon, was Gott mit den Menschen vorhat, sieht seine Gegenüber im Lichte der Gnade Gottes; er schaut nach dem ‚begeisterten Menschen' und den Menschen in Christus.

Unter diesen theologischen Gesichtspunkten rückt die Betrachtung der Gemeinde in eine soziale Dimension. „Der Hörer, den ich anspreche, ist nie allein, ‚es ist ein ohr an der kirche und horcht' (kurt marti). ‚Der Hörer' bildet – auch wenn er nur einer ist – niemals eine Einzahl, sondern immer schon eine Mehrzahl. In dieser Mehrzahl stellt die Hörerschaft mehr dar als die Summe der Einzelnen. ‚Denn wo zwei oder drei in meinem Namen versammelt sind, da bin ich mitten unter ihnen', sagt der Auferstandene (vgl. Mt 18,20)), und wir sagen ‚liebe Gemeinde', ihn mit anredend. Die Gemeinde zählt mehr als die Summe einzelner, die Hörerschaft ist mit der Addierung der Hörer nicht zu fassen. In diesem Mehr liegt nicht nur ihr Geheimnis, sondern auch ihre Ehre. Der Prediger aber sollte sich hüten, die Gemeinde dadurch zu verunehren, dass er die Gemeinde in falscher Individualisierung zu einem Verein religiöser Konsumenten macht. Gerade das Bemühen, ‚seelsorgerlich' den einzelnen in der Predigt anzureden, vergisst meistens den, der zuerst zuhört, verliert den einen, der ‚mitten unter ihnen' ist. Predigt ist in dieser Hinsicht zu unterscheiden von der Seelsorge."[114] Nicht der oder die Einzelne, auch nicht die Summe dieser einzelnen Menschen sind das Gegenüber für den Prediger bzw. die Predigerin. „Die Rede vom Hörer scheint mir heute für die Homiletik ungeeignet zu sein ... Die Rede vom Hörer atomisiert die Gemeinde in Einzelne, in Gruppen oder Schichten. ... Die Rede vom Hörer verhindert die Einheit der Gemeinde, ... verdeckt ... die Bedeutung der Gemeinde für die Predigt."[115] Sie macht die Predigtgemeinde zu einem Hörerkreis, dem das Subjekt Prediger bzw. Predigerin wie einem Objekt gegenübersteht.[116] Die Gemeinde ist mehr als die Summe ihrer Glieder; sie ist eine „Gestalt"[117], *eine Ganzheit, deren ‚Mehr-*

---

111 Bohren, 1980, 454.
112 Bohren, 1980, 456.
113 Bohren, 1980, 455; vgl. 561: „Im Grunde ist unsere Rede vom Hörer fiktiv: ich höre die Predigt nie allein, und wenn ich der einzige Hörer sein sollte."
114 Bohren, 1980, 456.
115 Bohren, 1981, 426 f.
116 Bohren, 1981, 427.
117 Vgl. Bizer, 1993, bes.: 99–104.

sein' als die Summe ihrer Teile darin begründet liegt, dass sie in einem Namen versammelt ist, der sie bestimmt, ja: beherrscht.

Diese theologische Bestimmung der Gemeinde hat Folgen für das Verhältnis von Amt und Gemeinde. Die Predigtgemeinde bleibt wie der Text ein „Geheimnis"[118], ein „Rätsel", bleibt „Hoheit, fremd, aber nicht unnahbar."[119] „Die Einsicht in das Geheimnis des Hörers schafft Distanz" zwischen Gemeinde und Predigenden; sie stiftet aber auch eine Beziehung, die gekennzeichnet ist durch Freiheit und „Respekt vor dem Hörer"[120]. „Soll das Wort den Hörer ergreifen, muss der Prediger seine Finger von ihm[121] lassen. Wer packend und zupackend zu predigen versteht, sehe zu, dass er sich nicht am Hörer vergreift. Der Hörer ist in Gottes, nicht in des Predigers Hand."[122] Es geht um eine „Rücksichtnahme auf den Hörer", die „in neuem Respekt vor Gott gefunden werden" muss, „wie ja der Respekt vor Gott die Rücksichtnahme auf den Hörer in Freiheit mit einschließt."[123] „Wer Menschen durchs Wort erreichen will, wird an ihnen rätseln. Wer predigen will, steht darum als Bettler vor der Schrift, und als Bettler macht er sich auf den Weg zum Hörer, dem er als Bittender begegnet."[124]

Letztlich verneint Bohren seine Frage: „Gibt es für dem Prediger einen Schlüssel, um das Rätsel Hörer aufzuschließen? Gibt es einen gangbaren Weg, den Hörer zu erreichen?"[125] Einen ‚gangbaren Weg' im Sinne einer sozial- bzw. kommunikationswissenschaftlichen Methodik gibt es nicht; vielmehr ist es für das Verständnis der Gemeinde zentral, *dass die Gemeinde unter der Perspektive ihrer Erwählung zusammen mit dem ersten Hörer in den Blick kommt und die bleibende Fremdheit zwischen den Predigenden und der Gemeinde, aber auch der Gemeinde untereinander akzeptiert ist.* Dass die Gemeinde dennoch von einer Predigt erreicht wird, dafür verwendet Bohren den Begriff des Wunders: es ist und bleibt ein Wunder, dass die Rede ‚Wort' wird und Gemeinde schafft und die Kirche, die wie die Welt um Worte ringt, das lebenschaffende Wort findet.

---

118 Bohren, 1980, 456.
119 Bohren, 1980, 473.
120 Bohren, 1980, 456; vgl. 497.
121 Die Doppeldeutigkeit dieses ‚ihm' ist für Bohrens Theorie grundlegend!
122 Bohren, 1980, 456.
123 Bohren, 1980, 454.
124 Bohren, 1980, 473.
125 Bohren, 1980, 346.

2.3. Das Gespräch und das Entzücken – oder: wie Predigt und Gemeinde zueinander finden

Gegenwärtig steht die Gemeinde der Predigt voll „Unbehagen"[126] gegenüber. „Man weiß nicht mehr recht, was es soll. Man ist müde."[127] Teile der Gemeinde reagieren mit einem „unorganisierten Hörerstreik."[128] Andererseits kann die Krise der „Sprachlosigkeit ... nur in der Gemeinde überwunden werden"[129].

Daraus ergeben sich für Bohren zwei Forderungen: „Das Wort, das nicht zum Menschen kommt, ist nicht Gottes Wort."[130] Der Prediger muss den Hörerinnen und Hörern die Botschaft „mundgerecht machen"[131]: „„Passt euch euren Zuhörern an. ... Denkt euch in eure Zuhörer hinein.""[132] Mindestens ebenso wichtig ist jedoch, dass das gesamte Predigtgeschehen in Frage gestellt wird, wenn es der Gemeinde nicht gelingt, selbst mit zu predigen. An dieser Stelle finden sich Formulierungen, die Tendenzen der jüngsten, rezeptionsästhetisch ansetzenden Konzeptionen in der Homiletik vorwegnehmen (vgl. A 6). „Die Predigt der Zukunft" ist ein „Gemeinschaftswerk"[133] und zielt auf einen „Text, der erst durch den Leser oder Hörer zu Stande gebracht wird."[134] Insofern fragt Bohren zweigliedrig nach der Gemeinde: „Wer ist dieser jemand, dem wir predigen, und wie ist er an unserem Predigen beteiligt?"[135] Seine Antwort auf dem ersten Teil der Frage habe ich unter 2.2. zu verdeutlichen versucht; im Folgenden soll es um eine genauere Beschreibung der kommunikativen Situation ‚Predigt' gehen, d. h. um die Frage wie konstituiert die Predigt Gemeinde und wie ist die Gemeinde an der Predigt beteiligt.

„Die Predigt des einen Christus durch einen Prediger verlangt nach dem Gespräch der Vielen, die dem Wort glauben oder glauben möchten. Die Predigt provoziert das Gespräch, oder sie weckt und wirkt nicht, was sie wecken und wirken soll, das Fragen und den Glauben."[136] *Das Miteinander von Gemeinde und Predigt wird im Horizont eines Gesprächs-*

---

126 Bohren, 1980, 28.
127 Bohren, 1980, 29. Ob damit tatsächlich eine „heute" neue Situation beschrieben ist, scheint mir angesichts der historischen Erkenntnisse zum Gottesdienstverhalten zumindest fragwürdig (vgl. etwa Cornehl, 1990). Für Bohren hat diese Analyse vor allem die Funktion, seine theologisch begründete Unzufriedenheit mit der derzeitigen Situation des Predigtgottesdienstes auf einer allgemein zustimmungsfähigen Ebene plausibel zu machen.
128 Bohren, 1980, 29.
129 Bohren, 1980, 562.
130 Bohren, 1963b, 59 f.
131 Bohren, 1963b, 59.
132 Bohren, 1963b, 60, im Anschluss an Spurgeon.
133 Bohren, 1980, 562.
134 Bohren, 1980, 204; vgl. die Formulierung: „Hörer macht Predigt" oben Anm. 60.
135 Bohren, 1980, 443.
136 Bohren, 1980, 517.

modells rekonstruiert[137]: Ist Predigt zunächst einmal als doctrina zu fassen, so soll sie „durch Lehre Leben schenken und zum Lebensgehorsam führen. Dazu braucht es einen Lernprozess, und hier liegt die Aufgabe des Gesprächs."[138] Theologisch entspricht die „Relation Predigt – Gespräch" dem „Strukturunterschied" zwischen Pneumatologie und Christologie, vor allem aber „der Menschlichkeit des Predigens".[139]

Die Verknüpfung von Predigt und Gemeinde über das Gespräch bricht das „Redemonopol"[140], das ein wesentlicher Grund für die Krise des Wortgottesdienstes ist und eröffnet der Predigt eine neue Perspektive in der Gegenwart. „Das Dialogische erweist sich als Kennzeichen unserer Zeit."[141] Wer sich ihr aussetzen will, um angemessen zu verkündigen, der findet „im Gespräch" in besonderer Weise zum „Mitleben mit der Gemeinde und mit der Zeit."[142] „Im Gespräch mit dem Prediger schenkt sie (die Gemeinde, J.C.-B.) ihm Sprache"[143], sodass die Predigt den heutigen Menschen verständlich wird. Die Gemeinde erhält „Mitbestimmung beim Zustandekommen der Predigt"[144]; „sie hilft zur Predigt und wird der Predigt weiterhelfen"[145]. Die Predigenden entdecken „die kreative Bedeutung der Gemeinde im homiletischen Verfahren"[146] und ihre Rolle als „Koproduzentin der Predigt"[147]. Die Gemeinde wird als „erweiterter Autor" und „als ein potenzieller Prediger"[148] ernst genommen.

Die Predigt kommt aus dem Gespräch mit der Gemeinde und mündet in das Gespräch mit ihr.[149] Weder entsteht die Predigt ohne dieses Gespräch, noch kommt sie zu ihrem guten Ende, wenn sie nicht erneut in es hineinführt, denn „im Gespräch lebt das Leben."[150] Dennoch darf der Gedanke, dass die „Predigt ... als menschliche Rede immer ergänzungs-

---

137 „Das Zwiegespräch" kann laut Bohren, 1980, 520, „als Urelement des Gesprächs gelten." Die heilsame Bedeutung des Gesprächs benennt Köster, 1996. Im Unterschied zu Köster u. a. rückt Bohren das Gespräch aber durchgängig in einen theologischen Horizont: vgl. etwa Bohren, 1980, 7: „Soll Gott sein Schweigen brechen, muss die Christenheit unter sich ins Gespräch kommen."
138 Bohren, 1980, 517.
139 Ebd.
140 Ebd.
141 Bohren, 1980, 434.
142 Bohren, 1980, 519.
143 Bohren, 1980, 562.
144 Bohren, 1980, 454; vgl. 516: „das Gespräch mit dem Hörer führt zur Predigt."
145 Bohren, 1980, 562.
146 Bohren, 1981, 427.
147 Bohren, 1980, 469.
148 Debus, 1989, 56.
149 Vgl. Bohren, 1980, 516 ff.; vgl. 361: „Das Wesen der Liebe ist nicht wortlos, sondern ein nicht abreißendes Gespräch." Vgl. auch den bezeichnenden Buchtitel von C. Reid, Die leere Kanzel. Von der Predigt zum Gespräch.
150 Bohren, 1980, 517.

bedürftig" ist und deshalb ins Gespräch führt, nicht zu einer „Abwertung der Predigt gegenüber dem Gespräch" führen, auch wenn sie „nach so viel praktizierter Nichtachtung des Gespräches verständlich wäre."[151] Die Predigt ist nicht nur „Hinführung zum Gespräch, als dem alleinigen Gnadenort", das Gespräch nicht „Steigerung" der Predigt, vielmehr stehen Predigt und Gespräch im Verhältnis „einer gegenseitigen Ergänzung"[152]. Die Predigt ist „Vorwort zu einem Gespräch"[153] und „das Gespräch ein Vorwort zur Predigt."[154] „Versucht man die Relation ‚Predigt – Gespräch" in einer theologischen Begrifflichkeit „zu bestimmen, so stehen beide zueinander in einem diakonischen Verhältnis. Beide brauchen einander."[155] Für das Miteinander von Predigt und Gemeinde heißt das, dass erstere der letzteren nicht gegenübersteht, vielmehr beide eng zusammenrücken und in ein Verhältnis wechselseitiger Abhängigkeit treten: es gibt einen „Beitrag der Hörer" zur Predigt, der „oft unterschätzt wird"[156], aber es muss umgekehrt auch immer gefragt werden, „welche Gemeinde aus dieser Predigt kommt."[157]

Bohren entfaltet die Zuordnung der Predigt zu einem übergreifenden Gesprächszusammenhang in mehreren Dimensionen:

Predigt und Gemeindewirklichkeit sind in ihrer Wirkung eng verknüpft und voneinander abhängig: „Schlechte Predigt wirkt Uneinigkeit, stiftet schlechte Gemeinschaft. Die Isoliertheit der Christen spiegelt die Miserabilität der Predigt wider, wie andererseits die elende Predigt ein Produkt ist einer atomisierten Gemeinde ohne Gemeinschaft. Die Mängel einer einzelnen Predigt und einer ganzen Gemeinde bedingen einander gegenseitig."[158]

Um der Gestalt der Gemeinde willen ist es wichtig, „das Monologische" in der Predigt „auf(zu)lockern"[159] und „die grundsätzliche Offen-

---

151 Bohren, 1980, 518. Vgl. zum Gedanken der Ergänzungsbedürftigkeit unten A 6.1.
152 Ebd.
153 Ebd.
154 Bohren, 1980, 519.
155 Bohren, 1980, 520.
156 Bohren, 1980, 384.
157 Bohren, 1980, 383.
158 Bohren, 1989a, 94. Im Rückgriff auf seine Heidelberger Erfahrungen beklagt er: „Eine Universitätsgemeinde verläuft sich immer wieder im Unverbindlichen und bildet damit geradezu ein Schulbeispiel für die Unverbindlichkeit der Predigt einer Kirche auf Kirchensteuerbasis." (Bohren, 1989b, 10) Mag solche Polemik gegen das derzeitige Finanzsystem der deutschen Volkskirchen wenig argumentativ sein (vgl. Lienemann), drückt sich andererseits darin doch eindringlich Bohrens Interesse an dem Zusammenhang von Predigt und kirchlichem Leben aus. Dass ein Zusammenhang zwischen Predigt und Kirchenfinanzen in den Blick genommen wird, ist ein bemerkenswerter Versuch, Luthers These von der Kirche, die aus dem Wort lebt, ernst zu nehmen und sie auf ihre Kirche gestaltende Bedeutung hin zu befragen.
159 Bohren, 1980, 521.

heit für das Dialogische"[160] zu wahren. 1963 erläutert Bohren dies von der Pastoraltheologie her: „Man stelle sich vor, wenn überall da, wo zwei Pfarrer amten, diese gemeinsam zu predigen hätten."[161] Das würde der Eitelkeit wehren, Gemeinschaft unter den Amtsbrüdern stiften, den faulen Frieden zwischen den kirchlichen Richtungen in Frage stellen. Die Beteiligung der Gemeinde sieht er damals als Ausnahme unter schwierigen Bedingungen: „In kleinen Gemeinden, wo nur ein Pfarrer ist, wird der Laie an die Seite des Pfarrers treten."[162] Acht Jahre später fordert er, „das Gespräch wieder in den Gottesdienst ein(zu)bauen"[163], z. B. in der Gestalt des „Zwischenrufs"[164] oder der „Zwischenfrage"[165].

In der Nacharbeit wird der eigentliche „ekklesiologische Effekt der Predigt"[166] besonders deutlich; hier gewinnt sie unmittelbare Auswirkungen auf das Geschehen in der Gemeinde. Löst „die Analyse einer schlechten Predigt ... Aggressionen aus", so stiftet umgekehrt „das gemeinsame Besprechen einer guten Predigt ... eine gute Gemeinschaft. Man begegnet einander im gemeinsamen Beobachten, Entdecken und Nachgehen des Sprachgeschehens und wird auf diese Weise selber in den Text verstrickt – in einer viel intensiveren Art als im einsamen Lesen und Analysieren."[167] Nicht die Predigt bewirkt, „dass Kirche Kirche werde"; vielmehr wird erst durch die Predigtanalyse das gute Wort gewonnen, die „Reinheit der Kirche"[168] wiederhergestellt.

Die Predigt kommt erst zu ihrem Ziel, wenn sie Widerhall findet in der Gemeinde. Auch für sie wird das, „was nach ihr geschieht"[169], die offene, gelingende „Predigtkritik"[170], zumindest ebenso wichtig, wenn nicht wichtiger als das, „was in ihr geschieht"[171]. Der Heilige Geist führt in die Wahrheit „durch ein Prüfen des gepredigten Wortes hindurch"[172]. Ist die Predigt gehalten, soll die Gemeinde „in der Freiheit der Befreiten" auf sie antworten, damit die Worte nicht ohne „Echo" bleiben und nicht „durch Schweigen fertig gemacht"[173] werden, sondern sich im Leben vollenden. Dazu erteilt die Predigtnachbereitung „dem Laien das

160 Bohren, 1980, 522.
161 Bohren, 1963b, 55.
162 Ebd.
163 Bohren, 1980, 520; vgl. aber schon Bohren, 1963b, 60: „Die Predigt wird zum Gespräch."
164 Bohren, 1980, 521.
165 Bohren, 1980, 522.
166 Bohren, 1980, 552.
167 Bohren, 1989a, 94.
168 Ebd.
169 Bohren, 1989b, 10.
170 Bohren, 1980, 80.
171 Bohren, 1989b, 10.
172 Bohren, 1989b, 11. Vgl. 1989a, 93: „Predigt soll geprüft, beurteilt werden"
173 Bohren, 1989b, 10.

Wort"[174]. „Was wir (Theologinnen und Theologen, J.C.-B.) professionell betreiben, ist keine Geheimwissenschaft, ist für jeden Laien erlernbar und macht – Spaß, denn das Evangelium ist eine Freudenbotschaft."[175] Allerdings muss die „Möglichkeit" und „die Fähigkeit" dazu erst (wieder-) gewonnen werden.[176] Nicht weil die Gemeinde mit ihrer Abstimmung mit den Füßen, ihrem „stillen Predigthörstreiks"[177], ihrer „Echolosigkeit" und „Unmündigkeit" zeigt, dass sie daran nicht interessiert ist, sondern weil die Kirche „bis zum heutigen Tag … der ‚Gemeine' das ihr vom Reformator zugesprochene ‚Recht und alle Macht' vorenthalten"[178] hat. Denn es geht nicht um ein „Amen", das dem „Vor-Mund"[179] zustimmt und sich dem „Herrschaftsakt" des „ohnmächtigen Diktators"[180] beugt, sondern um eine freie und selbstbewusste Antwort.

Noch immer gibt es den Prediger, der dies fürchtet und der versammelten Gemeinde die Möglichkeit verwehrt, seine Predigt in Frage zu stellen und ihr Urteil abzugeben. „Gewiss gibt es auch unbewegliche, verstockte, müde Gemeinden. Wir sollen aber nicht vorschnell unterstellen, dass sie nicht warten!"[181] Wenn aber die Gemeinden Verfahren zur Vor- und Nachbereitung entdecken, die das Wort in der Gemeinde Raum gewinnen lassen, die eine „Urteilsfindung … durch Gedankenaustausch"[182] ermöglichen: Gesprächskreise, Gemeindeseminare über die Kriterien einer Predigtanalyse, Tischgespräche, Versuche wie „das Gödenrother Gespräch"[183] und Predigtnachgespräche, werden sie „mündige Gemeinde(n)" und „die Predigt … beurteilen und im Alltag der Welt … verantworten"[184].

„Die mündige Gemeinde entspricht durchaus einem Analytiker-Seminar", denn die angemessene Analyse einer Predigt kann nur in Gemeinschaft stattfinden, da ein einzelner oder eine einzelne „weder die vier Sprachen genügsam beherrscht noch Gemeinde zu repräsentieren vermag."[185] Die Beschränktheiten der Predigt und des Predigers bzw. der Predigerin, der Gemeinde und ihres Hörens führen dazu, dass die Predigt immer ein „ein Fragment" bleibt, „das nach Fortsetzung schreit …

---

174 Bohren, 1980, 7; vgl. Bohren, 1979.
175 Bohren, 1989a, 99.
176 Vgl. Bohren, 1989b, 10.
177 Bohren, 1980, 26.
178 Bohren, 1989a, 96.
179 Bohren, 1989b, 10.
180 Bohren, 1989b, 11.
181 Bohren, 1980, 26.
182 Bohren, 1989b, 11.
183 Bohren, 1980, 522 ff.
184 Debus, 1989, 57.
185 Debus, 1989, 61; vgl. 58, wo die vier Sprachen aufgelistet sind: „Namenrede, Sprache Kanaans, eigene Stimme, Sprache der Gegenwart."

im Glaubensgespräch der Gemeinde"[186], das selbst kein Ende findet, „laufen"[187] will und soll, denn „Gespräch ist Sprache im Fragment."[188] „Unterbleibt ... eine kritische Nachfrage der Gemeinde, verschwebt das Predigen und die Predigt im Beliebigen"[189], weil die „Oikodome der Gemeinde"[190] misslingt. „Alle Bemühungen um Gemeindeaufbau gehen ins Leere, und die Gemeinden bleiben unmündig, solange sie die Predigten sozusagen nur hintenherum im Anonymen beurteilen können."[191] Gerade Bullingers Formel ‚praedicatio verbi dei est verbum dei' intendiert, „dass das Predigtgeschehen in der Gemeinde zum Ziel kommt, die die Predigt kritisch zu hören und kompetent zu loben versteht."[192] Nur wenn im Predigtgeschehen der Auferstandene gegenwärtig und in der Gemeinde wirksam ist, stimmt die Definition, andernfalls bleibt sie ein „leeres Wort"[193]. Daran aber leidet die Predigt gegenwärtig, dass die Gemeinde zwar Ohren hat, das Wort zu hören, aber „keinen Mund", dass sie unfähig ist, „das Gehörte in seiner Bedeutung wiederzugeben."[194]

Für die *Freiheit zur eigenständigen Rezeption* steht anthropologisch das Ohr ein. „Das Ohr nimmt auf, es gibt nicht, bewegt sich nicht, nimmt nicht Teil am Mienenspiel, vermag nicht zu sprechen wie das Auge."[195] Wenn der Prediger oder die Predigerin, einen Weg zum Ohr der Hörerinnen und Hörer gefunden hat, „fängt das Hören erst an."[196] Deshalb ist das Hören anstrengend: „im Hören steckt ein Umschlag vom Passivum ins Aktivum."[197] Wer hört, muss auswählen, muss sich zu dem Gehörten verhalten, reagieren, vielleicht antworten. Hier materialisiert sich die „Freiheit des Hörers"[198]. Umgekehrt: „Wer zu Gehör bringen will, lässt sich auf eine Machtprobe mit dem Ohr ein."[199] „Auf dieser Ebene wird der Exorzismus stattfinden – ein Göttersturz."[200] Wer predigt, kann dafür offene Ohren finden, aber auch auf „taube Ohren" stoßen, wie die Erkenntnisse der Kommunikationswissenschaft über se-

186 Bohren, 1989a, 96 f.; vgl. zum Fragment: Grözinger, 1987b, 135–152 und Rödszus-Hecker, 179–199.
187 Bohren, 1980, 544.
188 Bohren, 1980, 364.
189 Bohren, 1989b, 11.
190 Debus, 1989, 57.
191 Bohren, 1989b, 11.
192 Bohren, 1989a, 96.
193 Bohren, 1980, 50.
194 Bohren, 1989a, 96.
195 Bohren, 1980, 500.
196 Bohren, 1980, 501.
197 Bohren, 1980, 544.
198 Bohren, 1980, 502.
199 Bohren, 1980, 507.
200 Ebd.

lektives Hören zeigen; auf jeden Fall ist „das Hören … nicht abnehmbar.“[201]

Auf der zeitlichen Ebene sichert das *ständige Gespräch*, dass sich der „Umgang mit dem Ewigen" in der Gemeinde als „andauernder Umgang mit der Schrift", als „Bleiben im Wort"[202] und in Christus darstellt. Andernfalls konterkariert „die volkskirchliche Praxis eines regelmäßigen oder nur feiertäglichen Gottesdienstbesuches … alle Aussagen der Schrift über die Beharrung der Gläubigen und stabilisiert immer neu das kirchliche Elend der Christenheit. So verkommt die Kirche zum religiösen Dienstleistungsbetrieb."[203] Predigt und Gemeinde sind dann nicht länger „Fragment", sondern werden zu „Bauruinen"[204]. Das immer weitergehende Gespräch dient dazu, dass die Predigt „unvergessen bleibt und allezeit gegenwärtig"[205]; alle Formen der Nach- und Vorbereitung, auch der Hausbesuch[206], sind „Mittel gegen das Vergessen; im Wägen und Prüfen der Predigtworte soll erhoben werden, was behalten, was wiederholt werden muss."[207]

Zudem rückt die Predigt die Gemeinde in einen *Horizont von Vergangenheit und Zukunft* ein. „Wer spricht, erinnert sich und erinnert andere an ihre gemeinsame und an ihre besondere Erinnerung. Sprache bildet eine Kommunion von Erinnerung. Wer hört, wird durch einen anderen erinnert, seine eigene – auch seine besondere Erinnerung wird wach."[208] Wer predigt, soll deshalb „die Stimme des Hörers nicht verschweigen"[209], sondern ihn im Zitat zur Sprache kommen lassen.[210] „Erinnerung verbindet Zeiten und Menschen."[211] Die Predigt greift weit nach rückwärts aus, bindet die Gemeinde an ihre Vorfahren im Glauben, weil sie „in der Gemeinschaft der Heiligen erfolgt"[212]. Doch nicht nur die Vergangenheit als Horizont gemeinsamer und je besonderer Erfahrungen und Erinnerungen, auch die Zukunft der Kirche kommt in der Predigt zu Wort. Wer „zum Küstenfahrer … entlang der Vergangenheit"[213] wird, verliert das kommende Reich aus den Augen. „Wer an einer Predigt arbeitet, bereitet das zukünftige Sprechen der Gemeinde vor."[214]

---

201 Bohren, 1980, 501.
202 Bohren, 1989a, 98.
203 Ebd.
204 Ebd.
205 Ebd.
206 Vgl. Bohren, 1980, 377; vgl. auch 520.
207 Bohren, 1989a, 98.
208 Bohren, 1980, 165.
209 Bohren, 1980, 194.
210 Vgl. schon Bohren, 1963b, 61; vgl. Hamdorf-Ruddies.
211 Bohren, 1980, 165.
212 Bohren, 1980, 193.
213 Bohren, 1980, 165.
214 Bohren, 1980, 198.

In räumlicher und sozialer Hinsicht rückt die Zuordnung von Predigt und Gespräch einerseits die *Gemeinde als verbindliche und überschaubare Gemeinschaft* in den Mittelpunkt.[215] Sie ist Teil eines „Kontaktgeschehen(s)"[216], das sich nicht „auf ein bloß verbales Geschehen reduzieren"[217] lässt und setzt „ein wiederholtes Begegnen in Verbindlichkeit, ... koinonia" voraus; „in der verbindlichen Gemeinschaft kommt es zu einem wechselseitigen Dienen."[218].

Gleichzeitig aber eröffnet der Gesprächscharakter der Predigt die Möglichkeit, die „Schallmauer"[219] zu überwinden, die die Kirche und ihre Sprache von der Welt trennt. Als Freudenbotschaft für die Welt will sie nicht nur die „Anwesenden" erreichen, sondern hat die „Schöpfung", die „Verhältnisse", die „Öffentlichkeit" im Blick.[220] „Die Welt, aus der der Hörer kommt, hört mit."[221] „Die Predigt richtet sich an eine konkrete Gemeinde bzw. an eine bestimmte Öffentlichkeit, deren Sprache der Prediger spricht bzw. sprechen muss. Die konkrete Gemeinde ist eingebettet in eine Gesellschaft, deren Sprache sie spricht. Die Predigt richtet sich an eine ‚Gruppe ohne Grenzen'. Unter diesem Aspekt gibt es zwei Sprachen: Gruppensprache (bzw. Sprache der Tradition) und Umgangssprache."[222] Deswegen treibt die Predigt ins Gespräch nicht nur mit der Gemeinde, sondern auch mit der Welt, mit den Fernen und Kritischen. „Will die Predigt die Grenzen der Gemeinde überwinden, muss der Prediger gerade die Kritik von außen beachten."[223] Dass eine solche *Grenzüberschreitung* gelingt, hängt daran, ob der Übergang von der Predigt zum Gespräch gelingt, zur weiterführenden gemeindlichen „Rezeption. Die Predigt wirkt in der hörenden Gemeinde und geht durch sie nach draußen, oder sie verliert sich im Vergessen der Gemeinde."[224]

Fasst man die wichtigsten Aspekte von Bohrens Versuch zusammen, das Miteinander von Predigt und Gemeinde im Rahmen eines Gesprächsmodells zu bestimmen, lässt sich festhalten: Die Predigt kommt aus dem Gespräch mit der Gemeinde und führt, als ‚ergänzungsbedürftiges Fragment' immer wieder in dieses Gespräch zurück; nur in diesem kontinuierlichen Gesprächszusammenhang lässt sich die Präsenz des Wortes in der Gemeinde stabilisieren, nur dadurch die Kirche mit ihrer Vergan-

---

215 Vgl. Bohren, 1980, 388.
216 Bohren, 1980, 384.
217 Bohren, 1980, 388.
218 Bohren, 1980, 396; vgl. Bohren, 1986.
219 Bohren, 1989a, 98.
220 Bohren, 1980, 457.
221 Ebd. Es geht Bohren um das Wort, „das wir an die Welt – und an die Gemeinde der Gläubigen in ihr – richten." (Bohren, 1980, 90.)
222 Debus, 1989, 55.
223 Bohren, 1980, 553.
224 Bohren, 1989a, 98 f.

genheit und Zukunft an das Wort binden und untereinander verbinden. Als wesentlicher Beitrag zum offenen Gespräch findet sie ihren Ort zunächst in der verbindlichen Gemeinschaft der anwesenden Predigtgemeinde; gerade ihre Gesprächsorientierung weist sie jedoch über die beschränkte Gruppe der Versammelten hinaus ins Gespräch mit der Welt.

Diese Darstellung des Bohrenschen Ansatzes stellt diejenigen Kommentatoren in Frage, die seine Ausführungen als Rückfall hinter die „empirisch-pragmatische[...] Öffnung"[225] sehen. Wenn es auch überraschend für die homiletische Schulbildung ist, *die Nähe zur Ausrichtung Langes an einem Gesprächsmodell ist unübersehbar.* Die Stärke dieser Zuordnung von Predigt und Gemeinde durch den Rückgriff auf ein Kommunikationsmodell zwischen Menschen liegt in der Betonung von kommunikativer Freiheit als Kennzeichen gemeindlicher Existenz, in der Anschlussfähigkeit der Predigt an argumentative Vernunft und gegenwärtige Wahrheitstheorien[226], wie Bohren in seinem Plädoyer für die Predigtanalyse hervorhebt: „Nichts gegen ‚ein Gefühl von Vertrauen, von Geborgenheit', aber alles gegen einen Rückfall ins 19. Jahrhundert und einen anti-intellektuellen Trend, der Einsicht – Aufklärung im besten Sinne! – gering achtet! Unser Analyseweg beginnt mit der Äußerung der Gefühlsreaktion auf die Predigt, die wir nicht beurteilen, deren Ursprung wir aber im Text aufzeigen können. Die Analyse selbst bedeutet eine rationale Durchdringung des Textes. Es genügt eben nicht auf eine Predigt nur gefühlsmäßig zu reagieren; auf diese Weise wird ausgeblendet, was die Alten doctrina nannten. Ein Christentum ohne Lehre aber bleibt leer, sprachlos und kraftlos."[227]

Gegen die Meinung des „durchschnittlichen Predigthörer(s)", dass „die Predigt etwas Undiskutables ist, etwas, worüber man lieber nicht spricht"[228], wird deutlich, dass die Predigt erst zu sich selbst findet, wenn sie ins Glaubensgespräch der Gemeinde mündet, das nicht zu verwechseln ist mit dem auf Integration fixierten, endlosen Gespräch, das verschiedentlich das Zentrum volkskirchlicher Gemeindekonzepte bildet.[229] Bohren geht es um das ohne Zweifel notwendige „kritische Gespräch"[230] in der Gemeinde und mit der Welt, zu dem auch der „Kampf und Streit"[231] um die Unterscheidung der Geister gehört. Zudem enthält seine Anbindung der Predigt an das Gespräch mit der Gemeinde ein kritisches Korrektiv gegenüber (sich selber und) allen Predigenden, die lieber reden

---

225 Gräb, 1988, 21; vgl. zum folgenden 21–29.
226 Vgl. Puntel.
227 Bohren, 1989a, 99.
228 Bohren, 1980, 80; vgl. dazu 516 f.
229 Vgl. Cornelius-Bundschuh, 1995.
230 Bohren, 1980, 381.
231 Bohren, 1989b, 9.

als hören. „Möglicherweise manifestiert dieser Umstand die Ursünde des Sein-Wollens-wie-Gott: weil Gott das Wort war, möchte ich selber Wort sein, das erste und das letzte Wort haben ... Wort-sein statt Mensch-sein-wollen und hören!"[232] An dieser Stelle wird die Nähe zwischen Lange und Bohren noch einmal offensichtlich, die beide ihre Konzepte als Aufklärung im besten Sinn verstehen.

Als Problem ist festzuhalten, dass in Bohrens Konzeption der bürgerlich-hermeneutische Lebenszusammenhang Grundstruktur des Gemeindelebens bleibt, das ‚Christentum' rückt in die Nähe der von ihm so vehement abgelehnten „bürgerlichen Religion"[233] im Sinne der Analysen von Horst Albrecht[234]: Kirche ist da, wo Menschen zum Gespräch über das in der Predigt gesprochene Wort zusammenkommen. Die Praxis derjenigen, die erst gar nicht kommen oder nach der Predigt weggehen, weil sie sich in einer anderen Weise zu Worten verhalten, vielleicht aber in und aus ihnen leben, wird als defizitäre Form gemeindlicher Wirklichkeit betrachtet.

Stellte sich zudem schon bei Lange die Frage, ob das Zusammenspiel von Predigt und Gemeinde angemessen und vollständig mit Hilfe dieses Modells zu erfassen ist, wenn wir etwa an seine Überlegungen zur exorzistischen Kraft der Predigt denken, so werden die Spannungen bei Bohren noch deutlicher: Rhetorik und Kommunikationsforschung haben für ihn eindeutig dienende Funktion, indem sie die Wirklichkeit der Kommunikation in der Gemeinde verstehen helfen; ihre Grenze finden sie darin, dass sie nur erklären können, „was passiert, wenn zwei oder drei sich versammeln"[235], nicht jedoch das Geheimnis der Anwesenheit Jesu Christi dabei. Dieses Geheimnis erst macht die Predigt zur vollmächtigen Rede und lässt sie zu einem Exorzismus werden, der (neues) Leben ermöglicht; nur in diesem Horizont wird sie als „Impuls" verständlich, „der den Menschen auf den Weg schickt, und unterwegs gibt" – gleichsam wie von selbst – „ein Wort das andere"[236]; wegen dieses Geheimnisses muss sich das Gespräch in bestimmten Situationen „vertagen" und bedarf des Schweigens, „aus dem ein neues Wort wächst. So provoziert das Gespräch seinerseits die Predigt."[237] Predigtsprache ist letztlich „nicht auf Kommunikation aus ..., auch nicht auf Information"[238]; *das Ziel der Predigt ist in Erinnerung an die Zungenrede angemessen eigentlich nur mit ästhetischen und doxologischen Kategorien zu*

232 Bohren, 1980, 22.
233 Bohren, 1989a, 99.
234 Vgl. Albrecht, 1982; dazu unten A 4.
235 Bohren, 1980, 154.
236 Bohren, 1975, 69.
237 Bohren, 1980, 519.
238 Bohren, 1980, 342.

bestimmen, die den Horizont des Gespräches übersteigen: als „Begeisterung"[239] oder als „Entzücken der Hörer, in dem jetzt schon das Verborgene zum Vorschein kommt und sich zeichenhaft andeutet, dass Gott sein wird alles in allem."[240]

Solche, für Bohren zentralen Aspekte des Predigtgeschehens finden nur schwer in einem Konzept Platz, das Predigt und Gemeinde in einem Gesprächsmodell einander zuordnet. Gerade ihnen kommt aber in der homiletischen Diskussion eine große Bedeutung zu, denn nur, wenn es gelingt, sie als Grundelemente des Geschehens zwischen dem Wort, den Predigenden und den Gemeinden zu verstehen, werden sie mehr sein als metaphorische Hinweise auf einen unzugänglichen Glaubensvorgang. Durch die Definition als ‚Fragment', die Konzentration auf die Nachbereitung und die Zuordnung zum immerwährenden, endlosen gemeindlichen Gesprächsleben aber verflüssigen sich die Konturen des Sprachgeschehens ‚Predigt'. Der eigentliche Predigtakt, die „Kanzelrede"[241] verliert an Bedeutung, auch wenn die Predigt als „Sorge um ihr (i.e. der Kirche) Wort"[242] weiterhin im Zentrum gemeindlicher Existenz steht. Dem ‚Geheimnis' der Predigt, ihrer „Macht"[243], exorzistisch zu wirken, die Gemeinde in Entzücken und Begeisterung zu führen, dem Gedanken „der Autorität des Herrenwortes", der „die Ausrichtung dieses Wortes durch einen Diener"[244] begründet, der Vorstellung vom „Redefluss"[245], der Menschen mitreißt und trägt, und der Rede von der ‚Erfindung der Gemeinde', die eine Setzung impliziert, die sich grundsätzlich von jedem Erkennen, jeder Ostension oder Reproduktion unterscheidet[246], entsprechen andere Relationen von Predigt und Gemeinde. „Die Predigt des als Gemeinde existierenden Christus ruft das neue Sein der Gemeinde aus, predigt die Selbsterkenntnis der Gemeinde, sagt ihr, was sie im Unverborgenen, in der Wahrheit ist."[247] Sie „enthüllt das neue Leben im Jubel über die große Gegenwart in der kleinen Herde."[248] Sie weist den einzelnen „in das soziale Sein des Erhöhten in seiner Gemeinde"[249] ein. *Die Eigenbewegung des Wortes reißt die Predigenden und die Predigtgemeinden mit.*

---

239 Bohren, 1980, § 4, bes. 86–88.
240 Bohren, 1980, 342.
241 Debus, 1986, 56.
242 Bohren, 1989a, 94.
243 Bohren, 1980, 85.
244 Bohren, 1980, 519.
245 Debus, 1989, 57.
246 Vgl. etwa Eco, 1991, 327–333.
247 Bohren, 1980, 291.
248 Bohren, 1980, 306.
249 Bohren, 1980, 308.

Nichts spricht dagegen, dass all dies ins Gespräch der Gemeinde einmündet, dass es in kommunikativer Freiheit Gestalt gewinnt.[250] Doch das, was in diesen Vorstellungen der Predigt an Bedeutung zugewiesen wird, ist damit weder angemessen noch vollständig erfasst: die Predigt des Wortes wirkt, vergewissert, verändert die Menschen und ihre Wirklichkeit, bildet überhaupt erst Gemeinde; die sprachliche Verarbeitung ist diesen Vorgängen nachgeordnet. Die Realität des Nicht-Verstehens, des Schweigens, der Unterbrechung, ja des Abbruchs von Kommunikation im Zusammenspiel von Predigt und Gemeinde, eine Predigtweise, „die unverstehbar das Nichtverstehen der Hörer entlarvt"[251], ohne dadurch mangelndes Bemühen um Verständlichkeit oder Klarheit zu verbergen, lassen sich in diesem Paradigma schwer rekonstruieren.

Exkurs: Die Einsamkeit der Prediger und Predigerinnen und ihre Zugehörigkeit zur Gemeinde

Wie die Gemeinde angesichts der Predigt empfinden auch zahlreiche Predigerinnen und Predigern „Ratlosigkeit" und „Verlegenheit"[252] angesichts ihrer Aufgabe und versuchen, sich der Predigtsituation zu entziehen: sie resignieren, weil sie keinen Weg sehen, die „mangelnde[...] Kommunikation des Predigers mit der Gemeinde"[253] zu überwinden und meiden die Kanzel wie den Gottesdienst.[254] „Das Predigen als Kommunikationsprozess funktioniert nicht."[255] „„Ich habe gemerkt, dass ich mit Worten nichts erreichen kann."[256] „Die Singularität des Predigers"[257] und seine „solistische Predigt"[258] sind derart dominant, dass sie die kommunikativen Zusammenhänge eher in Frage stellen, auf keinen Fall jedoch befördern. „Die Kanalisierung des Redeflusses ‚Predigt' in der Kanzelrede stabilisiert die Unmündigkeit der Gemeinde und hemmt die Verkündigung des Wortes Gottes."[259] Die Predigenden leiden an der Wirkungslosigkeit ihrer Reden und an ihrer Einsamkeit und Uneingebundenheit. Andererseits stellt Bohren die Eingebundenheit der Predigenden in die Gemeinde als theologische Norm heraus; sie sind „Teil ... des Subjektes Gemeinde"[260]: „Bevor ich rede, bin ich dem Hörer durch die Gemeinde verbunden."[261] „Bevor der Prediger für die Gemeinde da ist, war die Gemeinde schon

---

250 Vgl. Bohren, 1980, 387.
251 Bohren, 1980, 341.
252 Bohren, 1980, 28.
253 Bohren, 1980, 30.
254 Bohren, 1980, 29.
255 Bohren, 1980, 31.
256 O. Halver nach Bohren, 1980, 29.
257 Bohren, 1980, 424.
258 Bohren, 1980, 428.
259 Debus, 1989, 56.
260 Bohren, 1981, 427.
261 Bohren, 1980, 466.

da, auch für den Prediger."[262] Die Predigt erwächst aus dem Lebens- und Gesprächszusammenhang der Gemeinde, in den die Hörenden genauso wie die Predigenden eingebunden sind; beide brauchen einander, beide dienen einander, indem sie ins Gespräch kommen.[263] „Sofern der Prediger (nach der Predigtkritik, J.C.-B.) als der nun Gefragte etwas zu sagen hat, wird er aufs Neue predigen. Dies kann im Gespräch selbst, es kann aber auch nach einem Gespräch, auch auf der Kanzel geschehen."[264]

Zudem ist die Gemeinde eine Gabe, in der dem Prediger die Gnade schon allemal zuvor kommt, eine „Predigthelferin"[265], die den Prediger nicht nur materiell trägt, sondern auch geistlich in ihrer „Mitsorge um das Wort"[266]. In ihr „begegnet der Prediger seinem Heil, denn das Heilswort, das er ausrichtet, wirkt für Prediger und Hörer verbindlich."[267] „In der Gemeinde findet auch der Prediger sein neues Sein, das ihn zu neuer Rede begeistert"[268], wenn die Echolosigkeit endet, unter der die Prediger und Predigerinnen leiden, insofern die Gemeinde auf die Predigt antwortet und „dem Prediger die Freude schenkt, damit er werden kann, was er ist: ein Freudenbote."[269]

Stellt sich für das Verhältnis zwischen dem Akt der Predigt und dem gemeindlichen Gesprächszusammenhang, in den sie eingebettet ist, die Frage, wie es gelingen kann, diejenigen Aspekte des Predigtgeschehens homiletisch angemessen zu bestimmen, die diese Ebene des zwischenmenschlichen Gesprächs überschreiten bzw. allererst konstituieren, so ist im Blick auf die Rolle des Predigenden die Frage aufgeworfen, wie das Mitleben und das Mitsein als Gesprächspartner bzw. -partnerin in der Gemeinde zur notwendigen Einsamkeit und Besonderheit des Predigtamtes in Beziehung zu setzen ist. Welche Überlegungen können denen helfen, sich selbst, das Wort, das sie verkündigen, und ihr Verhältnis zur Gemeinde besser zu verstehen, die „die ‚erfinden'" müssen, die sie „auf den Weg"[270] schicken; die in der Kraft des Geistes, im Raum der Gnade, die sie in der Gemeinde umgibt, binden und lösen[271]?

---

262 Bohren, 1980, 470.
263 Vgl. Bohren, 1980, 346: „Ein Prediger braucht Hörer, ohne Hörer kann er nicht predigen, kann er sich nicht verwirklichen." Vgl. Bohren, 1980, 43 f.: „Wo der Prediger ohne die Gemeinschaft der Brüder und Schwestern einer Gemeinde lebt, fehlt ihm etwas an seinem Selbst."
264 Bohren, 1980, 518 f.
265 Bohren, 1980, 562.
266 Bohren, 1980, 471.
267 Bohren, 1980, 472.
268 Bohren, 1980, 562.
269 Bohren, 1980, 241 f.
270 Bohren, 1980, 278 f.
271 Vgl. Bohren, 1980, 302.

A 3. Rede auf dem Forum

Homiletik zwischen Rhetorik und Poesie
bei Gert Otto

„Der Pfarrer ‚predigt' am Sonntagmorgen. Er will, dass seine Hörer im Blick auf ihre konkrete Lebenssituation (und möglicherweise besondere darin liegende Probleme) verstehen, was christlicher Glaube heißt."[1] Gert Otto schließt mit seinen Ausführungen zur Predigtlehre an Ernst Lange an: auch er will die Bedeutung der Predigt „tiefer hängen"[2] und wehrt sich gegen Vorstellungen von einer „Selbstwirksamkeit"[3] des Wortes Gottes. Das Ziel der Rede im Gottesdienst ist, das Verständnis des christlichen Glaubens zu fördern, und zwar konkret bezogen auf die Hörerinnen und Hörer und ihre Lebenssituation. Die Verantwortung für das Gelingen des Predigtprozesses wird „in den Verstehensprozess des Hörers hineinverlegt."[4]

Wie andere Autoren[5] wendet sich Otto Ende der sechziger Jahre gegen die „Verengung(en)"[6], die er in den „antirhetorisch orientierten Predigtverständnissen des frühen 20. Jahrhunderts"[7] identifiziert. Aus ihnen kann nur die Wiedereinführung der allzu lange gerade in der Kirche verachteten Rhetorik als zentraler Bezugswissenschaft der homiletischen Debatte herausführen, um deren Rehabilitation er sich bis in seine jüngsten Veröffentlichungen hinein bemüht[8], indem er versucht, „die homiletische Frage als eigenständige(n) Arbeitsgang zwischen Rhetorik und Theologie"[9] zu entwickeln. Trotz Situationsbezug und Adressatenorientierung sind „die Hörerinnen und Hörer von Reden seltsam unterrepräsentiert"[10] in der rhetorischen Literatur. Otto nimmt die Predigtgemeinde und ihre konkrete Situation als ‚Forum' für die Predigt zur Kenntnis. In einer interaktiven Struktur geht es auf diesem Forum in erster Linie um Ver-

---

1 Otto, 1986a, 112.
2 Otto, 1982, 10.
3 Otto, 1987, 52; vgl. 15 u. 24.
4 Ebd.
5 Vgl. Josuttis, 1968.
6 Otto, 1988, 259.
7 Otto, 1994, 111.
8 Vgl. Otto, 1994, 111–117; vgl. die „Rhetorische Predigtlehre" von 1999.
9 Otto, 1987, 65.
10 Otto, 1994, 94.

ständigung und Veränderung, mitbedingt durch die vor allem in späteren Veröffentlichungen immer wichtigere *Aufnahme von Poesie und Poetik* aber auch um die Erfahrung der spezifischen Dynamik von Worten.

3.1. Predigt als kunstvolle Gelegenheitsrede

Menschen können sich die Welt nur aneignen durch sprachliches Verstehen und Artikulieren.[11] „Welterfahrung ist an Sprache gebunden"[12]; ohne sie können „wir nicht leben."[13] Die Bedeutung einer Rhetorik, die sich als kritische versteht, und sich nicht instrumentell missbrauchen lässt, liegt darin, dass sie den unauflöslichen Zusammenhang zwischen dem „Finden von Wahrheit" und ihrer Mitteilung „für Zeitgenossen" deutlich und als „einen komplexen Prozess"[14] verstehbar macht. Ihr Ausgangspunkt ist ein prozessualer Begriff der Rede, der die zu konstatierenden Inhalte in einem regelgeleiteten Geschehen verflüssigt und Wahrheit als konsensuales Ergebnis, zumindest als Fortschreiten in einer konflikthaften und transparenten Kommunikation beschreibt.[15] Nie geht es nur um den Inhalt als solchen, sondern immer darum, im Blick auf spezifische Adressatinnen und Adressaten etwas zu erreichen.[16] Deshalb ist von einem engen Zusammenhang der Rhetorik mit Ästhetik und Ethik[17], aber auch mit Hermeneutik[18] und Didaktik[19] und einer unauflöslichen Verbindung von Form und Inhalt auszugehen.[20]

Die *Prozess- und Verständigungsorientierung* betont Otto im Anschluss an die Tübinger Rhetorik[21], die *Transzendenzorientierung* religiöser Rede profiliert er durch eine weitere Bestimmung: „die Unterscheidung zwischen instrumentellem und medialem Sprachgebrauch (J. Anderegg) ist der entscheidende Schlüssel zum Verständnis der Problematik religiöser Rede."[22] Wird in ersterem „die Alltagssprache als Instrument zur Bezeichnung oder zur Bezugnahme innerhalb einer problemlos vorhandenen, immer schon gegebenen Wirklichkeit"[23] verstanden, so ist dieser

---

11 Vgl. Otto, 1986a, 114.
12 Otto, 1994, 14.
13 Otto, 1988, 263.
14 Otto, 1987, 14.
15 Vgl. Otto, 1987, 24.
16 Otto, 1986a, 113.
17 Vgl. Otto, 1994.
18 Vgl. Otto, 1986a, 114.
19 Vgl. Otto, 1986a, 124 f.; vgl. These 4.1. in Otto, 1987, 21.
20 Vgl. Otto, 1994, 101–103; Grözinger, 1987a, 11.
21 Vgl. die zahllosen Verweise in Otto, 1994; vgl. auch Ueding/Steinbrink, 186–189.
22 Otto, 1988, 250; vgl. Otto, 1994, 20–22.
23 Anderegg, 1985, 39.

Vorgang im Grunde höchst prekär; Verständigung gelingt nur, weil wir selbstverständlich und vorbewusst auf Konventionen Bezug nehmen (können). „Sprache stellt also Welt her"[24]; im Alltag und im „reduktive(n) Kommunikationsmodell"[25] bleibt ihr allerdings ihre konstituierende Funktion verborgen. Sie sieht sich als „ein Instrument zur Bezeichnung von Gegebenem."[26] Demgegenüber leitet „der mediale Sprachgebrauch"[27] ein und an zur „Sinnbildung", insofern er „Instrumentalität in … Medialität"[28] verwandelt; er lässt „das, worum es geht, als etwas erfahren, das in erprobendem Begreifen und Konstituieren prozesshaft gebildet werden muss."[29] „Der mediale Sprachgebrauch transzendiert jene Welten, lässt uns jene Welten transzendieren, deren wir uns instrumentell versichern."[30] Soll Leben nicht verkümmern, darf es nicht zu einer Alleinherrschaft des instrumentellen Sprachgebrauchs kommen. „Die Zweisprachigkeit des Menschen"[31] muss erhalten bleiben.

Das Verhältnis von Theologie bzw. Homiletik zur Rhetorik kann weder ein instrumentelles sein[32], noch ist davon auszugehen, dass eine eigenständige, vorgängige theologische Begründung für die Aufnahme rhetorischer Überlegungen in der Homiletik sinnvoll ist, da es Theologie nicht außerhalb des „rhetorisch-homiletischen Gedankengangs"[33], ohne ihre sprachliche Verfasstheit gibt. Die Predigt hat also nicht vorgegebene Botschaften zu vermitteln; die Glaubensinhalte liegen dem Prozess der Verkündigung nicht voraus, sondern sie werden erst im Predigtzusammenhang konstituiert.

---

24 Otto, 1988, 264.
25 Anderegg, 1985, 43.
26 Ebd.
27 Anderegg, 1985, 51.
28 Anderegg, 1985, 57.
29 Anderegg, 1985, 51.
30 Anderegg, 1985, 55. Die Problematik von Ottos Rezeption dieser Unterscheidung wird m.E. deutlich, wenn er seiner Hoffnung Ausdruck gibt, dass es theologische Streitigkeiten etwa über die Jungfrauengeburt oder die Auferstehung nicht (hätte) geben müsse(n), „wenn die am Streit Beteiligten sich auf die Unterscheidung zwischen instrumentellem und medialem Sprachgebrauch hätten einigen können." (Otto, 1988, 267) Eine solche Perspektive auf die genannten Streitigkeiten leuchtet nur deshalb ein, weil das Konfliktpotenzial religiöser bzw. theologischer Probleme und ihre lebensweltliche Bedeutung aus heutiger, ‚rationaler' Sicht niedrig eingeschätzt und auf ein Problem der Verständigung reduziert wird. Dass darin ein Streit um die Konstitution von ‚Wirklichkeit' ausgetragen wurde, ist höchstens noch historisch zu verstehen; jeder Widerstand gegen ein prozesshaftes Verflüssigen von inhaltlichen und Wahrheitsansprüchen erscheint als ‚Rückfall' in den Fundamentalismus, der jedoch von der Soziologie selbst als durch und durch modernes Phänomen gewertet wird. Vgl. beispielhaft die Analyse von Jäggi, Krieger, 1991.
31 Otto, 1988, 267.
32 gegen v.d. Steinen, 1979; vgl. zum ganzen: Otto, 1981, 11 f.
33 Otto, 1987, 54 in der Auseinandersetzung mit Rothermund, 1984, 31–35, der einen solchen Versuch in kritischer Aufnahme von Otto unternommen hat.

„Nur im größeren Zusammenhang der allgemeinen Grundfragen intentionalen Redens und Schreibens"[34] und des Gebrauchs religiöser Sprache in den Medien und allen Bereichen des gesellschaftlichen Diskurses ist über Predigt angemessen zu handeln. „Begreift man die Predigt rhetorisch, dann ist sie kein isolierbares theologisches Thema."[35] „Die ‚Ubiquität der Rhetorik' macht vor der Predigt nicht halt."[36] Otto fasst seine Bestimmung des Verhältnisses von „Rhetorik und Theologie in der Predigtarbeit"[37] zusammen in der zustimmenden Aufnahme einer Formulierung von Manfred Josuttis: „In der Homiletik begegnen sich Rhetorik und Theologie in der Reflexion jenes Aktes, in dem das überlieferte Symbolrepertoire der christlichen Religion in einem Ritual aktuelle sprachliche Gestalt gewinnen will. Sie können sich begegnen und miteinander kooperieren, weil Rhetorik und Theologie gemeinsam menschliche Arbeit an und mit sprachlichen Symbolen wissenschaftlich reflektieren. Sie müssen in der Homiletik sachnotwendig aufeinander bezogen werden, weil auch die religiöse Rede im Akt der Predigt den allgemeinen Gestaltungs- und Wirkungsbedingungen menschlicher Arbeit an und mit Sprache unterliegt."[38]

Dies belegt nicht nur die Predigtgeschichte.[39] Gerade wer die Eigenart der Predigt erkennen und sie als eigenes Genus im Rahmen der Rhetorik identifizieren will, muss sie im Zusammenhang des Redens und Schreibens überhaupt verstehen: die Predigt will wie der Leitartikel, der Brief, die Erzählung usw. etwas bei denen, die sie hörend (oder lesend) rezipieren, bewirken, will, „dass die Zuhörer verstehen"[40] und insofern „dem Inhalt zum Ziel verhelfen"[41]. Wer predigt, ist zumeist schriftlich vorbereitet und hat mit seiner Arbeit Teil an der allgemeinen Bemühung um die Sprache: „um den angemessenen Ausdruck, um flexiblen, den Hörer einladenden und mitnehmenden Stil, um Klarheit und Abwechslung in der Form."[42] Zudem gilt auch für die Predigt: „Verständigung entsteht nicht durch Information allein, nicht allein auf intellektuellem Wege, sondern erst dann, wenn auch die Möglichkeit emotionaler Einstimmung

---

34 Otto, 1988, 249.

35 Otto, 1988, 259.

36 Ebd. Diese ‚Ubiquität' wird verstärkt „durch ‚die Bedürfnisse einer sich zunehmend versprachlichenden Gesellschaft, in der Kommunikationsfähigkeit, Textproduktion und Textanalyse, die pragmatischen Aspekte der Redekunst, immer wichtiger geworden sind." (Ebd.) Inwiefern dies als empirische Analyse zutreffend ist, bleibt offen; Otto verweist selbst auf Postman u. a., die gerade die Dominanz der nicht primär sprachlichen Kommunikationsmedien hervorheben.

37 Vgl. Josuttis, 1985a.

38 Otto, 1994, 114 nach Josuttis, 1985c, 142 f.

39 Vgl. Otto, 1987, 15 und 1994, 72–88.

40 Otto, 1982, 10.

41 Otto, 1982, 7.

42 Otto, 1988, 260.

gegeben ist."[43] Das erfordert statt einer „Sprache der Begriffe" eine „bildhafte Sprache", die „Lebensvollzüge sichtbar, greifbar, leibhaftig"[44] macht. Miteingeschlossen ist auch nicht-sprachliche Kommunikation.[45]

Die *Zuordnung zu allen anderen Formen intentionalen Sprechens und Schreibens* ermöglicht Otto die konkrete Durchführung eines für ihn zentralen Anliegens: der Kritik aller Formen „weltfernen, introvertierten Monologs und undialogischer Indoktrination"[46]. Gerade die (kritische) Rhetorik hilft, rhetorische Formen aufzuspüren, in denen die Rede „nicht im Austausch der Argumente verantwortet" und „mit dem Recht der Einrede des Andersdenkenden"[47] laut wird. Mit ihr lassen sich solche Redeformen aufsuchen, in denen die Partizipation aller am Prozess der Wahrheitsfindung Beteiligten möglich wird. Insofern will eine gute Rede nicht eine bessere „Verkäuflichkeit feststehender Inhalte" erreichen, sondern versuchen, „Kommunikationsprozesse bewusst zu machen und zu kontrollieren; unnötige Verstehensbarrieren für den Rezipienten abzubauen; neue Möglichkeiten des Räsonnements der vermittelten Inhalte zu eröffnen."[48] „Sosehr der Redner den Konsens will – der Hörer bleibt frei."[49] Die Aufnahme der rhetorischen Theorie erinnert die Homiletik hieran und weist sie darauf hin, dass durch das „Diktat"[50], die „Befehlsausgabe"[51], d.h. ohne (selbst-)kritische rhetorische Reflexion ein „Niveauverlust" und letztlich auch ein „Wirkungsverlust" droht, sodass die christliche Rede zu einer „introvertierten und zeit- und weltabgewandten, also unevangelischen Predigt"[52] verkommen kann.

Schließlich betont Gert Otto mit seinen Hinweisen auf die Bedeutung rhetorischer Fragestellungen für die Homiletik, *dass die Predigt ein bleibendes Recht nur hat, insofern sie bewusst und öffentlich an der kritischen, dialogischen Kommunikation in der Gesellschaft zum allgemeinen Wohl teilnimmt.* Die Hörerinnen und Hörer sollen zu einer „produktiv-kritische(n) Teilnahme an öffentlichen Angelegenheiten"[53] finden, deren

---

43 Otto, 1987, 104.
44 Otto, 1987, 108.
45 Vgl. Otto, 1986a, 204 ff.
46 Otto, 1987, 19.
47 Otto, 1994, 93.
48 Otto, 1987, 23.
49 Otto, 1987, 96. Das Motto zur zweiten Reflexionsperspektive: ‚Rhetorik' in Ottos Grundlegung der Praktischen Theologie ist ein Zitat von Walter Jens: „„Rhetorik ‚hat' nicht die Wahrheit: Sie sucht sie, in Rede und Gegenrede, deutlich zu machen: Da ist kein Satz, der beanspruchen dürfte, er sei die letzte Wahrheit. Beredsamkeit, man kann es nicht oft genug sagen, setzt Freiheit voraus, Offenheit, Unabgeschlossenheit, Vorläufigkeit."" (Otto, 1986a, 109)
50 Otto, 1986a, 118.
51 Otto, 1994, 141.
52 Otto, 1987, 21.
53 Ebd.

Maßstab „der gemeine Nutzen"[54] ist, der im „Konsens" mit den Adressaten gesucht wird.[55] Insofern enthält die Rede von der persuasiven Kommunikation nicht nur empirische, sondern auch normative Aspekte und stellt ein „Paradigma verantwortlichen Handelns"[56] dar.

Das Eigene, das die Predigt im Gesamtzusammenhang intentionalen Redens auszeichnet, bleibt in Ottos Ausführungen im Hintergrund. Es bestimmt sich vor allem über den Adressatenkreis: das ‚Forum Kirche', den Bezug auf eine spezifische theologische Interpretation der Jesustradition und auf das biblische „Material"[57]. Im Blick auf letzteres grenzt Otto sich scharf von den in den sechziger Jahren herrschenden Tendenzen ab, der Exegese in der Predigtvorbereitung ein großes Gewicht zu geben.[58] Der Bibeltext ist ein wichtiger Bezugspunkt, für die Predigenden aber weniger Gegenstand eines „Rekonstruktionsinteresses", als eines „Produktionsinteresses"[59]. „Predigt schmilzt den Bibeltext ein, schmilzt ihn um in Wort, Vorstellung, Problematik, Leben gegenwärtiger Situation."[60] Durch diese Konzentration auf die aktuelle Relevanz kann er „unkenntlich, unerkennbar werden."[61] Hier wird ein wesentlicher Unterschied zu Rudolf Bohren deutlich: *Ottos Interesse gilt nicht dem Einzeltext und seiner Widerständigkeit gegenüber der je eigenen Theologie des oder der Predigenden*, sondern dem für die jeweiligen Adressatinnen und Adressaten und ihre Situation zentralen theologischen Gesamtzusammenhang, der als ganzer zu verantworten ist und in den der jeweilige Einzeltext eingestellt wird.

Zusammenfassend bestimmt Otto die Aufgabe der Predigt:

„In der Predigt geht es darum, auf dem Forum der Kirche öffentlich, verständlich und wirksam zur Debatte zu stellen, was christlicher Glaube jeweils meint und will, und zwar:

- in Hinsicht auf bestimmte Zeitgenossen,
- in Hinsicht auf konkrete Lebenssituationen und -fragen,
- in Hinsicht auf den Bußruf *und die Heilszusage* Jesu, also: bezogen auf die grundlegende Veränderungsbedürftigkeit des Menschen *und die ‚Utopie' einer neuen Welt*, das heißt:
- in Hinsicht auf besser gelingendes Leben."[62]

---

54 Magaß, 1986, 24.
55 Vgl. Otto, 1988, 260.
56 Otto, 1986a, 123 (im Anschluss an U. Kopperschmidt).
57 Otto, 1987, 62.
58 Vgl. Otto, 1987, 22 f. u. 38 ff. und 1981, 15 ff.
59 Otto, 1987, 63.
60 Otto, 1982, 34.
61 Otto, 1987, 49.
62 Otto, 1987, 45; Die Hervorhebungen stammen von mir, J.C.-B. und kennzeichnen Ergänzungen und Veränderungen des ursprünglich in Otto, 1976, 72, veröffentlichten Textes. In der Tendenz hat Otto 1987 die kritischen Aspekte des theologischen Bezugs-

„Die Grenze der Predigt liegt prinzipiell in ihrer verbal-reflektierenden Struktur."[63] Diese ist sinnvoll und notwendig, insofern menschliches Leben und Handeln „der verbalisierenden Reflexion"[64], auch des Monologs bedarf. Sie kann aber nicht gewertet werden als „einziger Modus der Mitteilung dessen, was christlicher Glaube inhaltlich heute sei und welche Relevanz er für Leben und Welt habe."[65] Vielmehr sind „Effekt und Reichweite der Predigt realistisch und das heißt sehr begrenzt einzuschätzen"[66], bis dahin, dass eine deutliche „Verringerung von Predigten kein Verlust, sondern durchaus angemessen"[67] sein kann. Sprachliche Kommunikation bleibt aber auf jeden Fall ein wichtiges Element der kirchlichen Existenz; in Anlehnung an Neil Postman fragt Otto sogar, ob es nicht angesichts der gegenwärtigen kulturellen Tendenzen sinnvoll sei, dass sich die Kirche „als Ort und Anwalt der Kultur des Wortes im Gegensatz zur Allherrschaft der Bilder"[68] versteht. Verengungen und Vereinseitigungen, die in der Vorstellung von der ‚Kirche des Wortes' angelegt sind, lehnt er jedoch ab.[69]

Exkurs: Reformatorische Homiletik als Beleg für den Ansatz bei der Rhetorik

Unter dem Titel: „Die Entdeckung des Hörers: Martin Luther"[70]; stellt Gert Otto Luthers Homiletik vor als Beispiel einer Predigtlehre, die sich durch ihren Bezug auf die Hörenden und ihre Situation, die Ausrichtung am Dialog und am Ziel der Verständigung und die Aufnahme rhetorischer Traditionen auszeichnet und insofern geradezu als Vorläuferin des Ottoschen Ansatzes zu betrachten ist.

Otto nimmt Bahrs These[71] auf, dass das schriftliche Wort dem mündlichen in der Reformationszeit mindestens ebenbürtig und dadurch ein neues Maß an Publizität möglich wird. Dies führt dazu, dass „in einer vorher kaum bekannten Weise ... adressatenbezogen und situationsbezogen geschrieben wird."[72] Es entstehen neue literarische Formen, mit den alten wird ein kreativer Um-

---

feldes um Hinweise auf die frohe Botschaft Jesu und den Ausblick auf eine veränderte Welt ergänzt.

63 Otto, 1987, 19.
64 Ebd.
65 Ebd.
66 Otto, 1987, 35.
67 Otto, 1987, 21.
68 Otto, 1986a, 223.
69 Vgl. Otto, 1986a, 120 f.
70 Überschrift aus Otto, 1987, 66 (vgl. 66–74); in abgewandelter Form auch in Otto, 1994, 28–39.
71 Vgl. Bahr, 1968.
72 Otto, 1987, 69.

gang geübt. Die von Luther inhaltlich begründete Übernahme der „„schmuck-lose(n) Rede der Evangelien‘"[73] stellt z. B. gleichzeitig die Wiederaufnahme der rhetorischen Tradition des sermo humilis dar. Insgesamt verdanken sich Luthers Texte und Predigten in vielfältiger Weise der „Sprache und Methode ... jener Bildungstradition, in der Luther steht."[74]

„Beliebtestes Mittel‘" vieler Schriften der Reformationszeit „„ist der Dialog in allen Stilisierungsarten‘ (Bahr). Der Dialog als die klassische Form, in der Wahrheit nicht als Richtigkeit dekretiert wird, sondern im Prozess, im Für und Wider, in Argument und Gegenargument, in Frage und Antwort allererst gefunden wird."[75] Das Wort wird der Welt ausgesetzt, die Laien an der Produktion beteiligt.

Luther weiß, eine „oberflächliche, historisierende Predigt, in der der Hörer nicht vorkommt, bewirkt nichts."[76] So predigt er bewusst „okkasionell"[77], be-tont die Bedeutung der viva vox „vor der unmittelbar anwesenden Gemein-de"[78]. Angeredet werden Wille und Verstand; die Predigtaufgabe wird mit den Stichworten docere et exhortari beschrieben.
Schon in der Reformationszeit ist ein „aufklärerischer Impuls" zu entdecken, wie er in jeder großen Rhetorik steckt: „Menschen zu helfen, sich über sich selbst besser zu verständigen, über ihren Ort zwischen Leben und Tod, über das, was sie trägt und was sie belastet, über ihr Zusammenleben."[79] Konkre-tisiert hat sich dieses „aufklärerisch-didaktisch-pädagogische Interesse" als

- „Herausführung des Menschen aus spätmittelalterlicher Frömmigkeit;
- Aufbruch aus den Strukturen mittelalterlicher Kirchlichkeit;
- Konfrontation des Menschen mit sich selbst im Lichte der Wahrheit des Wortes Gottes;
- Verdeutlichung christlichen Lebens in den Strukturen der Welt;
- Unterstreichung von Lehre, Unterricht, Erziehung als Aufgaben der menschlichen Gemeinschaft."[80]

Neben der Einordnung der Predigt in den Zusammenhang sprachlicher Bemühungen um ein besseres Leben, um gelingende, aufgeklärte Ver-ständigung betont Otto schon in seinen frühen Arbeiten und zunehmend in jüngeren Veröffentlichungen, dass die Beschäftigung mit literarischen Texten und das Nachdenken über Poesie „für den Versuch, den Glauben in Sprache zu fassen, also auch für jede Predigt, von Belang"[81] ist. Sprache ist „als System von Signalen" eben nicht nur ein „Instrumenta-

---

73 In Aufnahme von Hirsch, vgl. Otto, 1987, 71.
74 Otto, 1987, 72.
75 Otto, 1987, 69.
76 Otto, 1987, 70.
77 Ebd.
78 Otto, 1987, 71.
79 Otto, 1987, 73.
80 Ebd.
81 Otto, 1989, 95; vgl. zum ganzen, Otto, 1981, 12 ff.; 1988, 267 ff.; 1994, 14–20.

rium zwischenmenschlicher Verständigung"; „es bedarf keiner weit reichenden philosophischen Spekulationen, um zu bemerken, dass dies ein außerordentlich verflachtes Sprachverständnis ist."[82] Poesie und Poetik können der Predigt helfen, zu einem grundlegenderen Begriff von Sprache vorzustoßen, denn „Dichtung will wirken um der Wahrheit willen."[83] Poesie artikuliert Sehnsüchte, Klagen und Hoffnungen, damit Menschen sich letzterer gewiss werden, denn „sprachlose Hoffnung ist keine Hoffnung."[84] Insofern ist „die Ebene poetischer Sprache ... für die Predigt unverzichtbar, sofern Predigt nicht theologisches Fachreferat ist, sondern An-Sprache mit der Absicht wirken zu wollen."[85] Sie ist „‚tiefer gehend als Begriffssprache'"[86], in ihr „wird der Kosmos des Vorgegebenen gesprengt und ins Offene verwiesen."[87]

Auch wenn die Predigenden normalerweise keine Poetinnen oder Poeten werden können;[88] ein „Plädoyer für poetische Sprache in der Predigt"[89] gewinnt seinen Sinn darin, dass die Predigenden durch den Umgang „mit poetischer Sprache die eigenen Sprachgrenzen (die theologischen, die begrifflichen) übersteigen ... lernen, oft vielleicht ihrer überhaupt erst gewahr ... werden"[90]. Zudem gewinnen sie auf diese Weise den „Mut zur bildhaften Sprache"[91], um zu einem neuen Verhältnis von „symbolischen Vergegenwärtigungen und diskursiven Weiterführungen"[92] zu kommen, wo „die Sprache durch Bild und Stimmung kreativ" macht und „träumendes Weiterdenken"[93] fördert. Nur so wird es gelingen, „unsere Erfahrungen und Hoffnungen, unsere Klagen und Bedrängnisse ... kommunikabel zu machen"[94]; andernfalls bleibt die Predigtsprache „zu arm ..., zu blass, zu flach."[95] Poetische Fähigkeiten sind wie rhetorische innerhalb bestimmter Grenzen „erlernbar"[96].

Es ist das bleibende Verdienst von Ottos homiletischer Konzeption, die Bedeutung rhetorischer Fragestellungen für die kritische Wahrnehmung des Predigtgeschehens fruchtbar gemacht und seine Zuordnung

---

82 Otto, 1989, 11.
83 Otto, 1987, 59.
84 Otto, 1989, 12.
85 Otto, 1982, 48.
86 Otto, 1982, 53.
87 Grözinger, 1987a, 11. Aufgenommen bei Otto, 1988, 273; vgl. auch Anderegg, 1985, 84.
88 Vgl. Otto, 1987, 58.
89 Otto, 1988, 272.
90 Otto, 1989, 95.
91 Otto, 1987, 51; vgl. 110: „Bilder machen hier sprachfähig".
92 Otto, 1987, 64.
93 Otto, 1987, 114.
94 Otto, 1987, 59.
95 Otto, 1987, 144.
96 Otto, 1982, 54; vgl. Otto, 1987, 51.

zum kulturellen und gesellschaftlichen Kontext herausgestellt zu haben. Er ist den Weg der Einordnung der Predigt in den Zusammenhang intentionalen, kunstvollen Redens so konsequent gegangen, dass Aspekte einer eigenständigen Wirklichkeit des ‚Wortes' im Predigtgeschehen, die Langes und vor allem Bohrens Entwürfe in einer eigentümlichen Spannung hielten, fast zum Verschwinden gebracht sind; erst der Blick auf das Geschehen zwischen Predigt und Gemeinde im Teil 3.3. wird diese Eindeutigkeit in einigen Punkten relativieren.

3.2. Das öffentliche Forum ‚Kirche' und die konkreten Predigthörerinnen und -hörer

„Kirche ist das institutionelle Forum, auf dem im Dialog diverser Beteiligter die religiöse Thematik des Lebens erwogen und die Relevanz christlicher Überlieferung für gegenwärtiges Leben erfragt wird. Daraus ergibt sich: Kritische Rezeption von Überlieferung, Interpretation, Weiterführung und ggf. Veränderung überlieferter Inhalte – alles in der Absicht, Reflexion und Handeln zu vermitteln."[97] Otto schildert die Kirche als einen Ort aufgeklärten, kritischen Miteinanders, in der „konkret und lebensbezogen"[98] aus der „Erfahrung der Zeitgenossenschaft"[99] heraus mit den „leibhaftige(n) Adressaten"[100] kommuniziert werden soll. „Was ich zu sagen habe, etwa als Prediger, wird allererst vernehmbar in der Hinwendung zum redenden und hörenden Menschen in seiner, meiner jeweiligen konkreten Situation. Theologie, die sich auf Rhetorik einlässt, kennt also den Glauben nicht als fertige, situationslose Substanz, sondern erfährt ihn in vielfältigen Dialogen, die über die Mauern der Theologie hinausführen."[101]

Wer eine Predigt vorbereitet, muss sich auf den „Weg zum Hörer"[102] zu machen. „Der Hörer – mit seinen spezifischen Erfahrungen, mit seinen Erwartungen, mit seinen Erlebnissen, in seiner Gestimmtheit usw. – ist ebenso ernst zu nehmen wie der Inhalt. Es gibt doch den Inhalt gar nicht ohne den Hörer!"[103] Wie Lange verweist Otto im Zusammenhang der Überlegungen zur „konstitutive(n) Bedeutung von Adressat und Situation" auf „die Kasualpredigt", die „für jegliche Predigt/Rede lehrreich" ist, weil in ihr „Adressat und Situation weniger leicht übersprungen

97 Otto, 1987, 18 f.
98 Otto, 1982, 7.
99 Otto, 1982, 20.
100 Otto, 1987, 14.
101 Otto, 1987, 16.
102 Otto, 1982, 7.
103 Otto, 1987, 48.

werden können."[104] Wer die Gemeindeglieder erreichen will, bemüht sich ihre konkrete Situation zu erfassen[105]: dazu gehören biografische Aspekte ebenso wie gesellschaftliche, ihre soziale Stellung ebenso wie die wirtschaftliche, ihre Frömmigkeit und das „Beziehungsgeflecht"[106] zwischen Prediger bzw. Predigerin und Gemeinde ebenso wie Potenziale und Defizite in der bisherigen Gemeindearbeit. Der Bezug zu den Hörerinnen und Hörern erfordert insbesondere eine Sensibilität für deren Sprache, damit die Predigt dem „Verständnisvermögen des Hörers"[107] angemessen ist. Dies meint nicht „Aktualität"[108] und Verwendung von Alltagssprache um jeden Preis. Wenn die Predigt nicht die „Festschreibungen und Verengungen"[109] des Alltags fortschreiben will, die auch die „Alltagssprache transportiert"[110], wird sie sich und ihre Sprache in spezifischer, der konkreten Redesituation angemessener Weise von der einfachen Reproduktion alltagssprachlicher Muster und Aktualitäten unterscheiden. Bündelt sich die gesamte Predigtarbeit in der „Leitfrage": „Was will ich (der Prediger/Redner X) warum in einer spezifischen Situation mit einer bestimmten Hörergruppe auf welchem Wege zu diesem Zeitpunkt erreichen?"[111], so bedeutet dies für den Zugang zur Predigtgemeinde ein *Drängen auf möglichst weitgehende Konkretisierung*.

Allerdings steht den Predigenden das Wissen über die Sprach- und Lebenswelt ihrer Hörerinnen und Hörer nicht einfach handhabbar zur Verfügung. Schon in der Vorbereitung hat die Predigt eine „interaktive Struktur"[112]. Reden erwachsen aus Interaktion und Kommunikation, genauso wie sie auf sie aus sind.[113] Deshalb überschreibt Otto das 3. Kapitel seiner „praktischen Rhetorik": „Die Situation der Gemeinde – oder: Statistik ist noch keine Homiletik …"[114] und betont, dass es nicht auf die Kenntnis der sozialwissenschaftlichen Daten ankommt, sondern vielmehr auf die „homiletische Konsequenz"[115], die daraus gezogen wird.

---

104 Otto, 1987, 23.

105 Auch Otto redet in seinen frühen Schriften von dem Hörer, also von einer männlichen Einzelperson (vgl. etwa Otto, 1987, 14). Er verwendet jedoch zunehmend auch den maskulinen Plural, z. B., 1982, 31–34 und besonders in den neueren Veröffentlichungen, z. B. 1994, 94–98, die inklusive Terminologie Hörerinnen und Hörer.

106 Otto, 1982, 33.

107 Otto, 1982, 7; vgl. Otto, 1976, 177 ff.

108 Otto, 1987, 133.

109 Otto, 1988, 273.

110 Ebd.

111 Otto, 1987, 22. Otto wendet dabei einen „rhetorischen Zirkel" (Otto, 1976, 88) an, dessen Fragestellungen er im Einzelnen 1976, 88 ff. ausführt. Vgl. zum ganzen auch Otto, 1982, 14 ff.

112 H. Luther, 1983, 241.

113 In diesem Zusammenhang nimmt Otto eine Kritik auf, die Henning Luther, 1983, 223, an seinem Ansatz formuliert hat: „Predigt ist als Rede eine Handlung." (Otto, 1988, 270)

114 Titel des 3. Abschnitt in Otto, 1982, 31.

115 Otto, 1982, 32.

„Sofern es um Predigt als Rede geht, ist die Subjektivität des Redners ebenso wie die Lebenswelt der Hörer in den Inhalt eingeschmolzen. Es gibt keinen Inhalt, dessen Teil nicht die Hörer sind."[116] Aber auch die Rezeption ist wesentlich durch das ‚produktive Hören‘ und die „aktive Verarbeitung"[117] der Gemeinde bestimmt[118]. Vor allem durch selektives Hören bzw. „‚Dazutun‘"[119] und das in der Theorie der kognitiven Dissonanz beschriebene Bemühen, in Übereinstimmung mit den Redenden zu leben[120], „überlisten"[121] die Hörenden die Predigenden, verändert sich die Predigt „im Verstehenshorizont des Hörers noch einmal"[122]. Die Homiletik muss die „schlichte kommunikationstheoretische Einsicht" einkalkulieren, dass sich „im Kommunikationsprozess" alle „an ihm beteiligten Größen"[123] verändern.

Unter dieser ‚interaktionistischen‘ Perspektive und angesichts der Tatsache, dass ein sozialwissenschaftlicher Zugang zur Gemeinde immer die Erwartungen und Kennzeichnungen der Hörerinnen und Hörer dergestalt „behelfsweise gruppieren"[124] muss, dass Predigt gerade nicht in letzter Konsequenz konkret werden kann, sondern angesichts „einer diffusen Zielgruppe oft zu allgemein"[125] bleiben muss, relativiert sich der Anspruch an die Predigenden, die Gemeinde und ihre Situation möglichst konkret zu kennen.[126] Ottos vordringliche Perspektive, die vom Produktionsakt her denkt, erhält das Übergewicht. *Die Hörerinnen und Hörer kommen vor allem als Hörende in den Blick und als Forum, vor dem eine Rede gehalten wird.*

Die Predigt als „Gelegenheitsrede auf dem Forum der Kirche"[127] richtet sich aber nicht nur an die versammelte, volkskirchliche Gemeinde, sondern zielt auf *eine möglichst weite Öffentlichkeit,* wobei Otto eine hohe Erwartungshaltung an die Predigt auch außerhalb ‚kirchlicher Kreise‘ voraussetzt. Zu dem ‚Marktplatz‘[128], auf dem sie gehalten wird, soll es möglichst wenig Zugangsbeschränkungen geben; Mauern, die Kirche

---

116 Otto, 1988, 271.
117 Otto, 1994, 95.
118 Vgl. Otto, 1982, 41–46; 1994, 95–98.
119 Otto, 1994, 97.
120 Vgl. Otto, 1987, 29 ff.
121 Otto, 1982, 41.
122 Otto, 1987, 32.
123 Otto, 1987, 23.
124 Otto, 1976, 94.
125 Otto, 1987, 19.
126 Vgl. Otto, 1987, 47.
127 Otto, 1987, 48.
128 Peter L. Berger hat in einem Vortrag bei der EKD-Synode 1993 in Osnabrück unter dem Titel ‚Pluralistische Angebote: Kirche auf dem Markt‘ den Marktplatz als den angemessenen Ort des Protestantismus angesichts der Herausforderungen des Pluralismus beschrieben. Vgl. zuvor schon ders., 1963 und Kallscheuer, 1991, bes. 235–257.

und Theologie normalerweise von der übrigen Welt abtrennen, sollen die Rede nicht einschränken. „Ich möchte so predigen, dass mich Menschen verstehen, die mit der Kirche gar nichts zu schaffen haben. Dass sie mit vollziehen können, was ich sage – vielleicht ist dies mein wichtigstes Kriterium! (Was ja nicht heißen muss, dass sie mir zustimmen.) ... Denen, die kommen, wird damit nichts genommen oder vorenthalten. Denn ich glaube nicht, dass die, die kommen, und die, die nicht kommen, bei Lichte besehen, zwei verschiedene Menschenrassen darstellen."[129]

Damit löst sich die „fruchtbare Spannung" letztlich auf, die die Predigt auszeichnet, weil sie sich „zugleich an eine Binnengruppe und an die ‚Welt'"[130] richtet. Die konkrete Situation einer Gemeinde, ihre spezifischen lebensweltlichen Konflikte und Probleme verlieren für die Predigtvorbereitung an Bedeutung; viel wichtiger ist es für die Gestaltung eines kunstvollen Redebeitrags, *die allgemeinen Bedingungen heutigen Menschseins und Hörens zu kennen,* denn das Forum, vor dem geredet wird, umfasst virtuell die universale Gemeinschaft derjenigen Menschen, die sich am Prozess der Wahrheitsfindung beteiligen wollen. Von Otmar Fuchs und Ernst-Rüdiger Kiesow ist Gert Otto in diesem Zusammenhang vorgeworfen worden, die vorhandene, speziell die im Gottesdienst anwesende Gemeinde in seiner Konzeption zu wenig ernst zu nehmen.[131] Zwischen dem universalen Öffentlichkeitsanspruch und der „individualistische(n) (besonders auf den Einzelhörer bezogene(n)) Tendenz" vernachlässigt er „den Gemeindekontext", „die kommunitäre ‚Zwischenregion' kirchlich-christlicher Gemeinde als Konstitutivum für die homiletische Arbeit." „Der tatsächliche Lebenszusammenhang des Predigtvorganges mit der ‚Rhetorik' (dem Sprachspiel) der Gemeinde und ihrer Verstehensvoraussetzungen wird ... kaum mehr aufgesucht."[132]

3.3. Verständigung, Veränderung und Überwältigung: zum Zusammenhang von Predigt und Gemeinde

„Die Fähigkeit der Sprache weist auf ein ursprüngliches Verlangen nach Verständigung, Kommunikation hin."[133] „Sprachliche Kommunikation stiftet soziale Beziehungen."[134] „Im Medium der Sprache konstituieren sich Gruppen. Die Konstituierung der Gesellschaft ist auf sprachliche

---

129 Otto, 1982, 11.
130 Otto, 1987, 64.
131 Vgl. Kiesow, 1986, 33.
132 Fuchs, 1981, 140 Anm 51.
133 Otto, 1982, 31 nach Heinz Piontek.
134 Otto, 1986a, 121.

Vermittlung angewiesen."[135] Im Zentrum von Ottos Überlegungen zum Verhältnis von Predigt und Gemeinde, zur Bestimmung der kommunikativen Situation, in der Predigt geschieht, und die sie selbst konstituiert, steht eine grundlegende Bestimmung: *Sprache dient der Verständigung*, nicht der Täuschung, sie zielt auf ein kommunikatives Miteinander, nicht auf die Sicherung des eigenen Lebens.[136] Hierin sind sich Otto, Bohren und Lange einig: *Sprache ist auf Kommunion aus.*

Durch ihre sprachliche Vermittlung gewinnt diese Gemeinschaft einen spezifischen Charakter: sie ist nicht denkbar ohne die Freiheit aller Beteiligten, sie braucht und sucht die freie und begründete Zustimmung oder Ablehnung durch das Gegenüber. „Der Meinung des Zuhörers wird ein Wert beigemessen."[137] „Damit impliziert dieses Kommunikationsverständnis den Verweis auf eine Form unversehrter Subjektivität, weil der bindende Charakter der Gemeinschaft/Gesellschaft an die Freiheit des einzelnen Subjekts gekoppelt ist."[138] Grundlage einer solchen Form kommunikativer Freiheit sind „gelingende Formen der Zusammenlebens", in denen „Autonomie und Abhängigkeit miteinander ausgesöhnt werden können."[139] Dazu zählt etwa die Fähigkeit, sich in Frage stellen lassen zu können, die ein Zeichen für die Stärke der Redenden ist.[140] In offener, partnerschaftlicher Kommunikation gilt es, entwicklungspsychologisch formuliert, „„als Erwachsener mit Erwachsenen zu reden.""[141]

Wahrheit wird zu einer prozessual und konsensual bestimmten Größe; sie „wird ... durch Mitteilung gefunden"[142]. Wahrheit findet mich nicht, Wahrheit ist auch nicht immer schon gegeben, dem oder der einen zu Handen, um sie den anderen mitzuteilen, beide sind vielmehr in der gemeinsamen Wahrheitssuche verbunden. Will die Predigt zu ihr hinführen, lebt sie als Gelegenheitsrede „von ihrer Fähigkeit, Dialoge zu eröffnen, anzuregen, weiterzutreiben."[143] Orientiert man sich am Modell des „Gesprächs"[144] ist sie „Zwischenstation im Gesprächsverlauf"[145], Redebeitrag; als „zeitweilige monologische Rede nötig"[146] z. B. zur Diskussionseröffnung, zur Einleitung von Handlungsschritten, zur Entschei-

---

135 Otto, 1987, 20; vgl. auch Hegewald, 1986, 39.
136 Vgl. zum Problem der Lüge als evolutionstheoretisch wichtigem Medium zur Sicherung der eigenen Existenz: Sommer, 1992 und 1993.
137 Perelman, 1980, 20.
138 Otto, 1986a, 216 f.
139 Otto, 1986a, 217.
140 Vgl. Otto, 1982, 23 f.
141 Otto, 1982, 21.
142 Otto, 1987, 14.
143 Otto, 1987, 48.
144 Ebd.
145 Otto, 1987, 49.
146 Otto, 1987, 20.

dungshilfe oder als sprachliche Begleitung in Krisensituationen, immer aber eingebunden in einen umgreifenden Prozess der Verständigung und Wahrheitssuche. Die Predigt erscheint als Sprachgeschehen im „„Dauerdialog"[147] in der Gemeinde.

Sollten die Mitglieder der Predigtgemeinde eigentlich „des Redners als Vermittler zwischen sich nicht" bedürfen, so muss „das Ausmaß", in dem Menschen noch immer auf sprachliche Vermittler angewiesen sind, weil sie „die Kommunikation ohne Redner weder verbal und erst recht nicht nonverbal zu leisten in der Lage sind, ... dem Redner ... zu schaffen machen."[148] Deshalb versucht er, die Predigt möglichst dialogisch zu halten, und versteht sich selbst lediglich als „Regisseur eines Klärungsprozesses"[149], der bemüht ist, die Hörerinnen und Hörer sprachfähig zu machen. „Die Rede des einzelnen rechtfertigt sich insofern, als sie aus dem Dialog *entsteht*, den Dialog in sich *darstellt* und den Dialog *weiterführen* hilft."[150]

Die pastoraltheologische Perspektive macht deutlich, *dass die in der sprachlichen Kommunikation angelegte Gemeinschaft eine durch die Realität gesellschaftlicher Machtverhältnisse und die Bedingungen alltagssprachlichen Handelns gefährdete ist*; gerade als kritische Wissenschaft, die solche Gefährdungen identifiziert und alternative, dialogische Kommunikationsformen einfordert, kann die Rhetorik die Homiletik daran erinnern, dass sich die Hörerinnen und Hörer nicht „dem Worte Gottes anzupassen oder zu unterwerfen"[151] haben, sondern ihm als freie Subjekte und „aktive Partner"[152] gegenüber stehen.

Neben der Verständigung spielt in Ottos Konzept durch die Konzentration auf die Rhetorik als Theorie wirkungsbezogenen Sprechens und Schreibens das Ziel der „Veränderung des Hörers"[153] eine wichtige Rolle. Solcher Wille zur *Veränderung* wird jedoch nicht als Konflikt zwischen den an der Kommunikation Beteiligten beschrieben. Wirkungsbezogenes Sprechen in der Predigt bleibt immer einladendes und die freie Zustimmung suchendes Reden. Ähnlich wie in Langes Überlegungen zur Predigt als Exorzismus wird die Möglichkeit zu einer Verständigung im aufgeklärten und aufklärenden Gespräch höher eingeschätzt als die Widerstände gegen eine Veränderung auf Seiten der Zuhörerinnen und Zuhörer; *der im Ziel ‚Veränderung' angelegte Konflikt wird ermäßigt*. Am Bei-

---

147 Kurt Marti nach Reschke, Thiele, 59.
148 Otto, 1976, 93.
149 Otto, 1994, 90.
150 Otto, 1994, 108. Hervorhebungen im Original. Vgl. Otto, 1994, 111, wo er zustimmend Henning Luther zitiert: „Der Prediger soll nicht Antworten geben, sondern Antworten finden helfen" (H. Luther, 1983, 239).
151 Otto, 1987, 23.
152 Otto, 1994, 94.
153 Otto, 1986a, 125.

spiel der politischen Predigt[154]: Sie ist „eine einladende Stimme im Kreis jener Gesprächspartner, die sich über Handlungsmaximen und deren Umsetzungen verständigen müssen."[155] In ihr darf es nicht zu einem „Freund-Feind-Denken" kommen, sondern sie muss beitragen zur „Humanisierung der Entscheidungsprozesse"; auch im prophetischen Widerspruch ist sie „menschenfreundliche Predigt" und tritt „selbst-kritisch", bescheiden und bewusst situativ und „erfahrungsbezogen"[156] auf. Sie will nicht prophetisch das Böse böse nennen und zur Umkehr aufrufen, sondern ist darum bemüht, „dass in Rede und Gegenrede der Prozess der Verständigung *vielleicht ein Stück* vorankommt."[157]

Ein drittes Element, das Ottos Bestimmung der Sprech- und Hörsituation Predigt und damit den Zusammenhang von Predigt und Gemeinde prägt, ist ein von ihm mit der Poesie assoziiertes Sprachverständnis. Poetische Sprache macht deutlich, dass das Gelingen von Verständigung nicht selbstverständlich ist, und impliziert im sprachlichen Miteinander ein spezifisches Gefälle zwischen den Sprechenden und den Hörenden, insofern sie eine „den Hörer weiterbringende Sprachkraft"[158] enthält. Unter dieser Perspektive kann, wer predigt, den Hörerinnen und Hörern, „als Partner, wo es nötig ist, helfen ..., weiterführende, neue, erweiternde Sprache zu finden. ... Dann verdoppelt der Prediger durch seine Sprache nicht die Welt der Hörer ... , sondern er versucht, dem Hörer zu helfen, den nächsten Schritt zu gehen."[159]

Allerdings reflektiert Otto dieses Gefälle nicht weiter und fragt etwa nach dem Grund, dem sich die Sprachkraft (bestimmter) Poesie verdankt. Dies wird u. a. an der Interpretation eines Textes von Marie-Luise Kaschnitz[160] deutlich, der für Otto belegt, dass Heil und Auferstehung „nirgendwo anders als bei uns und unserem Leben"[161] zu finden sind. „Wer hätte nicht solche Erfahrung von Glück auch schon gemacht, in allen Toden?"[162] Mit dieser rhetorischen Frage, wird die Dynamik des poetischen Textes aufgelöst: die sperrigen Elemente des Textes geraten aus dem Blick; plötzlich geht es um alle Tode, nicht um konkrete; um eine Erfahrung, die alle ‚auch schon gemacht' haben, gerade nicht um eine spezifische, die eben nur unter der Gestalt *dieses* sprachlichen Ausdrucks wirkmächtig wird. Poesie wird nach Otto von der Dichterin verwendet,

---

154 Vgl. dazu auch das rhetorische Porträt zu Helmut Gollwitzer in Otto, 1994, 141–152; vgl. Burbach.
155 Otto, 1988, 247.
156 Otto, 1988, 247 f.
157 Otto, 1988, 248; Hervorhebung von mir, J.C.-B.
158 Otto, 1987, 51.
159 Otto, 1987, 60.
160 Vgl. Suhr.
161 Otto, 1989, 101.
162 Otto, 1989, 102.

„weil unsere Alltagssprache nicht ausreicht" zu sagen, „was Auferstehung in unserem Leben heißt."[163] Damit gibt Otto m. E. die eigenständige Kraft und Bedeutung poetischer Sprache preis und funktionalisiert sie, um vermeintliche Defizite religiöser Sprache auszugleichen und seine theologische Grundüberzeugung zu bestätigen, dass die Auferstehung Jesu nirgendwo anders denn in uns weiterlebt: „Mehr noch: Nicht nur in unserer Sehnsucht und Hoffnung, sondern in unseren Auferstehungsgeschichten. Unsere Auferstehungsgeschichten sind die Geschichte seiner Auferstehung, die nicht endet. Darum sagen wir: Er lebt."[164] Die in der Poesie thematisierte Brüchigkeit unserer Bilder und Lebenswelten, die Eigenständigkeit Jesu Christi, der fremd und mächtig bleibt, dessen Geist uns (auch) in poetischen Worten überwältigt, kommt an dieser Stelle nicht zur Sprache.[165]

Gleichzeitig finden sich bei Otto jedoch auch Äußerungen, die zeigen, dass er um die *eigenständige Kraft poetischer Texte* weiß, die sich nicht in ihre Interpretation auflösen lässt. „Nicht der Leser muss sich auf etwas einlassen, sondern der hier schreibt, holt den Leser durch den Gestus seiner Rede ein, nimmt ihn gefangen, weil sich der Leser der durch Sprache beschworenen Lebensatmosphäre, die den Schreiber bedrängt (hat), nicht mehr entziehen kann."[166] Das Gedicht und die gelungene Predigt als eine *überwältigende Atmosphäre*, die durch Sprache *beschworen* wird und die *Rezipienten gefangen* nimmt, als „Wort ... aus jener Tiefe ... und in jene Tiefe ..., in der die Grundfragen unseres Menschseins liegen"[167]: Dies ist ein anderes Modell sprachlichen Miteinanders, als das oben beschriebene. Der unbestreitbar für die Frage nach der Gestalt einer Kirche des Wortes wesentliche Gedanke einer Verständigung freier Subjekte tritt zurück zugunsten des Bildes von der ‚Tiefe' und eines Sicheinfindens in eine Wirklichkeit und einen „Rhythmus"[168], der sowohl dem Produzenten wie den Rezipienten vorausliegt. Solche Überlegungen verlangen nach einer theologisch verantworteten Reflexion ihrer Voraussetzungen und Bedingungen.

---

163 Otto, 1989, 104.

164 Otto, 1989, 105.

165 Zur linguistisch-theologischen Auseinandersetzung mit dem Problem der Auferstehung vgl. auch die Texte von E. Güttgemanns, H.D. Preuß und J.v.d. Veken in: „Linguistische" Theologie, 38 ff., 59 ff., 101 ff. u. 176 ff.

166 Otto, 1987, 112 am Beispiel von C. Meckel, Suchbild.

167 Otto, 1987, 133.

168 Otto, 1987, 112 f. Vgl. auch Otto, 1987, 135, mit seinen Hinweisen auf die Fähigkeit der Musik, etwas „in Tönen hörbar zu machen, was in Worten nicht zu sagen ist." „Musik transzendiert konkrete Sprache. ... Es geht im christlichen Glauben im Zentrum um Inhalte, die sich in letzter Konsequenz der Beschreibbarkeit entziehen. Das heißt nicht, dass diese Inhalte ohne Realität wären, nein, umgekehrt: ihre ‚Realität' ist so komplex, so umfassend, so tiefgründig, dass die Sprache der Beschreibung sie nie erreichen kann."

In einem neueren Aufsatz über „Predigt – im Angesicht des Todes"[169] hat Otto versucht, die in der Predigt zur Sprache kommende „,ansprechbare Wirklichkeit'"[170] theologisch zu reflektieren. Er tut dies an dem Problem der Begegnung von Predigt und Tod, d. h. an einem für die Moderne und ihre Auseinandersetzung mit Religion charakteristischen Thema.[171] In Aufnahme einer Rede von Paul Celan macht er plausibel, dass „Sprache ... heute (nur heute?) immer Sprache ,im Angesicht des Todes'"[172] ist. Sprache sucht „immer gegen Tod und Sterben anredend Orientierung."[173] Der Begriff der ,Orientierung' rückt das Verhältnis von Sprache und Tod zunächst in kommunikativ handhabbare, funktional verstehbare Zusammenhänge. „,Der Tod ist schweigsam. Er verschlägt uns die Sprache.'"[174] Dagegen gilt es anzureden, „die Todverfallenheit unseres Lebens in Worte ... fassen"[175], vor allem im Gebet, wenn man es „vortheologisch" versteht, einfach als „sich aussprechen können"[176]. In diesem Sinne gehören „Sprache und Gebet ... in der Tiefe so zusammen, dass man sie (fast) für identisch halten kann."[177]

Über dieses kommunikativ nachvollziehbare Aussprechen hinaus ist die Begegnung von Sprache und Tod für das Subjekt aber auch durch die Erfahrung gekennzeichnet, dass im Angesicht des Todes die eigenen Worte nicht tragen, dass Rettung nur verspricht, sich der tröstenden Macht überlieferter Worte anzuvertrauen[178]: Die Grenzen verständigungsorientierter Kommunikation kommen in den Blick. „Zuletzt versagt das eigene Wort. Es bleibt aus. Es fehlt."[179] Etwas anderes, mehr ist notwendig; „dieses ,Mehr' steckt in der Aussagekraft geprägter Sprache."[180] Nur eine „Sprachlehre"[181], die noch die einzelnen Worte ernst zu nehmen versucht[182], die weiß, jedes Wort, jedes Phonem ist wichtig, weil das Wort, das wir verwenden, eine eigene „sprachliche Dynamik"[183] entwickelt, kann sich der Wirklichkeit des Todes stellen.

---

169 Vgl. Otto, 1987, 136–145; vgl. 1999, 104 ff.
170 Otto, 1987, 137; vgl. auch 1999, 126 ff.
171 Vgl. unten B 4.1.
172 Otto, 1987, 141.
173 Otto, 1987, 143.
174 H.J. Schultz nach Otto, 1987, 138; vgl. zu Bohren oben A 2.1.
175 Otto, 1989, 40; vgl zum ganzen: 39 ff.
176 Otto, 1987, 138.
177 Ebd.
178 Vgl. zu der ganz ähnlichen Situationsschilderung bei Luther unten B 4.1.
179 Otto, 1989, 46.
180 Otto, 1989, 41. Otto verweist in diesem Zusammenhang in 1987, 63, auf Josuttis Frage nach der Bedeutung des rituellen Ortes für die Rhetorik.
181 Otto, 1989, 99.
182 Vgl. etwa die Auferstehungspredigt in Otto, 1989, 100 ff., bes. 101.
183 Otto, 1994, 32.

„Im Angesicht des Todes stiftet überkommene Sprache Gemeinschaft, hier: die Gemeinschaft der Trauernden. Nicht die zufällige Wendung, nicht das spontan gefundene Wort ist hier ein Dach, sondern das geprägte, das durch Prägungen hindurchgegangene, das ausgewachsene Wort. Es versichert die Betroffenen der Zusammengehörigkeit. Die gemeinsame Betroffenheit kommt in der Sprache zu Wort. Und dabei ist, ..., das Maß subjektiver Distanz zur Sprache der Tradition sekundär. Ausschlaggebend ist die Tragfähigkeit der Sprache."[184] Lässt dieser Abschnitt auch die Interpretation zu, dass Sprache sich gerade als tradierte als Medium sozialer Verständigung bewährt, so klingt gleichzeitig anderes an: nicht die Subjektivität und freie Zustimmung der einzelnen Menschen konstituiert soziale Zusammenhänge, auch nicht allein die Fähigkeit, sich an Traditionsgut zu erinnern und sich ihm anzuvertrauen: *es gibt eine Tragfähigkeit von Sprache, eine transsubjektive Mächtigkeit und überwältigende Kraft von Worten.*

Auch wenn sich Gert Otto im selben Atemzug scharf von den „steilen Predigtdefinitionen der Väter" abgrenzen muss, fasst er hier selbst „Predigt als Proklamation des Heils."[185] Gerade in der Proklamation gibt es keine Botschaft vor der Sprache, die dann um der Vermittlung willen eine sprachliche Gestalt gewinnen muss, sondern Sprache selbst, Worte werden zum „Existenzgrund"[186] nicht nur des einzelnen, sondern der Gemeinschaft der Hörenden bzw. Lesenden.

Im Gesamtbild seiner Konzeption bleiben diese Überlegungen eher randständig. Die wesentliche Bedeutung seines Ansatzes für die gegenwärtige Homiletik liegt in der Rhetorikrezeption, durch die eine spezifische Erfassung des Zusammenspiels von Predigt und Gemeinde gelingt, und in der Hervorhebung seines „emanzipatorische(n), freiheiterschließende(n) und freiheitermöglichende(n) Interesse(s)."[187] Auf dem Hintergrund eines Modells von aufgeklärter Verständigung gewinnt die Predigt ihre Rolle als aufklärender und kritischer Beitrag zum offenen und transparenten Dialog der Hörerinnen und Hörer, die selbst wiederum mit ihrer Rezeption einen konstitutiven, nicht hintergehbaren Beitrag auf dem Weg der Wahrheitssuche auf dem Forum der Kirche leisten, dessen Grenzen zur Welt offen sind.

---

184 Otto, 1987, 139.
185 Otto, 1987, 141.
186 Otto, 1987, 142.
187 Daiber, 1991, 214.

A 4. Predigt in der Erzählgemeinschaft

Horst Albrechts Entwurf einer ‚sozialen Homiletik'

Zum Problem ‚Predigt und Gemeinde' gehört in praktisch-theologischer Perspektive die Frage, welche Gemeinde durch welche Predigt erreicht wird. Nachdem schon Ende des 19. Jahrhunderts einzelne Theologen *die schichtspezifische Orientierung des kirchlichen Lebens* kritisierten[1], gibt es seit den sechziger Jahren des 20. Jahrhunderts unter Aufnahme von Forschungen der *Soziolinguistik* Bemühungen, diese Kritik im Blick auf homiletische Fragen zu konkretisieren und eine „soziale Predigt"[2] zu konzipieren.

Der früh verstorbene Hamburger praktische Theologe Horst Albrecht, der dazu wesentliche Beiträge vorgelegt hat, sieht eine Homiletik, die sich auf „die bürgerliche Disziplin der Rhetorik"[3] festlegt, in ihrer Wahrnehmung der Gemeinde in spezifischer Weise begrenzt. Die Konzentration auf sprachliche Vermittlungsprozesse übersieht „Sprachbarrieren"[4]. Statt dessen gilt es, „die Frage nach schichtspezifischer Religiosität und ihren kommunikativen Symbolen"[5] zu stellen. Andernfalls verliert die Predigt und mit ihr die Predigtlehre – und diese Kritik trifft alle bisher behandelten Entwürfe gleichermaßen – Arbeiterinnen und Arbeiter und Angehörige der Unterschicht[6] aus dem Blick, die in anderer, deshalb jedoch keinesfalls als defizitär zu beschreibender Weise kommunizieren.

In seiner Habilitationsschrift „Arbeiter und Symbol" versucht Albrecht, „eine soziale Homiletik des Symbols anhand von Methoden und Ergebnissen der Massenkommunikationsforschung zu entfalten, und

---

1 Vgl. Albrecht, 1985, 25–28; dort auch weitere Literatur.
2 Albrecht, 1982a, 223. Voraussetzung dieser Position ist wie bei Ernst Lange die Entscheidung, dass sich Kirche nicht „von der sie umgebenden Kultur" trennen soll, sondern danach fragen, „wie sich Glaube in solchen Erfahrungen ausspricht und wiederfindet, und wie die Kirche damit umgehen könnte." (Albrecht, 1982a, 121)
3 Albrecht, 1982a, 17.
4 Vgl. Albrecht, 1974b.
5 Albrecht, 1982a, 47.
6 Albrecht verwendet die Kategorien ‚Arbeiter' bzw. ‚Unterschicht' weithin promiscue. 1982, 48, definiert er im Blick auf die Ansprechpartner und -partnerinnen, in den von ihm durchgeführten Interviews: „Zur Unterschicht zählte ich ... alle Eltern (eines Katechumenenjahrgangs, J.C.-B.) mit Arbeiterberufen, die selbst aus Arbeiterfamilien stammen, die in abhängiger Stellung beschäftigt sind und deren formale Bildung nicht über den Volksschulabschluss hinausführte."

zwar exemplarisch anhand der Theorie symbolischer Kommunikation, die der amerikanische Massenkommunikationsforscher George Gerbner entwickelt hat."[7] Durch die Entscheidung für diesen theoretischen Zugang soll die Beschränkung soziolinguistisch orientierter Ansätze „auf verbale Unterschiede"[8] überwunden und der Blick geöffnet werden für die Arbeitsverhältnisse und die Massenmedien als entscheidende Prägefaktoren für das, was „schichtspezifische Kommunikation"[9] genannt werden soll. Zu Leitbegriffen werden das ‚Symbol' in seiner öffentlichen Relevanz und sozio-ökonomischen Verwurzelung und „die Erzählung" als „die elementare Kategorie der Homiletik."[10]

4.1. Biblische Erzählungen der Befreiung und die Unterbrechung der Erzählungen der Unterschicht

Ausgangspunkt des Predigtverständnisses der sozialen Homiletik ist die Erkenntnis, dass die Unterschicht weithin der Verkündigung in den evangelischen Kirchen in Deutschland nicht zu folgen vermag, weil in ihnen eine Sprache gesprochen und in einer Form geredet wird, die zum „‚elaborierten' Kode"[11] und zum Kommunikationsverhalten der Mittelschicht gehört und ein entscheidendes „Mittel der Herrschaft der oberen Schicht ... ist ... – entgegen dem Eindruck, dass gerade in ihr die soziale Ungleichheit aufgehoben und ungehinderte Kommunikation möglich sei."[12] Der in der Unterschicht verwendete Kode wird als „‚restringierter'"[13] bezeichnet. In ihren Kommunikationsformen treten die verbalen gegenüber den nonverbalen Formen der Verständigung in den Hintergrund, die digitalen Signale verlieren an Bedeutung gegenüber den analogen, inhaltlich-informative Elemente gegenüber beziehungsstiftenden und alltagsnahen.[14] Zudem sieht Albrecht ihre Kommunikation stärker als in der Mittel- und Oberschicht durch die Rezeption der Massenmedien bestimmt.[15] Eine soziale Homiletik sieht sich also konfrontiert mit

---

7 Albrecht, 1982a, 15.

8 Albrecht, 1982a, 13.

9 Albrecht, 1982a, 14.

10 Albrecht, 1985, 47.

11 Albrecht, 1982a, 33.

12 Albrecht, 1982a, 32. Albrecht wechselt an dieser Stelle mehrfach die Terminologie; unter „obere Schicht" werden hier z. B. die Angehörigen der Schicht(en) verstanden, die über der Unterschicht stehen.

13 Albrecht, 1982a, 33; vgl. 51–53.

14 Aus diesen Erkenntnissen zieht Albrecht verschiedentlich, vgl. etwa 1982, 49, 51–54, 229 und 1985, 52 u. 57, Folgerungen für Sprache und Struktur der Predigt, auf die hier nicht näher einzugehen ist.

15 Vgl. Albrecht, 1982a, 99–101.

„zwei ‚meist ziemlich deutlich voneinander abgesetzte(n) Verhaltenskulturen mit nur bedingter Verständnismöglichkeit untereinander‘“[16].

Die Ursache für dieses Nebeneinander liegt für Horst Albrecht in der anthropologisch grundlegenden, durch die neuzeitliche Entwicklung jedoch forcierten „Teilung der Arbeit in Handarbeit und Kopfarbeit.“[17] Einer Schicht, deren Aufgabe die Kommunikation mit dem „Arbeitsmittel: Sprache“ ist, steht eine Unterschicht gegenüber, die mit dem „Arbeitsmittel: Hände“[18] produziert. Letztere ist in ihren kulturellen Wahrnehmungs- und Ausdrucksmöglichkeiten eingeschränkt und entwickelt eine entscheidend „durch die Massenmedien geprägte ‚Sozial-‘ oder ‚Schichtmentalität‘“[19].

Während andere Trennungen in den Kirchen und in der Theologie erhebliche Beachtung finden, werden „die sozialen Ungleichheiten, welche die Kirche auseinander reißen und zu einem ‚Schisma‘ zwischen Kirche und Volk geführt haben“[20], kaum wahrgenommen. „Protestantische Theologie und Homiletik“ haben zumeist unkritisch die Kommunikationsformen der Mittel- und Oberschicht übernommen und „sich weithin auf digitalische, lediglich denotative, nichtsymbolische Kommunikationsweisen beschränkt; die Armut an Emotionen und Beziehungen ist für die evangelische Predigt genau so charakteristisch wie ihre oft kunstvolle logische Komplexität und ihr theologisches Abstraktionsvermögen.“[21] „Faktisch wurde damit die soziale Unterschicht aus der religiösen Kommunikation weitgehend ausgeschlossen.“[22] Umgekehrt – und für Albrechts Perspektive mindestens so wesentlich – hat zumindest die evangelische Kirche dadurch auch „ihren Einfluss auf diese Zuhörer ... an die Massenmedien verloren.“[23]

Da diese soziale Teilung in der gesellschaftlichen Struktur begründet ist, erscheint sie als vorgegeben und unveränderbar. Wer sie dennoch *im* Predigtgeschehen überwinden will, steht, wie bei allen anderen kulturellen, sozialpädagogischen oder -therapeutischen Versuchen, ihr entgegenzuwirken, vor dem „Dilemma“, dass er „an den Ursachen ihres Problems, der Teilung der gesellschaftlichen Arbeit in Handarbeit und Spracharbeit ... nichts zu ändern“[24] vermag. Es bleibt ihm nichts anderes übrig, als sich „auf das Problem der Kommunikation zwischen den bestehenden

---

16 Albrecht, 1982a, 32.
17 Albrecht, 1982a, 29.
18 Ebd. Zur Kritik dieser Trennung bzw. zur Bestimmung des Zusammenhangs von Hand und Wort vgl. Leroi-Gourhan.
19 Albrecht, 1982a, 34.
20 Albrecht, 1982a, 20.
21 Albrecht, 1982a, 127.
22 Albrecht, 1982a, 121.
23 Albrecht, 1982a, 18.
24 Albrecht, 1982a, 193.

sozialen Schichten (zu) beschränken und (zu) versuchen, zur Einsicht in diese Situation zu führen."[25]

Um in dieser Konstellation die Konflikte angemessen zu verstehen und in ihnen handlungsfähig zu werden, bezieht sich Albrecht auf „die Theorie symbolischer Kommunikation"[26], wie sie von dem Amerikaner George Gerbner entwickelt worden ist. Sie ist speziell an den „„soziale(n) Funktionen, Beziehungen und Einflüssen"' der Massenkommunikation interessiert und beschreibt „die Symbolwelt", der die Unterschicht in den Massenmedien begegnet, als weithin „fiktiv".[27] Allerdings greift jedes auftretende „Konglomerat von Symbolen" auf Traditionen und insbesondere auch auf die in ihnen enthaltenen religiösen Elemente zurück. Deren „ursprünglicher Bedeutungszusammenhang" geht dabei jedoch verloren; der neu entstehende verdankt sich nicht mehr primär „sozialen Interessen der Gesellschaft", sondern „einseitig ... kommerziellen Interessen"[28]. „„Öffentliche Ideale"' werden an „ökonomische Interessen" gekoppelt.[29]

In seiner Studie ‚Arbeiter und Symbol' zeigt Horst Albrecht, dass die Ergebnisse dieser sozialwissenschaftlichen Theorie und ihr Leitbegriff ‚Symbol' für eine ‚soziale Homiletik' da interessant und weiterführend werden, wo sie den *Doppelcharakter kommunikativer Symbole* hervorheben. Dieser liegt darin begründet, dass sie einerseits dem Interesse der „symbolischen Repression der Unterschicht"[30] dienen. Indem sie in den Unterschichten die „Identifizierung mit den Opfern von Gewalt in den Medien" und „die Verbreitung repressiver Angst"[31] fördern, „verdoppeln" sie „symbolisch die physische und psychische Repression sozial unterlegener Gruppen"[32] und stellen sich als „wichtigstes Instrument der Enkulturation und der sozialen Kontrolle"[33] dar. Andererseits sind sie „sozial

---

25 Ebd.

26 Vgl. Albrecht, 1982a, 81-90. Zwei andere wichtige Ansätze, die „Spieltheorie" (vgl. 66-71) und die „Gebrauchswerttheorie der Massenkommunikation" (vgl. 71-80), hält Albrecht für wenig überzeugend, da sie die kommunikativen Prozesse in den Massenmedien auf dem Hintergrund des bürgerlichen Ideals des frei auswählenden und sich selbst verwirklichenden Subjekts zu beschreiben versuchen.

27 Albrecht, 1982a, 84.

28 Albrecht, 1982a, 87; vgl. Albrechts Ergebnis einer Reklameanalyse: „Die Hoffnungen der Christenheit enden in einem Konsumfest." (Albrecht, 1982a, 88). Vgl. auch Albrecht, 1985, 43: „Authentische, religiöse Symbole werden durch fiktive massenmediale Symbole abgelöst", durch die „Pseudoreligion der Massenmedien".

29 Albrecht, 1982a, 90.

30 Vgl. Albrecht, 1982a, 90-96.

31 Albrecht, 1982a, 91; vgl. 96: Sie fördern „die Heroisierung der Mächtigen und die fortgesetzte Demütigung und Verängstigung der sozial Schwachen."

32 Albrecht, 1982a, 97; vgl. 98: „Die von Gerbner dargestellte fiktive Religion der Massenmedien erscheint anhand von Yingers Definition als ein System von faszinierenden Symbolkomplexen, das sozial unterlegenen Gruppen unablässig die Unabänderlichkeit ihrer Lage und die Aussichtslosigkeit kritischer Bewusstseinsbildung suggeriert."

33 Albrecht, 1982a, 96; zur Zusammenfassung der Ergebnisse vgl. 96 f.

attraktiv"[34], berühren Menschen, helfen ihnen in schwierigen Situationen zu überleben.

Wenn „symbolische Kommunikation … die spezifische Kommunikationsweise der sozialen Unterschicht"[35] ist, müssen Predigten, die die Unterschichten erreichen wollen, sich auf sie beziehen und ihr in *Anpassung und Kritik* begegnen. Religiöse Symbole werden zum Thema, in denen sich soziale oder innerpsychische Konflikte und ihre Bearbeitung in einer Vorstellung verdichtet haben.[36] Biblische und theologische Traditionen rücken neu ins Blickfeld; symbolische Ausdrucksformen gewinnen in der Kirche zumindest einen gleichberechtigten Ort neben digitalen.[37]

Eine soziale Homiletik kann sich jedoch „nicht … damit begnügen, Symbole der Unterschicht … zu wiederholen, zu ergänzen oder ihnen auch nur andere Symbole entgegenzustellen."[38] „Vor der Reduktion der Verkündigung auf rein symbolische Kommunikation warnt … zum einen das Beispiel der sozial regressiven analogischen Kommunikationsweise, welche die Unterschicht in der charismatischen Predigt entwickelt hat, zum anderen die Restriktion auf Symbole ohne Aufklärung, wie sie vor allem die nationalsozialistische Propaganda der Arbeiterschaft auferlegte."[39] Doch auch durch die Massenmedien kehrt „die Masse der Menschen … zum unmittelbaren, nur mit den Kategorien des Numinosen und der Faszination beschreibbaren Verhalten gegenüber Symbolen zurück; sie verzichtet auf Reaktionen, Aufklärung, kommunikative Alternativen."[40]

„Der Weg einer sozialen Homiletik muss offenbar von der Aufnahme symbolischer Kommunikation zur kritischen Teilhabe an der Öffentlichkeit führen."[41] Deshalb wird sie versuchen, „in der Entsprechung über die bloße analogische Bestätigung hinaus mit ihren Hörern zu Bewusstwerdung, Einsicht, Veränderung zu gelangen. Das erfordert den Widerspruch der Reflexion, der sich unmittelbar aus der Interpretation von Erzählung(en) erheben kann."[42] Dabei muss eine *Kritik des Symbols* geleistet werden als Herrschaftskritik im Sinne von Roland Barthes[43], auch

---

34 Albrecht, 1982a, 97. Vgl. auch 104–119, wo er ausführlicher auf massenmediale Symbole und ihre Rezeption in der Unterschicht eingeht: symbolische Unterwerfung und Regression, außersoziale Symbole, Musiksymbole, emanzipative Gegensymbole. Vgl. 1985, 10: „Es gibt elementare Vorgänge und Worte, die Alte und Junge und auch noch Profis in gleicher Weise berühren, wenn sie überhaupt noch etwas berührt: ‚Kind', ‚Vater', ‚Licht', ‚Tod'. Der ganze Bereich der Symbole."

35 Albrecht, 1982a, 220.

36 Vgl. Albrecht, 1985, 40 im Anschluss an Scharfenberg, Kämpfer.

37 Vgl. Albrecht, 1982a, 128–143.

38 Albrecht, 1982a, 221.

39 Albrecht, 1982a, 17; vgl. 149–157 u. 164–168.

40 Albrecht, 1982a, 99.

41 Albrecht, 1982a, 17.

42 Albrecht, 1982a, 221.

43 Vgl. Albrecht, 1982a, 203–205.

wenn die Interpretation das Symbol weder auflösen kann noch soll, wie Paul Ricoeur gezeigt hat.[44] Vielmehr gilt es mit Ernst Bloch, die Hoffnungspotenziale von Symbolen zu entdecken.[45]

Zusammengefasst hält Horst Albrecht „es für die formale Grundaufgabe der Predigt, repressiven und restriktiven massenmedialen und individuellen Symbolen die Befreiung durch die Rede von biblischen Symbolen und die Bewusstwerdung darüber entgegenzusetzen."[46] Inhaltlich geht es darum, „Hoffnung" zu geben; es geht um die „Wärme, mit der solche Homiletik von ihren Zielen spricht, mit der sie die Chancen dafür aufspürt, mit der sie sich ihrer Zuhörer annimmt. Diese Hoffnung gibt sich nicht auf, wenn sie gleichzeitig feststellen muss, wo sich diese Zuhörer noch befinden, was alles sie festhält, wie wenig sie zu hoffen haben."[47] Die „Kälte der Analyse" verleitet sie nicht dazu, sich von den „Zuhörern aus der Unterschicht"[48] zu distanzieren.

Seine weiteren Überlegungen zu „einer Homiletik des Symbols" lassen sich nur verstehen auf dem Hintergrund seiner Konzentration auf die sprachlichen Gestalt der Predigt. „Der Eigenbeitrag der Homiletik wird gleichwohl die Form des Sprachsymbols beibehalten."[49] Dafür sprechen nicht nur das vorgegebene Bibelwort und die homiletische Tradition und Praxis, die Tanz, Musik oder Bilder nur schwer integrieren kann, sondern auch die philosophische und theologische Hermeneutik.[50] Vor allem ist für Albrecht das theologische Argument grundlegend, dass sich der Schöpfer im Wort offenbart und erst durch das Wort die Welt zum Raum des Menschen wird.[51] Will Homiletik also an der Theorie symbolischer Kommunikation anknüpfen, andererseits aber an der besonderen Bedeutung der Sprache festhalten, so ist sie darauf verwiesen, die Erkenntnis der Symboltheoretiker „homiletisch zu nutzen"[52]: „Die sprachliche Gestalt des Symbols ist die Erzählung."[53] *Erzählungen sind der Schlüssel, durch den die Predigt an der symbolischen Kommunikation teilhaben kann, ohne sich ihr auszuliefern, sie sind die grundlegende „homiletische Kategorie der Unterschicht."*[54]

---

44 Vgl. Albrecht, 1982a, 201–203.
45 Vgl. Albrecht, 1982a, 205–208.
46 Albrecht, 1985, 45.
47 Albrecht, 1982a, 221.
48 Ebd.
49 Albrecht, 1982a, 199.
50 Vgl. Albrecht, 1982a, 201.
51 Vgl. Albrecht, 1982a, 220 f.
52 Albrecht, 1982a, 208.
53 Albrecht, 1982a, 179; vgl. 220: „Die symbolische Gattung, mit der die Homiletik den Bedingungen symbolischer Kommunikation entspricht, ist, wie philosophische und theologische Hermeneutik des Symbols lehren, die Erzählung."
54 Albrecht, 1982a, 216.

Dabei dienen die Erzählungen nicht zuerst zur Illustration und Erleichterung des Verständnisses für die Unmündigen und Unwissenden; vielmehr sollen Menschen sich wieder auf die eigenen Geschichten besinnen, sie sich gegenseitig erzählen und dadurch dem „individuellem Erleben" und dem „Widerstand gegen aufgedrängte Weltbilder"[55] Raum geben. „Befreiung beginnt mit der Erzählung von Befreiung."[56] Dies gilt sowohl für die befreienden Geschichten aus dem Alltag der Menschen als auch für die biblischen.[57] Denn beide entstammen dem gleichen Reservoir an Hoffnungssymbolen, da „es keine neuen Symbole gibt", „sich eigentlich alle Symbole schon in der Bibel finden lassen müssten."[58] Bisher jedenfalls hat die Homiletik viel zu wenig wahrgenommen, dass die „sozial Schwächeren ... in ihren Symbolen Vorstellungen" aufbewahren oder „sich von den Medien geben" lassen, „die denen der Bibel unmittelbar entsprechen."[59] Eine besondere Bedeutung kommt den biblischen Geschichten insofern zu, als sie explizit „auf das nichtsymbolisch Unbedingte, auf Gott"[60], verweisen und dieser transzendentalen Verankerung ihre soziale und kritische Wirksamkeit verdanken.[61]

In der sozialen Predigt verbinden sich die lebensweltlichen und die biblischen Erzählungen auf spannungsvolle Weise miteinander, erläutern und aktualisieren einander, wenn es gelingt, „im Leben eines Menschen ... die Konturen eines Symbols wieder zu entdecken, das in einer biblischen Erzählung seinen Ursprung hat."[62] Dann werden Prediger oder Predigerin wie die Hörenden von der befreienden Erzählung in einer Weise ergriffen, dass sie sich nicht von der Predigt wie von einer „Unterrichtung", einem „Diskussionsbeitrag und Anstoß" distanzieren, sich aus der Geschichte „heraushalten", sondern die Worte als „Zuspruch, ... direkte[...] Anrede und ... unmittelbare Mitteilung von Gesetz und Evangelium" hören und sich mit ihnen identifizieren. „Der Unterschied zwischen beiden homiletischen Kommunikationsweisen ist in der Tat groß. Hier die leicht objektivierende, vielseitig abzusichernde, intellektuell vielleicht auch reizvolle akademische Sprechweise, dort die in diesen Bereichen eigentlich anspruchslose, sich dem biblischen Sprachsymbol anvertrauende und es vergegenwärtigende Schilderung und Erzählung. Der entscheidende Unterschied liegt wohl darin, wohin die Predigerin oder der

---

55 Albrecht, 1982a, 210.
56 Albrecht, 1982a, 222. Vgl. Kann, 29–31, zur Bedeutung des Erzählens „besonders für die Leidenden und Verlierer" (Kann, 31). Auf die grundsätzliche Parteilichkeit von Erzählungen weisen auch Ueding, Steinbrink, 242, hin.
57 Vgl. Albrecht, 1982a, 224 f.
58 Albrecht, 1985, 47.
59 Albrecht, 1982a, 224.
60 Albrecht, 1982a, 174.
61 Vgl. Albrecht, 1982a, 173.
62 Albrecht, 1985, 47.

Prediger sich selber stellt: ... Ob er sich und sie (die Zuhörerinnen und Zuhörer, J.C.-B.) damit identifiziert."[63]

Obwohl Albrecht im Anschluss an die „Narrative Theologie"[64] von Harald Weinrich und Johann Baptist Metz von einer *Vorordnung der Erzählung vor der Argumentation* ausgeht, hält er ein „Nebeneinander analoger ,stories' und digitaler ,signals'", eine „„Symmetrie'"[65] zwischen beiden Kommunikationsformen um der ,Aufklärung' und Kritik willen für notwendig. „Die argumentierende Mitsprache wird der Theologie ... nicht verweigert, sondern vielmehr von ihr gefordert und bleibt auch apologetisch notwendig."[66] Die „analogische Überbietung durch nur noch mächtigere Symbole"[67] führt ohne die „abstrahierende Anstrengung"[68] wie eine „Sackgasse ins Monströse"[69]. Deshalb ist es für die erzählende Predigt zentral, dass sie die reflexive „Unterbrechung"[70] zulässt; gerade darin ist sie „den Erzählungen der Massenmedien ... überlegen, weil sie ihre Erzählung zu unterbrechen vermag."[71] Nur so gelingt es, die symbolische Kommunikation der Unterschichten nicht einfach zu verdoppeln, sondern grundlegende Erfahrungen von Differenz und Befreiung zu ermöglichen. Die Kraft zur Unterbrechung stammt nicht aus der Erkenntnis der Notwendigkeit der Reflexivität, sondern verdankt sich der Dynamik der befreienden, biblischen Erzählungen „vom zum Kreuz gehenden und auferstandenen Jesus Christus"[72], die Menschen ergreift.

4.2. Die empirische Gemeinde, die im Wort Gottes erscheint

Albrecht ist auf der Suche nach „einer Homiletik für die Unterschicht."[73] Voraussetzung dafür ist eine „homiletische Umkehr"[74] und die „Erkundung derer da unten"[75], der „Einblick in das Bewusstsein der Menschen, an die solche Homiletik sich wendet" und das „ihr ... die Gestaltungsmöglichkeiten"[76] vorgibt. Insofern setzt soziale Homiletik

---

63 Albrecht, 1985, 94.
64 Albrecht, 1982, 212.
65 Albrecht, 1982a, 217; zum Begriff der Story: Jones, Ritschl.
66 Albrecht, 1982a, 215.
67 Albrecht, 1982a, 178.
68 Albrecht, 1982a, 180.
69 Albrecht, 1982a, 178.
70 Albrecht, 1982a, 214.
71 Albrecht, 1982a, 222.
72 Albrecht, 1985, 48; zum Begriff der ,Unterbrechung' vgl. unten B 2.2. und 4.3. und C 1.1. und 2.3.
73 Albrecht, 1982a, 66.
74 Albrecht, 1985, 25.
75 Albrecht, 1985, 26.
76 Albrecht, 1982a, 66.

„empirisch"[77] an und informiert „sich über die sozialen Verhältnisse der ... Gesellschaft mit sozialwissenschaftlichen Mitteln."[78] Dazu gehören „Angaben aus der allgemeinen Sozialstatistik und aus repräsentativen Untersuchungen."[79] Hilfreicher noch sind „qualitativ orientierte Interviewtechniken"[80]. Für seine Studie hat Albrecht Angehörige der Unterschicht aufgesucht und sie in „halbstrukturierte(n) Tiefeninterviews"[81] zu Wort kommen lassen. Mit dieser ausführlichen Aufnahme sozialwissenschaftlicher Methoden und Ergebnisse hat er Ansätze von Ernst Lange weitergeführt und deutlich gemacht, dass die „soziale Zugehörigkeit des einzelnen Hörers"[82] entscheidend ist für dessen Rezeption von Texten und Predigten.

Nun beziehen sich die aufgenommenen statistischen Erhebungen auf die Gesamtgesellschaft als die für die Kirche größtmögliche erreichbare Öffentlichkeit. Ob die vorfindliche Predigtgemeinde in ihrer Zusammensetzung angemessen als ‚Zwei-Kulturen-Gesellschaft' zu beschreiben ist, bleibt fraglich. Auch fehlt eine Auseinandersetzung mit der schon von Lange hervorgehobenen Erfahrung, dass sich die Präsenzgemeinde zu einem großen Teil aus Menschen zusammensetzt, die nicht, noch nicht oder nicht mehr am produktiven Sektor teilhaben[83] und damit möglicherweise auch kommunikationssoziologisch anders beschrieben werden müssen. Dennoch sind diese sozialwissenschaftlichen Erkenntnisse für die Predigtpraxis von großer Wichtigkeit; sie helfen gerade diejenigen in den Blick zu bekommen, die normalerweise nicht da sind. „Es geht dann darum, erst einmal die homiletischen Voraussetzungen dafür zu schaffen, dass auch Arbeiter der Verkündigung der Kirche folgen können."[84]

Albrecht räumt im Unterschied etwa zu Bohren Predigtvor- und nachgesprächen wegen ihres spezifisch bürgerlichen Gesprächscharakters nur begrenzte Bedeutung für die Erneuerung des Zusammenhangs von Predigt und Gemeinde ein[85], da sie kaum zu einer Annäherung an die Unterschicht beizutragen vermögen. Demgegenüber sieht er wie Bohren

---

77 Vgl. Albrecht, 1982a, 43.
78 Albrecht, 1982a, 9.
79 Albrecht, 1982a, 45; vgl. 20–42, seine Erkenntnisse über die gegenwärtige „soziale[...] Gliederung der Bevölkerung der Bundesrepublik", die hier nicht im Einzelnen nachzuzeichnen sind.
80 Albrecht, 1982a, 44. Vgl. beispielhaft das für eine soziale Homiletik äußerst hilfreiche und instruktive Quellenbuch zur Studie ‚Fremde Heimat Kirche': Quellen religiöser Selbst- & Weltdeutung, in dem die themenorientierten Erzählinterviews dokumentiert sind.
81 Albrecht, 1982a, 45.
82 Albrecht, 1985, 88.
83 Vgl. Lange, 1987e, 122–124.
84 Albrecht, 1982a, 220.
85 Vgl. Albrecht, 1985, 89 f.

Hausbesuche[86] als wichtige Möglichkeit, „die Christen in der Unterschicht besser kennen und verstehen zu lernen und unsere Predigt auch für Arbeiter annehmbar und nachvollziehbar zu machen."[87] Solche Besuche helfen dem Predigenden „„seine Isolation‟"[88] zu überwinden, führen ihn in eine „Gleichzeitigkeit"[89] mit seiner Predigtgemeinde, aber – für Albrecht noch wichtiger – auch mit den Angehörigen der Unterschicht, die nicht in den Gottesdienst kommen. Sie sind dann gleichsam in einem „„virtuellen Dialog‟"[90] in der Predigtvorbereitung präsent.

Angesichts der Anwesenheit von Angehörigen beider ‚Kulturen' im Gottesdienst relativiert Albrecht die Parteilichkeit und Schichtspezifität seiner Verkündigung, insofern er sich bemüht von der „spezifische(n) Kommunikationsweise der Unterschicht ... ausgehend doch die Vermittlung zur in der Gesellschaft herrschenden Sprache zu suchen"[91], denn „die Kommunikation zwischen den sozialen Schichten ist ohne Sprache nicht zu bewältigen."[92] Deshalb erinnert er daran, „dass symbolische Kommunikation der regressive Entlastungsbereich ist, in den auch die Mittelschicht zurückkehrt, wenn sie sich nicht mehr den für sie spezifischen digitalischen Leistungsforderungen ausgesetzt sieht. Mit der Kategorie der Erzählung wird symbolische Kommunikation also zur Grundlage der Predigt an Menschen aller sozialen Schichten. Zugleich wird die Predigt damit auch für den Prediger selbst elementar."[93] *Insofern kann gerade die erzählende Predigt zur wahrhaft sozialen Predigt werden, als sie nicht nur eine durch ihre Schichtzugehörigkeit bestimmte Gruppe, sondern tatsächlich eine Gemeinde zusammenführt.*[94]

Birgt der soziolinguistische Ansatz die Gefahr, die Unterschicht als die „„Leute in der Gemeinde‟"[95] aus einer überlegenen Perspektive wahrzunehmen, so bemüht Albrecht sich um die Abwehr einer solchen Haltung und der in ihr zum Ausdruck kommenden Abwertung. Ihm geht es darum, die Selbsteinschätzung von Arbeiterinnen und Arbeitern zur Kenntnis und ernst zu nehmen, ihnen zuzuhören und mit ihnen zu reden.[96] Nur so kann es zu einer „erzählenden Predigt" kommen, die es „vermag, Arbeiter wirklich in den Mittelpunkt ihrer Erzählung zu stellen und von ihnen für sie zu sprechen. Sie hofft dabei, dass sie anfangen,

---

86 Vgl. Albrecht, 1985, 28.
87 Albrecht, 1982a, 18.
88 Albrecht, 1985, 71; Hervorhebung von mir, J.C.-B.
89 Albrecht, 1985, 15.
90 Albrecht, 1985, 71.
91 Albrecht, 1982a, 196.
92 Albrecht, 1982a, 199 f.
93 Albrecht, 1982a, 220.
94 Vgl. Albrecht, 1985, 90.
95 Albrecht, 1982a, 10. Anders zu Barth dagegen Denecke.
96 Vgl. Albrecht, 1982a, 34–42 u. 228.

für sich selber zu sprechen, wenn sie von ihnen zu ihnen spricht, gerade in der Kirche."[97]

An einer Stelle nennt Horst Albrecht einen Grund für seine Hoffnung mit der Predigt in dieser Weise wirklich von und für die Unterschicht zu sprechen, d. h. ihr in einer nicht-repressiven und nicht-patriarchalischen Weise gerecht zu werden, indem er die Predigt so konzipiert, dass sie selber in der Kirche zu sprechen beginnen. Er vertraut dabei darauf, dass „soziale Predigt ... anders von Arbeitern" redet, „nämlich biblisch. Das heißt ..., dass sie mit aller Aufmerksamkeit und allem Respekt nur von ihnen redet, wie sie im Wort Gottes erscheinen."[98] *So wie die Hörerinnen und Hörer in Bohrens Predigtlehre als diejenigen angesprochen werden, die unter der Gnade stehen, so redet die ,soziale Predigt' parteilich die mühseligen und beladenen Unterschichtsangehörigen als die an, denen biblisch die Befreiung verheißen ist.*[99] Unter dieser *theologischen* Perspektive findet die Predigt einen Zugang zu diesen Menschen – und zu sich selbst, der die Wahrheit über sie, für sie und zu ihnen sagt, die sie selber sich nicht sagen können.

4.3. Die Predigt als anwaltliches Plädoyer und Rede in der Erzählgemeinschaft

Albrecht beschreibt die Beziehung von Predigt und Gemeinde zunächst in der Terminologie eines juristischen Verfahrens. Wer predigt, soll „homiletischer Anwalt für die sein, die in unserer Gesellschaft noch immer stumm bleiben", die predigende Kirche sich „eine neue soziale Rolle" suchen: „die sozial Unterlegenen zum Reden zu bringen oder doch wenigstens ihr Anwalt zu sein."[100] „Die gesellschaftlich-kommunikative Aufgabe der Kirche besteht heute offensichtlich darin, gemeinsam mit Menschen aus der Unterschicht den Weg zur Sprache der Gesellschaft zu suchen, dabei all das aufzugreifen, was die Unterschicht als symbolische Kommunikation in die öffentliche Kommunikation einbringt und ihm zu öffentlicher Geltung und Mitsprache zu verhelfen."[101] Zum Anwaltsein gehört also die Fähigkeit, die Lebens- und Gedankenwelt des Mandanten

---

97 Albrecht, 1982a, 223.
98 Ebd.
99 Vgl. Albrecht, 1982a, 221–224.
100 Albrecht, 1982a, 18.
101 Albrecht, 1982a, 196. Schon Gerbner sieht die Kirchen als „die einzigen gesellschaftlichen Institutionen, welche unabhängig und stark genug sind, die Schaffung einer ,Gegenkultur' herbeizuführen" und „eröffnet damit einem anderen, biblischen und hoffnungsvollen Verständnis von Religion eine überraschende Kooperationschance, die des Kampfes der an die Gerechtigkeit Gottes und die Befreiung der Menschen Glaubenden gegen die Faszination durch die Herrschaft der Götzen." (Albrecht, 1982a, 99)

wahrzunehmen und zu verstehen, homiletisch gesprochen, sich an dieses „Erzählmilieu"[102] anzupassen. Insofern wird die *Kirche als Anwältin der Unterschicht* „proletarische Symbolik"[103] aufgreifen und bei ihrem ‚Plädoyer' nicht „ohne solches produktive Arsenal aus der Unterschicht ... auskommen können"[104].

In dieser schon bei Lange[105] begegnenden anwaltlichen Beziehung ist eine Spannung zwischen der partnerschaftlichen Nähe zu und Gemeinschaft mit den Mandantinnen und Mandanten einerseits und einem deutlichen Gefälle, einer Überlegenheit und Distanz des Anwalts oder der Anwältin gegenüber den von ihm oder ihr Vertretenen institutionalisiert. Eine anwaltliche Predigt für das Volk lässt deshalb nur begrenzt zu, dass „die Unterschicht selbst homiletisch aktiv"[106] werden kann. Allerdings benennt Albrecht Strategien, wie die Predigt u. a. durch die Aufnahme von Lebenserfahrungen von Unterschichtsangehörigen in deren eigener Formulierung „hin zu Bewusstwerdung und Emanzipation"[107] verändert werden kann: „wenn die Erzählung ihre eigenen Worte wiedergibt, wenn nicht nur ‚über' sie gesprochen wird, dann erkennen Arbeiter auch besser, dass es in der Erzählung um sie selber geht. Ich erzähle ja von Arbeitern in der Hoffnung, dass sie meiner Erzählung zustimmen und sie vielleicht sogar aufnehmen und beginnen, selber von sich zu sprechen. Meine Erzählung soll mindestens versuchen, sie dazu zu bringen, ihre Geschichte zu erkennen und sich mit ihr auseinanderzusetzen."[108]

In der Form der ‚Erzählung' liegen also besondere Möglichkeiten, das pädagogische Element in der Homiletik zurückzunehmen. Albrecht Grözinger hat unter dem Titel „Kirche als handelnde Erzählgemeinschaft"[109] ebenfalls auf die narrative Struktur der Theologie und der kirchlichen Praxis hingewiesen, die „auf die Geschichte Gottes bezogen" ist und „sich selbst in Gestalt einer genau qualifizierten und genau zu qualifizierenden Geschichte"[110] vollzieht. Auch er betont, dass „der Gedanke einer narrativ bestimmten kirchlichen Praxis eine andere kommunikative Struktur" begründet, „eine Struktur nämlich, in der der gleichberechtigte Dialog aller seinen unverzichtbaren Ort hat."[111] „Dies meint in der Tat die Absage an jegliche hierarchische Struktur innerhalb der Kirche."[112]

---

102 Albrecht, 1985, 46; vgl. 45–48.
103 Albrecht, 1982a, 197.
104 Albrecht, 1982a, 199.
105 Vgl. Lange, 1987a, 30.
106 Albrecht, 1982a, 181.
107 Ebd.
108 Albrecht, 1982a, 228; vgl. zur Funktion des Zitats in der Predigt, Josuttis, 1993.
109 Vgl. A. Grözinger, 1989.
110 A. Grözinger, 1989, 109.
111 A. Grözinger, 1989, 116.
112 A. Grözinger, 1989, 123.

Albrechts Ausführungen zu den Erzählungen, die die ‚Unterschicht' in die Kommunikation einzubringen hat, zeigen, dass eine volle „Partizipation"[113] der Predigtgemeinde, die Verwirklichung der von Grözinger postulierten ‚kommunikativen Struktur' nur zu erreichen ist, wenn Theologinnen und Theologen mit ihrer „kommunikative(n) Kompetenz" dazu beizutragen, „dass die Unterschicht ihre Erzählung selbst zu formulieren beginnt."[114] Gerade wenn die Erzählungen, die dabei zu Stande kommen, anders als die „Erzählungen der Gegenwart" die „durch Heterogenität und Diskontinuität, durch Sprünge und Brüche"[115] gekennzeichnet sind, noch immer auf die Einheit von Raum und Zeit hoffen, müssen sie im Zusammenhang der Predigt ernst- und aufgenommen werden, können allerdings auch nicht einfach reproduziert werden. Nur dadurch „würde der Begriff der Partizipation ... auf die Füße gestellt, nicht die Unterschicht hätte sich nur erneut an einem Angebot von oben zu beteiligen, sondern sie bringt ihren eigenen Beitrag in die soziale Kommunikation ein."[116]

Es ist Albrechts Verdienst, deutlich gemacht zu haben, dass eine ‚sozial' bewusste Predigt nicht allein auf die kommunikativen Potenziale der sozial und damit wohl auch sprachlich ‚fortgeschrittensten' Schichten setzen darf, sondern die gegenwärtigen Konfliktlagen, die Anliegen sozialer Bewegungen und ihre sprachlichen Manifestationen wahrnehmen und in der homiletischen Praxis rezipieren muss.[117] Vergeblich sind alle Versuche, „mit der Unterschicht lediglich aus kommunikativen Situationen heraus zur Bewusstwerdung symbolischer Kommunikation und zu alternativen Vorstellungen zu gelangen."[118] Die Kommunikationsform der Unterschicht hat nämlich eine andere Funktion als die der Mittelschicht: sie dient „nicht so sehr dem Austausch von Informationen als vielmehr der Klärung von Beziehungen, besonders dem Ausdruck von Zugehörigkeit und Solidarität."[119] Dies zeigen die Gottesdienste der Bauern von Solentiname, in denen „die Rede des einzelnen, des Priesters ... durch die beziehungsfreundliche Kommunikation der Gruppe"[120] ersetzt ist, aber auch die Predigten der schwarzen „folk preachers'"[121]: „Die Interaktion zwischen Prediger und Gemeinde folgt ... nicht so sehr dem Inhalt seiner Worte, sondern vielmehr deren Rhythmus; es handelt sich

---

113 Albrecht, 1982a, 181.
114 Albrecht, 1982a, 215.
115 Kann, 287; vgl. zum ganzen 278–288.
116 Albrecht, 1982a, 199.
117 Vgl. Albrecht, 1982a, 185–192, die Verweise auf die Predigterfahrungen Martin Luther Kings, Ernesto Cardenals oder in Larzac.
118 Albrecht, 1982a, 185.
119 Albrecht, 1982a, 125.
120 Albrecht, 1982a, 187.
121 Albrecht, 1982a, 149.

hier um einen meist pentatonischen Sprechgesang ..., der in der Regel in reinem Gesang endet."[122] „Solche Predigt erreicht ihr Ziel, wenn Prediger und Gemeinde eins sind im nahezu bewusstlosen ‚Swingin‘, wenn alles singt, den Rhythmus klatscht und stampft, tanzt." „Der Gottesdienst kommt im nur noch physischen Erlebnis der Gemeinschaft zum Ziel – nicht in dem, ‚was‘ der Prediger sagt."[123]

In einer solchen Predigtsituation ist die Bedeutung der Predigenden weit zurückgenommen, die Predigt bekommt eine Eigendynamik, die Predigende und Predigtgemeinde unter sich subsumiert. In der Spannung von „Faszination und Bewusstheit"[124] gewinnt der erste Pol die Überhand. Auch wenn es Albrecht wichtig ist, dass es nicht zu einer „tiefe(n) Bewusstlosigkeit"[125] kommt und keine argumentativen Unterbrechungen mehr möglich sind, sieht auch er, *dass Geschichten ihre Plausibilität weder denen verdanken, die sie erzählen, noch denen, die sie hören; sie tragen im letzten beide.* Die Faszination und Dynamik befreiender Erzählungen „„ergreifen Prediger und Zuhörer so sehr, dass wir menschlicher Erfahrung zu vertrauen und sie zu teilen lernen, sodass die Menschen, so wie sie sind, der Erzählung folgen, ihre Vision sehen können."[126]

Tritt Albrecht in seiner Studie ‚Arbeiter und Symbol‘ von 1982 pointiert dafür ein, dass sich der ‚Anwalt‘ dahingehend zurücknimmt, dass die Unterschichtsangehörigen selbst zu Wort kommen können und es zu einem offenen Dialog kommt, so hebt er 1985 deutlicher die monologische Struktur der Predigt hervor. Es ist „richtig, dass ich als einzelner predige. ... Wenn Gott mich anspricht, bin ich einzelner, vielleicht auch sehr allein. Das greift weit in mich hinein, da muss ich selber antworten. Und da können dann auch andere ruhig eine Weile zuhören. Das gilt übrigens grundsätzlich für jeden. Die eindrücklichsten Predigten habe ich aus Krankenbetten und im Frauenkreis gehört. Und auch das waren keine Diskussionen."[127] Weil die Gemeinde in der Predigt normalerweise „„an dem Verarbeitungsprozess des Predigers"[128] partizipiert, ist kaum noch vorstellbar, dass der ‚Anwalt‘ einmal überflüssig sein wird. ‚Predigt und Gemeinde‘ hängen nicht mehr in der Weise zusammen, dass in der Predigt in der Gemeinde Gottes Wort laut wird und die Gemeinde ergreift, sondern die je einzelnen, egal ob Amtspersonen oder Gemeindeglieder, haben ein Wort empfangen, das sie nun weitergeben. „Und wenn er es wirklich wagt, vor Gott zunächst ein einzelner zu sein, dann

---

122 Albrecht, 1982a, 150.
123 Albrecht, 1982a, 151.
124 Albrecht, 1985, 45.
125 Albrecht, 1982a, 99.
126 C. Rice nach Albrecht, 1982a, 219.
127 Albrecht, 1985, 13.
128 Ebd.

kann er auch ‚Du' sagen"[129] und Menschen trösten. Das in der früheren Studie erreichte Maß an Komplexität in der Rekonstruktion vor allem der Voraussetzungen des Zusammenhanges von Predigt und Gemeinde ist in diesem Studienbuch zugunsten einer einfachen Ich-Du-Struktur aufgegeben, die sozialen Aspekte, vor allem die sozialen Differenzen sind in den Hintergrund getreten.

Für meine weitere Untersuchung ist noch ein Hinweis von besonderer Bedeutung: trotz der Verwendung des juristischen Modells kommt Horst Albrecht nicht darauf zu sprechen, dass neben dem Sprechen für andere das Recht dieser anderen zu schweigen und die Pflicht des Anwaltes, dieses Schweigen zu akzeptieren und zu schützen, ein wesentliches Element der anwaltlichen Beziehung ausmacht. Diese Perspektive findet in seiner Homiletik keinen Niederschlag: zumindest in der Studie von 1982 beschreibt er das Schweigen der Hörerinnen und Hörer durchgängig als defizitäre Gestalt homiletischer Praxis. Ist eine Predigt und eine Predigtlehre vorstellbar sind, die das Schweigen ihrer Zuhörerinnen und Zuhörer akzeptiert, ja schützt, ohne sie im Monolog zum Schweigen zu verdammen?

---

129 Albrecht, 1985, 94.

A 5. Religiöse Rede im Gesamtzusammenhang gemeindlichen Lebens

Homiletik und empirische Forschung zum Hörverhalten der Predigtgemeinde bei Karl-Fritz Daiber

Horst Albrecht hat die Frage, wie eine soziale Predigt die Unterschicht mit ihren spezifischen Kommunikationsformen erreichen kann, unter Rückgriff auf Ergebnisse von Forschungen zur Massenkommunikation zu beantworten versucht. Andere Untersuchungen setzen weniger grundsätzlich, dafür jedoch bei der konkreten Predigtgemeinde an und fragen, wie sie Predigten hört.[1] Wesentliche Beiträge zur Empirie des Hörverhaltens der Predigtgemeinde hat Karl-Fritz Daiber zusammen mit anderen in der Untersuchung ‚Predigen und Hören‘[2] vorgelegt. „Standardisierte Rezeptionsanalysen“[3] sollen helfen, die „spezifischen kommunikatorischen Schwierigkeiten“[4] der „Predigt unter den gegenwärtigen Bedingungen der Kommunikation des Glaubens“[5] zu verstehen. Dabei „erschließt sich nach diesem Ansatz“ „die Eigentümlichkeit der Predigt ... nicht durch die Behauptung ihrer Singularität, sondern gerade im Vergleich mit unterschiedlichen Möglichkeiten religiöser Kommunikation als gesellschaftlichem Akt.“[6]

Die folgende Darstellung orientiert sich am dritten Band der Reihe ‚Predigen und Hören‘, den Daiber alleine verantwortet; in ihm stellt er seine „homiletischen Überlegungen im Anschluss an eine empirische Untersuchung“[7] vor und versucht, empirisch und sozialwissenschaftlich fundiert von den „Hörererwartungen her“[8] eine „Reflexion der Predigtauf-

---

1 Vgl. den Literaturbericht von Albrecht, 1982b.
2 Vgl. Daiber u. a., 1980 u. 1983 sowie Daiber, 1991. Auf Abweichungen, Weiterentwicklungen und Differenzen zu den Mitautoren und der Mitautorin der beiden ersten Bände kann hier nur begrenzt und nur, insofern es für die Fragestellung dieser Arbeit von Relevanz ist, eingegangen werden.
3 Daiber, 1991, 13 f.
4 Daiber, 1991, 242.
5 Daiber, 1991, 270.
6 Daiber, 1991, 14.
7 So der Untertitel von Daiber, 1991.
8 Daiber, 1991, 259.

gabe im ganzen"[9] zu leisten. Er vertieft die theologische und historische Begründung des Ansatzes, nimmt andere Orte christlicher Rede in den Blick und thematisiert ausführlich „die Frage nach der Möglichkeit von Predigen unter den Bedingungen der Moderne"[10].

5.1. Die Predigt als religiöse Rede und als Versprechen

Die „Predigt als religiöse Rede"[11] ist ein Monolog in einem Ritual, der unbedingt Angehendes thematisiert.[12] Unter dem Gesichtspunkt ihrer Rezeption zeigt sich, dass „Predigt als Institution" weithin anerkannt ist, sodass „in der Untersuchung Predigen und Hören eine gelingende Kommunikation zwischen Predigern und Hörern festgestellt wird."[13] „Man traut dieser Institution zu, dass sie eine Rede ermöglicht, in der Trost vermittelt wird, in der der Versuch unternommen werden kann, Leben zu verstehen und zu deuten, eine Rede aus der sich auch Handlungsperspektiven ergeben."[14]

Besitzt die Predigt nach den empirischen Untersuchungen „einen höheren Plausibilitätsraum ... als gelegentlich angenommen wird", so gibt es daneben „ernsthafte Hinweise auf das Schwinden dieser Plausibilität."[15] Vor allem kann ihre „inhaltliche Rezeption" und damit ihre sprach- und lebensweltliche Bedeutung als problematisch beschrieben werden; „hier ist in der Tat von einem Plausibilitätsverlust zu sprechen."[16] Was von der Predigt als Institution erwartet wird, dass „ein Prediger ... das Notwendige sagt, d. h. das Evangelium so auslegt, dass es seinen Hörer betrifft, als unbedingt das Leben angehend wahrgenommen werden kann"[17], hat außerhalb des institutionellen Rahmens nicht die entsprechende Bedeutung, geschweige denn Wirkung. Die Predigt wird zu einer „Gestalt des christlichen Zeugnisses der Kirche"[18], die zwar in sich plausibel ist; „emotional betreffende Begegnungen mit der christlichen Überlieferung in dem Sinne, dass diese (auch außerhalb der Kirche,

---

9 Daiber, 1991, 22.
10 Daiber, 1991, 15. Daiber entscheidet sich hier wohl bewusst dafür, von der Moderne zu reden und nicht von Spät- oder Postmoderne, wie andere Fachkollegen, vgl. H. Luther, 1991.
11 So der Titel von Daiber, 1991.
12 Vgl. Daiber, 1991, 258.
13 Daiber, 1991, 31.
14 Daiber, 1991, 36; vgl. Daiber u. a., 1980, 44.
15 Daiber, 1991, 254; vgl. 30.
16 Daiber, 1991, 31.
17 Daiber, 1991, 22.
18 Daiber, 1991, 90.

J.C.-B.) als ‚erhellend‘ erlebt wird"[19], gelingen jedoch selten. Zu hoch steht der Pfarrer auf der Kanzel als Prediger über der Gemeinde[20]; zu sehr eignet dem ‚Predigen‘ in der Alltagssprache ein autoritärer Grundzug, der pejorativ belegt ist[21], gilt es als ein missionarischer Akt gegenüber einer entchristlichten Gesellschaft und einer zu missionierenden Gemeinde.[22]

Diese Tendenz lässt sich nur dadurch verändern, dass in Predigten „situationsbezogen und dialogorientiert"[23] formuliert wird. Es ist „für eine Gemeinde von konstitu[...]tiver Bedeutung"[24], dass ein „Weg von der unmittelbar angehenden Lebenserfahrung zur Entdeckung der Relevanz der Überlieferung"[25] gefunden wird, denn nur durch solche Erfahrungsoffenheit bleibt „die rituelle und doktrinäre Sicherstellung der Tradition auf Dauer plausibel."[26] Wer die öffentliche, lebensweltliche Relevanz der Predigt sichern, vielleicht sogar ausbauen will, muss die Hörerinnen und Hörer und ihre Situation ernst nehmen und *Predigt „als Dialoggeschehen"* begreifen, „im Rahmen dessen sich die lebensgestaltende Kraft des Evangeliums als grundlegende christliche Erfahrung erschließt."[27]

Von den von Dannowski schon in der Studie von 1980 als grundlegend rekonstruierten Predigttypen ist gegenwärtig der „persönlich-dialogische(n)" gegenüber der „dogmatisch-bezeugende(n) Predigt"[28] der Vorzug zu geben. Denn „religiöse Wahrheit ist letztgültige Wahrheit in einer jeweiligen Situation. ... In einem anderen Jetzt und Hier kann sie eine ganz andere Facette thematisieren. Von daher ist sie im Jetzt und Hier immer auch Bruchstück, Vorgriff auf ein Letztes, aber noch nicht endgültig Wahrgenommenes, ... Rede hin auf Wahrheit."[29] Das aber heißt, „christliche Erfahrung wird nur dann religiöse Erfahrung, wenn von den Erfahrungsgehalten christlicher Tradition gegenwärtiges Leben in einer Sprache ausdrückbar ist, in der sich der einzelne in seinem Bezug auf eine letzte Lebenswirklichkeit hin versteht."[30]

---

19 Daiber, 1991, 299. Eine wesentliche Ursache für diese Entwicklung sieht Daiber, 1991, 49, darin, dass spätestens seit dem 18. Jahrhundert die „Erneuerungsprozesse innerhalb der Kirche ... an der Institution Predigt" vorbeigehen. Zu den geschichtlichen Wandlungen der Institution Predigt insgesamt vgl. 33–52.
20 Vgl. Daiber, 1991, 49–52.
21 Vgl. Daiber, 1991, 34 f.
22 Vgl. Daiber, 1991, 53–104.
23 Daiber, 1991, 89.
24 Daiber, 1991, 300.
25 Daiber, 1991, 331.
26 Daiber, 1991, 300.
27 Daiber, 1991, 27; Hervorhebung von mir, J.C.-B.
28 Daiber, 1991, 29; vgl. Daiber u. a., 1980, 125.
29 Daiber, 1991, 216.
30 Daiber, 1991, 298.

Ob Situation oder Text als Ausgangspunkt der Rede gewählt werden, ist zweitrangig; entscheidend ist, dass die Predigt „*erfahrungsbezogen*"[31] zu sein und gegenwärtige gesellschaftliche Wirklichkeit kritisch oder legitimierend zu erschließen hat.[32] Die von Bohren betonte Widerständigkeit biblischer Texte gegenüber gegenwärtigen Erfahrungen stellt für Daiber keine zentrale Kategorie dar. Er hebt die „Situationspredigt" mit ihrem „konsequenten Einstieg bei der Hörersituation, genauer bei einer kontingenten, angehenden, auch für den Prediger nicht voraussehbaren Situation, die im jeweiligen Augenblick nach Sprache verlangt"[33], unter der Perspektive ihrer öffentlichen Bedeutung hervor. Sie ist den „Themenpredigten"[34], die sich zumeist auf Traditionsbestände beziehen, und der „Text auslegende(n) Predigt"[35] vorzuziehen, zumal letztere ein „Einverständnis zwischen Prediger und Hörern hinsichtlich der Relevanz biblischer Texte"[36] voraussetzt, das weithin nicht mehr gegeben ist.

In der konkreten Gestaltung geht es darum, dass Predigt *verständlich* ist: „Von gelingender Kommunikation ist dann zu sprechen, wenn Inhalt und Intention verstanden werden; von erfolgreicher Kommunikation ist dann die Rede, wenn seitens der Hörer die Intention positiv, d. h. im Sinne der Absicht des Sprechers aufgenommen wird."[37] Die Predigt soll weder emotional, noch moralisch oder kognitiv vereinnahmen, sondern „metaphorisch emotiv" „neue Lebensperspektiven eröffnen"[38]. Dies erfordert ein „intentional vielfältiges Reden"[39] und die Verwendung verschiedener Typen der Predigt[40]. Entlang der ‚genera dicendi'[41] lässt sich die „urteilsbildend(e)" oder „lehrende Predigt" von derjenigen abheben, die „zur Entscheidung herausforder(t)". In beiden Fällen werden die Hörerinnen und Hörer als „Entscheidungsfäller" gesehen. Daneben gibt es die Predigt, die „einen Sachverhalt bzw. eine Person lobend herausarbeite(t)" oder die Gemeinde tröstet. Sie richtet sich eher an „passiv genießende Zuschauer"[42].

---

31 Daiber, 1991, 340; Hervorhebung von mir, J.C.-B.

32 Vgl. Daiber, 1991, 179–182.

33 Daiber, 1991, 342.

34 Ebd.

35 Daiber, 1991, 347. Auch die Textpredigt hat ihr Recht nach Daiber, 1991, 306, nur darin, dass sie „die Relevanz grundlegender biblischer Aussagen für gegenwärtige Lebenserfahrung" erschließt.

36 Daiber, 1991, 346.

37 Daiber, 1991, 219.

38 Daiber, 1991, 28.

39 Ebd.

40 Vgl. Daiber, 1991, 262 mit einem Überblick über gängige Typologien.

41 Vgl. Daiber, 1991, 267–270.

42 Daiber, 1991, 267 f.

Schließlich geht es um eine bewusste Wahrnehmung unterschiedlicher Funktionen der Predigt[43]; fünf hebt Daiber hervor:

- Sie hat „die Aufgabe der Einweisung in die Geschichte Gottes mit seinem Volk."[44] Dieser Geschichte gilt es, sich zu vergewissern und sich neu darauf zu verpflichten.
- Sie leistet einen Beitrag zur Ordnungsstiftung in Gesellschaft und Kirche durch Kontinuitätssicherung und Legitimation.[45] Unter diesem Aspekt ist die Predigt „Teil einer funktionierenden gesellschaftlichen Ordnung."[46]
- Sie hat eine kritische
- und eine erneuernde Bedeutung für Gesellschaft und Kirche[47]
- und ist schließlich „Zuspruch des Heils"[48].

Der letzte Aspekt bildet den Mittelpunkt des Predigtverständnisses der Reformation und der reformatorischen Kirchen. „Das reformatorische Christentum konstituiert sich von daher gesehen wesentlich durch den Vollzug von Predigt."[49] Dieses proklamative Predigtverständnis ist der Bezugspunkt, von dem Daiber seinen eigenen Ansatz in Kritik und Zustimmung abhebt. „Die Institution Predigt ist im Rahmen der reformatorischen Tradition das zentrale Instrument der Heilsansage und der Heilsweitergabe. Predigt ist nicht nur Einweisung in die Tradition, so wichtig dies bleibt, sondern in ihr geschieht Gottesbegegnung."[50] Sie hat nicht nur ordnungserhaltende und -erneuernde Bedeutung, sondern: „Heil *geschieht*, wo der einzelne und die Gemeinde sich von Gott angeredet wissen, in Gesetz und Evangelium, und ihm im Glauben antworten."[51] Insofern steht „Predigt als Proklamation des Evangeliums ... in einer fundamentalen Differenz zu aller anderen Form von Mitteilung und Rede."[52] Sie ist mehr als „geistliches Raisonnement" oder „theologisch ethische Diskurseröffnung"; deshalb können Homiletiker wie Möller und Bohren „sogar von einer exorzistischen Dimension der Predigt" sprechen und „die Predigt als Teilgeschehen eines Kampfes mit dem Bösen"[53] begreifen. Das Wort der Predigt löst die Sakramente ab, die

---

43 Vgl. Daiber, 1991, 120 f.
44 Daiber, 1991, 37.
45 Vgl. Daiber, 1991, 42–46; vgl. 102.
46 Daiber, 1991, 45.
47 Vgl. Daiber, 1991, 46–49.
48 Vgl. Daiber. 1991, 38–42.
49 Daiber, 1991, 434.
50 Daiber, 1991, 39; vgl. zum ganzen 241–257.
51 Daiber, 1991, 38. Hervorhebung von mir, J.C.-B.
52 Daiber, 1991, 243.
53 Daiber, 1991, 244; vgl. im Blick auf die Seelsorge auch Daibers Hinweis auf H. Schröer (244, Anm. 1). Die oben herausgearbeitete Verwendung des Exorzismusbegriffs

zu „verba visibile" werden; das Predigtamt tritt an die Stelle des Priesteramtes. In der Geschichte der Kirche ist diese Bestimmung der Predigt immer wieder hervorgehoben worden, in diesem Jahrhundert sowohl bei Niebergall[54] wie in der Dialektischen Theologie[55], aber auch in der Agende I von VELKD und EKU aus den fünfziger Jahren.

Daiber stellt die Bedeutung dieses Zuganges heraus, sieht aber, dass er nur schwer mit einem Predigtverständnis zum Ausgleich zu bringen ist, dem es um die Orientierung an der Situation der Hörerinnen und Hörer geht. „Angesichts des auf seine Autonomie pochenden Menschen", dessen Priester- und Kirchenunabhängigkeit ebenfalls „Erbe der Reformation"[56] ist, und weil christliche Tradition nicht mehr in der Weise vorausgesetzt werden kann wie damals, wird diese für reformatorische Theologie entscheidende homiletische Konzeption heute zunehmend problematisch. „Unter Zuhilfenahme der Sprechakttheorie" gilt es, „das geschilderte, wenn man so will proklamative Predigtverständnis analytisch zu präzisieren."[57] Die „Predigt von der Rechtfertigung, Proklamation und Zusage der heilbringenden Befreiung des Menschen"[58] erscheint dann wie schon bei Barth als Handlungsakt, durch den eine Wirklichkeit gesetzt oder verändert wird. Zum zentralen Begriff wird das „Versprechen"[59]. „Dieser Form der Wirklichkeitssetzung durch religiöse Sprache" korrespondiert „ein bestimmtes Verhalten des angesprochenen Hörers ..., das diese Sprachhandlung erst zum Gelingen bringt, nämlich auf die zugesagte neue Wirklichkeit, wenn man so will auf das Versprechen, mit der vertrauensvollen Zuwendung zu diesem Versprechen zu antworten."[60]

Genau diese Antwort kann nur noch bei einer Minderheit von Kirchenmitgliedern vorausgesetzt werden. Deshalb ist zu fragen, ob Predigt heute noch ‚Zuspruch des Heils' sein kann. Ist sie nicht „doch bloß ein Nachdenken über die Ansage, nicht Ansage selbst, Versuch einer Antwort aus Vertrauen auf die Zusage, die als vorausgegangene bereits gehört ist? Vermutlich ist es nicht nötig, antithetische Möglichkeiten allein ins Auge zu fassen. Vielleicht ist die Predigt beides, einmal Ansage und Zusage, dann wiederum eher reflektierendes Nachdenken über einen bereits geschehenen, wirklichkeitsverändernden Einbruch in das Leben. Folgt man dem reformatorischen Ansatz, wird auch im Blick auf die

---

bei Lange erwähnt Daiber nicht. Vgl. zum Verständnis von Predigt als Exorzismus bei Daiber die Ausführungen von Fechtner, Friedrichs, bes. 311–314.

54 Vgl. Daiber, 1991, 244.

55 Vgl. Daiber, 1991, 242–244;

56 Daiber, 1991, 42; vgl. 91, wo Daiber vom „Autonomiebedürfnis des modernen Menschen" spricht.

57 Daiber, 1991, 244; vgl. Schulte.

58 Daiber, 1991, 248.

59 Vgl. Daiber, 1991, 246–252. Vgl. Wonneberger, Hecht mit weiterer Literatur.

60 Daiber, 1991, 247.

gegenwärtige evangelische Predigt nur schwer darauf verzichtet werden können, ihr die Aufgabe der Proklamation der Christusbotschaft zuzuweisen, einer Proklamation, in der Neues entsteht, Veränderungsprozesse initiiert werden. Doch ist dies nicht eine Überforderung?"[61]

Diese Frage wird von Daiber mit ‚ja' beantwortet, insofern er die „Kommunikationsbedingungen einer proklamativen Predigt"[62] im Anschluss an Überlegungen Sloterdijks zum ‚Versprechen' bestimmt. Danach „stünde die christliche Verkündigung vor einer nicht zu lösenden Aufgabe, weil die ihr entsprechende Grundstruktur des Versprechens, weil die dem Glauben entsprechende Grundstruktur des Vertrauens, nicht mehr kommunikabel wäre oder nur dann möglich wäre, wenn Vertrauen auch wider alle Vernunft zum Ereignis werden könnte."[63] Theologisch lässt sich dies als Bestätigung der Relevanz der Rede von der alleinigen Wirkung des Geistes und vom Wunder der gelingenden Predigt interpretieren. Eine solche Lesart gegenwärtiger Entwicklungen steht jedoch in der Gefahr, die eigenen Kommunikationsprobleme religiös zu verbrämen, statt sie gründlich zu bedenken und nach veränderten „Verstehens- und Gelingensbedingungen von Verkündigung"[64] zu suchen.

Drei Wege sieht Daiber, die Schwierigkeiten ernst zu nehmen und trotzdem nicht „die Predigt vom Auftrag proklamativer Verkündigung zu entbinden"[65]:

- Es wird darauf ankommen, die „persönliche Glaubwürdigkeit"[66] der Predigenden zu stärken, ihnen Mut zu machen zu einer argumentativ vorbereiteten und persönlich verantworteten proklamativen Verkündigung, die von vielen, auch distanzierten Kirchenmitgliedern erwartet wird, und der die Predigenden selbst oft skeptischer als die Hörenden gegenüber stehen.[67]
- Mit Ernst Lange plädiert Daiber für eine konsequente Hinwendung zum „dialogische(n) Predigen", allerdings in dem Bewusstsein, dass dabei unter dem Stichwort ‚Verheißung' auf einen vorausgesetzten „Geltungsrahmen der Verständigung"[68] zurückgegriffen wird. Die Predigt baut darauf auf, „dass Zeugnis entstehen kann, weil Zeugnis empfangen wird."[69] Sie bleibt darauf angewiesen, „dass sich ihre Wahr-

---

61 Daiber, 1991, 248 f.

62 Daiber, 1991, 249.

63 Daiber, 1991, 252.

64 Ebd. Inwieweit gerade Sloterdijks Begriff des Versprechens noch andere Interpretationsmöglichkeiten und Zugänge zu Gestaltungsmöglichkeiten eröffnet, als die von Daiber hier vorgeschlagenen, wird im Schlussteil angedeutet; vgl. unten C 1.

65 Daiber, 1991, 257.

66 Daiber, 1991, 440; vgl. 432, 440 f. u. 443–445.

67 Vgl. Daiber, 1991, 252–254; vgl. Daiber u. a., 1980, 43 f.

68 Daiber, 1991, 254.

69 Daiber, 1991, 102.

heitsfähigkeit noch anders begründet, außerhalb ihrer selbst, in jener Zusage, die auch einer versuchlichen Kirche gilt: ‚Die Pforten der Hölle sollen sie nicht überwältigen' (Matthäus 16,18)."[70]

– Die deutlichere Einordnung der Predigt in die Liturgie und ihre Zuordnung zum Abendmahl wird ihre ‚Vertrauenswürdigkeit' erhöhen, weil das Symbol den Zusagecharakter besser als die argumentierende Sprache der normalen Predigt trägt und der Gottesdienst religiöser Sprache einen Raum zur Verfügung stellt, in dem ausgesprochen werden kann, „was in alltäglichen Kontexten nicht gewagt wird."[71]

Zusammengefasst besteht eine Chance zur Erneuerung der Predigt, gerade auch ihrer proklamativen Gestalt, wenn es gelingt, sie „in der Einheit des Gesamtzeugnisses"[72] zu verorten, d. h. in einem komplexen Gesamtzusammenhang von persönlich verantworteter Verkündigung, kirchlichem Leben als Gemeinschaftserfahrung und diakonischem Handeln. „Unter den Bedingungen heutigen religiösen Redens ist die Einheit des christlichen Gesamtzeugnisses in Kerygma, Diakonia und Koinonia eigentlich Kommunikationsvoraussetzung. Und die Glaubwürdigkeit des christlichen Zeugnisses hängt nicht an einer diesem Zeugnis vorausgehenden kognitiven Wahrheit, sondern die Wahrheit des Zeugnisses gewinnt Gestalt, wo Versprechen Vertrauen schafft und Anrede das Ohr öffnet."[73] In solch einem Kommunikationszusammenhang ist Zuspruch möglich, im Kontext einer „Gemeinschaft des Vertrauens"[74] sind Versprechen glaubhaft[75], gewinnt die Predigt „an Kommunikationskraft"[76].

Angesichts des Problemzusammenhangs moderner Kommunikation relativiert Daiber die Bedeutung der Predigt, in dem er sie zurückbindet an den „Gesamtdienst der Gemeinde"[77]; andererseits stellt er sie damit auf ein neues Fundament. Nicht mehr das Wort allein, die Anrede, der

---

70 Daiber, 1991, 104.

71 Daiber, 1991, 255.

72 Daiber, 1991, 254; vgl. 101:„Die Predigt ist Teil des Gesamtzeugnisses der Kirche als christlicher Gemeinde."

73 Daiber, 1991, 257; vgl. 63 f.

74 Ebd.

75 Vgl. Weder, 160 ff.

76 Daiber, 1991, 255; vgl. 49: „Die gegenwärtigen Formen kirchlicher Neuaufbrüche scheinen mit gemeinschaftstiftender Erfahrung verknüpft zu sein, sei es im Bereich politischer Aktion, sei es im Bereich der religiösen Feier, etwa in der Mahlgemeinschaft. Aus solcher Gemeinschaftserfahrung heraus entsteht die Rückfrage an die biblische Überlieferung, das Bedürfnis nach Einweisung in die alte Gottesgeschichte. Das gemeinsam suchende Gespräch über dem biblischen Text wird notwendig zugleich Ausdruck gefundener Gemeinschaft. Damit deutet sich an, dass die Institution der gottesdienstlichen Predigt innerhalb des Lebens der christlichen Gemeinde nur noch eine mögliche Gestalt der Kommunikation des Evangeliums sein kann."

77 Daiber, 1991, 257.

Zuspruch, schafft Glauben und Gemeinde, sondern erst im Rahmen der sich im alltäglichen Leben bewährenden Gemeinschaft bleibt und wird Predigt für Gemeinde, Kirche und Welt plausibel und zentral. Ob die grundsätzlichen Schwierigkeiten der ‚modernen Welt‘ mit einem heilsamen Wort von außen, einem ‚Versprechen‘ von weiter her, durch diesen Ansatz lediglich verschoben oder tatsächlich neu bearbeitbar werden, wird unten weiter zu bedenken sein. Der Versuch, „die zentrale Mitte der Predigt im reformatorischen Christentum"[78] vom Bemühen um eine gelingende Kommun(ikat)ion der Gemeinde abhängig zu machen, verschiebt auf jeden Fall die Gewichte in der Bestimmung des Verhältnisses von Predigt und Gemeinde; eine Verschiebung, die zu der Rückfrage nötigt, ob der Rekurs auf Formen der Vergesellschaftung bzw. Vergemeinschaftung bedeutet, dass die Kirche den Zuspruch, wenn nicht selbst tragen, so doch zumindest plausibel machen muss.[79]

5.2. Der einzelne Hörer in Gemeinde, Kirche und Gesellschaft

Die Untersuchungen zu ‚Predigen und Hören‘ stellen sich bewusst in die Tradition von Ernst Langes „Programm einer hörerbezogenen Predigt."[80] In der „Kontroverse", inwieweit die Hörerinnen und Hörer „für den Predigtprozess überhaupt konstitutiv"[81] sind, lehnt Daiber jedes „Ausgrenzen der Hörererfahrung"[82] ab. Für die Predigenden ist „der sensible Umgang mit den Möglichkeiten des Hörers … eine entscheidende Fähigkeit, in der sich homiletische professionelle Kompetenz und Grundhaltungen des christlichen Glaubens miteinander verknüpfen."[83] Allerdings zeigt sich: „je stärker der Hörer ins Blickfeld rückt, desto mehr merkt man auch, wie wenig man von ihm weiß."[84] Das Projekt ‚Predigen und Hören‘ will hier weiterführen, weniger durch die Erhebung sozialstatistischer oder kirchenkundlicher Daten[85], sondern vor allem durch Antworten auf die Fragen: „Wie nehmen die Hörer die Predigten auf? Wie hören sie, wie gehen sie mit ihr um?"[86]

Die gewonnenen Erkenntnisse erfordern allerdings eine theologisch begründete Entscheidung. „Empirische Ergebnisse, speziell der Rezep-

---

78 Daiber, 1991, 242.
79 Vgl. zur Kritik an Daibers Position und ihrem mangelnden Interesse an der Machthaltigkeit des Wortes Martin, 1994, 151–154.
80 Daiber u. a., 1980, 5.
81 Daiber, 1991, 313.
82 Daiber, 1991, 325.
83 Daiber, 1991, 445.
84 Daiber u. a., 1980, 5.
85 Vgl. Daiber u. a., 1980, 26–30.
86 Daiber u. a., 1980, 5.

tionsforschung, stellen den Prediger immer zunächst vor die Aufgabe, darüber zu entscheiden, ob er sich auf ein festgestelltes Hörerverhalten oder eine Hörererwartung einlassen will."[87] *Es kann weder darum gehen, sich an die Predigtgemeinde einfach anzupassen, noch sie zu ignorieren.* Theologisch ist die Predigt keine Rede an Unmündige, die belehrt oder missioniert werden müssen; sie geschieht nicht primär in Differenz und als Gegenüber zur Gemeinde und zur Gesellschaft, sondern durchaus in Solidarität mit ihr. Predigt spricht in den allermeisten Fällen Christinnen und Christen an.

Die empirischen Untersuchungen sollen helfen, „Unbekanntes, den eigenen Erwartungen Widersprechendes aufzudecken"[88]; darüber hinaus müssen sich der Prediger und die Predigerin den Erfahrungen ihrer Hörerinnen und Hörer in einer ganz unmittelbaren Weise, etwa durch Hausbesuche, stellen. Während „vom Hörer zu sprechen, im allgemeinen" meint, „von jenem Kollektiv zu reden, das die gottesdienstliche Predigt hörende Gemeinde ausmacht", plädiert Daiber dafür, von den empirischen Untersuchungen und den Erfahrungen in der Gemeindearbeit her *„das Kollektiv Hörer"*[89] *aufzusprengen.* So lassen sich sozialwissenschaftlich klare Differenzierungen feststellen: „deutliche Unterschiede treten insbesondere zwischen älteren und jüngeren Predigthörern, aber auch zwischen Kirchennahen und Kirchendistanzierten auf"; erstere haben jeweils eine stärkere „Ordnungs- und Autoritätsorientierung"[90], letztere sehen in der Predigt eher eine „Meinungsäußerung", die zur Diskussion einlädt, als ein „autoritatives Wort."[91] Daneben lassen sich schicht- und/ oder bildungsspezifische Differenzierungen aufzeigen. So entspricht „ein dialogorientiertes Predigtkonzept nur bei einem Teil der Hörer den Erwartungen …, ein anderer Teil sucht deutlich die klare Orientierung, Lebensnähe bedeutet nicht zuletzt auch klare Handlungsanweisung, zumindest im individual-ethischen Bereich, das Gesellschaftlich-Politische ist nur zum Teil einbezogen."[92]

Die Menschen, die die Predigt hören, gehören unterschiedlichen sozialen Gruppen an; werden sie mit Hilfe sozialwissenschaftlicher Kategorien immer genauer von einander unterschieden, so erscheint den Predigenden schließlich ihr Gegenüber als eine *Ansammlung von Individuen.* „Der Hörer ist im Grunde immer ein einzelner."[93] Die Homiletik steht damit am Ende eines Prozesses, der die „Macht der kollektiven Orien-

---

87 Daiber, 1991, 23.
88 Daiber, 1991, 24.
89 Daiber, 1991, 315.
90 Daiber, 1991, 29.
91 Daiber, 1991, 31.
92 Daiber, 1991, 29; vgl. Daiber u. a., 1980, 44.
93 Daiber, 1991, 317.

tierung" gebrochen hat und „in der Reformation des 16. Jahrhunderts zu einem ersten Höhepunkt" kommt: „Predigt als Anrede und individueller Glaube als Antwort auf diese Anrede werden zu Symbolen einer sich verändernden geistigen Orientierung. Luthers Invocavitpredigten von 1521[94] seien als Beispiel genannt."[95] Die einzelnen Hörerinnen und Hörer hören zwar noch eine Predigt; ihr durch ihre psychosoziale Unterschiedenheit bedingtes, je individuelles Hörverhalten nivelliert jedoch die Bedeutung ihres Miteinanders für die Predigt.

Die Konzentration auf den ‚einzelnen Hörer' ist in mancher Hinsicht fragwürdig: so ist es methodisch zweifelhaft, wenn nicht unzulässig, als Ergebnis einer konsequent durchgeführten sozialwissenschaftlichen Typisierung und Kategorisierung die Entdeckung des individuellen Hörers zu erwarten. Zudem sind es, wie nicht nur Albrechts, sondern auch die Untersuchungen der Arbeitsgruppe um Daiber zeigen, gerade die verbindenden, die typischen Eigenschaften von Gruppen in der Gemeinde, die homiletisch relevant werden. Schließlich rückt Daiber mit dem Begriff ‚des einzelnen Hörers' eine unrealistische anthropologische Perspektive ins Zentrum der Homiletik: die Gemeinde der Predigthörerinnen und -hörer besteht aus Menschen, die sich nicht nur durch eine beliebige Vielfalt von Individualitäten, durch eine minimale Bestimmtheit auszeichnen, sondern mindestens ebenso durch nur schwer abstreifbare, kollektive Identitäten.[96]

Daibers Interesse gilt nicht nur der situativen Vielfalt der Predigt und der unübersehbaren Individualität der Predigthörerinnen und Predigthörer, sondern auch den unterschiedlichen „Orte(n) der Predigt: Gemeinde, Kirche, Gesellschaft."[97] In ihnen ist die Gemeinschaft der Hörenden jeweils spezifisch strukturiert[98], worauf die Predigt Bezug nehmen muss, sei es wie in der Bischofspredigt als „Predigt in der Kirche als übergemeindlicher Organisation"[99] oder wie in der Anonymität der Medien als „Predigt außerhalb von Kirche und Gemeinde"[100]. Im folgenden konzentriere ich mich auf Daibers Beschreibung der „Normalsituation der Predigt"[101] in der parochialen Ortsgemeinde[102], die sich soziologisch durch die „Dauer der Sozialbeziehungen"[103] auszeichnet. Für die Predigerin

---

94 richtig: 1522.
95 Daiber, 1991, 47; zur Interpretation der Invokavitpredigten vgl. unten Teil B.
96 Vgl. Welker, 1987, bes. 26–39.
97 Vgl. Daiber, 1991, 105–198.
98 So verweist Daiber, 1991, 106, auf die „funktionsanalytisch feststellbare Differenz zwischen Gemeinde und Kirche".
99 Vgl. Daiber, 1991, 153–161.
100 Vgl. Daiber, 1991, 161–171.
101 Daiber, 1991, 153.
102 Vgl. Daiber, 1991, 108–111.
103 Daiber, 1991, 117.

oder den Prediger ist sie eine personal und sozial überschaubare Größe trotz aller Verzerrungen durch den je eigenen Zugang[104]; sie können eine wirklich „gemeindebezogene Predigt"[105] halten; eine „Mitgestaltung der Predigt durch Gemeindemitglieder"[106] ist möglich.

Obwohl ihre Existenz als Personenverband ein wichtiges Kennzeichen der Gemeinde ist, stellt sie doch nie eine „reale Verwirklichung geschwisterlicher Gemeinschaft"[107] dar. Wolfgang Lukatis zeigt in seinem Exkurs über „die Kirchengemeinde als kommunikatives Netzwerk"[108], dass die „reale(n) Kommunikationsbedingungen in der Ortsgemeinde"[109] unter sozialwissenschaftlichen Gesichtspunkten nicht denen einer Gruppe entsprechen, sondern Phänomene wie das Teilnahmeverhalten der locker assoziierten Mitglieder, zeitlich befristete ad-hoc-‚Gruppen' und die Verbindungen zwischen einzelnen Knoten im Netz im Rahmen eines „Netzwerkkonzept(es)"[110] angemessener zu beschreiben sind.

„Auf der symbolischen Ebene aber kann Gemeinde gerade kontrafaktisch Wirklichkeit werden. Dies geschieht im Gottesdienst, darum ist und bleibt er Mitte jeder christlichen Gemeinschaft."[111] Durch den Ritualcharakter der Predigt[112] hat die Erfahrung von Gemeinschaft hier einen, allerdings doppeldeutigen Anhalt an der Wirklichkeit. „Das Ritual sieht nicht eine Ansprache an den einzelnen vor, sondern an die Gemeinschaft der zum Gottesdienst Versammelten, an den einzelnen, so weit er Glied dieser Gemeinschaft ist. ... Der Hörer wird als Glied der Gemeinde in seiner Relation vor Gott gesehen und angeredet."[113] „Gelingende Kommunikation" wird ermöglicht durch einen „gemeinsame(n) Bezugsrahmen"[114] und einen „hohe(n) Konsens unter den Predigthörern"[115] über gemeinsame Werte, zumal „die regelmäßigen und häufigen Gottesdienstbesucher ... auch maßgeblich im Gemeindeleben engagiert"[116] sind. Demgegenüber liegt „die Gefahr des ritualisierten Hörer-

---

104 Vgl. dazu ausführlich Lukatis in Daiber, 1991, 144–149. Er verweist vor allem auf den schicht- und bildungsspezifischen Zugang der Predigenden zur Gemeinde und auf die damit einhergehende Selektion. Zudem besteht Kontakt im Wesentlichen zu Gemeindegliedern, die zum engeren Kreis der Gemeinde gehören, d. h. zumeist sowohl im Gottesdienst als auch in der Gemeindearbeit regelmäßig und dauerhaft in Erscheinung treten.
105 Daiber, 1991, 117.
106 Daiber, 1991, 119.
107 Daiber, 1991, 113.
108 Lukatis, bes. 125–127.
109 Daiber, 1991, 121.
110 W. Lukatis in: Daiber, 1991, 125.
111 Daiber, 1991, 112.
112 Vgl. Daiber, 1991, 228–241.
113 Daiber, 1991, 238.
114 Daiber, 1991, 28.
115 Daiber, 1991, 239; vgl. Daiber u. a., 1980, 43.
116 Lukatis in: Daiber, 1991, 132; vgl. Daiber u. a., 1980, 43.

bezugs"[117] darin, dass „Kommunikationsgrenzen"[118] aufgerichtet und Menschen ausgeschlossen werden, die diese Werte nicht teilen, deren Erwartungen sich von denen der ‚Präsenzgemeinde' unterscheiden. Es lässt sich beobachten, dass sich „die Predigt im Rahmen des Gottes-dienstrituals mit ihrem rituell definierten Hörer (‚Gemeinde') ... faktisch ... an jenen Hörern ... orientier(t), die überwiegend das Bild der Hö-rergemeinde prägen, von denen der Konsens in hohem Maße repräsen-tiert ist."[119]

Obwohl seine empirischen Studien vor allem das Hörverhalten derje-nigen untersucht haben, die (regelmäßig) den Gottesdienst mitfeiern und der Kirche (eng) verbunden sind, ist es Daiber, wie den anderen bisher untersuchten Entwürfen wichtig, dass die Predigenden alle Menschen, „die tendenziell dem volkskirchlichen Spektrum in seiner Vielfalt zuge-hören"[120], als potenziell Hörende mit im Blick haben. Gegen „Verkirch-lichungsstrategie(n)" und „Missionierungskonzept(e)"[121], die die „Ghet-toisierung christlichen Redens" befördern, gilt sein „Interesse ... einer Predigt, die über den engeren Bereich der sowieso mit der Kirche eng Verbundenen hinaus gehört wird und als hilfreich erfahren werden kann."[122] Dabei ist es für seine pastoralsoziologische Perspektive charak-teristisch, dass er nicht auf einen universalen Horizont abhebt, sondern sich *auf die konkreten, vorfindlichen Formen von Öffentlichkeit* konzen-triert. Schon jetzt zeichnen sich die Predigt- bzw. die Gottesdienstsitua-tion gegenüber anderen kirchlichen Arbeitsbereichen dadurch aus, dass sie „immer noch die größte Öffentlichkeitsrelevanz haben"; zwar stellen „kirchennahe Menschen die Mehrheit der Predigthörer, aber immer fin-den sich auch Kirchendistanziertere als Minderheit ein: Predigerinnen und Prediger können sich damit niemals auf den engeren Kreis der sowieso in der Kirche Engagierten zurückziehen."[123] Zudem lässt sich empirisch zeigen, dass „auch die kaum mit der Kirche verbundenen Gemeindemitglieder" sich „sowohl hinsichtlich der allgemeinen Wert-orientierung wie des Predigtverständnisses" in „einer deutlichen Über-einstimmung" mit den Predigenden sehen; zwischen den Hörenden treten zwar „innerhalb der gemeinsamen Orientierung ... klar unterschiedliche Gruppierungen auf, aber eine religiöse Kommunikation ermöglichende Gemeinsamkeit überwiegt."[124] Gewinnen die Pfarrerinnen und Pfarrer

---

117 Daiber, 1991, 240.
118 Daiber, 1991, 241.
119 Daiber, 1991, 240.
120 Daiber, 1991, 13.
121 Daiber, 1991, 190.
122 Daiber, 1991, 32.
123 Daiber, 1991, 13; zu Daten über Quantität und Struktur der Gottesdienstteilnehme-rinnen und -teilnehmer vgl. Daiber, 1991, 54.
124 Daiber, 1991, 28.

eine diakonische Perspektive auf ihre Gemeinde, gelingt es ihnen, auch die Fernen „lieb(zu)haben‟ und deshalb zumindest manchmal „Christliches nichtreligiös zur Sprache bringen‟[125], so können sie das „übliche volkskirchliche Spektrum‟[126] erreichen; insbesondere die „Verschränkung der Orte‟ in der „lebensbegleitende(n) Predigt‟[127] kann dazu beitragen.

Distanz zur Kirche wird in diesem Zusammenhang nicht als „bewusste Entscheidung gegen den christlichen Glauben‟[128] interpretiert, sondern als Ergebnis eines gesellschaftlichen Prozesses, in dem, nachdem „die Wahrheit des christlichen Glaubens‟[129] nicht mehr durch den gesellschaftlichen Kontext gestützt wird, Säkularisierung und Pluralismus dazu führen, dass die Kirche und damit auch die Predigt an Plausibilität verlieren, selbst wenn dieser „Plausibilitätsschwund‟[130] oft überschätzt wird. Das Bild, das Daiber im folgenden Text von den Kirchenfernen zeichnet, lässt gleichzeitig, quasi als Negativfolie, die Umrisse der Verhältnisse in der ‚normalen‘ Predigtgemeinde erkennbar werden: „es sind Menschen, die in ihrer Mehrzahl mehr als die Gottesdienstbesucher des normalen Sonntagsgottesdienstes eher Schwierigkeiten mit der Predigt haben, auch mit der kirchlichen Sprache, mit dem Glauben an Gott und Jesus Christus; sie sind eher Suchende als solche die im Sinne der Kirche eine Antwort schon gefunden haben.‟[131]

An dieser Stelle werden grundsätzliche Schwierigkeiten eines solchen Zugangs zur Predigtgemeinde erkennbar: Die Distanzierten werden einmal mehr zur Projektionsfläche[132] für eigene Vorstellungen und Wünsche an eine Gemeinde, in der das gemeinsame Suchen wichtiger ist als das ‚Antworten-haben‘[133]; die Präsenzgemeinde umgekehrt erscheint als mit der Predigt, mit kirchlicher Sprache, mit den Antworten des Glaubens vertraut. Eine solche Wahrnehmung kirchlicher Wirklichkeit wird durch Umfrageergebnisse und Erkenntnisse der Kirchenkunde angefragt: wie passen hierher die ‚berühmten‘ Kirchenfernen, die nur Heiligabend in den Gottesdienst kommen, die zwar keine im theologischen Sinne klare Antworten auf ‚religiöse‘ Fragen haben, sich aber dennoch ihrer religiösen Einstellungen durchaus sicher sind? Wie diejenigen, die wissen, dass Christsein heißt: an Gott zu glauben und ein anständiger Mensch zu sein?[134] Und wie lassen sich die Begegnungen mit verunsicherten, fragen-

---

125 Daiber, 1991, 196.
126 Daiber, 1991, 187.
127 Vgl. Daiber, 1991, 198.
128 Daiber, 1991, 56.
129 Daiber, 1991, 270.
130 Daiber, 1991, 30.
131 Daiber, 1991, 274.
132 Vgl. Matthes, 1990.
133 Vgl. Daiber, 1991, 228.
134 Vgl. Christsein gestalten, 26 f.

den, für die ‚Mehrdeutigkeit' Gottes offenen Mitgliedern der Präsenzgemeinde auf dem Hintergrund solch einfacher und klarer Zuordnungen
interpretieren?[135] Nur die Reflexion der anthropologischen und theologischen Voraussetzungen des eigenen Zugangs zur Gemeinde kann die
Predigttheorie und -praxis davor schützen, im Gegenüber von Predigt
und Gemeinde die eigenen Bilder über die Gestalt der Gemeinde und
die Aufgabe der Predigt zu reproduzieren.

5.3. Auf dem Weg zum Einverständnis: die Predigt als Gesprächsbeitrag im Leben der Gemeinde

„Der Rezeptionsprozess ist für die Predigt selbst konstitutiv." Sie ist ein
„Kommunikationsprozess", „nicht in erster Linie ... Arbeit eines oder
einer einzelnen."[136] *Erst Produktions- und Rezeptionsakt zusammen machen
die Predigt aus.* Betrachten wir zunächst die produktive Seite, so ist „die
Predigt ... Rede eines einzelnen. Sie ist, auch wenn sie dialogisch orientiert ist, letztlich kein Diskussionsbeitrag."[137] Die Problematik dieses
„monologischen Charakters der Rede"[138] ist vielfältig beschrieben worden, seine Ineffektivität, seine Kommunikationsgrenzen und sein Herr-
schaftscharakter. Andererseits weist Daiber daraufhin, dass die „anthropologische Grundsituation"[139] der Anrede, sich vor allem in der Groß-
gruppe kaum anders vollziehen kann und im öffentlichen Monolog ein
hohes Maß an Verbindlichkeit erreicht wird. Zudem lassen sich in ihn
dialogische Elemente aufnehmen, sofern es gelingt, Anliegen und Einstellungen der Hörerinnen und Hörer etwa durch Zitate[140] zu integrieren.
Insofern bleibt Predigt als monologische Rede „im Rahmen der Kommunikationsprozesse der Gemeinde ... eine Möglichkeit. Ihre spezifische
Chance liegt weniger auf der Initiierung von Verhaltensänderungen. Ihre
Möglichkeiten liegen in der Stabilisierung, in der Eröffnung von Verste-
hensmöglichkeiten, in der Darstellung von Standpunkten, in der Darstellung auch des Einverständnisses zwischen Hörern und Redner."[141]
Insbesondere ermöglicht der Monolog in der Predigt eine „distanziertere
Teilnahmeform", die lediglich „Hörbereitschaft", nicht „Diskussionsbe-
reitschaft"[142] voraussetzt, damit den Distanzierten Freiheit lässt und die
Hörenden nicht in mehr oder weniger Sprachfähige auseinander dividiert.

---

135 Vgl. Cornelius-Bundschuh, 1994.
136 Daiber, 1991, 13.
137 Daiber, 1991, 449.
138 Vgl. Daiber, 1991, 201–207; dort auch Hinweise auf Alternativen.
139 Daiber, 1991, 204.
140 Vgl. Josuttis, 1993.
141 Daiber, 1991, 206.
142 Daiber, 1991, 205.

An dieser Stelle setzt Daiber einen eigenen Akzent gegenüber den bei Lange und Bohren identifizierten Gesprächsmodellen.

Im Rezeptionsakt bleibt „der Hörer auf seine Rolle als Zuhörer beschränkt"[143]. „Wer predigt, handelt. ... Hören scheint ein rezeptives Verhalten zu sein, allenfalls reaktiv, nicht in gleichem Maße gestaltend, wie dies für das Predigen gilt."[144] Die Aktivität des Hörens, die antwortet auf das Angesprochenwerden, ist ein wesentlicher Grund dafür, dass das Hören zum Symbol der Geschöpflichkeit des Menschen geworden ist. Der Hörende „verarbeitet die Predigt subjektiv", aber als Teil der „Predigt hörende(n) Gemeinde."[145] Er „will sich angesprochen wissen und eben darum angenommen."[146] Er will merken: „Der Prediger lässt sich auf mich ein, er versteht mich, er versteht mein Leben."[147]

Die ‚normalen‘ Hörerinnen und Hörer akzeptieren im Unterschied zum „distanzierte(n) Kirchenmitglied" und dem „typische(n) Gesellschaftsmitglied"[148], dass „Predigt als religiöse Rede ... vor allem durch einen Anspruch, den der Prediger als Sprecher an seine Hörer stellt,"[149] charakterisiert ist.[150] „Bedenkt man, dass einerseits die Geltung religiöser Rede von einem Großteil der Predigthörer unbestritten ist, andererseits aber gesamtgesellschaftlich gesehen unbedingt Angehendes nicht mehr rituell, auch nicht durch das Ritual der Predigt, darstellbar ist, sondern im offenen Diskurs entschieden werden muss, wird deutlich, dass der Kommunikationsakt des Predigens polarisiert, und zwar gerade dadurch, dass mit ihm der Anspruch religiöser Rede verbunden ist: Auf der einen Seite stehen diejenigen, die den Geltungsanspruch der Predigt akzeptieren, auf der anderen Seite andere, die die Diskussionsnotwendigkeit dieser Ansprüche prononciert fordern und erst den Ausgang des angestrebten Diskussionsaktes für die persönliche Entscheidung abgewartet sehen wollen. Dies berührt in hohem Maße den Öffentlichkeitscharakter religiöser Rede. Wird die Öffentlichkeit als Öffentlichkeit der religiösen Gemeinschaft verstanden, ist sie relativ unproblematisch, denn hier wird der Geltungsanspruch religiöser Rede verbindlich überliefert. Wird der Öffentlichkeitsanspruch aber als gesamtgesellschaftlicher Öffentlichkeitscharakter verstanden, wird der Geltungsanspruch religiöser Rede bestritten, Predigt wird zum Diskussionsbeitrag im Rahmen eines weiteren Klärungsprozesses."[151]

---

143 Daiber, 1991, 449.
144 Daiber, 1991, 450.
145 Daiber, 1991, 449.
146 Daiber, 1991, 258.
147 Daiber, 1991, 259.
148 Daiber, 1991, 209.
149 Daiber, 1991, 207.
150 Vgl. Daiber, 1991, 209; dort weitere Belege aus ‚Predigen und Hören‘.
151 Daiber, 1991, 209 f.

Predigerinnen und Prediger stehen vor einem Dilemma: sie erreichen mit einer Predigt, die den Anspruch erhebt, Zuspruch und Anrede zu sein und ihren monologischen Charakter bewusst annimmt, nur eine, nach sozialwissenschaftlich beschreibbaren Kriterien begrenzte Öffentlichkeit. Versuchen sie aber, die Predigt als Beitrag zu einem kommunikativen Prozess zu verstehen, in dem kein Anspruch akzeptiert wird, der sich nicht auf eine diskursive Begründung stützen kann, und auf diese Weise die neuzeitlichen Kommunikationsbedingungen ernst zu nehmen[152], kommt zwar eine breitere Öffentlichkeit in den Blick; eine proklamative Predigt aber scheint damit kaum vereinbar.

Daibers „Interessenschwerpunkt" in diesem Spannungsverhältnis liegt bei allem Verständnis für den monologischen Charakter der Predigt und das proklamative Predigtverständnis bei jener „Predigt, die von dialogischen Prinzipien her geleitet ist, der es darum geht, den Predigthörer als Partner in seiner Persongaanzheit in einen das Evangelium entdeckenden Erfahrungsprozess einzuholen."[153] Predigt vollzieht sich danach als Teil einer gemeinsamen Denk- und „Suchbewegung"[154], eines „Lernprozesses" zwischen Predigenden und Hörenden, „innerhalb dessen sich Lebenserfahrungen symbolisch zu Erfahrungen des Glaubens verdichten"[155]; sie ist ein Element in einem „Entdeckungszusammenhang", das den „Hörer immer wieder von neuem in diesen Entdeckungsprozess hinein nimmt."[156] „Dieser Prozess beginnt, wenn die Arbeit an der Predigt einsetzt. Der Weg endet, wenn der letzte Partner innerhalb des Kommunikationsprozesses die Predigt vergessen hat."[157] Konstitutiv für ihn ist die „Einheit von Wort- und Tatzeugnis"[158]; alle Gemeindeglieder sind in dieses Geschehen involviert.[159]

„Der Prediger wird als einer verstanden, der über die Wahrheit des Evangeliums nicht verfügt, sondern sie im Dialog mit dem Zeitgenossen entdeckt."[160] „Das Evangelium von Christus bezeugen ist Aufgabe der Predigt. Dies geschieht in erkennbarer Betroffenheit des Predigers. Dies geschieht im Sich-Einlassen auf Lebenssituationen und Denkweisen des Hörers, in der Argumentation, im gemeinsamen Lernen und Suchen, im Respektieren des Zweifels, in dem Versuch, gemeinsam Schritte zu gehen, in denen Glauben als letztes Vertrauen Gestalt gewinnen kann. So ist die persönlich-dialogische Redeweise im Grunde nicht nur ein empi-

---

152 Vgl. Habermas, 1981, bes. 118–169.
153 Daiber, 1991, 28.
154 Daiber, 1991, 216.
155 Daiber, 1991, 28.
156 Daiber, 1991, 401.
157 Daiber, 1991, 216.
158 Daiber, 1991, 85.
159 Vgl. Daiber, 1991, 96 f., 101–103, 235 f. u. 401.
160 Daiber, 1991, 28.

rischer Typ heutiger Predigt, sondern eher auch ein gebotener Weg, unter den Bedingungen der Gegenwart vom Glauben zu reden"[161], auch wenn sich „die homiletische Hypothese, dass in einer Gesellschaft mit abnehmender Plausibilität für christliche Grundaussagen ein dialogisch-emotives Predigen eher angemessen sei, ... nicht eindeutig bestätigen"[162] lässt. Nur so wird es der „Vorgang der Predigtkommunikation" den Hörern und Hörerinnen ermöglichen, „in eigenständiger Weise Gehörtes (zu) verarbeiten und eben dadurch, wenn es gut geht, zu einem Stück eigener, wirklich eigener Erfahrung werden lassen."[163] Nur als eigene Erfahrung, wird sie dem Druck der diskursiven Öffentlichkeit standhalten. Erfahrung wird hier erst als ‚wirkliche' anerkannt, wenn sie verarbeitete ist. Für religiöses Erleben keineswegs untypische Aspekte wie Überwältigtwerden, Verschmelzen usw. bleiben als adäquate Rezeptionsformen des Predigtwortes ausgeschlossen oder werden zumindest als defizitär betrachtet; andererseits bleibt auch bei Daiber zweifelhaft, ob die unbestreitbar notwendige und für die ‚evangelische' Kommunikation unaufgebbare (theologische) Verarbeitung in der diskursiven Öffentlichkeit tatsächlich einen sicheren Grund bieten kann.

Während sich nach dem reformatorischen Predigtverständnis „in jeder Predigt ... eine neue Konstituierung und ein neues Sichtbarwerden der Gemeinde als Dienst- und Zeugnisgemeinschaft"[164] vollzieht, stellt sie in Daibers Modell einen Gesprächsbeitrag[165] zu einem Dialog dar: „Das Zeugnis hat eine dialogische Struktur. Auch da, wo es das Evangelium ansagt, den Christus proklamiert, vollzieht es sich prozesseröffnend, den Dialog suchend, nicht den Dialog beendend."[166] „Verkündigung ist dann wahres Zeugnis, wenn sie sich dialogisch auf Partner einlässt, und zwar in der Hoffnung, mit diesen zusammen die Wahrheit des Evangeliums ganz neu noch einmal zu sehen."[167] „Möglicherweise ist das ihre Normalform: Wort eines einzelnen im Dialog der Gemeinde. Wort eines einzelnen im Prozess zwischen Gemeinde und Gesellschaft."[168]

Für die Predigerin oder den Prediger heißt das, ihre „Funktion ... als die eines ‚Gehilfen' zu begreifen, als eines, der dem anderen beisteht, das zu werden, was er persönlich sein kann und sein will."[169] Als „‚Diakon' des Hörers im Prozess der Suche nach letzten Antworten" gewinnt der Prediger oder die Predigerin „unter den heutigen Bedingungen der

---

161 Daiber, 1991, 272.
162 Daiber, 1991, 29.
163 Daiber, 1991, 17.
164 Daiber, 1991, 243.
165 Vgl. Daiber, 1991, 103.
166 Daiber, 1991, 95.
167 Daiber, 1991, 96.
168 Daiber, 1991, 103.
169 Daiber, 1991, 447.

Kommunikation des Glaubens ein Stück Glaubwürdigkeit"; dabei zeichnet er oder sie sich durch eine „diakonisch-solidarische Grundhaltung" aus: „solidarisch mit dem Hörer, im Zweifel mit ihm verbunden, in der Suche und dann möglicherweise auch im Vollzug gemeinsamer Entdeckungen ihm nahe."[170] Hörerinnen und Hörer sind für Daiber nicht „optimal zu konditionierende[...] Empfänger einer Botschaft", „sondern eigenständig handelnde[...] Subjekt(e)", deren „Entscheidungsspielräume entdeckt und erweitert werden sollen."[171] „Rezeption" ist eine „eigenständige Interpretationsleistung des Hörers im Interesse seiner persönlichen Identitätssuche."[172] Wer predigt, spricht das individuelle Gegenüber gleichsam wie eine Hebamme oder ein Geburtshelfer auf seine von ihm selbst gewollte und von ihm autonom zu konstituierende Ich-Identität an, hilft ihm sich in ihr zu finden.

Diese Haltung bestimmt auch die Ebene der *Sozialität*: es ist „eine hohe Aufgabe der Predigt, einen Beitrag zum gemeinsamen Verstehen innerhalb der Gemeinde zu leisten, Konsens zu ermöglichen"[173], zumal, wenn nur einer oder eine redet, niemand widersprechen kann und auch anschließend normalerweise keine Möglichkeit zur Diskussion besteht. Konflikte sollen nicht unter den Teppich gekehrt werden, aber der Predigende ist wiederum vor allem „Gehilfe"[174], der „im Konflikt das Konsensfähige" herausarbeitet, „jenes, was die Gemeinde immer noch verbindet."[175]

Es ist nicht zu bestreiten, dass solch eine Haltung, tritt sie an die Stelle eines Herrschafts- und Sendungsbewusstseins, das meint, fertige, sichere Wahrheiten zu haben und nur vermitteln zu müssen, alle Sympathien für sich hat. Dennoch sind auch Probleme einer solchen Verortung der Predigt im Kommunikationszusammenhang der Gemeinde zu benennen. Pastoraltheologisch wird die grundlegende Spannung zwischen diakonischen und kerygmatischen Ämtern bzw. Funktionen zugunsten der ersteren aufgelöst; *wer predigt, wird entlastet, aber auch in seiner Bedeutung relativiert*. Das Verhältnis von Predigt und Gemeinde wird parallelisiert mit der Haltung, die Jesu Zusammentreffen mit Menschen bestimmt hat. Sicherlich gibt es in den Evangelien Berichte über seine „solidarische Begegnung mit dem Partner" und in Jesu „Art zu leben ist die hilfreiche, nicht auf Herrschaft bedachte Begegnung mit den Menschen angelegt."[176] Für die Begegnungen Jesu sind aber auch andere

170 Daiber, 1991, 272.
171 Daiber, 1991, 21.
172 Daiber, 1991, 25.
173 Daiber, 1991, 449.
174 Daiber, 1991, 450.
175 Daiber, 1991, 449.
176 Daiber, 1991, 272.

Aspekte konstitutiv: das verwandelnde, grundsätzlich verändernde (Tun und) Reden, das Leidende befreit, Sünder und Sünderinnen gerecht spricht, Gegner überwindet und Besessene von der sie beherrschenden Macht befreit; Ich-Identität verändert sich, Autonomie wird in ihrer Begrenztheit erlebt.[177]

Es mag sein, dass es sich nur um einen Tippfehler handelt. Auf jeden Fall weist eine grammatikalische Unklarheit in Daibers Erläuterung dieser kommunikativen Struktur auf weitere Probleme des Ansatzes hin: „Ihre (der Predigt, J.C.-B.) Eigentümlichkeit als Kommunikationsvorgang besteht darin, dass der Prediger auf diesem Weg nicht allein ist, sondern dass er, indem er zu anderen spricht, diese seine Weggefährten werden."[178] Wer predigt, ist gemeinsam mit seinen Hörern und Hörerinnen unterwegs; werden sie zu Weggefährten schon dadurch, dass sie zur Predigt bzw. zum Gottesdienst kommen, oder muss erst gepredigt werden, damit der gemeinsame Weg beginnt? Und: wer ist das Subjekt dieser Verwandlung der einzelnen Hörerinnen und Hörer in die Gemeinschaft derjenigen, die mit dem oder der Predigenden unterwegs sind: die Hörenden durch ihr Kommen, der oder die Predigende, die Predigt oder das Wort?

Daiber hebt im Argumentationsgang die Aktivität der Predigenden hervor: „Ziel seiner Rede ist es, sie auf diesem Weg mitzunehmen. Für den Hörer kommt es also darauf an, dass er sich mitnehmen lässt. Für den Prediger bedeutet dies, dass er so einladend redet, dass der Hörer sich mit ihm auf den Weg macht. Von daher geht es um das Einverständnis zwischen Prediger und Hörer."[179] „Tröstung, Lebensdeutung, Handlungsanweisung, Funktionen, die der Predigt übereinstimmend von Predigern und Hörern zugeschrieben werden, können nur gelingen, wo das Einverständnis zwischen den Kommunikationspartnern gegeben ist oder im Vollzug der Kommunikation entsteht." Wird nicht um Einverständnis geworben, bricht der Hörer „aller Wahrscheinlichkeit nach de(n) Kommunikationsprozess" ab. „In der sensiblen Lage religiöser Kommunikation ist bei Dissonanz die Wahrscheinlichkeit des Abbruchs größer als die, sich gegen den eigenen Willen in eine bestimmte, vom Prediger vorgegebene Richtung bewegen zu lasen."[180] Dass der Weg, im „suchende(n) Gespräch"[181] „mit anderen die Wahrheit des Evangeliums zu entdecken"[182], „in nicht seltenen Fällen"[183] scheitert, liegt nicht nur

---

177 Vgl. Welker, 1975.
178 Daiber, 1991, 216.
179 Ebd.
180 Daiber, 1991, 217.
181 Daiber, 1991, 179.
182 Daiber, 1991, 271.
183 Daiber, 1991, 223.

daran, dass „die Verständlichkeit der Rede"[184] als wesentliche Voraussetzung gefehlt hat, ein „begrenztes Einverständnis"[185] weiteren Dialog erforderlich macht oder die Diskussionsfähgkeit oder „Glaubwürdigkeit des Predigers"[186] fehlt, sondern zeigt ein grundlegendes theologisches Problem. In der „Zielbestimmung dessen, was Einverständnis meint, werden die rhetorischen Möglichkeiten der Predigt transzendiert."[187] Dies gilt im Blick auf die Definition in der Begrifflichkeit allgemeiner religiöser Sprache, die der Predigt den Zugang zu den Menschen öffnen soll, denen der christliche Glaube „in seiner Spezifität eher fremd" ist: „das Einverständnis, auf das die Predigt hinarbeitet, ist der gemeinsame Glaube", Glaube verstanden als „religiöses Einverständnis …, ein Einverständnis in Grundfragen des Lebens, in den Grunddeutungen, in der tragenden emotionalen Basis, in den Handlungsweisen, die als unaufgebbare Bestandteile das Leben prägen sollen."[188] Noch deutlicher aber gilt es für die spezifisch christliche Zieldefinition „als religiöses Einverständnis, als Einverständnis des Vertrauens, als Einverständnis des Glaubens an Gott in Christus."[189] „Im Vollzug des Predigens können sich der Glaube des Predigers und der seiner Hörer gemeinsam verwirklichen, eben im Vollzug des Einverständnisses. Dass dies geschieht, ist Wunder, darum spricht die Bibel ja auch vom Heiligen Geist, und darum hat die theologische Reflexion der Predigt eben auch vom Geist zu reden. Es ist auffällig, dass die biblische Tradition das Geistgeschehen häufig als kollektiven Prozess beschreibt. Auch das Charisma des einzelnen ereignet sich in der Gemeinschaft, dient ihr und wird von ihr gespeist. Der Geist als Heiliger Geist stiftet Gemeinschaft, Einverständnis im Glauben. Die Wahrheit des Glaubens entsteht im Prozess zwischen Prediger und Hörer, in der Gemeinschaft zwischen ihnen."[190]

Glaube und Gemeinschaft sind gleichen Ursprungs; wie lässt sich dann die Struktur beschreiben, der sich *diese Emergenz einer Gemeinschaft* verdankt, die als ‚Kirche' zu bezeichnen ist. An einer bewegenden Erinnerung: „‚Ich sprach das Gebet und hörte es zugleich von dem Kind neben mir gesprochen. Es war wie ein Zuspruch an mich'"[191] – verdeutlicht Daiber, dass es keine spezifische interaktive oder kommunikative Struktur war, sondern das gemeinsame Hören und Nachsprechen, das eine neue Wirklichkeit geschaffen hat. Das ergreifende Wort war hier

184 Daiber, 1991, 220.
185 Daiber, 1991, 223.
186 Daiber, 1991, 218.
187 Daiber, 1991, 225.
188 Daiber, 1991, 224.
189 Daiber, 1991, 225.
190 Ebd.
191 Daiber, 1991, 227.

offensichtlich nicht intentional auf das Erreichen von Einverständnis oder Verständigung ausgerichtet.

Im Blick auf die Bedeutung der Predigt für die Gemeinde bzw. der Gemeinde ändert sich jedoch die Perspektive. „Durch gemeinsame Erfahrungen wird eine Gemeinde zur Gemeinschaft. Die Predigt wird von daher gesehen Ausdrucksform dieser Gemeinschaft, wenn sie gemeinsame Erfahrungen zur Sprache bringt, oder aber auch, wenn sie gemeinsame Erfahrung ermöglicht. Theologisch gesehen kann die christliche Gemeinde als ‚creatura verbi‘ verstanden werden. Dies besagt, im gemeinsamen Hören auf das Wort entsteht erst die Gemeinde. Freilich klingt diese Aussage wie eine wirklichkeitsferne dogmatische Setzung, wie eine Behauptung, die nichts als eine Behauptung ist. Und doch ist selbst empirisch gesehen dieser Satz, dass Gemeinde durch das gemeinsame Hören auf das Wort entsteht, richtig. Predigt und Gottesdienst werden zur gemeinsamen Erfahrung. In dieser gemeinsamen Erfahrung entsteht die Gemeinschaft der Gemeinde. In der theologischen Setzung sind zugegebenermaßen die empirischen Prämissen nicht zureichend bedacht, weil sie zunächst einseitig die Wirksamkeit des Wortes Gottes betonen, seine schöpferische Kraft. Empirisch gesehen kann durch die Predigt nur dann eine Gemeinde zur Gemeinschaft werden, wenn sie Konsens stiftet, eine zum Konsens einladende Erfahrung ausspricht."[192] Nicht das gemeinsame Sprechen von Worten gründet die Gemeinde und nicht die Erfahrung des Zuspruchs, weil Worte laut werden, die jenseits der Motivation, der Intention und des Reflexionsniveaus der Sprechenden eine neue Wirklichkeit erschließen; nur Predigtworte, die sich einem spezifischen Interaktionsgeschehen verdanken, nämlich bewusst Erfahrungen der Gemeinde aufnehmen, sie konsensfähig klären und reformulieren, lassen Gemeinde entstehen.[193]

Es ist die Stärke von Daibers Ansatz, dass er Grenzen kritisch erfassen kann, die die Kommunikationsmöglichkeiten der gegenwärtigen Predigtgemeinde einengen. Solche Beschränktheit der Verkündigung durch „die Sprachengemeinschaft, in der der einzelne sich vorfindet"[194], lässt sich mit seiner Konzeption relativieren und durch den Ausgleich zwischen Neuerung und Bewahrung der „Traditionssprache"[195] zwischen der Präsenzgemeinde und den Kirchenfernen ein neuer, möglichst weiter Konsens stiften. Dass dieser selbst wiederum Beschränktheiten mit sich bringt, lässt sich nicht vermeiden.

Voraussetzung der Konstitution von Kirche in der Predigt bleibt das Gelingen von Kommunikation. Benötigt wird eine „Gemeinde, in der

---

192 Daiber, 1991, 332.
193 Vgl. Daiber, 1991, 102.
194 Daiber, 1991, 380.
195 Daiber, 1991, 384.

Vertrauen möglich wird, in der neues Selbstvertrauen entsteht, auch neues Wir – Vertrauen. In einer Gemeinde des Vertrauens, getragen von Personen, die zum Vertrauen ermächtigen können, werden Versprechen wieder glaubhaft, wird die Verheißung, die im Gottesdienst verkündigt wird … überzeugende Wahrheit, weil die Rede vom Vertrauen in erfahrenem Vertrauen und im weitergegebenen Vertrauen gründet."[196] „Predigt als spezielle Gestalt des Zeugnisses durch das Wort eines Zeugen bleibt notgedrungen auf das Zeugnis im Zusammenhang des Gesamtlebensvollzugs einer Gemeinde angewiesen, ist nur eine einzige Dimension des Gemeindeseins. … Die Predigt ist immer nur so gut, wie die Gemeinde in ihrem Gesamtlebensvollzug. Das Fehlen der Diakonie und das Fehlen heilender Gemeinschaft wirken auf die Predigt zurück. *Die Predigt lebt von der Gemeinde.*"[197] Damit ist die Umkehrung der Ausgangsformulierung ‚ecclesia creatura verbi' erreicht: Gemeinschaft erwächst aus dem gemeinsam gehörten (Predigt-)Wort nur insoweit, als es einen Wertekonsens, ja eine Übereinstimmung in Wort *und* Tat formuliert, als es „im Vertrauen der Hörerinnen und Hörer zu seinem Ziel kommt."[198] Das Predigtwort will letztlich ein im Diskurs und in der Praxis immer schon erreichtes und einholbares Einverständnis der Gemeinde auf den Punkt bringen.

Ob die Wendung zum ‚Gesamtlebensvollzug' der Gemeinde die Plausibilitätsprobleme des Wortes, der Kirche und letztlich des Glaubens in der Moderne lösen oder zumindest erleichtern kann, bleibt fraglich. Empirische Studien belegen, dass die (Predigt-) Gemeinde nicht als eine Gemeinschaft von Freunden, eher schon als „ein Äquivalent für einen Mangel an Freundschaftsbeziehungen"[199] zu verstehen ist. „In den Gruppierungen der Befragten mit höherem Gottesdienstbesuch" ist jedenfalls „tendenziell der Grad der Einbindung in ein … Netzwerk von Freunden schwächer ausgeprägt …, als in jenen mit geringerer Besuchsfrequenz."[200] Auch deshalb muss jeder Versuch einer ‚Wiederbelebung' der Predigt durch ihre Einbettung in eine im Blick auf Gemeinschaft, Diakonie und Verkündigung hoch integrierte Gemeinde Skepsis hervorrufen. Realistischer scheint es zu sein, davon auszugehen, dass auch durch das Wort der Predigt aus Menschen, die sozial wenig eingebunden sind, nicht mehr entsteht als eine Gemeinschaft der einander bleibend Fremden. Eine Gemeinde, die nicht aus einer Erfahrung von Gemeinschaft vertraut, sondern weil sie Worte, vertrauenerweckende Worte über das Vertrauen Gottes gehört hat.

---

196 Daiber, 1991, 257.
197 Daiber, 1991, 95. Hervorhebung von mir, J.C.-B.
198 Fechtner, Friedrichs, 313 Anm. 21.
199 Lukatis in Daiber, 1991, 134.
200 Lukatis in Daiber, 1991, 133.

A 6. Die produktive Rezeption der ergänzungsbedürftigen Predigt

‚Semiotische Homiletik‘ bei Winfried Engemann

In seiner Marburger Antrittsvorlesung hat Gerhard Marcel Martin 1983 eine Kritik der Homiletik formuliert, die in den sechziger und siebziger Jahren „unübersehbare Defizite der Predigt-Kommunikation"[1] aufgedeckt hat und sich von den homiletischen Überlegungen der dialektischen Theologie abgrenzen wollte. Nach einer kurzen Darstellung der Ansätze von K.-W. Dahm und E. Lange stellt er die grundsätzliche Frage: „Wenn Predigt ... selbst mit stützenden Maßnahmen nicht zu leisten vermag, was von ihr unter den Prämissen der Kommunikationswissenschaft zu fordern ist, sondern ihre Wirkung vielmehr im Bereich der Assoziationen und der Emotionen im Sinne von Trost, Ermutigung, Erschütterung hat, wäre es dann nicht erwägenswert, das Paradigma, nach dem sich Predigt in Produktion und Rezeption ausrichtet, zu ändern?"[2] Statt einer Weiterentwicklung des Kommunikationsmodells, die Verzerrungen, Filterungen und Blockierungen in die Theorie integrieren will, aber eine unrealistische ideale Kommunikationssituation voraussetzt, schlägt Martin einen „Koalitionswechsel der Homiletik von der Kommunikationswissenschaft zur Ästhetik", spezieller zu „Umberto Eco's Modell des ‚offenen Kunstwerks‘"[3] vor, da es „dem faktischen Aufnahmeprozess von Predigt mehr entspricht" und „für freie Reaktionen einen offenen Raum vorsieht, ... zu Assoziationen und zur emotionalen Rezeption einlädt."[4]

Kommt Martin das Verdienst zu, die Homiletik grundsätzlich mit rezeptionsästhetischen Fragestellungen konfrontiert zu haben, so ist es die Habilitationsschrift „Semiotische Homiletik"[5] von Winfried Engemann, in der diese Fragestellungen vertieft, präzisiert und zum ersten Mal eine „homiletische Rezeption der semiotischen Ästhetik"[6]

---

1 Vgl. Martin, 1984; hier: 48. Vgl. von anderen Voraussetzungen schon Braunschweiger und Wernicke. Vgl. außerdem: H. Luther, 1991, 10–14; Bieritz, 1986; 1989; im Rahmen eines Literaturüberblicks: Cornelius-Bundschuh, 1995b, bes. 24–27.

2 Martin, 1984, 48.

3 In Italien zuerst erschienen 1962, auf deutsch zuerst erschienen 1973, im Folgenden zitiert nach Eco, 1977.

4 Martin, 1984, 49.

5 Engemann, 1993.

6 Engemann, 1993, 151.

durchgeführt wird, mit dem Ziel, „die homiletische Relevanz der Semiotik für das Verständnis, die Kritik und die Gestaltung der Predigt als Kommunikationsprozess zu entfalten."[7] Engemann bezieht in seine Überlegungen nicht nur wie Martin die rezeptionsästhetischen Überlegungen Ecos ein, sondern auch seine grundlegenden semiotischen Schriften. Zudem betont er, dass es im Sinne Ecos nicht um einen Paradigmenwechsel gehen kann, da dieser „sich mit dem Modell des ‚offenen Kunstwerks‘ im Rahmen einer Theorie der ‚ästhetischen Kommunikation‘" befasst, „die den Prozess von Produktion und Rezeption, Senden und Empfangen gerade nicht ignoriert. Im Gegenteil Eco interessiert sich für das Kunstwerk überhaupt nur als Kommunikationsphänomen."[8]

Die Problematik heutiger Predigtpraxis und -theorie ist für Engemann nicht das Ergebnis einer Krise der kritischen Homiletik, sondern „homiletische(r) Mythen", die trotz des Bedeutungsverlustes der Ansätze der dialektischen Theologie in der Predigtlehre weiterwirken und die „Unerheblichkeit des Predigers, ... (die) Unabhängigkeit des Wortes und ... (die) Nichtzuständigkeit des Hörers"[9] behaupten. „Ein theologisches Erbe, das, für die Homiletik gesprochen, die Offenbarung als Kommunikationsmodalität suggeriert, und eine bestimmte rhetorische Tradition, die erprobte stilistische ‚Lösungen‘ liefert, ‚rundes‘ Reden garantiert und mit Bedeutungen abschottender Redundanz versucht, Eindeutigkeit zu erzeugen, haben bis heute ihren paralysierenden Einfluss auf die Predigt als Kommunikationsgeschehen nicht verloren."[10] „Der Aberglaube an eine im Text schon beschlossene Predigt, hat einen homiletischen Reproduktionsprozess mit am Leben erhalten, der der produktiven Vielfalt sperriger, ‚widerspenstiger‘ Wirklichkeit gewiss nicht immer gerecht wurde."[11] ‚Homiletische Semiotik‘ soll neue Wege weisen, indem sie an den Grundlagen der kritischen Homiletik: Situations- und Hörerorientierung sowie Verzicht auf die Behauptung einer spezifischen homiletischen Kommunikationsweise festhält, sie aber in einem Theoriemodell fortentwickelt, das ein neues Verständnis der Beziehung von Predigt und Gemeinde impliziert.[12]

---

7 Engemann, 1993, 7.

8 Engemann, 1993, 155 Anm. 193; zu seiner weiteren Kritik an Martin mit Hinweisen auf weitere Beiträge zur Debatte vgl. Engemann, 1993, 155–157 u. Engemann, 1990, 794 u. 797 Anm. 10.

9 Engemann, 1990, 792; vgl. Engemann, 1993, 142–149.

10 Engemann, 1993, 5.

11 Engemann, 1993, 42.

12 Es ist im Folgenden nur begrenzt möglich, auf grundsätzliche Probleme einer angemessenen theologischen Rezeption der Semiotik einzugehen, ebensowenig auf die von Engemann durchgeführte spezifische Interpretation, wie sie z. B. in der ausführlichen Analyse zum Ausdruck kommt, in der er sich, 1993, 68–87, mit dem Prozess der Sinnproduk-

6.1. Die gebundene und die ergänzungsbedürftige Predigt

„Die Semiotik ist eine Disziplin, die sich mit der gesamten Kultur beschäftigt, und sie gänzlich unter zeichentheoretischen Gesichtspunkten untersucht."[13] Weil sie sich von ihrem Ansatz her über ihre Verortung in einem soziokulturellen Kontext, ihre Zweckbezogenheit[14] und den „durchweg operationalen Charakter aller (ihrer) Methoden und Modelle im klaren"[15] ist, wird von ihrem System „behauptet ..., es lasse sich durch seine eigenen Mittel kontrollieren."[16] In diesem Sinne stellt die Semiotik als allgemeines „operatives Modell zur Analyse, Interpretation und Kritik kultureller bzw. kommunikativer Vorgänge"[17] der Homiletik ein methodisch reflektiertes Instrumentarium zur Verfügung, um ihre soziokulturelle Eingebundenheit, die „herausragende Rolle der sprachlichen Zeichen für die menschliche Verständigung"[18] und die Notwendigkeit von Zeichen, um sozial existieren und sich vergewissern zu können, wahrzunehmen.[19] Sie hilft verstehen, wie die „Predigt ... als Verständigungsprozess den Bedingungen von Kommunikation unterworfen"[20] ist und im Predigtgeschehen „etwas per significationem Bedeutung erhält und per communicationem in einer Kultur zirkuliert"[21]. „Wer primär auf der sprachlichen Ebene mit Menschen zu tun hat, dürfte ein Interesse daran haben, etwas über die sich dabei vollziehenden Prozesse zu wissen, um das Zustandekommen und den Inhalt jener Vergewisserung auf seiten seiner Kommunikationspartner nicht dem Zu-

---

tion bzw. -rezeption in semiotischer Perspektive im Rahmen einer „Phänomenologie des Codes" in fünf Stufen „vom Niveau elementarer Strukturen bis hin zum operativen System" auseinandersetzt.

13 Engemann, 1993, 28.
14 Vgl. Engemann, 1993, 6.
15 Engemann, 1993, 5.
16 Engemann, 1993, 41.
17 Engemann, 1993, 4.
18 Engemann, 1993, 36.
19 Engemann, 1993, 102–104, betont in Abgrenzung zur Bedeutung des Symbolbegriffs in der gegenwärtigen Praktischen Theologie, dass das Symbol nur angemessen im Rahmen einer Theorie der Zeichen zu bestimmen ist. Er schlägt, 102, vor, „die Unbestimmtheit des Inhalts ... als spezifisches Charakteristikum für eine symbolisch realisierte Semiose (zu) ‚reservieren‘." „Wer sich auf den Umgang mit Symbolen einlässt, nimmt zugleich in Kauf (oder begrüßt es), dass an keinem Punkt die symblische Semioseprozesses ein diskursiver, theologisch ermächtigter Interpretant erscheint." (104) Demgegenüber kommt „das signifizierende Subjekt, wenn es eine zeichenbildende Aktualkomposition ausführt, an irgendeinem Punkt der Interpretantenkette gewissermaßen ‚genug‘ hat, ... zu einem (wenigstens vorläufigen) signifikanten Schluss." (104)
20 Engemann, 1993, 39; nach Engemann, 1990, 796, gehört es „unabdingbar zur geistlichen Hygiene der Homiletik, Rücksicht auf die Bedingungen dieses Zeichenprozesses zu nehmen."
21 Engemann, 1993, 31.

fall zu überlassen"[22]. „Sich diesem Problem als Homiletiker zu stellen, heißt vorauszusetzen, dass die Kenntnis der elementaren Prozedur jedweder Signifikation oder/ und Kommunikation dazu verhilft, diese zu beeinflussen, unerwünschte Störungen abzubauen und nicht zuletzt auch theologisch angemessene Verstehens- bzw. Verständigungsstrukturen zu erzeugen."[23]

Die homiletische Rezeption der Semiotik beginnt mit der Erkenntnis, dass „die semiotische Triade"[24] aus Signifikanten, Signifikaten und Referenten den Rahmen bildet, innerhalb dessen das „Funktionieren eines Zeichens"[25] erklärt werden kann. Bezeichnen die Signifikanten „die Ebene jedweder Ausdrucksformen", die Signifikate „die Ebene von Bedeutungen und Inhalten" und die Referenten „die Ebene der von Signifikant und Signifikat gemeinsam vertretenen ,Wirklichkeit'"[26], so ist der homiletische Prozess als Semiose zu beschreiben. Zentral für sein Gelingen ist die „semantische Konsistenz" als die „originär soziokulturelle Relation des jeweiligen Signifikats auf einen Signifikanten."[27] Sie ist im Anschluss an Eco näherhin mit der Kategorie „der kulturellen Einheit"[28] zu charakterisieren. Wer predigt, „wer also versucht, die Bedeutung von etwas in Worte zu fassen, kann dies nur tun, indem er auf andere Signifikate des bereitstehenden Kommunikationspotenzials zurückgreift, die ihrerseits nur dank einer Verkettung mit weiteren Interpretanten zur Signifikation taugen."[29] Solches „,Predigen in kulturellen Einheiten' wird hier nicht bloß als unzureichende ,Ersatzlösung' verstanden, sondern als der der Rezeptionsweise des Menschen zutiefst angemessene, analysewürdige, aneignungswerte und (auch im theologischen Sinn) offenbarungsfähige Kommunikationsmodus von Botschaften angesehen."[30] Steckt in dieser Verortung der Anspruch, „in realistischer Weise anspruchsvoll zu predigen", so lässt die Erkenntnis der Unhintergehbarkeit der „Zirkularität der kulturellen Einheiten"[31] die Predigenden „in angemessener Weise bescheiden"[32] werden. Sie erübrigt jedes Bemühen, „das Mitzuteilende wie feststehende Identifikate aufspüren zu können" und den Kommuni-

---

22 Engemann, 1993, 36.
23 Engemann, 1993, 65.
24 Vgl. Engemann, 1993, 43–53; vgl. auch Abb. 2, 44.
25 Engemann, 1993, 64.
26 Engemann, 1993, 43.
27 Engemann, 1993, 62; vgl. ebd.: „Die semantische Konsistenz ist der mit keiner Theologie ,auszumerzende' soziokulturelle Originärbezug jedwedes Interpretanten auf einen weiteren."
28 Ebd; vgl. Eco, 1991, 99–101.
29 Ebd.
30 Engemann, 1993, 63.
31 Engemann, 1993, 65.
32 Engemann, 1993, 63.

kationszusammenhang durch einen unmittelbaren Objektbezug zu durchbrechen; „in der menschlichen Kommunikation" ist „das Prinzip der Repräsentation wirksam ..., wonach sich etwas immer nur durch etwas anderes mitteilt, nicht unmittelbar."[33] Im homiletischen Prozess sind „die Möglichkeiten der ‚linken Seite' der semiotischen Triade"[34], d. h. das Miteinander von Signifikanten und Signifikaten zu nutzen, und alle „grundsätzlichen referentiellen ‚Verwechslungen'"[35] zu vermeiden.

In der Predigtarbeit ist zu beobachten, dass es unmöglich ist, als Rezipient oder Interpretin einen Text ‚einfach' wiederzugeben. „Sobald wir versuchen, die Botschaft zu verstehen, verwickeln wir sie in einen Prozess der Bändigung, Verengung – in einen Prozess, der von den Bedingungen zwischenmenschlicher Kommunikation abhängt."[36] Die „semantische Potenz"[37] des Textes wird geschwächt: am Ende, wenn er ‚verstanden' ist, ist er „ein gebändigter Text, dem nicht mehr freisteht zu sagen, was er sagen könnte, sondern der sagen muss, was er sagen soll."[38] „Elementare Strukturen", „semantische Achsen", „semantische Pfade", „Interpretationssysteme" und „operative Systeme"[39] bezeichnen ‚Techniken' solcher unausweichlichen Bändigung. Ihr „‚Preis', den man zahlen muss, um der jeweiligen (Text-)Quelle eine Botschaft abzugewinnen, ist die Beschränkung der Kombinationsmöglichkeiten ihrer Elemente und somit eine Verarmung an Information."[40] Die „Information der Botschaft"[41] muss dann selbst wieder durch die Empfänger beschränkt oder reduziert werden. Auf beiden Ebenen ist der „Modus der semantischen Zutat ... unausweichlich"[42], d. h. der Sprecher muss, wenn er über eine Quelle „spricht, über etwas/etwas anderes/legen ..., um es somit kommunizierbar und mit etwas anderem vergleichbar zu machen. Diese Struktur legt dann aber nicht mehr nur Zeugnis für etwas ab, sondern auch für andere Dimensionen von Wirklichkeit."[43] Ohne diese Zutat bliebe die Quelle ein brachliegender Informationsträger.

---

33 Ebd.
34 Engemann, 1993, 139.
35 Engemann, 1993, 141.
36 Engemann, 1993, 147.
37 Engemann, 1990, 787; vgl. ebd.: „Niemand, der einen Text kommuniziert, ‚lässt den Text für sich selbst sprechen' – nicht einmal dann, wenn er mit dieser Wendung ein passivum divinum konotiert." Vgl. auch Engemann, 1993, 66: Den Bibeltext „vor jedem bedeutungsbildenden Gebrauch zu sehen ..., bedeutet, ihn als etwas zu verstehen, mit dem man ‚alles machen', d. h. – bei Beanspruchung gewisser Regeln – alles sagen kann."
38 Engemann, 1990, 786.
39 Engemann, 1990, 787.
40 Engemann, 1993, 88.
41 Ebd.
42 Engemann, 1990, 787.
43 Engemann, 1993, 42; zur Erläuterung der Schreibweise vgl. Engemann, XIII.

In einer ,semiotischen Homiletik' sind vier Texte zu unterscheiden: der „Bezugstext", die „Predigt bzw. (das) Manuskript des Predigers", das „Aure-dit des Hörers, das als eine Art Simultan-Interpretation zum Manuskript des Predigers, als Versuch der Bändigung seiner Botschaft entsteht" und der „vierte[...] Text: de(r) der Situation als Gesamtheit der Umstände, die den Prozess des Lesens begleiten."[44] Zentrale Bedeutung kommt dem ,Aure-dit' zu. Der Begriff ist gebildet „in Analogie zu Manu-skript aus dem Ablativ von ,auris' (Ohr) und dem pt. pass. von ,audire' (hören)."[45] In Predigtnachgesprächen zeigt sich sehr schnell: „Was schließlich ,der Text gesagt' hat, darüber gibt – in concreto – allein das Aure-dit des Hörers Auskunft"; „eine bloße Reproduktion der Signifikanten der Predigt, also ihres Ausdruckspotenzials"[46] gibt es nicht. Die Hörerinnen und Hörer fügen dem Gehörten Bedeutungen hinzu, die nicht nur im kognitiven, sondern auch im emotionalen oder verhaltensbezogenen Bereich ihren Ausdruck finden.

Die Krise der Predigt ist für Engemann darin begründet, dass die meisten Predigten solch ein ,Dazutun' zu verhindern suchen und die Abgeschlossenheit der Predigt gegenüber dem Text und der Predigtgemeinde anstreben. Der ergänzungsbedürftigen, „der ambiguitären Predigt"[47], die Engemann als Ziel seiner Überlegungen projektiert, steht die Realität der „obturierten Predigt"[48] gegenüber. In ihr tritt der gebändigte biblische Text nicht mehr als gebändigter, und d. h. voller Lebendigkeit „die ,Bewegung' des Gebändigten"[49] Wahrender in Erscheinung, sondern als „gebundene Predigt", d. h. im „Zustand der Erstarrung .... Der gebundene Text ist handhabbar wie ein Emblem, das man anbringen oder ablegen kann, wo immer man möchte, ein Etwas, das man auf keinerlei kontextuelle Variablen hin ein- und abzustimmen hat."[50] Ist die bewusste „Entscheidung[...] für relevante und irrelevante Pfade des Textes", für „einen bestimmten semantischen Zuschnitt"[51], „Bestandteil eines jeden Signifikations- oder/und Kommunikationsprozesses", so sind „die verschiedene(n) Formen homiletischer Obturation ... mit der Funktion ausgestattet, jeden weiteren, zum Erkennen und Verstehen notwendigen Akt des Dazutuns vorwegzunehmen bzw. zu erübrigen. Die einzelnen Interpretantenketten und Pfade, ohnehin herausgelöst aus vielfältigen semantischen

---

44 Engemann, 1990, 788.
45 Ebd.
46 Ebd.
47 Engemann, 1993, 151.
48 Engemann, 1990, 789; vgl. Engemann, 1993, 107.
49 Ebd., mit Bezug auf U. Ecos Begriff vom „Kunstwerk in Bewegung" (vgl. Eco, 1977, 42 ff. u. 54 f.).
50 Engemann, 1990, 789.
51 Engemann, 1990, 793.

Vernetzungen, werden ... vor einem (erneuten) semiosischen Prozess abgeschirmt."[52]

Engemann listet eine Reihe von Techniken und operativen Programmen auf, die eine gebundene Predigt schaffen. Durch „die Wir-Alle-Syntax"[53] wird der Text in einer Weise für „So-wie-so-Identifikationen" benutzt. „Jede auch noch so sperrige textliche Individualität"[54] wird nivelliert, bis dahin „dass es ... kommunikationspraktisch zu gar keiner Signifikation mehr kommt."[55] „Die Operation ‚Wir sind alle dies und jenes' läuft ja nicht einmal auf eine Identifikation mit /diesem/ oder /jenem/ hinaus, sondern inszeniert lediglich ein semantisch nicht einzuholendes Postulat, das nichts anderes sagt, als dass die Predigt gilt"[56] und „der Prediger mitakzeptiert wird."[57]

Auch „der redundante Exzess"[58] schränkt die ‚Hörmöglichkeiten' ein. Redundanz sichert ab einem bestimmten Punkt nicht mehr die Information, sondern schmälert „die potenziell innovative Informationskapazität möglicher Botschaften"[59], z. B. durch den „semantische(n) Reim"[60] „in Form von mehrfachen, diskursiven Erklärungen eines Signifikanten durch explizierte Interpretantenketten"[61] oder durch „die subcodierte Kombinatorik"[62]. Letztere erstickt die „Interpretationsbedürftigkeit"[63], weil sie „ganze ... semantische[...] Komponentenbäume" voraussagbar macht, indem „die Regeln, nach denen (ein Text, J.C.-B.) gemacht ist, von Anfang an und für den Rezipienten offenkundig"[64] dargelegt werden. „Der redundante Exzess ist demnach eine rhetorische Strategie, die den Text derart mit Informationen verschüttet, als berge er keine."[65]

Als weitere Möglichkeiten, zu einer ‚obturierten Predigt' zu gelangen, gilt der „strategische Scheinantagonismus"[66], die „reklametypische Plausibilität"[67], „ein System vertröstender, nicht bereichernder Kommunikation, das das auf Seiten der Rezipienten als akzeptiert Vorauszusetzende mit dem einzigen Effekt reproduziert, dass die Empfänger bei der er-

52 Engemann, 1993, 107.
53 Vgl. Engemann, 1993, 120 f. u. Engemann, 1990, 789.
54 Engemann, 1993, 120 f.
55 Engemann, 1990, 790.
56 Ebd.
57 Engemann, 1990, 792.
58 Vgl. Engemann, 1993, 116–119.
59 Engemann, 1993, 116.
60 Vgl. Engemann, 1993, 117–118.
61 Engemann, 1993, 117.
62 Vgl. Engemann, 1993, 118 f.
63 Engemann, 1993, 118.
64 Engemann, 1993, 117.
65 Engemann, 1990, 790.
66 Vgl. Engemann, 1993, 122 f. u. Engemann, 1990, 791.
67 Vgl. Engemann, 1993, 123–126 u. Engemann, 1990, 791.

neuten Akzeptanz ihrer Überzeugungen den Sender mitakzeptieren.“[68] Sie stellt eine „ideologische Persuasion“[69] dar, die den partiellen Charakter eines „semantische(n) Feld(es) ... verschleiert und die komplexen Zuordnungen diese Feldes als unabhängig, in sich selbst begründet und somit ‚absolut‘ deklariert.“[70] Damit „bricht sie einen potenziell offenen Diskurs ab“[71] und suggeriert, „dass ihren ‚Gehalten‘ nichts mehr hinzuzufügen ist.“[72]

Die Alternative zum ständigen Bemühen, weitere semiosische Prozesse zu verhindern, ist die „‚ergänzungsbedürftige[...]‘ (= ambiguitäre[...]) Predigt.“[73] Sie zieht bewusst „die Konsequenz daraus ..., dass man von dem Moment an, in dem man zu predigen beginnt, nicht mehr allein an dem Werk beteiligt ist, das da entsteht.“[74] Diese „natürliche Ambiguität“ soll nicht länger „als zu überwindender Mangel empfunden“, vielmehr mit Hilfe „taktische(r) Ambiguität“ „in ihrer dem Hörer Ergänzung gewährenden Spezifik“[75] gefördert werden: es gibt keine „offenbarende Predigt“[76], die sich nicht „‚in, mit und unter‘ den Bedingungen eines nicht aufhebbaren Signifikations- und Kommunikationsprozesses“[77] vollzieht. Deshalb fördert die „ambiguitäre Predigt“ Akte „ergänzender Bezugnahme“[78] und versucht, „eine in ihrer Mehrdeutigkeit zu bändigende Botschaft nicht nur hinzunehmen, sondern zu inszenieren.“[79] „Semiotisch formuliert: Weil Menschen sich nicht nicht durch Zeichen verständigen können, Zeichen aber nur so funktionieren, dass der Wahrnehmende dem Wahrgenommenen etwas hinzufügt, was er nicht wahrnimmt, kommt es darauf an, diese Zutat zu provozieren, statt sie erübrigen zu wollen.“[80]

Um dies zu erreichen, ist es notwendig, statt „die Integrität der Botschaft zu kontrollieren“[81] und den Text durch handwerkliche Techniken „noch fügsamer zu machen“, „derartige Handwerklichkeiten ... aus der Übung zu bringen.“[82] Dazu dient, geht man von einer „psychosemioti-

---

68 Engemann, 1993, 126.
69 Vgl. Engemann, 1993, 127–135 u. Engemann, 1990, 792; dies impliziert insbesondere eine Korrespondenz des „Anspruchs auf diskursive Stringenz mit faktischer semantischer Diffusität.“ (ebd)
70 Engemann, 1993, 127 f.
71 Engemann, 1993, 132.
72 Engemann, 1993, 133.
73 Engemann, 1990, 792; vgl. Engemann, 1993, 186–198.
74 Engemann, 1990, 796.
75 Engemann, 1990, 792; vgl. Engemann, 1993, 154 f.
76 Engemann, 1990, 795 f.
77 Engemann, 1990, 796; vgl. Engemann, 1993, 37.
78 Engemann, 1993, 108.
79 Engemann, 1993, 174.
80 Engemann, 1993, XVf.
81 Engemann, 1993, XV.
82 Engemann, 1990, 789.

sche(n) Typologie der Predigtkommunikation"[83] aus, etwa „der obstruierende Typ"[84] der Predigt, der durch „gezielte[...] ‚Störung' jedes auf Eindeutigkeit ausgerichteten Erwartungssystems"[85] und durch querliegende Lesarten die Predigtgemeinde in den Prozess des Verstehens involvieren und sie dazu bringen will, „überhaupt ein codifiziertes Auredit zu finden."[86] Das kann in einer narrativen Predigt[87] ebenso geschehen wie durch eine ‚persönliche Predigt'[88]. Geht es um eine diskursive Predigt, so versucht sie, offen zu sein, nicht zu überreden, sondern zu überzeugen, indem sie ihre eigenen Prämissen, das, „was nicht im Text steht"[89], was sie dazu getan hat, durchsichtig und ihre „Modifizierbarkeit" und „Relativität" deutlich macht: „Zum überzeugenden Diskurs gehört ... der Verzicht auf den Anspruch der Unvergleichlichkeit (des dabei angewandten Systems mit anderen) als eines qualitativen Wertes."[90] Die Predigt sagt nicht, was gemeint ist, sondern lässt den Hörer einen Sinn „in einer organisierten Ambiguität selbst finden"[91]. Sie weiß um ihre Beschränktheit, dass sie „bestenfalls (bestenfalls!) Zeichen setzen kann, deren Ergänzung den Hörer ebenso erfreuen wie trösten und belehren wird."[92]

Engemann ist bemüht, „die Predigt als semiosischen Prozess mit der ihm eigenen Dialektik ernst"[93] zu nehmen. Er erhofft sich dadurch, nicht nur den Hörerinnen und Hörern und dem Kommunikationsprozess besser gerecht zu werden, sondern gerade auch dem je eigenen des *(Bibel-) Textes*. Dieser wird nicht länger „in ein homogenes Interpretationsrepertoire" gesperrt, sondern „in seiner dissonanten Singularität"[94] respektiert. In der „Dialektik von Konsens und Dissens – bezogen auf die ihn hervorbringende Tradition"[95] erhält er die Chance gegenüber dem Prediger „das Wort zu ergreifen, sein Eigenes zu vertreten oder – semiotisch formuliert – einen Idiolekt zu sprechen."[96] Die „Vertiefung der textlichen Individualität"[97] gelingt jedoch nicht jenseits des kommunikativen Ge-

83 Vgl. Engemann, 1993, 136–141.
84 Vgl. Engemann, 1993, 139–141.
85 Engemann, 1990, 794.
86 Engemann, 1993, 140.
87 Vgl. Engemann, 1993, 191.
88 Vgl. Engemann, 1993, 186.
89 Engemann, 1993, 147.
90 Engemann, 1993, 135.
91 Engemann, 1993, 188.
92 Engemann, 1990, 796.
93 Engemann, 1990, 793.
94 Ebd.; vgl. Engemann, 1993, 171.
95 Engemann, 1993, 168.
96 Engemann, 1993, 142.
97 Engemann, 1993, 171.

schehens, sie kommt zu Stande durch die Mitarbeit der Hörerinnen und Hörer und der Predigenden.

Wer predigt, steht „in der Dialektik von Protektion und Protest – bezogen auf sein Verhältnis zum Text."[98] In dieser Formel nimmt Engemann den Gedanken vom Anwalt von Text und Situation bei Lange auf, der versucht, die Eigenheiten des Bibeltextes zu wahren, aber ihn gleichzeitig auch ‚bändigt' und einschränkt. Letzteres führt jedoch nicht wie in älteren homiletischen Konzepten zur „Forderung nach der Predigerbereinigten Predigt"[99], die „den Prediger in seiner Zeugnisfunktion beschneidend, die je ‚neue Erniedrigung' Christi ‚im Predigtwort' ignorierend und die … Subcodierung des Predigers übergehend – die obturierende Struktur der Predigt" verstärkt; vielmehr wird „das Subjekt Prediger als Faktor der Verschlüsselung des Wortes Gottes"[100] akzeptiert und gefordert. Die Predigt mit ihrer „Botschaft in der Dialektik von Zuschnitt und Offenheit"[101] bleibt das Werk der Predigenden, so wie der Bibeltext das Werk eines oder mehrerer biblischer Autoren ist.

Im Unterschied zu dem Ansatz von Daiber ist die „Zeugnisfähigkeit des Senders"[102], seine Authentizität nicht entscheidend für eine rezeptionsästhetisch als gelungen zu qualifizierende Predigt. Wichtiger ist es, dass sie „einen Idiolekt" spricht, „der dadurch aufhorchen lässt, dass er die Hörer in einem daran hindert, seine Botschaft mit naheliegenden Codes automatisch ‚abzuspeichern', gleichzeitig aber durch ihr homologes Beziehungssystem einen Schlüssel anbietet, mit dem sich das Werk erschließen lässt"[103], gleichsam als „Decodierungshilfen."[104] Nur wenn sie „ein gleichermaßen destruierendes wie instruierendes Signifikationsfeld" erzeugt, ermöglicht sie das Entstehen einer „dialektischen Interpretation zwischen Treue gegenüber dem Schon-gewussten, in der Tradition Rubrizierten und Erwarteten einerseits, und Freiheit gegenüber dem noch nicht Registrierten, Unerwarteten, noch nicht kulturelle Einheit Gewordenen andererseits"[105]. „Indem sie dabei die Aufmerksamkeit des Hörers … auf ihre eigene Form lenkt, ist sie ‚autoreflexiv'. In solcher Autoreflexivität steht sie aber nicht außerhalb jedweder Bezugnahme, sondern wird unter den Bedingungen ihrer eigenen Regel ‚zugänglich'."[106]

---

98 Engemann, 1993, 172.
99 Engemann, 1993, 145.
100 Engemann, 1993, 146.
101 Engemann, 1993, 173.
102 Engemann, 1993, 186.
103 Engemann, 1993, 187.
104 Engemann, 1993, 174.
105 Engemann, 1993, 167; vgl. auch die Abbildungen 14 u. 15, 167 f.
106 Engemann, 1993, 188.

Die ästhetische Botschaft verwirklicht sich also „in Abweichung von den sozialisierten syntaktischen Regeln."[107] In diesem Sinne ist ‚die ambiguitäre Predigt‘ „in ihrem strukturspezifischen Idiolekt bilderstürmerisch."[108] Sie „verweigert … den abgeschlossenen Diskurs und mutet dem Hörer zu, sich selbst auf die Suche zu begeben"[109]: nicht nach einem „‚Gottesbild à la carte‘, entnommen den Reproduktionen theologisch approbierter Kataloge, abgespeichert in Rubriken wie ‚revelatus‘ und ‚absconditus‘", sondern einem, „für das auch ‚die noch nicht erwachten Möglichkeiten Gottes‘ als Interpretanten in Frage kommen."[110] Es geht um eine Predigt, „zu deren Aufgaben es gehört, /Gott/ konsequent zu ‚entkleiden‘, um sowohl in der Gemeinde wie auch in der Theologie die Kunst des ‚Kleidermachens‘ als Kunst aktual-kompositorischer Interpretation am Leben zu erhalten, eine Kunst-Dialektik von Destruktion und Konstruktion, in der die semantische Potenz ambiguitärer Predigt in angemessener Weise zur Wirkung kommt."[111] Der *„Effekt semiotisch-ästhetischer Dialektik für die Homiletik" läge dann darin, „einerseits den Prediger von der ‚Onomatolatrie‘ vermeintlicher Identifikationen und Verifikationen zu ‚suspendieren‘ und ihn zu einer obstruierenden Struktur seiner Botschaft zu ermutigen, andererseits den Hörer durch eine Störung seines Erwartungssystems dazu zu bewegen, nach einer Ordnung zu suchen, in der die Botschaft und sein Interpretationsrepertoire auf einer neuen, informativen Ebene zusammenfinden."[112]*

In der ‚semiotischen Homiletik‘ ist die Vorstellung, dass Predigt eine Kommunikationsweise sui generis ist, grundsätzlich abgewehrt. Dennoch geht es auch ihr um „eine spezifische Auffassung über den ‚anzulegenden‘ Wirklichkeitshorizont … und die Hoffnung, solche Wirklichkeit wirke auch tatsächlich in die Verständigung über ‚Gott und die Welt‘ hinein."[113] Selbst wenn sich „der Prediger nicht argumentativ dieser Wirklichkeit bedienen"[114] kann, so ist doch gewiss, dass „der Kommunikationsvorgang als ganzer … der Wirklichkeit und ihrem Einfluss ausgesetzt"[115] ist, insofern „die Referente in ihrer Gesamtheit als die den Kommunikationsprozess begleitende Wirklichkeit (Situation) in Rechnung gestellt werden"[116] müssen. Wie lässt sich „Gott als referentielle Größe, … als eine Bedingung des Kommunikationsumstandes", als „etwas, das die bisheri-

---

107 Engemann, 1993, 187.
108 Engemann, 1993, 189.
109 Engemann, 1993, 190.
110 Ebd.; in Aufnahme eines Bildes von D. Sölle.
111 Engemann, 1993, 191.
112 Engemann, 1993, 175; Hervorhebung von mir, J.C.-B.
113 Engemann, 1993, 41.
114 Engemann, 1993, 56.
115 Engemann, 1993, 51.
116 Engemann, 1993, 140.

gen Interpretationen nicht bestätigt – sich ihnen sperrt"[117], verstehen? Gegen den Vorwurf des Nominalismus wie den des Materialismus verweist Engemann darauf, dass Gotteswirklichkeit ihren Raum in der Predigtarbeit findet, wenn es gelingt, „Kommunikationsumstände bzw. Situationen in ihrer unabweisbaren Materialität als eigene ,Intention' gelten zu lassen."[118]

Natürlich verfügt auch dieser Predigtansatz nicht über „Erzeugungsregeln von Offenbarung"[119]. In der Struktur, dass für das Lautwerden der Offenbarung die „Beseitigung der Hindernisse"[120] von zentraler Bedeutung ist, die den semiosischen Prozess z. B. durch die Techniken und Strategien des ,redundanten Exzesses' begrenzen und damit Offenbarungsmöglichkeiten, die unter den Bedingungen der Ambiguität bestehen, einschränken, zeigt sich eine Nähe zum homiletischen Ansatz der dialektischen Theologie. Dies bestätigt Engemanns Versuch, sein „rezeptionsästhetische(s) Plädoyer ... zugunsten einer taktischen Ambiguität der Predigt" durch inkarnationstheologische Überlegungen zu legitimieren.[121] Offenbarung ist unabgeschlossen, ein „progredierender Prozess im Sinne der Peirceschen Semiose."[122] „Das Verhältnis von originaler und abhängiger Offenbarung wiederholt sich an jedem Punkt der Semiose, an dem ein Signifikat zum signifizierenden Interpretanten eines weiteren Signifikats wird, überall da, wo das Original der Wahrnehmung zur Erkenntnis eines Nichtwahrgenommenen führt, das in seiner Art neues Original und zugleich abhängig ist."[123] Selbst wenn ein „Ursignifikant'" zu erreichen wäre: „Einst Quelle, wäre er dennoch nicht als die ,letzte originale Offenbarung' zu verstehen; wäre er die letzte, offenbarte er nichts, könnte man ihn – bar aller Signifikate – wiederum nicht verstehen."[124] Die eigentliche Quelle ist „unabhängig"[125], deshalb aber auch radikal anders und unerreichbar fremd, wie schon die frühe dialektische Theologie hervorgehoben hat.[126]

Beim Versuch, eine „Kontinuität bei Wahrung der Differenzen"[127] festzuhalten, zielt Engemann jedoch weniger auf „die theologische (und vor allem sozioreligiöse!) Relevanz einer im barthschen Sinne dialektischen Grundlegung der Predigt ... oder die Frage nach dialektischem

---

117 Engemann, 1993, 52.
118 Engemann, 1993, 56.
119 Engemann, 1993, 194; vgl. Engemann, 1990, 797 Anm. 12.
120 Engemann, 1990, 797 Anm. 12.
121 Vgl. Engemann, 1993, 155.
122 Engemann, 1993, 159.
123 Engemann, 1993, 160.
124 Engemann, 1993, 160.
125 Engemann, 1993, 147.
126 Vgl. Engemann, 1993, 162–168; vgl. auch Martin, 1984, 51 und Ruschke.
127 Engemann, 1993, 163.

Denken und Reden im Predigtvortrag" sondern darauf, „die Predigt als Kommunikationsgeschehen mit der ihm eigenen Dialektik"[128] zu vergegenwärtigen. *Die Diskontinuität zur dialektischen Theologie liegt für Engemann in der Bestreitung jeder homiletisch relevanten revelatio immediata.* „Eine revelatio immediata als ganz und gar unmittelbares, ohne Signifikanten auskommendes Geschehen ..., in dem unvermittelt Heilige Schrift entstanden wäre oder Predigt entstünde", ist unvorstellbar. „Gehört es nicht gerade ,gattungsmäßig' zum Offenbarungsgeschehen, dass es sich als höchst ambiguitärer Signifikationsprozess vollzieht, in dem ein Wahrnehmender sehr wohl mit ,Mitteln' konfrontiert wird, die sich quer legen zu seinen bisherigen Erkenntnismustern, die mit ,unerhörten', unerwarteten, kaum zu bändigenden signifikanten Strukturen seine Aufmerksamkeit wecken, die er in ihrer Fremdheit einerseits nicht fassen kann, andererseits aber auf Grund einiger vertrauter Elemente fassen will?"[129] An dieser Stelle sieht Engemann eine hohe Affinität der christlichen Theologie zur Semiotik. „Interpretationsbedürftigkeit und -fähigkeit" sind für die evangelische Theologie „keine Mangelerscheinung der Botschaft, sondern in semiotischer wie theologischer Hinsicht die Voraussetzungen ihrer Relevanz."[130] Der „semiotische Konditionalis impliziert einen inkarnatorischen Predigtansatz. Wenn der Gott, an den die Christenheit glaubt, Mensch wurde, dann gilt auch von seinem Wort, dass es eingeht in die kommunikative Bedingtheit menschlicher Verstehens- und Verständigungsprozeduren."[131]

Gottes Wort kann sich in der Predigt „nur im Rahmen einer revelatio specialis mediata"[132] ereignen, im „Gebrauch verfügbarer Verstehensmodalitäten, in denen die Inkarnation entweder kommuniziert wird oder überhaupt nicht stattfindet."[133] Deshalb gehört „zum Auftrag des Predigers ..., von Amts wegen auf die dem Wort durch seine Fleischwerdung anhaftenden Kommunikationsbedingungen zu achten, ja, sie zu erhalten und den Hörer zu einem produktiven Hören zu ermuntern, statt es ihm zu erschweren"[134]. *„Gott ist ,in, mit und unter' den Bedingungen der menschlichen Kommunikation – oder überhaupt nicht – vernehmbar.*"[135] Dies ist das *„inkarnationstheologische Axiom semiotischer*

---

128 Engemann, 1993, 164.
129 Engemann, 1990, 795.
130 Engemann, 1993, 197.
131 Engemann, 1993, 37.
132 Engemann, 1993, 193.
133 Engemann, 1993, 38.
134 Engemann, 1993, 197.
135 Engemann, 1993, 158; vgl. 158 f.: „...: in den Texten, nicht an ihnen, mit den Texten, nicht aus ihnen, unter, nicht über ihnen. In, mit und unter – mit diesen Präpositionen ist auch die Art und Weise der ergänzenden Rezeption, der unausweichlichen Zeichenbildung und unvollendbaren Interpretation verbunden." Hervorhebung von mir, J.C.-B.

Homiletik."[136] „Der ‚Leser' wird herausgefordert, die interpretationsbedürftigen und -fähigen Zeichen Jesu bzw. eines Textes in ihrer Fülle zu bändigen und sich dabei für (eine) bestimmte Lektüre(n) zu entscheiden."[137] Bleibt jede Predigt darauf verwiesen, „sich auf die Geschichte und das Geschick Jesu" zu beziehen, so ist sie „immer auch mit einer Erweiterung gültiger Deutung verbunden"[138], wobei diese Offenheit bereits in Jesu Tun und Reden angelegt ist. Eine Eigenbewegung des Wortes über die mit Hilfe der Semiotik zu beschreibende produktive und rezeptive Mitarbeit der am Predigtprozess Beteiligten hinaus kommt nicht in den Blick.

Andererseits betont Engemann, dass sich in die ambiguitäre Predigt nicht „alles mögliche hineinlesen"[139] oder besser: aus ihr heraushören lässt. Ihr eignet „jene Offenheit, die sich von der Beliebigkeit dadurch unterscheidet, dass sie als ‚Feld von Relationen' dennoch eine eigene Struktur hat."[140] Ihre Gestaltung erfolgt „auf allen Ebenen ... nach ein und demselben Code ..., und zwar nach einem, der den Automatismus verschiedener Erwartungscodes ins Wanken bringt und gleichzeitig eine Ordnung einführt, die die verletzten Codes nicht mehr zu bieten vermögen."[141] Es gibt dann so etwas wie eine „angemessenere Ergänzung"[142]; „es bleibt bei signifikanten Strukturen, die, so gewiss sie nicht alles bedeuten, auch nicht auf eine Deutung hinauslaufen und offenbar die Ursache dafür sind, dass viele Christen die Lektüre der Schrift als immer wieder neu und bereichernd erleben – nämlich als eine erst noch zu ‚vollendende' Lektüre."[143] Damit steht zumindest implizit die These im Raum, *die ambiguitäre Predigt zeichnet sich nicht nur dadurch aus, dass sie eine eigenständige und offene Rezeption erlaubt, sie weist darüber hinaus der Predigtgemeinde als ganzer den Weg zu einem zunehmend angemesseneren und gleichzeitig innovativem Verständnis des Wortes Gottes.*

Den Konflikt zwischen der gewollten „Offenheit und Mehrdeutigkeit" und der Eindeutigkeit des evangelischen Zuspruchs, die Gefahr, dass erstere „in einen unverbindlichen, Kirchen in ihrer Einheit und in

---

136 Engemann, 1993, 159; vgl. auch 190 f. Hervorhebung von mir, J.C.-B.
137 Engemann, 1993, 165.
138 Ebd.
139 Engemann, 1990, 792.
140 Engemann, 1993, 165.
141 Engemann, 1993, 186. An dieser Stelle vergleicht Engemann die Predigt mit dem Rätsel, wobei er allerdings nicht das umgangssprachliche Verständnis vor Augen hat, das die Möglichkeit einer oder mehrerer intersubjektiv plausibler, eindeutiger Lösungen unterstellt. Er sieht die Predigt vielmehr als „ein ‚Rätsel', das, in seiner ‚genauen', keinesfalls beliebigen signifikanten ‚Figur' zur Deutung anregend, die Lösung(en) ‚verschweig(t)' und zugleich durch (seine) Struktur erzwing(t)" (ebd.), wobei jedoch die Unabschließbarkeit nicht in Frage gestellt wird.
142 Engemann, 1990, 789.
143 Engemann, 1993, 166.

ihrem streitbaren Zusammenleben bedrohenden Pluralismus"[144] führen kann, hat bereits Gerhard Marcel Martin in seiner Vorlesung angesprochen. Durch eine Zuordnung der Spannung zwischen Offenheit und Beliebigkeit zu den Kategorien Gesetz und Evangelium hat er versucht, das Problem theologisch zu bearbeiten: Danach wird das eindeutige Gesetz vom Evangelium überboten, sodass Christinnen und Christen „im Bereich der Liebe" leben können, „die wesensmäßig inkonsequent ist. In diesem Sinn löst Evangelium Eindeutigkeit gerade auf"[145], insofern „‚Evangelium', strukturalistisch betrachtet, heißt, dass Gott, Welt und Mensch verschieden ‚lesbar' werden, dass es nicht nur eine, sondern mehrere Plausibilitäten und unausweichliche Erfahrungs- und Erwartungshorizonte gibt, die sich als solche gegenseitig relativieren und damit zugleich in Relation setzen. ... In diesem Zusammenhang meint [...] Evangelium die Bereicherung und Aufsprengung des Denotativen durch Konnotatives oder ... die Resymbolisierung der Welt. In diesem Sinn macht das Evangelium sich selbst und die Welt zusammen zu einem offenen Kunstwerk und entspricht das offene Kunstwerk einer Wirkung des Evangeliums."[146]

Systematisch-theologisch scheint es problematisch, Evangelium und Gesetz und ihr Verhältnis in dieser Weise zu identifizieren. Konstituiert doch gerade das Gesetz einen komplexen, der Interpretation bedürftigen Lebenszusammenhang und spricht das Evangelium das Heil andererseits eindeutig zu. Zudem hat Engemann gezeigt, dass in dieser Zuordnung von Gesetz – Evangelium zu Eindeutigkeit – Mehrdeutigkeit, Denotativem – Konnotativem, Kognitivem – Emotionalen usw. eine unangemessene „„Ressortverteilung'" stattfindet und „das Skandalon semiotischer Rezeptionsästhetik"[147] entschärft wird. Die Öffnung und Ambiguität darf nicht auf den Bereich des Emotionalen und Konnotativen beschränkt werden. Nur dann gelingt es, „die Enge und Sterilität eines dogmatischen Offenbarungsverständnisses zu korrigieren"[148], bewusste Rezeptionen der Hörerinnen und Hörer zu provozieren und ihnen neue Perspektiven zu eröffnen.

---

144 Martin, 1984, 51; vgl. die Kritik von Schröer an Martin, Schröer, bes. 62 f.
145 Ebd.
146 Martin, 1984, 52.
147 Engemann, 1993, 157.
148 Engemann, 1993, 195.

6.2. Die provozierte und produktive Predigtgemeinde

Engemann stellt sich wie Otto, Albrecht und Daiber in die Tradition von Ernst Lange, der der Homiletik „die entscheidenden Impulse"[149] gegeben hat, die Perspektive der Hörerinnen und Hörer ernst zu nehmen. Sein Zugang zur Predigtgemeinde unterscheidet sich jedoch grundsätzlich von dem Anliegen Daibers bzw. Albrechts. Es geht ihm nicht um eine „hörerorientierte[...] Predigt'..., die sich u. a. thematisch mit ‚Hörererwartungen' befasst"[150], nicht darum, die konkrete Lage der Gemeinde bzw. der einzelnen Hörerin oder des einzelnen Hörers möglichst genau zu erfassen, sondern eher wie Otto um das, was allen Hörenden und Rezipierenden gemeinsam ist. „Der Rezipient" gehört „zum Wesen des Zeichenbegriffs"[151] wie zum Wesen der Rede.

Dabei interessiert ihn weniger die allgemeine, abstrakte Fähigkeit zum Hören, sondern die Eigenständigkeit und der aktive Charakter der Rezeption, ohne die es keinen gelingenden Zeichenprozess gibt. In der Kommunikation greifen Menschen nicht auf Zeichen zurück, sondern diese bedürfen „zu ihrer aktuellen Vollständigkeit, zur Konstituierung kommunikabler Bedeutung (eine andere gibt es nicht) einer Ergänzung ...: sowohl der Zutat des Predigers bezüglich eines Textes als auch des Hörers hinsichtlich der Predigt."[152] Die Hörerinnen und Hörer kommen also weder als Angehörige einer spezifischen sozio-kulturellen Schicht in den Blick noch als Gegenüber eines um möglichst weitgehende Konkretion ringenden und doch notwendig allgemein bleibenden Wortes. Die ‚semiotische Homiletik' hat auch nicht den einzelnen Menschen als Ziel ihrer Bemühungen vor Augen, denn die empirischen Subjekte werden in der Semiotik nur insoweit behandelt, als sie „sich in Kategorien semiotischer Systeme erfassen" lassen; andernfalls sind sie „für diese Betrachtungsweise – nicht existent."[153] In diesem Rahmen aber ermöglicht es diese Perspektive, die Vielfältigkeit und Verschiedenheit der Predigtgemeinde nicht als Bedrohung für konsistentes Predigen wahrzunehmen, sondern als der „Eigenart' ‚ambiguitärer Predigt' entsprechend: „in ein und derselben Form verschiedene, dem jeweiligen Betrachter angemessene Bedeutungen annehmen zu können"[154] und provozieren zu wollen.

Probleme misslingender Kommunikation in der Predigt lassen sich nicht durch ein verbessertes Verständnis der Predigtgemeinde lösen, sondern nur dadurch, dass die behauptete „Nichtzuständigkeit" der Höre-

---

149 Engemann, 1993, 91 Anm. 122; vgl. 148.
150 Engemann, 1993, 96.
151 Ebd.
152 Ebd.
153 Eco, 1991, 402.
154 Engemann, 1993, 187.

rinnen und Hörer als „Mythos" entlarvt und überwunden wird. Gegen die These, dass „der, dem offenbart wird, selbst an einer ‚Ausarbeitung‘ der Offenbarung" nicht beteiligt sein kann, behauptet Engemann: „Es ist semiotisch wie theologisch widersinnig, sich zwar einen Hörer zu wünschen, der sich mit aller Aufmerksamkeit der Predigt öffnet, gleichzeitig aber zu hoffen, dass er sie lässt, wie sie ist – in der Meinung, dass er andernfalls falsche Zutaten einbringen würde." Vielmehr obliegt es gerade der Predigtgemeinde, „die Predigt bzw. ihre Botschaft als ‚wirksam‘ zu beglaubigen" und zu zeigen, „was es heißt, dass ‚das Wort Gottes lebendig und kräftig ist‘(Heb 4,12)."[155] Die Hörerinnen und Hörer können und sollen „eine interpretierende und somit produktive Lektüre von Texten, eine Konfrontation nicht nur mit der Information über Codes (Predigten), sondern unmittelbar mit der Information der Botschaft, wie sie in einem bestimmten Kommunikationsumstand, mit einem eigenen Idiolekt und einer spezifischen Ambiguität von Rezipienten wahrgenommen wird"[156], leisten. Sie werden in eine „verbindliche[...] Auseinandersetzung" mit der Predigt „verwickelt"; „denn wenn überhaupt etwas für den Hörer verbindlich werden kann, dann nur so, dass er in der Tat mit vorgefundenen Formen etwas verbinden kann und in der Arbeit der Zuordnung damit beginnt, die unabänderlichen, ungewohnten ‚Ist-Wert-Signale‘ des Werkes den ihm schon bekannten ‚Soll-Werten‘ gegenüberzustellen, um in der Dialektik von Gebrauch und Verbrauch nicht nur zu einer neuen Sicht der Dinge, sondern auch zu einer Erweiterung seines ‚Soll-Wert-Systems‘ zu gelangen."[157] Den Hörerinnen und Hörern wird also ein „abgeschlossener Diskurs" verweigert; ihnen wird zugemutet, „sich selbst auf die Suche zu begeben."[158]

Die von Lange, Daiber und Albrecht behandelten Zugänge zur Predigtgemeinde und ihrer Situation werden von Engemann nicht negiert, sondern unter dem Begriff des „Kommunikationsumstand(es) als Gesamtheit der realen Gegebenheiten, die die Kommunikation konditionieren", erfasst: dazu gehören Elemente, „gesellschaftliche Sub-codes", die als „‚Verstehenshilfen‘" dienen, „der Ambiguität der Botschaft eine Richtung ... geben"[159] oder der Intention des Senders widersprechen. „Wer Kommunikation initiiert, hat als ‚Situationsmächtiger‘ die Macht, das Zeichenpotenzial der Verständigung zunächst zu ‚bestimmen‘ und damit eine bestimmte Kommunikationsabsicht zu intendieren. Relativiert wird solche Intendierbarkeit eines ‚Situationszieles‘ jedoch durch den Umstand, in dem Kommunikation sich jeweils vollzieht bzw. in den sie

---

155 Engemann, 1993, 148.
156 Engemann, 1993, 149.
157 Engemann, 1993, 188 f.
158 Engemann, 1993, 190.
159 Engemann, 1993, 180.

‚gerät'."[160] Die Situation erscheint als produktives Gegenüber, das sich im Augenblick der Predigt immer schon wieder verändert: selbst wenn einer Predigt das gleiche Manuskript zugrunde liegt, „die intentionalen, intervenierenden und innovierenden Faktoren des Kommunikationsumstandes" verhindern, dass „ein zweites Mal dasselbe" gesagt wird. Wer predigt, wird diese Herausforderung annehmen und sich bemühen, „seinem Werk eine Gestalt zu verleihen, deren ‚Widerstandskraft' auf intentionaler, intervenierender und innovierender Ebene vom Code des Kommunikationsumstandes nicht eingeebnet wird."[161] Dennoch wird die Botschaft der Predigenden, die die Wirklichkeit verändern sollte, immer auch von dieser verändert. Dabei ist „die Intervention des Kommunikationsumstandes, seine Störung, ... um so konfliktreicher, je ‚geschlossener' das semantische System konzipiert ist, das die Predigt durchherrscht."[162]

In der „durch die Interpretationsstörung ausgelöste(n) Erfahrung, ‚dass alles auch anders sein kann'", erkennt Engemann „selbst schon ein Stück Evangelium ..., das das Gesetz erlaubter und unerlaubter Zuordnungen durchbricht." Der Kommunikationsumstand wird zu einem Faktor der „Innovation", in dem die Wirklichkeit Gottes am Werk gesehen werden kann und zu der der Verzicht „‚auf Selbsttäuschung'" und die Bereitschaft „‚zu rückhaltloser Lernbereitschaft'"[163] gehört. Ob eine solche theologische Bewertung angemessen ist, ob der Begriff des Evangeliums nicht entleert bzw. vereinseitigt zu werden droht, wenn er mit Innovation bzw. der Luhmannschen Kontingenzformel[164] identifiziert wird, wird zu diskutieren sein. Engemann jedenfalls ist es wichtig, die „Kommunikationspartner" der Predigt als solche vor Augen zu stellen, auf deren aktive und produktive Rezeption alles ankommt, die sich im schlechtesten Fall, „von der die etablierten Codes destabilisierenden Situation als einem ‚Geräusch' ab[...]wenden", im besten Fall aber „die Zumutung an[...]nehmen, das vertraute operative Modell unter ‚geänderten Bedingungen' auszuprobieren – und dabei zu verändern."[165] So besteht in der Predigt die Möglichkeit, „über unausweichliches Reproduzieren hinauszukommen und das soziokulturelle (bzw. sozioreligiöse) Wissen über Gott und die Welt zu innovieren."[166]

---

160 Engemann, 1993, 94.
161 Engemann, 1993, 185.
162 Engemann, 1993, 182.
163 Engemann, 1993, 184.
164 Vgl. Luhmann, 1977.
165 Engemann, 1993, 183.
166 Engemann, 1993, 23.

6.3. Rezeption durch Konstruktion: Die Predigt als gemeinsames Werk der Predigenden und der Gemeinde

„Wer predigt, lässt sich darauf ein, dass von dem Moment an, indem er zu predigen beginnt, nicht mehr er allein an dem Werk beteiligt ist, das da entsteht."[167] Der „Monolog der Verkündigung" ist „als eine aus dem Dialog erwachsene und auf den Dialog hin angelegte Rede zu begreifen"; „die These von der nicht-dialogischen Predigt ist kommunikationstheoretisch eine Fiktion. Ein Dialog-Verhältnis liegt in jeder Predigt vor und man kann allenfalls von ,unangenehmen', ,misslungenen' und ähnlichen Dialogen sprechen."[168] Der Prediger und die Predigerin haben nicht länger „die Aufgabe ..., die Situation anderer und für andere zu klären;"[169] diese anderen, die Hörerinnen und Hörer wirken vielmehr bei der Wortverkündigung entscheidend mit: „die Gehalte der sich den Hörern tatsächlich eröffnenden semantischen Welten werden ... nicht im Ausgangspunkt des Kommunikationsgeschehens Predigt entschieden, sondern an deren Ende gefunden. ... Botschaft wird Botschaft erst im Augenblick ihrer Ankunft, wenn es zu einer Konfrontation der Empfängercodes mit denen des Senders kommt. Und dementsprechend sind es letztlich die Hörer, die kompetent zwischen ,Situation' und ,Tradition' vermitteln müssen."[170] *Hörerinnen und Hörer lassen sich nach Engemann dementsprechend homiletisch weder über ihr pneumatologisch zugeschriebenes (Bohren) noch über ihr aktuell und situativ erfasstes (Lange) oder ihr empirisch identifiziertes (Albrecht, Daiber) ,Wesen' bestimmen, sondern einzig und allein so, dass sie und nur dann, wenn sie das Wort rezipieren, ergänzen. Gemeinde wird sichtbar nur als „„Aktualkomposition""[171], nur im Akt des Redens und des Hörens, konstituiert im Miteinander von Anrede und Erwiderung, im Dialog.*

Drei Aspekte lassen sich hervorheben, um die kommunikative Beziehung zwischen Predigt und Gemeinde in dieser Konzeption zu verdeutlichen:

1. Die von den Predigenden „in einem möglicherweise mühevollen Codierungsprozess zusammengestellten Signifikate" lassen „sich nicht ,unversehrt' im Decodierungssystem des Hörers etablieren"; wer hört, verbraucht signifikantes Material, um sein eigenes „Erkenntnis- und Verstehensrepertoire"[172] zu präzisieren. Die Hörerinnen und Hörer machen

---

167 Engemann, 1993, 196.
168 Engemann, 1993, 108; vgl. Engemann, 1993, 108, Verweis auf Humboldt: „Alles Sprechen ruht auf der Wechselrede, in der, auch unter Mehreren, der Redende die Angeredeten immer sich als Einheit gegenüberstellt."
169 Martin, 1984, 49f.
170 Engemann, 1993, 178.
171 Engemann, 1993, 97.
172 Engemann, 1993, 176.

sich „über die Botschaft her"[173]; sie versuchen, „die Botschaft ihrerseits zu ‚kontrollieren' und als ‚Kommunikationsguerillos' ein kritisches Element in das so oft passive Rezeptionsverhalten der Hörer einzutragen."[174] Im Moment der Kommunikation werden „der wahrgenommenen kulturellen Einheit weitere kulturelle Einheiten"[175] zugeordnet. Die Beziehung zwischen Predigt und Gemeinde ist unaufgebbar die der „Rezeption durch Konstruktion."[176]

Eine „obturierte Predigt", die in oben beschriebener Weise[177] bemüht ist, „den Text zu bändigen und ihn als Quelle zu verengen", indem sie versucht, „jeden weiteren, zum Erkennen und Verstehen notwendigen Akt des Dazutuns vorwegzunehmen bzw. zu erübrigen, verweigert ... dem Hörer seinen Text, sein ‚Aure-dit'."[178] Doch durch die „(fiktive[...]) Eliminierung des Hörers ... wird das Problem konstruierender Rezeption nicht gelöst."[179] Es entstehen Predigten voller Angst vor „einer ‚Beteiligung des Hörers'"[180], denen von Hörerin oder Hörer „nichts mehr hinzuzufügen ist"; der „Zeichenprozess" scheint sich nur noch in eine Richtung zu vollziehen: „vom Text über den Prediger zum Hörer."[181] Die Schwäche dieser Art Predigt liegt darin, dass in der Kommunikation zwischen Hörer, Hörerin und Predigt, ‚das Wort' zur immer schon bekannten und erwarteten, zur „berechenbaren Botschaft"[182] verkommt und die Hörenden nach der Bekanntgabe der ersten Sätze sich die Predigt eigentlich selbst halten können. „Ist es Bestimmung oder Schicksal von Predigt, längst schon Erwartetes zu reproduzieren? Und: kann das Evangelium sein?"[183] Die Hörenden verlieren durch eine solche Predigt ihre „Freiheit", „die Voraussetzung dafür" ist, „(auch im theologischen Sinn) von Entscheidungen sprechen zu können, die durch Konfrontation des Hörers mit der Botschaft ausgelöst werden sollen – in welcher Richtung er sich auch immer entscheiden mag."[184]

Die Hörenden erleben nur in der Freiheit, Eigenes zur Predigt ‚hinzutun' zu können, die Relevanz der Predigt und machen nur so Erfahrungen von Gewissheit. Dabei ist das Verhältnis von Eigenem und Gepredigtem das einer gegenseitigen Bestärkung, Förderung oder Anpassung und weniger durch eine radikale und bleibende Fremdheit bestimmt.

---

173 Engemann, 1993, 177.
174 Engemann, 1993, 179.
175 Engemann, 1993, 96.
176 Vgl. Engemann, 1993, 195–198.
177 Vgl. oben 6.1.
178 Engemann, 1990, 789.
179 Engemann, 1993, 197.
180 Engemann, 1993, 196.
181 Engemann, 1990, 790.
182 Engemann, 1990, 791.
183 Ebd.
184 Engemann, 1993, 178.

2. Wer hört, begegnet „signifikante(n) Strukturen, die den Wahrnehmenden überraschen, die sich quer legen zu seinen bisherigen Erkenntnismustern und unerwarteterweise eine Erschließungssituation schaffen, in der er etwas entdeckt, was vorher nicht auszudenken war."[185] Er verändert nicht nur, was er hört, sondern er wird in diesem Prozess selbst verändert bzw. muss auf Fremdes und Innovatives reagieren. Strategien, die den Semioseprozess offenhalten, sollen gefördert werden, indem der „Wahrnehmungsprozess der Hörer ... entautomatisiert" wird und die Predigt sich gegen eine „rein reproduktive Signifikation"[186] sperrt. So gerät „de(r) Rezipient[...] in eine Interpretationskrise ..., die er nur überwindet, wenn er der sich neu ergebenden Wahrscheinlichkeit unerwarteter Codierungen zu folgen bereit ist."[187] „Zu einer verbindlichen Auseinandersetzung" werden die Hörenden um so eher finden, „je konsequenter sie (i.e. die Predigt, J.C.-B.) ihre Ambiguität auf allen Ebenen des Codes realisiert"[188] und den „Semioseprozess, in den der Bezugstext durch den Prediger gerät – und den die obturierte Predigt abzuschließen sucht – für den Hörer"[189] offen hält. Hierin liegt auch die einzige Chance für einen produktiven Umgang mit dem Problem der kognitiven Dissonanz.

Gelingende Predigt zielt auf die „‚Provokation‘, dem Gehörten eine Botschaft zu ‚ent-binden‘"[190], so wie es ein Kriterium für den Reichtum und die Kraft eines Zeichens ist, wenn es „die Zutat seines Rezipienten provoziert und ... den notwendigen Prozess der Semiose"[191] begünstigt. Wer die Predigt hört, hat sich einem Text in seiner Fülle zu stellen und seinen eigenen Zugang zu gewinnen.[192] Der kommunikativen Gemeinschaft, die in der ‚ergänzungsbedürftigen Predigt‘ entsteht, ist die sprachlich gestiftete Einheit entzogen, die sie bisher „im ideologischen Schulterschluss und in der Zwangseinmütigkeit des Glaubens versammelt"[193] hat. Sie produziert die Predigt aktiv und kreativ mit. „Andernfalls werden die Hörer immer mehr die Rolle von Besuchern einer Galerie spielen, ... die immer nur darin bestätigt werden, dass der vom Prediger ausgegebene Katalog alles enthalte. ... ‚Dann gehen sie fort, ebenso arm oder reich wie sie eintraten und werden sofort von ihren Interessen absorbiert. Warum waren sie da? In jedem Bild ist das ganze Leben.‘"[194]

---

185 Engemann, 1993, 193.
186 Engemann, 1990, 794.
187 Ebd.
188 Engemann, 1990, 795; vgl. ebd.: „Ambiguitäre Predigt ... verletzt bestimmte semantische Reproduktionsmechanismen auf allen ihren Ebenen nach ein und derselben Regel."
189 Engemann, 1990, 794.
190 Engemann, 1990, 792.
191 Engemann, 1993, 98 f.
192 Vgl. Engemann, 1993, 165.
193 Martin, 1984, 50.
194 Engemann, 1990, 796; das Zitat im Text stammt von Wassily Kandinsky.

Das Bild vom Galeriebesuch versinnbildlicht, dass die Predigtgemeinde im Rahmen einer 'semiotischen Homiletik' keine Einheit darstellt. Der ideologische Schulterschluss, die 'von oben' geforderte und durchgesetzte Gemeinschaft ist ausgeschlossen. Was aber tritt an ihre Stelle? Lässt sich überhaupt noch sinnvoll von einer 'ecclesia' als 'creatura verbi' reden? Was verbindet die Menschen, die nach Engemann nicht alles mögliche in die jeweilige Predigt hineinhören können, die aber andererseits gerade ihre je individuelle Zutat finden müssen, damit die Predigt überhaupt für sie relevant wird? Die weitgehende Beschränkung auf die Rede von *dem Hörer* als Gegenüber der Predigt ist in einer 'semiotischen Predigtlehre' wohl als bewusste Entscheidung zu sehen, die aus ihrem Interesse an einem Zugewinn an individueller, kommunikativ rekonstruierbarer Verbindlichkeit heraus die sozialen Aspekte in den Hintergrund treten lässt bzw. nur als Randbedingungen des eigentlichen Geschehens zwischen Text, Prediger und Hörer begreifen kann.

3. Die Predigt ist „Agende des Hörers." Sie provoziert „eine Botschaft, die der Hörer zwar erst noch zu entbinden hat, wofür er aber in der Predigt den geeigneten Code findet."[195] Wer predigt, verzichtet nicht darauf, seine Botschaft in der Predigt verschlüsselt mitzuteilen, sondern ermuntert die Hörerinnen und Hörer „zu einem Akt der Entschlüsselung."[196] Die 'ergänzungsbedürftige Predigt' bietet eine „Struktur, die den unausweichlich konstruierenden Rezeptionsprozess des Hörers fordert und fördert. Es geht um eine Predigt, die ihre Hörer nicht in ein diskursives Universum, nicht in ein Wir-Alle 'ausführt', das man ohnehin bis in den letzten Winkel kennt, sondern die dem Hörer (durch ihre ambiguitäre Spezifik) in einem bestimmte Pfade verweigert und andere vorschlägt."[197] Neues wird hörbar, indem „das bisher (noch) nicht Registrierte, nicht unmittelbar Erwartete", sich doch noch auf einen „Erwartungsrahmen" rückbeziehen lässt, „in dem sich 'Unerwartetes' erst ereignen kann."[198] „Das Interpretationsrepertoire des Wahrnehmenden" wird „gerade nicht ausgelöscht – aber es werden einige seiner Codes negiert, umstrukturiert, ergänzt und erneuert. Und damit ... erschließen sich dem Hörer mehr und mehr die Voraussetzungen, unter denen er Zeuge davon wird, wie die Predigt eine Botschaft entbindet."[199]

Zwischen dem neu Wahrgenommenen und dem bisherigen Code werden die Rezipientinnen und Rezipienten immer wieder ein neues Gleichgewicht finden müssen, wobei Engemann implizit ein optimistisches Bild

---

195 Engemann, 1990, 794.
196 Engemann, 1990, 795.
197 Engemann, 1990, 794.
198 Engemann, 1993, 14.
199 Engemann, 1990, 795.

des langfristigen homiletischen Geschehens entwirft, sofern es gelingt, die obturierte Predigt zurückzudrängen und den Weg für die ambiguitäre Predigt frei zu machen. *Es kommt zu einem Prozess der Äquilibration, ähnlich dem der kognitiven oder moralischen Entwicklung[200], in dem das ‚Sperrige' und ‚Unerwartete' der Botschaft seine Bedrohlichkeit verliert und integrierbar wird in den umstrukturierten und ergänzten eigenen Code[201], in dem Hörende und Predigende immer weiter voranschreiten im angemesseneren Verstehen von Gottes Wort.*

Die Problematik eines solchen Äquilibrationsmodells liegt auf der Hand: um eine realistische Perspektive zu gewinnen, wird sie sich gerade auch darum bemühen müssen, Bruchstellen zu benennen, Faktoren, die solch eine Äquilibration verhindern bzw. noch weitergehend, die ‚Rückschritte' fördern. Damit ist die Frage verneint, ob eine Predigt beliebig gehört werden kann. Es gibt Grenzen der Rezeption, die jedoch theoretisch nur schwer zu bestimmen sind.[202] Soll nicht am Ende eine kulturdarwinistische Position dominieren, gewinnen dafür wie bei Engemann vor allem die intentio operis und die intentio auctoris an Bedeutung; stärker berücksichtigt werden muss aber auch der Rekurs auf den gegebenen Kontext. Eine Predigt will so gehört werden, wie sie „in gewissem Sinne angelegt ist, einschließlich der Möglichkeit vielfältiger Interpretationen."[203] Gegenüber Engemanns Ansatz bliebe die grundsätzliche Frage, ob in einer Zeit, in der die Kommentare zu ästhetischen Werken häufiger wichtiger zu sein scheinen als die Werke selbst, in der vielfach der Kommentar das Werk allererst zum Werk macht, eine ‚semiotische Homiletik' dies noch forciert. Ist eine Predigt, die möglichst viel Aufmerksamkeit erzeugt, möglichst viele Kommentare provoziert, eine gelungene Predigt oder geht es eher darum, einen Raum zu schaffen, indem Gott selbst zu Wort kommt, zu einem Wort, das selbst eine neue Wirklichkeit schafft?

Predigt gelingt, wenn sie die einzelnen Hörerinnen und Hörer zu einer produktiven Rezeption nötigt und für den Prozess der Veränderung des Erwartungsrahmens eine Struktur zur Verfügung stellt, die Anschluss und Erneuerung ermöglicht. Dies ist die produktive These, die der ‚semiotischen Homiletik' zu Grunde liegt. Der Ansatz provoziert jedoch über die im Text verschiedentlich notierten kritischen Anmerkungen hinaus noch weitere Rückfragen:

Für die Zuhörenden stellt das Modell eine enorme (Heraus-) Forderung dar, insofern durch jede Predigt gezielt Erwartungen, Einstellungen und Überzeugungen enttäuscht werden sollen, die sie verarbeiten und in

---

200 Vgl. Furth, bes. 281 ff.
201 Vgl. Engemann, 1993, 193.
202 Vgl. die Beiträge in Eco, 1994.
203 Eco, 1994, 17.

ein neues Verständnis reintegrieren müssen. Es kommt im Predigtgeschehen zu einer grundlegenden Innovation der Codes der Hörenden wie der Predigenden. Dabei stellt sich die grundsätzlich Rückfrage, die etwa in homiletischen Entwürfen anklingt, die Predigt als ästhetisches Projekt ansehen und die Nähe zur Poesie[204] oder die Rezeptionsform des Entzückens[205] hervorheben: Zeichnet die Predigt ähnlich wie Kunstwerke nicht gerade ihre *„Ergänzungsunbedürftigkeit"* aus, „die Freiheit vom Deutungszwang"? Ist für sie nicht zumindest auch die Erfahrung charakteristisch: „Nichts harrt einer ... sprachlichen Auslegung, um verständlich zu werden. Die Ordnung ist längst erbracht, die Auslegung wird mitgeliefert."[206]

Als Mitglieder der Predigtgemeinde sind Menschen vorausgesetzt, denen *Kommunikationsfähigkeit* zugeschrieben wird, deren Fähigkeit zur produktiven Rezeption nicht durch spezifische psychosozial oder auch theologisch zu bestimmende Umstände blockiert ist. Rezeptionsformen, die die Hörenden und die Predigenden als vom Text bzw. der Botschaft „„Befallene[...]""[207] sehen, die religionsphänomenologisch wie auch in der Bibel durchaus nicht außergewöhnlich sind, können mit diesem Ansatz lediglich diskriminiert, nicht jedoch zureichend erfasst werden. Nicht erst der Kontakt mit dem ‚Heiligen' aber macht *Gewaltförmigkeit zu einem Merkmal des Geschehens zwischen Predigt und Gemeinde*, sondern schon die kommunikationswissenschaftlich rekonstruierte „Nötigung" der Gemeinde, „eine Lesart zu entwerfen und an der Predigt ‚auszuprobieren'"[208].

Im Konzept der unbegrenzten Semiose steckt die Idee eines letzten Geheimnisses, insofern jede vermeintlich tiefergehende Interpretation, „jedes gelöste Rätsel ... sich nur als Vorform einer noch viel kunstvoller getarnten Wahrheit"[209] erweist. In diesem Verständnis von Predigt gründet *eine grundsätzliche Skepsis gegenüber allem, was allgemein zugänglich ist und gegenüber allen, die einen ‚alltäglichen' Zugang zu Texten finden.* „Alles, was leicht zugänglich erscheint oder mit dem Common sense übereinstimmt", ist „zur Nichtigkeit verdammt".[210]

Wie das Predigtverständnis gewinnt die Verhältnisbestimmung von Predigt und Gemeinde ihr Gesicht durch die inkarnationstheologische Konzentration der ‚semiotischen Homiletik'. Nur im produktiven, konstruierenden Miteinander kann die Predigt entstehen, kann Gott zu Wort

---

204 Vgl. Baltz-Otto, 1989; Bieritz, 1989.
205 Vgl. Bohren A 2.3.
206 Bubner, 1989, 62; Hervorhebung von mir, J.C.-B.
207 Engemann, 1993, 196.
208 Engemann, 1990, 792.
209 Vgl. Collini in Eco, 1994, 14 und Eco, 1994, 29 ff.
210 Eco, 1994, 15.

kommen, nicht in einer gewissmachenden und unterbrechenden Sprachaktion. Nicht Zuspruch in der Anfechtung oder Widerspruch gegen die Selbstgewissheit sind Sinn der Predigt, dies alles auch, aber *ihr Zentrum ist die semiotische Struktur selbst*, insofern semiotische Predigt darauf vertraut, dass im Prozess der Semiose die Hörerinnen und Hörer ihre Antworten selber finden. „Die Ambiguität offenbarender Signifikanten ist selbst schon eine Botschaft.“[211] In der Semiose wird die Botschaft der Predigt Realität. Sie vermittelt: Der Mensch wird an Gott noch etwas entdecken, wird noch existenzerneuernde Erfahrungen machen, es wird noch „heilsame Erschütterungen seines Menschen-, Welt- und Gottesbildes“[212] geben. „Ambiguitäre Predigt bedient sich nicht nur des Zeichens – wie das jede Predigt tun muss – sie kann dem Hörer selbst ein Zeichen sein, Wahrzeichen dafür, dass Er sein wird, der Er sein wird, dass kein Bild über Gott und die Welt als das Letzte zu befürchten, dass noch etwas zu erwarten, also zu erhoffen ist. Gebe man ihm dieses Zeichen.“[213] *Durch die Identifizierung mit der Semiose erhält die Predigt wieder festen Grund unter den Füßen, gelingt es, radikale kommunikative Freiheit und Vertrauen auf eine andere Wirklichkeit zusammenzuhalten, wenn auch in einem auf individuelle produktive Rezeptionen verengten Horizont.*

Den Vorwurf, dass in dieser Konzeption die Hörenden „in einem unzumutbaren Akt der Sich-Selbstoffenbarung verkümmern“[214], weist Engemann mit dem Hinweis auf die Unhintergehbarkeit der Zeichengebundenheit alles Redens zurück. Dennoch bleibt die Frage bestehen, *ob in der Begegnung zwischen Predigt und Gemeinde so etwas wie radikale Fremdheit gedacht und als Wirklichkeit zugelassen werden kann.* Lässt sich die Erfahrung verarbeiten, dass Vergewisserung und Erfahrung von Heil sich einer Begegnung mit einer, semiotisch nicht einholbaren Fremdheit verdankt?

Zudem bleiben die Ausführungen über die inhaltliche Konzeption der ‚ambiguitären Predigt‘ merkwürdig unterbestimmt. Ist es berechtigt, daraus, dass sie die Erfahrung offen hält, „dass noch etwas zu erwarten“ ist, zu schließen, dass dieses ‚etwas‘ auch „zu erhoffen ist“[215]? Stellt tatsächlich das Recht und die Nötigung zum produktiven Hören schon die ‚gute Nachricht‘ dar? *Dass diese ‚Rezeption durch Konstruktion‘ mehr ‚vernimmt‘ als ein „Rauschen“*[216], als das jede Ambiguität zunächst einmal erscheint, wird von Engemann zwar behauptet, nicht aber plausibel ge-

---

211 Engemann, 1993, 195.
212 Ebd.
213 Engemann, 1993, 197 f.
214 Engemann, 1990, 795.
215 Engemann, 1993, 198.
216 Eco, 1991, 200. Vgl. Cornelius-Bundschuh, 1995b, 27.

klärt. Im Interesse seiner prozessual gefassten ‚semiotischen Homiletik‘ verzichtet er auf jeden Versuch, hier inhaltlich zu respezifizieren, so wie er wiederholt und emphatisch die Formel ‚in, mit und unter‘ rezitiert, ohne zu bedenken, dass diese Präpositionen zumindest im reformatorischen Abendmahlsstreit *keine allgemeine Anwesenheit* aussagen sollten, sondern eine spezifische, inhaltlich und christologisch bestimmte.

Zwischenüberlegung

1. Die Homiletik hat sich in der zweiten Hälfte des 20. Jahrhunderts von einem dogmatisch bestimmten Verständnis der Rede von der ‚ecclesia creatura verbi‘ verabschiedet. Die Frage nach dem Verhältnis von Predigt und Gemeinde ist dennoch auf der Tagesordnung geblieben: Predigt als Sprachgeschehen ist auf Kommunikation aus; auf eine Kommunikation, die nicht auf die Sicherung des eigenen Überlebens zielt, sondern auf Kommunion. Vielfältige Forschungen über den Kommunikationsprozess ‚Predigt‘ und über Bedingungen ihrer Rezeption klären seitdem das homiletische Geschehen unter Bezug auf unterschiedliche methodische und humanwissenschaftliche Ansätze und fragen nach Möglichkeiten, ihre Wirkung zu optimieren. *Aus einem dogmatischen ist ein empirischer Satz geworden, der vor allem die Beschränktheiten des Mediums Predigt und der durch die Predigt angesprochenen Gemeinde vor Augen führt.*

2. Langes Konzept von der ‚homiletischen Situation‘ hat der Predigttheorie Impulse gegeben, sich – denkt man an die Ansätze der ‚modernen Predigt[1], muss man sagen: wieder – stärker *der vorfindlichen Predigtgemeinde* zuzuwenden. Die an ihn anschließende empirisch, sozial- und/oder sprachwissenschaftlich orientierte Forschung hat diese Perspektive weiter ausdifferenziert und die Ergebnisse unter je spezifischen Aspekten präzisiert und modifiziert: Hörbedingungen sind zu analysieren; nicht nur die, die kommen, sind in Predigttheorie und -praxis zu bedenken, sondern gerade auch die, die nicht kommen, vor allem die, die aus unterschiedlichen Gründen ausgeschlossen sind; nicht nur die vorfindliche Gemeinde, sondern auch die Ökumene und die Welt sind im Auge zu behalten; die Hörerinnen und Hörer finden zusammen im Gespräch[2], im Dialog mit den Predigenden; sie werden durch die Predigt provoziert und sind selbst produktiv; die Predigt findet statt auf einem Forum, zu dem alle Zutritt haben und auf dem keine Äußerung privilegiert ist.

Durch diese Klärung individueller und kollektiver Rezeptionsbedingungen kommt die Predigtgemeinde in ihrer Kommunikationsstruktur und ihrer Zusammensetzung aus Individuen bzw. sozialen Einheiten mit je spezifischen Grenzen und Möglichkeiten in den Blick: einzelne sprach-

---

1 Wintzer, 1989, bes. die einführenden Überlegungen, 22–27, und die Quellen, 71–91.
2 Vgl. Köster; zu geschichtlichen Perspektiven: Schmölders.

fähige männliche Hörer[3] oder spezifische soziale Schichten werden als Gegenüber beschrieben, die Gemeinde als ganze, die ‚ecclesia‘, wird allerdings zur nicht theoriefähigen Umwelt, die durch methodisch und theoretisch geleiteten Zugriff so in ihrer Komplexität reduziert werden muss, dass eine identifizierbare Größe vor Augen steht. Ähnlich verhält es sich mit der Analyse der Struktur der Kommunikation: Ausgangspunkt der Predigtkonzeptionen ist zumeist das Gespräch, die ‚face-to-face‘ Kommunikation zwischen zwei Personen, sicherlich eine Abstraktion gegenüber der Vielfalt der Ebenen im Predigtgeschehen. Doch selbst die ‚face-to-face‘ Kommunikation wird inzwischen von Theorieansätzen als „viel zu komplex“ angesehen wird, „als dass sie als paradigmatisches Beispiel der Kommunikationsanalyse“ dienen kann; „besser eignen sich weniger multimedial angelegte, höher technisierte und damit auch stärker normierte Kommunikationsformen.“[4]

3. Rudolf Bohren hat mit seinem pneumatologisch orientierten homiletischen Ansatz einen anderen Schwerpunkt gesetzt und eine angemessene Wahrnehmung der Predigtgemeinde nur *unter einer theologischen Perspektive* für möglich gehalten. Für ihn sind die Hörenden untereinander bleibend Fremde und werden als unter der Gnade stehende Gemeinde in der Predigt allererst erfunden. Auch in anderen dargestellten Entwürfen kommen theologische Überlegungen zur Predigtgemeinde zum Tragen: Lange hat die Gemeinde der Befreiten im Blick; die ‚soziale Predigt‘ redet parteilich die mühseligen und beladenen Unterschichtsangehörigen als die an, denen biblisch Befreiung verheißen ist; die ‚semiotische Homiletik‘ nimmt die produktiven und provozierten Hörerinnen und Hörer als diejenigen wahr, die noch etwas zu erhoffen haben. In all diesen Überlegungen wird die Gemeinde durch ‚das Wort‘ im emphatisch-theologischen Sinne bestimmt, ohne dass letztlich geklärt ist, wie sich diese ‚holistische‘ Sicht der Gemeinde bzw. der einzelnen Rezipientinnen und Rezipienten zu der unter 2. beschriebenen ‚analytischen‘ verhält.

4. Verschiedentlich deutet sich schließlich eine Abkehr von der Rede von der ‚ecclesia creatura verbi‘ an. Schon bei Bohren findet sich das Motiv, die Predigt durch die Zuordnung zu Predigtvor- und nachgesprächen, durch ihre Einordnung in einen Dauerdialog zwischen Predigenden und Hörenden im Gemeindeleben zu verstetigen. Der Predigtakt selbst verliert an Bedeutung, der wirksame Charakter des Wortes, seine gemeindebildende Kraft und die Fähigkeit der Gemeinde, selbst zu predigen, sollen dadurch besser zur Geltung kommen.

Besonders deutlich kommt diese Umkehr der Perspektive in einigen Formulierungen von Karl-Fritz Daiber zum Ausdruck: *nicht das Wort*

---

3 Vgl. zur Frage einer Homiletik im Kontext feministischer Theologie: Köhler, 1996.
4 Gisecke, 31.

schafft die Gemeinde, sondern das reale, empirisch beschreibbare Gemeindeleben wird zur Voraussetzung gelingender Predigt. Wenn gilt: „die Predigt lebt von der Gemeinde"[5], stellt dies eine enorme Herausforderung, theologisch eine Überforderung gemeindlichen Handelns dar. Gemeinde entsteht dann aus dem gemeinsam gehörten (Predigt-) Wort nur, insoweit dieses einen bestehenden Wertekonsens, eine erlebbare Übereinstimmung in Wort und Tat formuliert; in ihm wird ein im Diskurs und in der Praxis erreichtes, zumindest erreichbares Einverständnis der Gemeinde auf den Punkt gebracht. Gemeinde ist nicht ein Miteinander von Fremden, die durch das, in oder unter dem Wort allererst zusammenfinden, sondern die Gemeinschaft derjenigen, die bereits ein (möglichst hohes) Maß an Verbundenheit erreicht haben.

5. Weithin Einigkeit besteht darin, dass der Kommunikationsprozess zwischen Predigenden und Hörenden nicht durch dogmatische Festlegungen still zu stellen ist. Die Predigenden haben die Wahrheit nicht einfach zu ihrer Verfügung und brauchen sie nur noch zu vermitteln. *Vielmehr sind beide Seiten am Predigtgeschehen produktiv und rezeptiv beteiligt.* In dieser Frage sind sich selbst die beiden in ihrem Ansatz wohl am weitesten auseinander liegenden Konzeptionen von Bohren und Engemann einig.

Letzterer hat mit seiner ‚semiotischen Homiletik' einen Entwurf vorgelegt, der – mit einer inkarnationstheologischen Begründung – am konsequentesten das Predigtgeschehen in die mit Hilfe der Semiotik beschreibbaren Kommunikationsprozesse einordnet. Die Predigt ist keine Kommunikationsart sui generis, von einer Eigenbewegung des Wortes in Gestalt der Predigt oder des Textes kann nicht gesprochen werden, das ‚Wort' gibt es nicht ohne die Mitarbeit der Predigenden und das ‚Dazutun' der Hörenden. Der Predigtprozess stellt eine unbegrenzte Semiose dar.

Andererseits ist auch Engemann klar, dass es Grenzen der Interpretation gibt und geben muss, auch wenn es schwierig ist, diese theoretisch angemessen zu beschreiben. Predigt will mehr sein als ihr Kommentar, hält eine Differenz fest zwischen dem, was gehört wird, und dem, was Gott sagen will, setzt – seit Luther zumal – nicht auf Geheimbotschaften, sondern auf Worte, die in Alltagssprache gesprochen werden und vom Grundsatz her für jeden Menschen verständlich sind. Es ist interessant, dass sich gerade das ‚Gelingen' einer Predigt nur begrenzt mit einer Zuordnung der Beteiligten zu den Begriffen ‚produktiv' und ‚rezeptiv' angemessen erfassen lässt. Sie verwandelt, verändert, befreit von Leiden, spricht Sünder und Sünderinnen gerecht, überwindet Gegner, befreit Besessene von der sie beherrschenden Macht – und bedenkt, dass dies

---

5 Daiber, 1991, 95. Hervorhebung von mir, J.C.-B.

letztlich eben nicht das Werk des oder der Predigenden, aber auch nicht der ‚mitarbeitenden‘ Hörerinnen und Hörer ist. Grenzen jedes verständigungsorientierten Ansatzes kommen in den Blick, an die Stelle der Begegnung und gemeinsam Wahrheitssuche autonom handelnder Kommunikationspartner und -partnerinnen treten Erfahrungen von Heteronomie, die in den verschiedenen Entwürfen auf dem Hintergrund unterschiedlicher Zugänge mit Stichworten beschrieben werden wie: Exorzismus, Überwältigung, Entzücken, Faszination, Ergriffenheit.

In keinem der vorgestellten Entwürfe scheint es abschließend gelungen, diese ‚transkommunikativen‘ Aspekte in den Gesamtzusammenhang der Theorie zu stellen oder umgekehrt von ihnen her den kommunikativen Prozess und die Probleme der kommunikativen Leistungsfähigkeit aufzuklären und theologisch verantwortlich zu vermitteln.

6. Ein Thema, das in verschiedenen Entwürfen anklingt und das für beide Komponenten des Predigtgeschehens eine wesentliche Rolle spielt, ist das der ‚*Unterbrechung*‘. Mit ihm sind kontextabhängige Grenzen der Kommunikation angesprochen, aber auch die Elemente der theoretisch zeitlich und räumlich unbegrenzten Semiose, die diese zwar von einem dogmatischen oder konformistischen Fundamentalismus unterscheidbar halten, sie jedoch gleichzeitig an einen spezifischen „Daseinsentwurf“[6] zurück binden. Darüber hinaus bündelt es homiletisch und theologisch relevante Aspekte der evangelischen Predigt: für sie ist die Erfahrung von Distanz und Befreiung zentral, bis hin in die „Teilnahmeform“, die lediglich „Hörbereitschaft“, nicht „Diskussionsbereitschaft“[7] voraussetzt, damit Freiheit lässt und nicht spezifische Kommunikationsfähigkeiten erfordert; sie lebt aus einem Wechsel der verschiedenen sozialen und medialen Ebenen, sie sucht „im Koordinatensystem von Gesetz und Evangelium“[8] die Punkte, an denen Widerspruch und Zuspruch, Gewissheit, Entzücken und Verklärung, Ergriffenheit und Exorzismus, Sündenerkenntnis und -vergebung Gestalt gewinnen. Es entsteht Glauben; zumindest geschieht mehr und anderes als Reden und Hören; der Verständigungsprozess ist unterbrochen.

---

6 Collini in Eco, 1994, 24.
7 Daiber, 1991, 205.
8 Bizer, 1993, 90.

B. Martin Luthers Invokavitpredigten vom März 1522: Eine Rückfrage zur Geschichte der ,Kirche des Wortes'

Wer nach der ,Kirche des Wortes' fragt, tut gut daran, Martin Luthers Überlegungen zu bedenken. Ihm wird die Formulierung „(ecclesia est) creatura verbi" zumeist mit Verweis auf einen Abschnitt zur Priesterweihe aus „De captivitate Babylonica" zugeschrieben.[1] Hier wie an anderen Stellen ist der Topos sinngemäß, wenn auch nicht wörtlich zu finden: „Ecclesia enim nascitur uerbo promissionis per fidem, eodemq(ue) alitur (et) seruatur. hoc est, ipsa per promissio(n)es dei co(n)stituitur, non promissio dei per ipsam."[2] Bis heute findet der Terminus in vielfältigen Bezügen Verwendung[3], weil er nicht nur einen charakteristischen und dauernden Zug im Selbstverständnis und in der Außenwahrnehmung der protestantischen, insbesondere der lutherischen Kirchen trifft, sondern „genau den Punkt"[4], um den es Luther in seinem Kirchenverständnis ging. Es ist das Wort, das die Kirche schafft, dem sie sich verdankt.[5] „Denn Gottes wort kan nicht ohne Gottes Volck sein, wiederumb Gottes Volck kan nicht on Gottes wort sein."[6]

Wird „die Rede von der ,Kirche des Wortes'" als „Feststellung ... über den Grund und den Gegenstand der Glaubenskommunikation"[7]

---

1 Vgl. mit Verweis auf WA 6, 560, 33 ff. z. B. Kühn, 1989, 262 u. zur Mühlen, 1991, 551. Vgl. aber auch Herms, 1984, 243: „Kirche als ,creatura verbi divini'", der auf WA 2, 430 u. 7, 720 f. verweist; in WA 7, 721, 12 f. findet sich die Formulierung: „tota vita et substantia Ecclesiae est in verbo dei". Die Stelle WA 2, 430, 6 f., führt auch Baur, 1993d, 82, an: „Ecclesia enim creatura est Evangelii." Eine begriffs- und traditionsgeschichtliche Untersuchung, die die erstmalige Verwendung und die Wandlungen im Verständnis des Topos rekonstruiert und historisch einordnet, steht noch aus.

2 StA 2, 245, 33–35. Vgl. weitere Belege und Literaturhinweise bei Beutel, 1991, 446–451, bes. 449 f.

3 Vgl. z. B. die Verwendung des Topos zur Kennzeichnung der Lutherschen Position in der gegenwärtigen Literaturgeschichte bei Nusser, 95: „Kirche existiert allein durch das Wort Gottes als ,creatura verbi' in der Weise, wie sich der Austausch zwischen Christus und den Seinen vollzieht."

4 Beutel, 1991, 450.

5 Vgl. etwa Steck, 1963, 14. 23 u. ö.

6 WA 50, 629, 34 f.

7 Herms, 1984, 243.

weithin akzeptiert, so ist umstritten, inwieweit damit auch das Medium bzw. die Gestalt dieser ‚Kommunikation‘ näher bestimmt ist. Gerade an der Klärung dieser Frage aber hat die Homiletik Interesse. Wichtige Interpreten sehen in der Bevorzugung des – von der Kanzel – gesprochenen Wortes, wie sie in der Predigt- und Kirchengeschichte des Protestantismus wirkmächtig geworden ist, das Ergebnis eines Missverständnisses von Luthers Rede von der ‚Kirche des Wortes‘.[8] *Die vorliegende Untersuchung will demgegenüber zeigen, dass die Konzentration auf das Wort für Luther auch für Fragen der Gestalt der gemeindlichen bzw. kirchlichen Existenz theologisch und homiletisch sinnvoll und grundlegend ist.*

Der Zusammenhang von ‚Predigt und Gemeinde‘ bei Luther wird im Folgenden auf dem Hintergrund der in Teil A entwickelten Problemstellungen gegenwärtiger homiletischer Entwürfe zum Thema rekonstruiert. Dies geschieht in der Hoffnung, dass die Wahrnehmung von Luthers Verhältnisbestimmung den Blick für die Begrenztheiten und Einseitigkeiten unserer Gegenwart schärft, möglicherweise sogar neue Perspektiven auf aktuelle Schwierigkeiten eröffnet.

Von Luther liegt kein mit den in Teil A untersuchten Konzepten vergleichbarer Entwurf einer homiletischen Theorie vor. Alle Versuche, eine solche zu rekonstruieren, haben ihre eigenen Interessen in den Gegenstand eingetragen, u. a. durch die Auswahl der interpretierten Texte.[9] Die folgenden Überlegungen konzentrieren sich nicht nur in der Beschränkung des Fragehorizontes auf das Problem ‚Predigt und Gemeinde‘, sondern gehen von einer begrenzten Textbasis aus: im Mittelpunkt steht eine Interpretation der „acht Sermone D. M. Luthers von ihm gepredigt zu Wittenberg in der Fasten"[10] vom 9.–16. März 1522 nach seiner Rückkehr von der Wartburg. Methodisch kann es dabei nicht um eine Predigtanalyse im strengen Sinne gehen; dazu sind die überlieferungsgeschichtlichen Probleme zu groß.[11] Vielmehr werden die Invokavitpredigten als – auch wirkungsgeschichtlich – zentrale Texte rezipiert, in denen Luther das Zusammenspiel von Wort, Predigt und Gemeinde im Kontext aktueller Auseinandersetzungen thematisiert.[12]

---

8 Vgl. etwa Herms, 1984, 243 f.

9 Eine repräsentative Auswahl von Lutherstellen zum Thema bietet Hirsch, 1950, im siebten Band der Clemenschen Luther-Ausgabe. Zu Luthers Predigtverständnis und zu Luther als Prediger vgl. Nembach, 1972 und 1996, 216–219; Müller, 1996, 45–66; Rössler; Werdermann, 150 ff.; Gehring; mit weiterer Literatur: Beutel, 1991, 468 f. Anm. 872. Zur Rhetorik: Stolt 1974; 1983 und 2000.

10 Im folgenden zitiert nach StA 2, 530–558, die von Bubenheimer, 1990, 241 Anm. 85, als die derzeit „beste vorliegende Edition auf der Basis der gedruckten Überlieferung" bezeichnet wird.

11 Vgl. dazu im Einzelnen B 1.

12 Inwieweit das hier rekonstruierte Verständnis Luthers unter historischer Perspektive im Blick auf frühere und spätere Entwicklungen zu relativieren ist, kann im Rahmen dieser Arbeit nur gelegentlich angedeutet, nicht aber gründlich thematisiert werden.

Es wird sich erst am Ende von Teil B erweisen, ob die Konzentration in der Textauswahl angesichts der Fülle der möglichen, für Luthers homiletische ‚Theorie' bzw. sein Wortverständnis[13] wichtigen Texte sinnvoll war. Schon jetzt möchte ich vier Argumente nennen, die die Entscheidung plausibel erscheinen lassen:

1. Die Predigten Luthers bringen seine Anliegen in einer zugespitzten Weise zum Ausdruck; scheint es angesichts mancher dogmatischer Texte und Vorlesungen schwierig, sich vorzustellen, dass und wie seine Äußerungen zur Worttheologie oder zur Rechtfertigungslehre massenwirksam werden konnten, so sind es gerade Flugschriften, Sermone und Predigten, die breite Kreise ansprechen, insofern in ihnen „Fragen des geistlichen Lebens, die religiöse Bewältigung elementarer Lebenssituationen, verhandelt werden."[14] Solch eine breite Wirksamkeit ist für die (veröffentlichten) Invokavitpredigten unbestritten, auch wenn die überlieferungsgeschichtliche Problematik keine eindeutigen Rückschlüsse auf ihre aktuelle Gestalt und Bedeutung im März 1522 in Wittenberg zulässt.[15] Luther leitet gerade mit seinen Predigten gegen die „religiösen Haupttendenzen der Zeit", insbesondere ihre „Leistungsfrömmigkeit"[16] eine neue Konzentration ein „auf Christus, auf das in ihm allein ruhende Heil: Dass hiermit das herrschende System seine bannende Kraft verlor, ist nachvollziehbar - das oben beschriebene Syndrom wurde gewissermaßen ‚widerlegt', wenn Christus nicht mehr als Gerichtsherr, sondern ... als Retter galt, die religiöse Leistung für entbehrlich, ja geradezu ihrerseits für verwerflich und sündhaft angesehen wurde und alle Gläubigen in den Stand der Priester aufrückten."[17] Bei aller historischen Vorsicht lässt sich sagen, dass die (gedruckten) Invokavitpredigten die *Grundstrukturen von Luthers theologischem Denken* so zur Sprache gebracht haben, dass in ihnen die „Sprengung jenes mittelalterlichen Systems"[18], der damalige ‚Bannbruch'[19] einen exemplarischen Ausdruck findet.

2. Der Beginn des dritten Jahrzehnts des 16. Jahrhunderts gilt als Wendepunkt in der Entstehung einer auf die breite, volkssprachliche Kommunikation konzentrierten neuen Öffentlichkeit.[20] Angesichts „ele-

---

13 Vgl. grundlegend Beutel, 1991, und Streiff, 1993, beide mit weiterer Literatur.

14 Moeller, 1990, 62; zum ganzen vgl. 60-63. Vgl. auch Hamm, Moeller, Wendebourg, 16. Vgl. zur Rolle und zum Inhalt der städtischen Predigt in der Frühzeit der Reformation die grundlegende Arbeit von Moeller, Stackmann.

15 Vgl. unten B 1.

16 Moeller, 1990, 68.

17 Moeller, 1990, 69.

18 Ebd.

19 Vgl. oben A 1.3; 2.1 und 5.1.

20 Vgl. Moeller, 1990, 64 f.; grundlegend auch Wohlfeil und Talkenberger; zur mittelalterlichen Öffentlichkeit: Faulstich und Wenzel.

mentare(r) und massenhafte(r) Irritationen"[21] und einem sich abzeich-
nenden „Übermaß an Veränderungen"[22] einerseits, einer „Phase relativ
erfolgreicher Entwicklung von Bevölkerung und Wirtschaft"[23], aber auch
„intakte(r) Kirchlichkeit"[24] andererseits, zwischen wachsenden Notwen-
digkeiten, aber eben auch Möglichkeiten zu sozialer Mobilität scheint
die Bereitschaft zu und die Hoffnung auf eine *Ausbalancierung gesellschaftlicher Verhältnisse mittels sprachlicher Kommunikation* groß gewesen
zu sein, größer jedenfalls als etwa um 1600, als „die Grenzen der Mobilität ... deutlich aufgezeigt"[25] wurden und in der literarischen Kommunikation vielfach Ratlosigkeit um sich greift. Alle eigentlich notwendigen regionalen und sozialen Differenzierungen zurückstellend lässt sich
behaupten, dass um 1520 Menschen in einer besonderen Weise daran
interessiert gewesen sind, – sprachlich – „am öffentlichen Leben
teil(zu)nehmen"[26]. Es kommt, insbesondere in den Städten[27] zu einem
„enormen Zuwachs an sprachlicher Aktivität für alle Bevölkerungsschich-
ten"[28] und zu einem wachsenden Vertrauen in die „gesellschaftsbilden-
de[...] Kraft des ... Wortes"[29]: „durch eine kulturelle Leistung"[30] ist eine
„soziale Gemeinsamkeit" aufzubauen, an der viele, ja vom Grundsatz
her alle partizipieren können.

„Für die Mehrzahl der Beteiligten verbindet sich damit der produktive
Einsatz von sprachlichen Erfahrungen aus Kommunikationsbereichen,
zu denen sie bisher ein vorwiegend rezeptives Verhältnis hatten."[31] His-
torisch verifizieren lässt sich dies an der „Explosion des gedruckten
Wortes"[32], insbesondere der Flugschriften[33]. „Wie noch nie verstand man
Literatur als Medium gesellschaftlichen Handelns. Dabei wurden die
monologischen Formen der Flugschriften-Literatur meist zur Kritik, zum
Teil zur hemmungslosen Polemik genutzt, während die Formen des Dia-
logs und des Dramas nicht allein dem Angriff dienten, sondern durch
Rede und Gegenrede sowie durch differenziertere Argumentation auch

---

21 Moeller, 1990, 65.
22 Vgl. Schulze, 13 f. u. 292–300; vgl. auch Moeller, 1990, 65: „In Jahrhunderten her-
angewachsene Strukturen der Lebensorientierung und der sozialen Beheimatung standen
auf einmal in Frage."
23 Schulze, 14.
24 Moeller, 1990, 67; vgl. Schulze, 67 f., der von „dem blühenden Bild der Volkskirche"
(68) spricht.
25 Schulze, 297.
26 Nusser, 285.
27 Vgl. Hamm, 1996, 33. 36 f. 46. 77 u. ö.
28 Brand, 47.
29 Ueding/Steinbrink, 3.
30 Nusser, 288.
31 Brand, 47.
32 Schulze, 121; vgl. 121–127 u. 232–236, zu Luther besonders 123–125.
33 Vgl. Moeller, 1990, 60–63.

auf die Gewinnung des Gegners zielten und damit zugleich zur Unterweisung und zur inneren Aktivierung des Zuschauers beitrugen."[34] In der historischen Betrachtung rückt auf Grund der Quellenlage die überlieferte Literatur in den Vordergrund. Nicht nur angesichts des hohen Anteils an Analphabeten[35] darf aber die Bedeutung des „gesprochene(n) Wort(es)"[36] nicht unterschätzt werden. Vielmehr setzt das „neuartige, explosive Kommunikationsgeschehen auf literarischer Ebene … als Nährboden" bereits „den ebenso explosiven Kommunikationsschub der Predigt voraus."[37] Die gelehrten Prediger wurden zur „entscheidende(n), bahnbrechende(n) kommunikative(n) Drehscheibe der Reformation"[38], die Predigt erzielte ausgehend von den Städten „ihre ersten Massenerfolge"[39]. Zurecht hat Niebergall die Reformation als „Predigtbewegung"[40] gekennzeichnet. Zur weiteren Verbreitung leistete dann auch die Vervielfältigung von Predigten in Druckschriften einen wesentlichen Beitrag, indem sie z. B. nur begrenzt „predigtfähigen Klerikern"[41] auf dem Land das Verlesen von Postillenpredigten[42] ermöglichte.

3. In den Invokavitpredigten klingt innerevangelischer Streit an verschiedenen Stellen bereits an. Ihre breite Publikation im Jahre 1523 findet aber in einer Phase statt, in der die Position Luthers als des führenden Reformators unumstritten ist[43]; eine Analyse von deutschen Predigtflugschriften der Jahre zwischen 1522 und 1529 belegt eine großes Maß an Homogenität, „eine auffallende Übereinstimmung unserer Autoren mit der theologischen Lehre Luthers."[44] Insofern liegt ein besonderer Reiz der (gedruckten) Invokavitpredigten darin, dass sie noch kaum durch eingefahrene, kirchenpolitisch bestimmte Konfrontationen geprägt sind, sondern einen eigenständigen und entscheidenden Impuls im Konfliktfeld von Wort und Kirche geben, insbesondere im Blick auf die Frage nach den Bedingungen und Möglichkeiten der Durchsetzung der reformatorischen Lehre. Allerdings ist zu vermuten, dass der Bezug auf die konkreten Konfliktkonstellationen in Wittenberg in den gedruckten Predigten zurücktritt.

---

34 Nusser, 104 f.
35 Vgl. Schulze, 126; Nusser, 284 f.
36 Nusser, 285.
37 Hamm, 1996, 109; vgl. Hamm, 1996, 78 f.; Moeller, 1990, 65; Moeller, Stackmann, 208, 283 u. ö.; vgl auch Brand, 38: Zwar überwiegen „rein quantitativ … die Formen des politischen Verkehrs. Aber die zentrale Kommunikationsform ist die Predigt."
38 Ebd.
39 Moeller, Stackmann, 360.
40 Niebergall, 1968, 83; Hervorhebung von mir, J.C.-B.
41 Hamm, 1996, 79.
42 Vgl. Scribner.
43 Vgl. Moeller, 1990, 64–66.
44 Moeller, Stackmann, 353; vgl. zusammenfassend 356.

4. Die Invokavitpredigten sind in der Geschichte der Reformation immer wieder als *Musterbeispiel der ‚erfolgreichen' protestantischen Predigt* verstanden geworden: Ohne Gewalt, allein durch das Wort gelingt es Luther, seine Gemeinde wieder zusammen und auf den richtigen Weg zu führen.[45] Seine Predigten nach der Rückkehr von der Wartburg stehen damit am Beginn einer Phase, die etwa 1524 endet und in der sich Luther vornehmlich „als ‚Ecclesiast', Prediger zu Wittenberg"[46] versteht, der die Neuordnung der Kirche „von der Kanzel aus in Angriff"[47] nimmt und mit seiner Predigt eine große soziale Wirkung erzielt.[48]

---

45 Vgl. u. a. Bornkamm, 487: „Durch Predigten in der Woche seit Invokavit (9.3.1522) stellte er die Ordnung binnen kurzem wieder her." Weyer, 93: „In nur einer Woche war es Luther gelungen, durch diese Predigten den Kurs in Wittenberg wieder auf die von ihm gewünschte Linie zu bringen." Fausel, 211: „Allein mit diesen schlichten, lehrhaften Sermonen dämpft er in kürzester Zeit den Wittenberger Kirchensturm. Die aufgewühlte Gemeinde kommt zur Besinnung. ... Der erste Ansturm der Schwärmerei ist zurückgeschlagen und es ist deutlich geworden, dass nur da, wo das lautere Evangelium verkündigt wird und ihm alle Wirkung überlassen wird, auch die wirkliche Freiheit in der Liebe möglich ist. Die 8 Sermone Luthers haben die Evangeliumspredigt vor den Zerstörern unter ihren Anhängern bewahrt und sie der Welt erhalten." Brecht, 1991, 519 f.: „In der Serie der sog. Invocavitpredigten begründete er die vorläufige Rücknahme der zwangshaft eingeführten Neuerungen mit der Rücksicht auf die Schwachen, deren Gewissen zunächst belehrt werden müsse. Die Gemeinde ließ sich überzeugen." Heussi, Kompendium, 288: „Luther ... stellte durch die berühmten Invocavitpredigten vom 9.-16. März die Ruhe wieder her." Sider, 172: „In eight forceful sermons ... he quickly regained control of the reformation in Wittenberg and satisfied the Elector's concern for law and order."

46 Brecht, 1986, 64. Ob Luther das Predigtamt an der Stadtkirche tatsächlich seit 1514 innehat (vgl. auch Brecht, 1991, 516; Herms, 1990, 22), ist nicht unumstritten (vgl. Leder, Schwarz, 1986). Möglicherweise ist er lediglich im Rahmen seiner Lehrtätigkeit zu den regelmäßigen nachmittäglichen Reihenpredigten verpflichtet. Auf jeden Fall hat für ihn die Prädikatur an der Stadtkirche eine zentrale Bedeutung für den Fortgang der Reformation in Wittenberg; mehrfach hat er deshalb von der Wartburg u. a. Nikolaus von Amsdorf und Philipp Melanchthon als Prediger vorgeschlagen; der Rat hat sich jedoch für keinen von ihnen entscheiden können. Die Stelle blieb bis zu Luthers Rückkehr vakant (vgl. WABr 2, 305,24–26; 388,43–45; 390,16–391,25). „Immerhin kann man das evangelische Predigtamt als die Mitte der von Luther damals erfassten Aufgaben und Tätigkeiten bezeichnen." (Brecht, 1986, 64).

47 Brecht, 1986, 66.

48 In der jüngsten Vergangenheit bieten sich einer eher feuilletonistisch, als streng wissenschaftlich und historisch orientierten Betrachtung Vergleiche mit der Rolle der protestantischen Predigt in der Situation der Wende in der ehemaligen DDR an (vgl. z. B. Bickhardt; aber auch der Jurist Josef Isensee, 16: „Unter den Mächten, welche die totalitären Systeme des Jahrhunderts überwanden, war nicht die geringste die des rechtlichen Wortes."). Hilfreich kann der Vergleich in dem Sinne sein, die erhöhte Aufnahmebereitschaft einer Öffentlichkeit für das Kommunikationsmedium ‚Predigt' in den Blick zu nehmen und sich die Bedingungen zu vergegenwärtigen, unter denen solche Predigtwirkungen allererst möglich sind, etwa die Hoffnung und das Vertrauen, durch sprachliche Prozesse gesellschaftliche Verhältnisse ändern bzw. wesentlich beeinflussen zu können oder der Gewaltverzicht der Obrigkeit, der Reden und Hören nicht verhindert.

Eine kritische historische Betrachtung wird hinter dieser Beschreibung ein gehöriges Maß an (Selbst-) Stilisierung vermuten, durch die der Blick auf eine mit der wiedergewonnenen Einheit möglicherweise verbundene Ausgrenzung und den dahinter stehenden Führungskampf verstellt wird. Sie wird die Wahrnehmung der Invokavitpredigten als Beleg für eine erfolgreiche Konzentration auf das ‚solo verbo' als Grundprinzip des Protestantismus in Frage stellen. Es kann nicht die Aufgabe der hier vorliegenden Untersuchung sein, das damit gestellte historische Problem letztlich zu klären; unter homiletischer Perspektive ist es vielmehr von großem Interesse, darüber nachzudenken, *auf Grund welcher Elemente und Strukturen die (gedruckten) Invokavitpredigten die wirkungsgeschichtliche Kraft entfaltet haben, durch die sie bis in die heutige Zeit ein realistisches, im Sinne von Herms ‚mediales' Verständnis der reformatorischen These von der ‚ecclesia creatura verbi' befördert haben.*

Das vorliegende Kapitel enthält nach historischen und überlieferungsgeschichtlichen Vorüberlegungen zu den Invokavitpredigten (B 1) Ausführungen zu ihrem Predigt- bzw. Wortverständnis (B 2), fragt nach den sich in ihnen äußernden Zugängen Luthers zur Gemeinde (B 3) und thematisiert abschließend das Verhältnis von Predigt und Gemeinde (B 4) im Horizont dieser Texte. Dabei wird in den letzten drei Teilen immer auch schon auf Aspekte zu achten sein, die „Luthers grenzenloses Vertrauen zur Selbstwirksamkeit des gepredigten Evangeliums"[49] gegenwärtig produktiv erscheinen lassen können.

---

49 Möller, 1990, 138.

B 1. Zum historischen Ort und zur überlieferungsgeschichtlichen Problematik der Invokavitpredigten

Seit dem Herbst 1521 schreitet die Neuordnung der kirchlichen Verhältnisse in Wittenberg rasch voran.[1] Mönche verlassen die Klöster, Menschen aus dem geistlichen Stand heiraten, die Messpraxis wird geändert, das Abendmahl wird auch ohne vorhergehende Beichte in beiderlei Gestalt mit deutschen Einsetzungsworten und ohne Elevation der Hostie ausgeteilt. Um die Bilder, die liturgischen Gewänder, den Ablass und soziale Reformen wird nicht nur in kirchlichen Kreisen und an der theologischen Fakultät gestritten, sondern Fragen der religiösen Erneuerung bestimmen die öffentliche Diskussion.[2] Luther, der seit seiner Rückkehr vom Wormser Reichstag Anfang Mai 1521 in „heimlicher Schutzhaft"[3] auf der Wartburg bei Eisenach lebt, beurteilt die Entwicklung nach einem unerkannten Aufenthalt in Wittenberg insgesamt positiv, obwohl es unmittelbar vor seinem Besuch am 3. und 4. Dezember 1521 „zu den bisher schwersten Übergriffen gekommen"[4] ist. „Omnia vehementer placent, qu(a)e video (et) audio."[5] Bedenken hat er allerdings gegenüber den ihm verschiedentlich berichteten tumultuarischen Szenen und gegen die „Anwendung von Zwang"[6]. Sie wird zum Problem seit die gewonnene Freiheit nicht mehr in der freien Entscheidung einzelner Mönche, Nonnen, Stifterfamilien usw. ihren Ausdruck findet, sondern Reformen eingeleitet und neue Ordnungen geschaffen werden, die Gültigkeit für alle beanspruchen und eine verpflichtende Form evangelischer Frömmigkeit vor Augen haben. Luther fürchtet eine Vergesetzlichung des Evangeliums, durch die viele sich auf die neuen Wege „ohne zureichende Begründung" begeben und „sich im Gewissen übernähmen, sodass sie in dem zu erwartenden Sturm nicht bestehen könnten."[7]

---

1 Zum folgenden vgl. StA 2, 520–524; Brecht, 1986, 34–53 u. 64–72 sowie die StA 2, 525 angegebene Literatur.
2 Vgl. Barge, 1968, 352 ff.
3 Brecht, 1986, 11.
4 Brecht, 1986, 38.
5 WABr 2, 410, 18.
6 StA 2, 521.
7 Brecht, 1986, 36.

Anfang 1522 spitzt sich die Lage zu: In der Wittenberger Gemeinde, im Rat, unter den Predigern und Professoren, zwischen Gemeinde, Rat und Kurfürst besteht Uneinigkeit und Unsicherheit über die Gestalt der Neuordnung, ihre Geschwindigkeit und die Art und Weise ihrer Durchführung. Der Streit entzündet sich vor allem an der Tatsache, dass an die Stelle des weitgehend individuellen und „verbale(n) Eintreten(s) für die Reformation bei gleichzeitiger Verweigerung der Teilnahme an alten Frömmigkeitsformen"[8] nun allgemein eingeführte, teilweise der Obrigkeit vorgreifende Handlungen zur Beschleunigung der Reformation treten. Gleichzeitig versuchen die Gegner, die Wittenberger Bestrebungen zurückzudrängen: das Reichsregiment fordert Friedrich den Weisen auf, „die alten Zustände wieder herzustellen"[9] und der Bischof von Meißen kündigt „eine Visitationsreise während der Fastenzeit, die am 5.März beginnt, an."[10]

In dieser Situation entschließt sich Luther Ende Februar, Anfang März auf eigene Verantwortung, ohne Schutz und Anweisung[11] des Kurfürsten nach Wittenberg zurückzukehren, nachdem seine Gemeinde ihn als Prediger zurückgerufen hat[12], und er durch schriftliche Kommunikation den „Satan", der „in meine Hürden gefallen ist"[13], nicht abwehren kann. „So verlässt Luther am 1.März 1522 seinen Zufluchtsort, um dem Ruf der Wittenberger zu folgen, die Führung der reformatorischen Bewegung wieder selbst in die Hände zu nehmen, die spontanen Neugestaltungen zu bestätigen und zu fördern, einen Aufruhr zu verhindern, Rücksicht auf die Schwachen zu verlangen und deren Glauben auf unumstößliche Schriftstellen zu gründen sowie allen gesetzlichen Bestrebungen entgegenzutreten."[14] Am 6.März erreicht er Wittenberg, informiert sich über die Lage in der Stadt und beginnt „am 9.März, dem Sonntag Invokavit, mit seinen Predigten, durch die er die Reformation in ruhigere Bahnen lenkt und den Feinden Wittenbergs Gründe wegnimmt, politisch einzugreifen."[15] „Die Werke des Glaubens sowie das Verhalten des Christen"

---

8 Brecht, 1986, 41.

9 StA 2, 522f.

10 StA 2, 523; vgl. WABr 2, 450, 36–451, 56.

11 Vgl. WABr 2, 456, 95f.: „Dieweil denn ich nicht will E.K.F.G. folgen, so ist E.K.F.G. fur Gott entschuldiget, so ich gefangen oder getötet würde." Vgl. auch grundsätzlicher: WABr 2, 455, 80–456, 82: „Dieser Sachen soll noch kann kein Schwert raten oder helfen, Gott muss hie allein schaffen, ohn alles menschlich Sorgen und Zutun. Darumb: wer am meisten gläubt, der wird hie am meisten schützen." Vgl. zum ganzen die Briefe Nr. 454–457 in WABr 2, 448–470.

12 Vgl. WABr 2, 448f., 454–457 u. 460, 22f. Auch die Universität hatte sich für seine Rückkehr verwendet (vgl. CR 1, 566). Vgl. StA 2, 534, 23f.: „Hierumb han ich lenger nit künden außbleybe(n) / sonder habe müssen komen sollichs euch zusagen."

13 WABr 2, 460, 36f.

14 StA 2, 523. Vgl. WABr 2, 460, 22–461, 70.

15 Ebd.

sollen „allein aus der Verkündigung des Wortes Gottes hervorgehen"[16], ohne Gesetzlichkeit und Zwang. Bis Reminiszere hält Luther täglich in der Stadtkirche eine Predigt, Reihenpredigten also, wie sie in der Fastenzeit üblich waren. Es sind – für Luther ungewöhnlich – situationsbezogene Themenpredigten, in denen er die Gemeinde angesichts des bestehenden Konflikts an den Grundsätzen zu orientieren versucht, die für ihn zentral sind für die reformatorische Bewegung.

Wittenberg hat in den zwanziger Jahren des 16.Jahrhunderts ohne die Schlossbewohner wahrscheinlich über 2000 Einwohner. Dazu kommen 1520 1714 Studenten[17]; diese für die Größe der Stadt hohe Zahl ist allerdings im Zusammenhang der Unruhen im Sinken begriffen.[18] An der „erste(n) öffentliche(n) evangelische(n) Messe"[19], die Karlstadt Weihnachten 1521 feiert, haben nach einem Bericht 2000 Menschen teilgenommen; am 1., 5. und 6.Januar 1522 sollen es jeweils 1000 Menschen gewesen sein.[20] Solche Zahlen und die Versuche, das damalige Geschehen möglichst einfühlsam wiederzugeben, lassen sich historisch nur schwer überprüfen. Die Größenordnungen sind von der Größe der Stadtkirche her vorstellbar und für Barge und Weyer angesichts der „wachsenden Erregung"[21] und „der Situation des aufgewühlten Wittenberg"[22] durchaus plausibel.

Auf jeden Fall ist die Predigt eine, wenn nicht die zentrale Form, in der die Konflikte damals jenseits der engeren, einflussreichen Zirkel des Hofes, des Rates und der Fakultät in einer breiten Öffentlichkeit ihren (sprachlichen) Ausdruck finden können. Für die Invokavitpredigten ist zudem davon auszugehen, dass ein großes Interesse daran bestand, die Meinung Luthers als desjenigen zu hören, von dem die ganze Bewegung ausgegangen ist und dessen Stellung im Konflikt noch gänzlich unangefochten ist.[23] So ist es vorstellbar, dass Luther, dem schon bei seinen Vorlesungen bis zu 400 Menschen zuhören[24], mit seinen Fastenpredigten einen großen Teil der Studenten und der Stadtbevölkerung erreicht hat.[25]

---

16 Ebd.

17 Vgl. Weyer, 92 und Jung, 1979, bes. das Einlegeblatt: Die Einschreibung von Studenten ....

18 WABr 2, 450, 23; im Schnitt der Jahre zwischen 1540 und 1620 hat die Universität Wittenberg eine „durchschnittliche Besucherzahl" (Schulze, 236) von 853.

19 Bubenheimer, 1988, 651.

20 Vgl. Nembach, 1972, 31 Anm. 37; Weyer, 92; Barge, 1968, 358, hebt „die Ruhe und Ordnung, in der nunmehr der Gottesdienst verlief, die einmütige Gesinnung, in der die Tausende dem Gotteswort lauschten und dann das Abendmahl, Christi Vorschrift gemäß, empfingen," hervor. Vgl. auch Werdermann, 12.

21 Barge, 1968, 357.

22 Weyer, 102.

23 Vgl. Moeller, Stackmann, bes. 357-360.

24 Junghans, 1979, 104.

25 Brecht, 1986, 67, spricht von der „herbeigeströmten Wittenberger Gemeinde".

Nach den Quellen zu schließen, sind die Erwartungen an die Predigten groß: Der Jurist Hieronymus Schurf hofft, „der allmächtig, gütig Gott werde Doctori Martino Gnad und Barmherzigkait verlihen, dass von sinen Predigen, durch Wirkung des hailigen Gaistes, sülche und dergleichen Ärgernüssen, Ungaistlichkaiten und Scandala gestopft, und aus der Menschen Herzen ja zum Tail gerissen werden."[26] In seinem Begleitschreiben zu dem auf Wunsch des Kurfürsten geänderten Schreiben Luthers an Friedrich den Weisen vom 15. März berichtet er, „dass sich große Fröde und Frohlocken unter Gelahrten und Ungelahrten by uns aus Doctoris Martini Zukunft und Predigten erhaben und erwachsen, dann er dadurch uns armen verführten und geärgerten Menschen vermittels göttlicher Hülfe wiederumb auf den Weg der Wahrhait täglichen wiset mit unwiderfechtlichen Anzeigung unsers Irrtums."[27] Auch Luther selbst scheint „beruhigt durch den Erfolg seiner Predigten."[28] Insgesamt machen „die Predigten ... einen tiefen Eindruck."[29]

Luther hat „die Rücknahme der Neuerungen sogleich und fast völlig durchsetzen können"; „in Wittenberg schienen die Verhältnisse wieder heil zu sein"[30], sodass Melanchthon an Spalatin schreiben konnte: „Hier sind alle Dinge gut wiederhergestellt durch Doktor Martinus."[31] Zwar bleiben bestimmte Elemente der „Ordnung des Rates der Stadt Wittenberg vom 24. Jan. 1522"[32] erhalten; bis zu einer geordneten Neuregelung werden aber die Einsetzungsworte wieder lateinisch gesprochen, die Elevation der Hostie beibehalten und in den normalen Gottesdiensten bleibt den Laiinnen und Laien der Kelch vorenthalten. „Luther, of course, was not opposed to the new practices which he abolished, but he was unwilling to tolerate changes until the word had first been preached. Only after the word had convinced the weak (and the princes) should old customs and practices be changed."[33] Während Zwilling als einer der zuvor eifrigsten und drängendsten Reformer sich sogleich auf Luthers Seite stellt[34], wendet sich Karlstadt ab und geht als Pfarrer nach Orlamünde.[35] In Wittenberg darf er nicht mehr predigen, da ihm der Auftrag dazu fehlt.

---

26 WABr 2, 464, 68–72.
27 WABr 2, 472, 11–16 (Begleitschreiben zu Nr. 458).
28 WA 10, III, LI.
29 Brecht, 1986, 67. Vgl. Barge, 1968, 445 ff. und WA 10, III, LXVIII, den Hinweis, dass „die Predigten wie der Blitz eingeschlagen hatten."
30 Brecht, 1986, 71.
31 CR 1, 567.
32 Vgl. StA 2, 525–529.
33 Sider, 173.
34 Er „unterwarf sich Luther noch während der Invokavitpredigten." (StA 2, 539 Anm. 127). Vgl. WABr 2, 478, 5 f.; 472, 20 f.: „Gabriel hat auch bekannt, dass er geirret und den Sachen zuviel geton."
35 Vgl. WABr 2, 478, 5–9; 472, 32 f.: „Carlstad ist nicht wohl zufrieden, aber er wird nichts, hoff ich zu Gott, ausrichten noch schaffen." Vgl. StA 2, 539 Anm. 126.

Das Ergebnis der Wittenberger Unruhen: erste Differenzierungen im evangelischen Lager[36] und der ‚Sieg‘ der Vertreter einer geordneten, mit der Obrigkeit im Einklang stehenden Reformation ist historisch nicht umstritten. Die Rolle der beteiligten Hauptpersonen und die Bedeutung und Bewertung einzelner Ereignisse aber sind in vieler Hinsicht noch ungeklärt. Dies gilt auch für die Invokavitpredigten und ihre Rezeption: während Schulze in seiner „deutschen Geschichte des 16. Jahrhunderts“ die These vertritt, dass es Luther gelang, „in einer Serie von acht Predigten die dort eingetretene Radikalisierung der reformatorischen Bewegung rückgängig zu machen“[37], finden sich auch kritische Beurteilungen[38] und Rückfragen, ob die Fastenpredigten in ihrer aktuellen Bedeutung für die Lösung der Wittenberger Krise nicht erheblich überschätzt werden.[39] Es würde den Rahmen dieser Arbeit sprengen, diese Fragen gründlich unter einer kritischen historischen Perspektive zu untersuchen. *Als gesichert soll hier nur vorausgesetzt werden, dass die Wittenberger Unruhen nach Luthers Rückkehr abklingen und die Predigten, die er vom 9.–16. März 1522 gehalten hat, in diesem Zusammenhang ein wichtiges Ereignis waren – möglicherweise allerdings vor allem dadurch, dass Luther selbst mit ihnen wieder seine führende Rolle im Prozess der Reformation in Wittenberg wahrnahm.*

Inwieweit eine spezifische Argumentationsfigur der Predigten oder ihr rhetorischer Aufbau für das historische Geschehen eine Bedeutung hatten, lässt sich angesichts der überlieferungsgeschichtlichen Probleme

---

36 Vgl. Weyer, 91: Insofern ist durch die Invokavitpredigten nicht nur die Einigkeit in der Gemeinde wiedergewonnen worden; sie „markieren ... zugleich den Beginn der öffentlich wahrgenommenen Spaltung unter den Anhängern Luthers. Hinfort kämpft der Reformator nicht nur gegen Rom, sondern auch gegen verschiedenartige evangelische Gruppen, die er alle unter der Bezeichnung ‚Schwärmer‘ zusammenfasst.“ Die Reformation beginnt ihren Charakter als „Volksbewegung“ zu verlieren, auch wenn dies erst im Bauernkrieg endgültig deutlich wird.

37 Schulze, 88. Vgl. Brecht, 1986, 35 u. 66; Nembach, 1972, 30: „Im wesentlichen waren es aber die Predigten, die die Wende allmählich herbeiführten.“ Vgl. auch die Belege in der Anmerkung 45 in der Einleitung zu Teil B.

38 Vgl. StA 2, 524. Die sich in der lutherischen Tradition durchsetzende positive Bewertung der Invokavitpredigten und der durch sie wiederhergestellten Ordnung wird am Anfang unseres Jahrhunderts von Hermann Barge bestritten: Er geht davon aus, dass im März 1522 die Weichen für die Entwicklung der evangelischen Kirchen falsch gestellt wurden, insofern „das religiöse Selbstbestimmungsrecht ... der Gemeinde verloren(ging, J.C.-B.) und damit die tätige Anteilnahme der einzelnen am kirchlichen Leben. ... Der Verzicht auf eine sittliche Beeinflussung des öffentlichen Lebens war endgültig vollzogen. Vor allem: aufs neue war in den Verkehr zwischen Gott und Mensch eine Vermittlungsinstanz eingeschoben worden, das geistliche Amt.“ (Barge, 1968, 460). Auch Ronald J. Sider beurteilt 1974 in seiner Arbeit über Karlstadt Luthers Eingreifen kritisch, da auf diese Weise „Karlstadts initially successful attempt to introduce rapid change by working within established structures“ (Sider, 173) sein Ende findet.

39 Vgl. u. a. Bubenheimer, 1985 und 1987.

nicht beantworten, auch wenn „die derzeit bekannte Überlieferung der Invokavitpredigten ... außergewöhnlich breit"[40] ist. Die Invokavitpredigten liegen nicht in den relativ zuverlässigen Nachschriften von Rörer vor, die bis auf wenige Ausnahmen erst Weihnachten 1522 beginnen.[41] Während acht Drucke nur die Mittwochspredigt über die Bilder- und Speisenfrage wiedergeben, liegen alle acht Predigten in sieben Drucken vor. Die Textfassung von Aurifaber „dürfte ... aus viel späterer Zeit stammen" und „bietet für die ursprünglichen Invokavitpredigten keinen Erkenntnisgewinn."[42] „Abgesehen von der gedruckten Überlieferung gibt es handschriftliche Textzeugnisse, die zwar nie vollständig mit dem gedruckten Text der Invokavitpredigten übereinstimmen, jedoch in enger inhaltlicher Beziehung zu Teilen desselben stehen und gleichfalls als mögliche authentische Textüberlieferung ernst genommen werden müssen: ein Brief, eine Thesenreihe und zwei Textfragmente bislang ungeklärter Provenienz."[43] Eine weitere Möglichkeit, die Nähe des gedruckten Textes zu Luthers Diktion und Argumentation zu belegen, bietet der Vergleich mit seiner Schrift „Von beiderlei Gestalt des Sakraments zu nehmen" vom April 1522[44], in der er Grundfragen der Invokavitpredigten behandelt, und mit verschiedenen seiner Briefe[45] aus dieser Zeit, in denen sich Anklänge an Formulierungen aus den acht Predigten finden.

Während die Mittwochspredigten bereits in 1522 ausgehend von Melchior Ramminger in Augsburg in sieben Drucken vorlagen, stammen die Drucke, die alle acht Predigten enthalten, erst aus dem Jahre 1523, wobei jedoch vermutlich „der Einzeldruck auf die gleiche Nachschrift zurückgeht wie die Sammeldrucke."[46] Die von mir im Folgenden zitierte Studienausgabe greift auf Text A der Weimarer Ausgabe zurück, der sich auf den Einzeldruck *A* stützt. Junghans geht davon aus, dass dieser Druck wohl „im ganzen dem Original der Niederschrift am nächsten geblieben ist auch hinsichtlich der Sprach- und Schreibformen."[47] Demgegenüber hat bei der Wieden herausgestellt, dass dieser Druck von Jakob Schmidt in Speyer selbst schon abhängig ist von einem Straßburger

---

40 Bei der Wieden, 112. Vgl. zum Folgenden Susanne bei der Wieden, die die überlieferungsgeschichtlichen Probleme der Invokavitpredigten in ihrer noch unveröffentlichten Dissertation über Luthers Predigten des Jahres 1522 ausführlich untersucht hat; dort findet sich auch weitere Literatur. Ich zitiere im Folgenden nach einer maschinenschriftlichen Fassung.

41 Vgl. Aland, 14 f. und Heintze, 42 f.

42 Bei der Wieden, 113.

43 Ebd.

44 WA 10, II, 11–41; schon Steck, 1955, 7 Anm. 4, verweist angesichts der „schlecht überlieferten Invokavitpredigten" auf diese Schrift.

45 Vgl. etwa WABr 2, 474 f. (Nr. 459: Luther an Nikolaus Hausmann, 17. März 1522) oder 477 f. (Nr. 461: Luther an Herzog Johann Friedrich von Sachsen, 18. März 1522).

46 Bei der Wieden, 119.

47 WA 10, III, LXXXII.

Sammeldruck. „Der Erstdruck aller acht Predigten ist ... dem Straßburger Drucker Wolfgang Köpfel zuzuschreiben."[48] Die Predigten fanden also „vom süddeutschen Raum ausgehend eine starke Verbreitung, ohne dass Luther auf die Gestaltung Einfluss hatte."[49]

Außerdem „sind handschriftlich lateinische Thesen und ein frühneuhochdeutsches Bruchstück in Abschriften erhalten" und zu vergleichen; Junghans vermutet in beiden „Vorarbeiten."[50] Bei der Wieden zeigt demgegenüber m. E. überzeugend, dass die unter WA 10,3,LV abgedruckte Thesenreihe „entweder als sofortige Niederschrift der Predigt... oder vielleicht sogar als direkte Mitschrift" anzusehen ist und ihr insofern „ein sehr hoher Quellenwert für Luthers Predigt vom Sonntag Invokavit"[51] zukommt. Das Textfragment, dass in WA 10,3,LVII ff. vorliegt, wertet bei der Wieden als eigenständige, von Luther unabhängige Überlieferung neben den Drucken, „die die Invokavitpredigten wesentlich als Auseinandersetzung mit Karlstadt begriff."[52]

1983 hat die Entdeckung einer „Nachschrift von einer der Invokavitpredigten Luthers"[53] in Wolfenbüttel durch Ulrich Bubenheimer die Zweifel an dem überlieferungsgeschichtlichen Wert der gedruckten Predigten vermehrt. Bubenheimer sieht in ihr „eine während der Predigt angefertigte Niederschrift"[54] des „ursprünglichen Wortlauts einer der Predigten, nämlich der ersten"[55] durch einen „nicht identifizierten Schreiber niederdeutscher Herkunft"[56] Auch ihm scheint es allerdings nicht gelungen zu sein, „den gesamten Wortlaut der Predigt" festzuhalten; darauf deuten u. a. „einzelne Nachträge"[57] hin. Bei der Wieden hat jedoch mit formalen und inhaltlichen Argumenten erhebliche Zweifel an dieser Einschätzung geltend gemacht: ist es vorstellbar, dass Luther die „emotionsgeladenen Abschnitte" betont langsam wie „Diktate' ... zum Mitschreiben"[58] gepredigt hat? Wie erklärt sich die „niederdeutsche Färbung des Textes"[59]? Wie ist es zu erklären, dass „der einzige formal mögliche Beginn der Predigt ... inhaltlich nicht überzeugend"[60] ist? Sie plädiert

---

48 Bei der Wieden, 116.
49 StA 2, 524.
50 StA 2, 524; vgl. WA 10, III, LV f. und LVII ff.
51 Bei der Wieden, 123.
52 Bei der Wieden, 128.
53 Bubenheimer, 1990, 238. Susanne bei der Wieden hat mir dankenswerter Weise Einblick in Textgestalt ihrer Edition (im Folgenden Wolfenbütteler Fragment = WF) gegeben.
54 Bubenheimer, 1990, 240.
55 Bubenheimer, 1990, 241.
56 Bubenheimer, 1990, 240.
57 Ebd.
58 Bei der Wieden, 132.
59 Ebd.
60 Bei der Wieden, 135.

dafür, den Textfund nicht als „geschlossene Predigt"[61] zu behandeln, sondern als Textzusammenstellung, deren einzelne Teile jedoch „auf Grund der Originalität ihrer Gedanken und ihrer lebendigen Sprachlichkeit ein hohes Maß an Authentizität" besitzen und „für die Frage nach Luthers ursprünglichen Predigten von großer Bedeutung"[62] sind.

Die Anfragen an die derzeitige Gestalt der Texte sind gewichtig. Gerade unter praktisch-theologischer Perspektive machen sie deutlich, wie schwierig Versuche sind, die ‚lebendige‘ Predigtpraxis einer historischen Person zu rekonstruieren.[63] Nicht nur ist eine „Annäherung ... an den Wortlaut der Predigten"[64] kaum möglich, da es „keine originalgetreuen Predigtabschriften"[65] gibt; darüber hinaus besteht eine bleibende Differenz zwischen gesprochenem Wort und schriftlich fixierter Predigt, insofern jede Rezeption, ja selbst die Verschriftlichung durch den Prediger oder die Predigerin, eine Selektions- bzw. Konstruktionsleistung darstellt.[66] Damit wird eine Grenze erreicht, die stets neu in einen Zirkel führt, in dem es um die Rekonstruktion der vermeintlich ursprünglichen Predigtgestalt genauso wie um die Analyse der Bedingungen der damaligen wie der heutigen Rezeption gehen muss.[67]

Die hier vorgelegte Interpretation versucht, den Charakter der vorliegenden Texte als Dokumente ernst zu nehmen, die möglicherweise „zwischen Predigtsituation und Drucklegung eine tiefgreifende Veränderung erfahren haben."[68] Der oder die Urheber dieser Überarbeitung sind un-

---

61 Bei der Wieden, 136.

62 Bei der Wieden, 137.

63 Vgl. die Ausführungen bei Nembach, 1972.

64 Weyer, 88. Vgl. ebd: „Wenn uns auch die Mitschriften der Predigten Luthers in seine unmittelbare Nähe führen, so bleiben sie jedoch Bearbeitungen und literarische Umgestaltungen von fremder Hand." Möglich ist „die Annäherung an den Sinn ... der Predigten Luthers" (ebd), kaum an seine rhetorische Gestaltung.

65 Weyer, 86. Die Behauptung Hirschs, 1950a, IX, die Bubenheimer, 1990, 239, wieder aufgenommen hat, dass „die Nachschriften gleichwohl Luthers Gedankengang und Ausdruck für den, der sich einliest, bis ins Kleinste erkennen lassen", weil „Luther als Prediger ein ‚tardiloquus‘ gewesen ist und überdies eine gewisse Breite der Ausführung für nötig gehalten hat", dass er gleichsam langsam zum Mitschreiben gesprochen hat, halte ich angesichts des Engagements und der Vehemenz, die selbst in den Nachschriften etwa der Invokavitpredigten noch zum Ausdruck kommt, für fragwürdig.

66 Vgl. Lischer, 308: „Die vergängliche Natur des gesprochenen Worts und damit auch der Predigt macht es uns unmöglich, Luthers Predigtstil zu rekonstruieren, obwohl uns Charakterisierungen seiner Sprechweise und Körperhaltung wie auch der Reaktionen der Gemeinde überliefert sind."

67 Diese Perspektive auf die Predigten Luthers, die im besten, in den Invokavitpredigten wohl nicht vorliegenden Fall mit einer „annähernden Rekonstruktion seines Predigens" rechnet, teilt auch Lischer, 308. Gegenüber dem Anspruch, wie ihn etwa Hirsch, 1950a, VII, „ein Bild von dem Prediger Luther, so wie er wirklich gewesen ist", vermitteln zu können, bleibt sie skeptisch.

68 Bubenheimer, 1990, 240.

bekannt; ein Beitrag Luthers kann nicht ausgeschlossen werden. Der Wunsch, sie über den unmittelbaren Entstehungskontext hinaus zu verbreiten, mag zu Glättungen, thematisch bündelnden Umstellungen oder Verallgemeinerungen geführt haben. „Der kritische Vergleich aller Textüberlieferungen zeigt, wie stark sie von den jeweiligen Interessen der Predigthörer geprägt ist."[69] Schon die den Drucken zu Grunde liegende Nachschrift zielte wohl nicht auf die „authentische Wiedergabe der Kanzelrede Luthers"[70], sondern hatte ihr spezifisches Anliegen, wie Susanne bei der Wieden am Erstdruck aus Straßburg gezeigt hat:[71] Capito hat am 14. und 15. März 1522 die Mittwochs- und Donnerstagspredigt in Wittenberg gehört und war davon tief beeindruckt. Die Spannungen der Straßburger Reformation hat er von diesem Erlebnis her interpretiert und zu strukturieren versucht und war deshalb wohl daran interessiert, dass die Texte der Invokavitpredigten von seinem Neffen Köpfel gedruckt wurden.

Gleichzeitig ist davon auszugehen, dass gerade in den Konflikten in der „Phase der ‚lutherischen Engführung'"[72] ein Interesse daran bestand, sich an Luthers Theologie und seiner reformatorischen Konzeption zu orientieren.[73] Die von Bubenheimer herausgestellten Unterschiede zu „der auf den Drucken beruhenden Überlieferung der Invokavitpredigten"[74] betreffen vor allem den Aufbau und die „Tendenz", die Predigten „in stärkerem Maße, als dies zuvor der Fall war, zu Themapredigten umzugestalten. Das wichtigste Ergebnis der Untersuchung ist: so, wie die Predigten gedruckt wurden, hat Luther nicht gepredigt. Als Quelle für Luthers lebendige Kanzelrhetorik scheiden diese Texte damit aus."[75] Jeder Versuch, die tatsächliche Predigtgemeinde, die historische

---

69 Bei der Wieden, 144.

70 Ebd.

71 Bei der Wieden, 144–149.

72 Moeller, 1990, 65; zum „Disput um Einheit und Vielfalt der Reformation" vgl. auch den von B. Hamm, B. Moeller und D. Wendebourg gemeinsam herausgegebenen Band „Reformationstheorien", zum Begriff der „lutherischen Engführung" darin insbesondere 21, Anm. 22; 119, Anm. 79 und 130. Die Untersuchung von Moeller, Stackmann zur „Städtischen Predigt in der Frühzeit der Reformation" scheint zumindest für den Bereich der Predigt das Übergewicht der Kohärenz über die Vielgestaltigkeit in der Frühphase der Reformation zu bestätigen.

73 Vgl. Moeller, Stackmann, insb. 353–357.

74 Bubenheimer, 1990, 240.

75 Ebd. Anders Nembach, 1972, 15 f., der trotz der überlieferungsgeschichtlichen Probleme gerade die Invokavitpredigten als besonders ergiebig für eine homiletische Untersuchung ansieht. „Ihre Überlieferung ist zwar nicht besser als die der anderen Predigten, jedoch sind ihre Voraussetzungen und ihre Wirkungen auf die Verhältnisse in Wittenberg im allgemeinen sowie auf einzelne Personen bekannt, sodass die Wechselbeziehung zwischen Predigt, Situation und Hörer deutlich wird, die ihrerseits homiletische Rückschlüsse ermöglicht. Dergleichen gilt aber nicht für die ‚öffentliche Flugschrift' mit dem Titel ‚Von

Wirkung in Wittenberg oder auf einzelne Personen(gruppen) zu rekon-struieren oder den unmittelbaren Situationsbezug im Text festzustellen und von einer ‚Predigtanalyse‘ des *Predigtereignisses* ‚Invokavitpredigten‘ auf Luthers Homiletik zurückzuschließen, stößt hier an seine Grenze. Dennoch ist festzuhalten, dass sie in den Drucken zwar als Sermone, im allgemeinen Sinn von „Erbauungsschriften"[76] tituliert werden, jedoch durchweg mit dem Zusatz: ‚von ihm gepredigt …‘, also mit dem Hin-weis auf das vorausliegende Predigtgeschehen.

Es wird im Folgenden notwendig sein, weitere Luthertexte vor allem aus dem unmittelbaren zeitlichen Umfeld, aber auch Literatur zu Luthers Wort-[77] und Predigtverständnis[78] aufzunehmen, gewonnene Einsichten in den Gesamtzusammenhang der Theologie Luthers zu stellen und auf diese Weise die Frage nach der Authentizität der zugrundegelegten Texte stets mit zu bedenken. Wichtig für die hier vorgelegte Interpretation ist, dass weder die lateinischen Thesen noch das in der Weimarana abge-druckte Fragment oder der von Bubenheimer entdeckte Text Hinweise darauf enthalten, dass es im Zuge einer Neuedition zu einer Revision der inhaltlichen Aussagen der Predigten kommen wird. Sie aber stehen im Mittelpunkt der folgenden Untersuchungen, die nicht auf eine Re-konstruktion der ‚lebendigen Kanzelpraxis Luthers‘ oder der rhetori-schen und homiletischen Strukturen dieser Lutherpredigten zielen, *son-dern nach seinem Beitrag zu einem Problem der Predigtlehre fragen: dem Zusammenhang von Predigt und Gemeinde.* Selbst wenn sich die Invoka-vitpredigten als Predigtereignis historisch letztlich nicht rekonstruieren lassen; spätestens seit ihrer Drucklegung sind sie wirkungsvolle, sich selbst als Überlieferung von Predigten gerierende Texte geworden[79], die auf eindringliche Weise Aspekte eines Verständnisses von Hören und Predigen, von Kirche und Individualität formulieren, das die Geschichte

---

beiderlei Gestalt des Sakraments zu nehmen‘ …, denn als eine schriftliche Zusammenfas-sung der Invokavitpredigten unterliegt sie nicht homiletischen Kriterien."

76 Moeller, 1995a, 16.

77 Vgl. etwa die Arbeiten von Baur, Beutel und Streiff und die dort angegebene Literatur.

78 Vgl. die in der Einleitung zu Teil B in Anmerkung 9 genannte Literatur.

79 Möglicherweise hat die unmittelbare wie die mittelbare Wirkungsgeschichte der In-vokavitpredigten den Wunsch verschiedener Städte (u. a. Zwickau und Altenburg) bestärkt, von Luther Prediger benannt zu bekommen; aber auch auf dem Land war die Einführung der Predigt des Evangeliums und die Installierung evangelischer Prediger eine zentrale Forderung u. a. beim Aufstand der Bauern. Vgl. WABr 2, Nr. 476–478, bes. im Brief Nr. 478 an Zwilling, den Luther an die Altenburger empfiehlt: „quod non facies, nisi solo verbo opereris, sicut audisti ex me et leges in novissimo libello meo" (506, 12 f.). (Mit dem ‚neuesten Büchlein‘ ist ‚Von beiderlei Gestalt des Sakraments zu nehmen‘ gemeint.) Vgl. auch Moeller, 1984, 70; Schulze, 102; grundlegend zum Problem Stadt und Reformation: Hamm, 1996 und Moeller, 1978 und 1987.

der evangelischen Kirchen und insbesondere der evangelischen Predigt bis heute grundlegend beeinflusst hat[80] und als solches den Gegenstand der folgenden Untersuchung bildet.

---

80 Vgl. noch Möller, 1990, 66, der mit dem Rückblick auf die Invokavitpredigten seine eigene Position zum Thema Gemeindeaufbau stärkt: Luther „kam nach Wittenberg und predigte hier eine Woche lang, um die verirrten Menschen wieder in dem Wort zu befestigen, das Gemeinde baut."

B 2. Macht und Gewissheit:
Zum Predigtverständnis in Luthers Invokavitpredigten

Wer die Invokavitpredigten[1] liest, ist fasziniert von der „unerhörten Hochschätzung des Wortes"[2], die uns in ihnen wie in Luthers gesamter Theologie begegnet: „Es liegt alles am Wort"[3]. Nun kann und soll es im Folgenden nicht darum gehen, Luthers Worttheologie in ihrer ganzen Fülle und Aussagekraft zu rekonstruieren[4]; vielmehr steht in diesem ersten Teil der Interpretation die homiletisch interessierte Frage im Mittelpunkt: wie wird in den Invokavitpredigten das (gepredigte) Wort bestimmt, das den Glauben schafft und die Gemeinde bildet?

Ausgangspunkt ist auch im März 1522 die Erkenntnis, dass Luther das Wort Gottes nicht in seiner Besonderheit gegenüber menschlicher Sprache und Rede hervorhebt, sondern ihm gerade in der „Gestalt des äußeren, gepredigten Wortes eine alles entscheidende Bedeutung"[5] beimisst. Der

---

1 Wenn ich im Folgenden von den Invokavitpredigten bzw. davon spreche, dass Luther etwas in diesen Predigten gesagt hat, so formuliere ich dies auf dem Hintergrund der in B 1 benannten überlieferungsgeschichtlichen Probleme und meine die in StA 2 überlieferten Texte bzw. die vorliegenden Fragmente; ich unterstelle damit nicht, dass es sich tatsächlich um die viva vox Lutheri handelt.

2 Bieritz, 1984, 484. Die historischen Zusammenhänge, in denen diese „Konzentration der Reformation auf das Wort" (Nusser, 112) stattfindet, habe ich in der Einleitung zu Teil B kurz angedeutet. Hinzuweisen ist auch auf die Bedeutung der Bettel- und Predigerorden im Spätmittelalter (vgl. Hamm, 1996, bes. 79–81), zu denen auch die Augustinereremiten gehörten, deren Konventsprediger Luther war (vgl. Herms, 1990, 22).

3 Iwand, 213; vgl. den Hinweis von Gutmann, 1991, 364: „Der Gabentauschvorgang hat im Verständnis Luthers eine sprachliche Struktur." Bieritz, 1984, 489: „Luther handelt mit seinen Hörern, indem er mit ihnen redet." Josuttis, 1992, 58: „The real presence of the trinitarian God, in the understanding of the Reformation, is always also his verbal presence."

4 Immer noch grundlegend ist die Darstellung von E. Bizer, 1958. Einen gründlichen Einblick in Luthers Sprachverständnis bzw. Worttheologie bieten die Studien von Beutel, 1991, und Streiff, 1993. Dort finden sich auch weitere Literaturhinweise.

5 Beutel, 1991, 112; vgl. Barth, 1967b, 487: „An der rechten Predigt entscheidet sich alles." Vgl. Steck, 1963, 79 unter Verweis auf WA 45, 579: „Fragen wir aber Luther, worin diese letzte Selbstgewissheit des Glaubenden und der wahren Kirche gegründet sei, so werden wir nicht etwa auf die innere Stimme des Geistes oder eine unableitbare Axiomatik des ‚Es ist mir so' verwiesen, sondern auf den Rückschluss, den der Glaube von den Sätzen der rechten Lehre auf die Gegenwart des Geistes tun darf. ‚Darumb sollst du gewisslich schließen (willtu ein Christ sein): das Evangelium, so ich mit dem Mund predige, mit den Ohren höre, mit dem Herzen glaube, auch heilig ist." Vgl. auch Steck, 1963, 122 ff.

Satz „das wort soll wir predigen"[6] bezeichnet „ein Grunddatum evangelischer Soteriologie"[7], insofern „die öffentliche Verkündigung des äußeren, auf Christus weisenden Predigtwortes die schlechthin notwendige Voraussetzung dafür … (ist, J.C.-B.), dass Christus selbst ein Licht werden kann."[8] Zugleich ist sie „die systematische Gewähr dessen, dass es der homo audiens wirklich mit dem Deus loquens zu tun bekommt."[9] *Gott offenbart sich als deus praedicatus im verbum externum*; er handelt gegenwärtig „durch das Geschrei des Evangeliums, … das Wort der Predigt und gibt seinen Geist nicht ‚ohne Mittel des äußeren Wortes'"[10]. Wenn du nicht hörst, was er zu dir sagt, droht dir, „das du nit weyst wie du mit got dran seyst."[11]

Kritisch impliziert diese „Selbstbindung des heiligen Geistes an das Wort"[12], dass Gott nicht der geheimnisvolle Gott ‚dahinter' sein will und nicht in „Formen der Unmittelbarkeit persönlicher geistlicher Erfahrungen", sondern eben im „von außen zugesprochene(n) Evangelium"[13] gesucht und gefunden werden will.[14] Deshalb sollen die Menschen nicht über Gottes Wort richten und befinden[15]; niemand hat „gwalt, gottes wort zu endern."[16] In der von ihm geoffenbarten Gestalt, nur in der „Larve" des gepredigten Wortes ist „Gott den Menschen erträglich und heilsam."[17]

Die Existenzweise der Christinnen und Christen ist dementsprechend für Luther wesentlich als *Sprachbewegung* bestimmt. „Christiani sollen ihre zungen anders schaben."[18] Sie haben eine „novam sprach, celeste deudsch"[19], eine „novam grammaticam"[20] und eine „novam rhetori-

---

6 StA 2, 535, 23.

7 Beutel, 1991, 395. Vgl. auch Bieritz, 1984, 484: „‚Es ist alles besser nachgelassen, denn das Wort. Und ist nichts besser getrieben, denn das Wort.'"

8 Beutel, 1991, 370; vgl. 383–397. Vgl. Bieritz, 1984, 483: „Wir werden nicht erfahren, wer Christus ist und was sein Schatz ist, wenn es nicht gepredigt wird." Vgl. WA 2, 113, 39 f.: „Dan das er im hymel sitzt oder under des brots gestalt ist, was hilfft dich das? Er mus tzuteylet, angericht und tzu worten werden durch das innerliche und eusserliche Wort."

9 Beutel, 1991, 99. Vgl. WA 10, I, 1, 188, 8: „wer das wortt hatt, der hatt die gantze gottheyt."

10 zur Mühlen, 1991, 536 f.

11 StA 2, 553, 14.

12 zur Mühlen, 1991, 549. Vgl. Krötke, 47.

13 Nusser, 111.

14 Vgl. WA 12, 663, 14: „Ubi verbum, ibi Christus ipse." Vgl. Bizer, 1972, 123: „Der gegenwärtig wirkende Christus steht für evangelische Predigt." Deshalb, 128: „Haltet euch an die Predigt!"

15 Vgl. etwa WA 10, II, (S), 20, 12 f. u. 21, 18–21.

16 WA 10, III, LXI, (F), 84 f.

17 Beutel, 1991, 91.

18 WA 36, 644, 5; vgl. 255, 7–9: „Christianus debet esse nova creatura …, qui aliter loquatur, cogitet de allen stucken, quam die Welt von judicirt."

19 WA 36, 646, 8 f.

cam"[21]. „Wenn man die zungen und ohren hinweg thut, so bleibt kein merckliche unterschied zwischen dem Reich Christi und der welt. Denn ein Christ gehet jnn eusserlichem leben daher wie ein ungleubiger, er bawet, ackert, pfluget eben wie andere, nimpt kein sonder thun noch werck fur, weder jnn essen, trinken, erbeiten, schlaffen noch anderm. Allein diese zwey gliedmas machen einen unterscheid unter Christen und unchristen, das ein Christ anders redet und horet."[22] Das andere, das neue Reden und Hören, „das Vermögen also, derart ‚auff recht himmlisch deudsch'"[23] zu kommunizieren, lernen die Christinnen und Christen nur durch „einen andern meister, den Heiligen geist, der sie durch Gottes wort leret diese sprache verstehen und reden, die man jm himel redet."[24] Diese Glaubensfrucht gilt es lebenslang zu üben und zu pflegen.[25]

Im Zentrum der Aussagen der Invokavitpredigten zum Problemkreis ‚Predigt – Wort' steht die Frage nach der Wirksamkeit der Predigt (2.1.). Ihre Zuspitzung erfahren die Ausführungen durch die Verortung der Predigt im Kampfgeschehen zwischen Gott und Teufel. In dieser Auseinandersetzung bewähren sich die Worte, indem sie Gewissheit schaffen (2.2.)

2.1. Macht und Ohnmacht der Predigt

In zahlreichen Arbeiten zu Luthers Homiletik ist die Betonung des äußeren Wortes insofern herausgestellt und weitergeführt worden, als „docere und exhortari"[26], das (Be-) Lehren und Ermahnen in den Mittelpunkt gestellt werden. Gott will im äußeren Wort gepredigt sein, weil sein Wort von allen gehört und verstanden werden soll und kann. Der inhaltliche Aspekt, die (begrifflich) klare, richtige Lehre (doctrina), die angemessene Auslegung und ihre verständliche Weitergabe bilden nach dieser Interpretation den Kern der Überlegungen Luthers zur Predigt; die ‚exhortatio' erscheint als „gesteigertes docere"[27]. „Die Predigt vermittelt die begrifflich klare Erkenntnis dessen, was einem Christen zu wissen nötig ist, und sie wendet sich zugleich an den Willen, versucht ihn zu gewinnen."[28]

---

20 WA 42, 195, 21.
21 WA 40, III, 487, 2.
22 WA 37, 513, 20–26.
23 Beutel, 1991, 465.
24 WA 36, 644, 17–19.
25 Vgl. Beutel, 1991, 462–465; vgl. 528. Vgl. auch Bizer, 1972.
26 Vgl. Nembach, 1972, und die in der Einleitung zu Teil B Anm. 9 angegebene Literatur.
27 Hirsch, 1954a, 13.
28 Preul, 93.

Ein Überblick über die u. a. von Hirsch und Nembach herangezogenen Stellen zeigt, dass docere, exhortari und wohl auch illustrare zentrale Begriffe für Luthers Verständnis der Predigt sind. Nembach betont deshalb, dass Luther Predigten wesentlich als „Instrumentarium" zur Erreichung eines „Zweckes"[29] gesehen hat, bis dahin, dass er in ihnen eine pädagogische „Sprechweise"[30] identifizieren zu können meint. Predigen ist dann vor allem ein „pädagogisches Beginnen, ein Lehren und Ermahnen"[31].

Im folgenden wird zu zeigen sein, dass eine solche Interpretation, die an einer Terminologie ansetzt, die auch in den Invokavitpredigten eine wichtige Rolle spielt, ihr relatives Recht hat, dass sie aber auch wesentliche Aspekte vernachlässigt. Die Wirkung des Predigtereignisses ‚Invokavitpredigten' lässt sich, abgesehen von allen überlieferungsgeschichtlichen Problemen vor die solch eine These stellt, nicht auf einen Akt des (intellektuellen) Verstehens bzw. der Verständigung reduzieren.[32] Vor allem aber behauptet der überlieferte Text der Invokavitpredigten selbst, dass es beim Predigen des Wortes um mehr als um die „Weitergabe von Dingen des Verstehens"[33] geht, um mehr als darum, „über Glaubenswahrheiten zu belehren oder zu christlichem Handeln aufzurufen"[34]. Das Predigtgeschehen verändert die Wirklichkeit, zielt auf eine grundsätzliche Erneuerung der Glaubenden und ihrer Wirklichkeit und „bewirkt ... Gottesgemeinschaft"[35].

Das mächtige Predigtwort

Zentrales Thema der Invokavitpredigten ist die *Frage nach der Wirkmächtigkeit des Predigtwortes.*[36] In der Predigt am Montag nach Invokavit hebt Luther hervor, dass der Verlauf der jüngsten Geschichte für alle erfahrbar die enormen Wirkungen der Wortverkündigung belegt: „Jch hab allein gottes wort getriebe(n) / geprediget vnd geschriebe(n) / sonst hab ich nichts gethan."[37] Das auf diese Weise ‚freigesetzte Wort' hat so viel

---

29 Nembach, 1972, 30.

30 Nembach, 1972, 33.

31 Nembach, 1972, 29.

32 Vgl. Nembach, 1972, 70 f.: „Die Wittenberger verstehen ihn und kehren zur Ordnung zurück."

33 Nembach, 1972, 78.

34 Beutel, 1988, 531.

35 Schoch, 26. Schon A. Niebergall, 1968, 107, hat betont, dass es Luther im Unterschied zu Erasmus, der auf die Wissensvermittlung und entsprechende humanistisch-verstehende Rezeption setzte, um das Ereignis des Heilszuspruchs an den Sünder geht. Vgl. auch C. Bizer, 1972.

36 Vgl. Weyer, 102: „Die eindeutige Aussage über die Alleinwirksamkeit des Wortes steht unbestritten im Mittelpunkt der Predigten."

37 StA 2, 537, 6–8.

verändert wie keine fürstliche oder kaiserliche Aktion (gegen den Papst) zuvor: „ich hab nichts gethan / das wort hatt es alles gehandelt vnd außgericht."[38] Die Grundlage für diese Potenz bildet der Anteil, den die Predigt an der ‚efficacitas verbi Dei' hat. Einerseits ist diese Mächtigkeit schöpfungstheologisch gefasst: das Predigtwort tritt „in Analogie zum Schöpfungswort Gottes" und wird „geradezu als das eine schöpferische Wort, durch das Gott alles wirkt"[39], erhält und regiert[40], identifiziert. Gott hat alles ex nihilo per verbum geschaffen[41]; mit seiner Hilfe ist ihm alles möglich: „Verbo creat omnia. Er darff nicht mehr denn ein wort dazu. Das mag ein herr sein. Wenn der furst von Sachssen etwas heißt, nulli sunt qui faciunt."[42]

Andererseits kommt es zu einer christologischen Bestimmung der Potenz der Predigtworte: „ich meyne yhe, ich rede itzt deutsch und das meyne wort nicht meyne ßundern Christi sind."[43] Christus kann aus allen Gefahren, auch aus dem Tod durch ein kurzes Wort retten[44]: „In morte wirts auch so mussen ghen: non videtur vita, quorsum eundum. Ibi nullum auxilium nisi ut credatur verbo. Si fit perfecta fides, adeo dulcior mors. Si econtra: amarior. Vera fides quae blos henget in verbo."[45] Wie Luther an der Geschichte vom Hauptmann zu Kapernaum (Mt 8, 5–13 par) als einem „Musterbeispiel"[46] für die Kraft des Wortes Christi zeigt, eignet diese Kraft und Mächtigkeit auch dem verbum externum, der Predigt: „Do spricht Christus eyn wortt, ßo wirte der kranck gesundt: wen man die predige horett und das wortt gottes, so kummet der geist."[47]

Auch die Situation nach seiner Rückkehr schildert Luther immer mit Bezug auf das gepredigte Wort, das die Gemeinde grundlegend bestimmt: in der Erkenntnis von Gesetz und Evangelium sind die Wittenberger ohne „fehel oder mangel"[48], denn diese Zentralstücke des christlichen Glaubens sind ihnen „reinlich gepredigt"[49]: „Zum ersten / wie wir kinder des zorns seind / vnd all vnßer werck sen(n) vnd gedancken sonderlich nichts sein ... Zum andern / das vns got sein engeborne(n) son gesant

---

38 StA 2, 537, 11 f.

39 Beutel, 1991, 115; vgl. 101: Das Wort ist „das eine und einzige Instrument und Medium seines Handelns."

40 Vgl. WF, Blatt 4.

41 Vgl. Beutel, 1991, 68–80.

42 WA 31, I, 545, 19–21.

43 WA 10, II, (S), 15, 19 f.

44 Vgl. WA 45, 189, 2 f. und Beutel, 1991, 330.

45 WA 27, 399, 1–4. Zur Bedeutung des Wortes im Sterben vgl. B 4.1.

46 Beutel, 1991, 329; vgl. 329 f.

47 WA 9, 558, 13–15.

48 StA 2, 530, 21.

49 StA 2, 530, 22; vgl. 530, 8 f.: „vnd seindt die / die eüwer lieb vor vil tagen von mir geho(e)rt hat."

hat / auff das wir in jn glaüben / vnd der in jn vertrawen wirt sol der sünde frey sein vnd ein kind gottes."[50]

Im Blick auf die Liebe und die Geduld aber sieht er einen großen Mangel, der jedoch wiederum nur durch das Austeilen des Wortes zu beseitigen ist. Der guten Erkenntnis geht das Wort als gepredigtes ebenso voraus, wie es dem Mangel und der Fehlentwicklung als vorgängiges noch fehlt und nun zu ihrer Korrektur laut werden muss. Ähnliches gilt im Blick auf einzelne thematische Konfliktfelder: Gott will, dass Nonnen und Mönche die Predigt hören, die es ihnen freistellt, zu heiraten oder nicht zu heiraten. Wenn und solange „es predigt jn niemants"[51], können sie nicht frei und so gewiss aus dem Kloster gehen, dass sie auch in Anfechtungen bestehen können.[52]

Die Worte haben eine grandiose Macht, die wirksamer ist als jede andere Form des Handelns, weil es durch sie gelingt, das Herz der Menschen zu fangen und sie damit zu bewegen.[53] „Wenn ich gottes wort alleyne treybe / predige das Euangelium / vnd sage lieben herrn oder pfaffen tret ab von der Messe / es ist nit recht / jr sündiget daran / das wil ich euch gesagt haben"[54], verändern sich die Zuhörerinnen und Zuhörer. „Da das wort jre hertzen fasset / da fyele(n) sie selber ab / darnach zufyel d(as) ding vo(n) jm selber."[55] „Also wenn du das hertze hast / so hastu jn nu(o)n gewonne(n) / also mu(o)ß dan(n) d(as) ding zu letst vo(n) jm selbs zufalle(n) vn(d) auffho(e)ren"[56]. Das Zutrauen des Heiligen Geistes zur „zunge, das aller schwechste glidt ym leybe" stellt sich unter dieser Perspektive als Anziehen eines Harnischs dar, mit dem „er die gancze welt"[57] angreifen kann. „Dawidder hilfft aber keyn waffen, denn das wortt gottis alleyn, das schwerd des geystis."[58]

„Non enim ad fidem & ad ea, que fidei sunt, vllus cogendus est, Sed verbo trahendus, vt volenter credens sponte veniat."[59] Nur durch das Wort kommt der Glaube; aber dieses ‚nur' trägt die *Verheißung der Effizienz*: „dan(n) got wil nicht vergebens sein wort offenbart haben vnd gepredigt."[60] Durch das Wort kommen Menschen wirklich zum Glauben, werden die Messen als gute Werke und die Bilder abgetan, zerfallen sie gleichsam von selbst. „Sponte sua caderent, si populus institutus sciret eas nihil esse coram

---

50 StA 2, 530, 10–17.
51 StA 2, 540, 14.
52 Vgl. zum Ganzen auch den Brief Nr. 459, WABr 2, 474 f. an Nikolaus Hausmann.
53 Vgl. Werdermann, 199.
54 StA 2, 536, 7–9.
55 StA 2, 536, 33 f.
56 StA 2, 536, 15 f.
57 WA 34, I, 461, 25–27.
58 WA 10, II, (S), 22, 15 f.
59 WABr 2, 474, 20 f.
60 StA 2, 555, 27–29.

deo."[61] Es ist biblisch begründet und deshalb nötig, sub utraque zu kommunizieren; „jedoch sol man keyne(n) gezwang darauß machen / noch in eyne gemeyne ordnu(n)g stelle(n) / sond(ern) das wort treyben / vbe(n) vnd predige(n) / dannocht darnach / die folge vn(d) treybu(n)ge dem worte heym gebe(n) oder stellen / vn(d) jederman hierjnnen frey lassen ... wen(n) man das wort frey lest vnd bünde es an [k]ein werck / so ru(o)rt es heüte den(n) vn(d) felt jm jns hertze / morge(n) dem andern vn(d) so fürhien"[62]. Wer jetzt des Sakraments nicht bedarf, „der lass es ansteen biss dass jn got auch durch seine wort ru(o)rt vnd zeüget"[63]. ‚Sponte‘, spontan, gleichsam wie von selbst setzt sich das Wort durch, ergreift die Herzen, zieht und rührt Menschen an, wandelt ihre Praxis, tröstet die Schwachen, begrenzt den Hochmut, erneuert das Leben, wenn es Gott anheim gestellt wird, wenn es in Freiheit wirken kann.

Die Predigt und die Abkehr von der Gewaltförmigkeit wirksamen Handelns

Luther sieht jedoch nicht nur die *grandiose Wirkmacht* des gepredigten Wortes, die darin gründet, dass sie Anteil hat an der Natur des göttlichen Wortes: „natura enim verbi est audiri."[64] Mit der häufig wiederholten Bestimmung ‚sonst nichts‘ stellt er auch eine spezifische Begrenztheit des Predigtgeschehens heraus. Das ‚Treiben des Wortes‘ ist eine Form wirksamen Handelns, *die ohne Zwang und Gewalt auskommt.*[65] „Sum(m)a summaru(m) predigen wil ichs / sage(n) wil ichs / schreybe(n) wil ichs. Aber zwinge(n) dringen mit d(er) gewalt wil ich nyemants / dan(n) der glaube wil willig vngeno(e)tigt / angezogen werden."[66]. Während wirk-

---

61 WABr 2, 474, 23 f.
62 StA 2, 550, 12–19.
63 StA 2, 554, 27 f.
64 WA 4, 9, 18 f.
65 Vgl. WA 10, II, (S), 37, 26–38, 3 mit Verweis auf 2. Thess 2, 8 und Daniel 8, 25: „Ich hab auch hartt gnug wider des Bapsts abgotteres geschryen als villeycht keyner, aber noch nie mit der hand dartzu than noch dartzu thun heyssen on die es von gott gewalt und macht haben. Wyr haben ubrig gnug than, wenn wyr da widder predigen und die gewissen lo(e)ßen, die that las gott außrichten. Denn es ist geschrieben, der Endchrist soll on hand versto(e)ret werden durch den geyst des munds unßers herrn Jhesu." Vgl. WABr 2, 474, 15–17: „Verbo solo impugnanda sunt, verbo prosternenda sunt, verbo delenda sunt, que nostri vi & impetu tentauerunt." WABr 2, Nr. 465, 3–6. WA 34, I, 463: „Das ist regnum, quod solum linquam handelt und bringt do mit zusammen die heilige Christliche Kirche." Auf die vor allem in der Soziolinguistik der Gegenwart diskutierte Problematik der Gewaltförmigkeit sprachlichen Handelns (vgl. den Teil A 4.) wird in Teil C noch einmal einzugehen sein.
66 StA 2, 537, 2–5; vgl. 535, 12–16: „Aber predigen soll mans schreibe(n) vnd verkündigen / das die Messe in der weyße gehalte(n) / sonderlich [= eigenwillig] ist / doch sol man(n) niemants mit dem haer daruo(n) ziehen / oder reyssen / dan(n) gotte sol mans

sames Handeln gewalttätig, ‚unordentlich' und schließlich für die Gesamtheit zerstörerisch zu werden droht: „wann ich hett wo(e)llen mit vngemach fahren / ich wolt Teützsch lanndt in ein groß plu(o)t vergießen gebracht haben"[67], bietet die Begrenzung auf sprachliches Handeln die Chance, einen Konflikt möglichst gewaltarm und integrativ zu lösen.[68]

Luther verweist auf Paulus, der sich in Athen alle Altäre angeschaut hat, „aber er ru(o)rt keinen mit keym fu(o)ß an"[69], „reyß auch der keynen mit gewalt ab"[70], sondern er stellte sich auf den Platz und predigte das Wort, damit er die Herzen der Menschen erreichte. Ähnlich geht es in der Bilderfrage nicht darum, die Bilder zu zerstören, (auch nicht wie in den nicht-vandalistischen, sondern gezielten, symbolischen Bilderkämpfen der Reformation um eine spezifische Veränderung des Bildes[71]), sondern um unser Verhältnis zu den Bildern. Wir sollen nicht auf die Bilder trauen, wie das bisher immer noch geschieht. „Damno imagines, Sed verbo."[72] Oder am Beispiel der Messe: wird das Wort den Ohren gepredigt, so fällt es bei dem einen unten ins Herz und wirkt, sodass er von der Messe abfällt, „morgen ko(e)mpt ein ander. Also würckt got mit seinem wort meer wen(n) wan du vnd ich allen gewalt auff einen haüffen schmeltzen."[73]

Die grundlegende Bestimmung des Predigtwortes im Gegenüber zur tendenziellen Gewalttätigkeit eines wirksamen Handelns im religiösen bzw. kirchlichen Bereich gründet im Vertrauen auf eine Mächtigkeit des Wortes, die menschlichem Sprachverhalten nicht verfügbar ist, und impliziert eine Selbstbeschränkung und Zurücknahme der eigenen, menschlichen Handlungsmöglichkeiten. Hierdurch erlangen die Christinnen und Christen eine *realistische Perspektive auf die Grenzen ihres Tuns (und*

---

herjnn geben [= anheimstellen] / vn(d) sein wort alleyne würcken lassen / nit vnser zu(o)thu(o)n vn(d) werck". Vgl. WA 41, 75, 18 f.: „Non dicit: brecht ein, reist umb, sed: praedicate." WA 34, I, 462, 18 f.: „Sie sollen nicht mehr den reden, ßo sols angehen." Und 463, 20: „Das reych Christi hat nicht schwert, sed habet spiritum, linquam, Muth."

67 StA 2, 537, 12 f.; vgl. WF, Blatt 3.

68 Vgl. zur Bedeutung der Reformation für eine Friedens- und Konfliktethik, Lienemann, 1982, 143–185 und Huber, Reuter, 66–72. U. Duchrow, 1983, 570, sieht in Luthers Entscheidung, den Grundatz des ‚sine vi, sed verbo' in der Verkündigung nicht nur im Blick auf das Gottesverhältnis, sondern auch auf das Weltverhältnis zur Anwendung zu bringen, den Punkt, an dem Luther sich „am tiefsten vom Mittelalter unterscheidet."

69 StA 2, 536, 30 f.

70 StA 2, 536, 32 f.

71 Vgl. Warnke, bes. 65–98. Vgl. auch Bredekamp.

72 WABr 2, 474, 22.

73 StA 2, 536, 13–15. Vgl. WABr 2, 474,-19: „Damno missas pro sacrificiis & bonis operibus haberi. Sed nolo manum apponere aut vi arcere nolentes vel incredulos." WF, Blatt 4: „Die hoche maiesteth behouet vnszer hulpe nicht vnszers tzudunth vnnd angreiffen, vnns ysth allene befolen das worth tzu sprekhen" und WF, Blatt 3: „neyn, neyn, ich wyll godt in szeynem worte rathen vnnd reygeren lasszen, der w[irds] woll machen." Vgl. auch Beutel, 1991, 113.

Redens): „dan(n) das wort hat hymel vnd erd geschaffen / vnd alle ding / das mu(o)ß es thu(o)n / vnd nit wir arme(n) sünder"[74], *wie auch auf die Freiheit als spezifische Struktur religiöser Existenz*: „dan(n) der glaube wil willig vngeno(e)tigt angezogen werden."[75] In dieser Orientierung werden sich Menschen ihrer konkreten Möglichkeiten und Grenzen bewusst, ist es nicht mehr möglich, Menschen den Glauben wie eine Zwangsjacke aufzunötigen: „man soll keyne(n) mit den haren dauon oder darzu(o) thu(o)n / dann ich kan keynen gen hymel treyben / oder mit ku(o)tlen darzu(o) schlagen."[76]

Das heilvolle Wort und die Werke der Menschen

Die spezifische Spannung zwischen der Allmacht des gepredigten Wortes und seiner Begrenztheit führt in das Zentrum der Theologie Luthers, zur Rechtfertigungslehre[77]: *Gott hat sich an das äußere Wort der Predigt gebunden. Wir sollen seine Gegenwart nirgendwo anders als dort erwarten, weil hier die Gewaltförmigkeit und Eigenmächtigkeit menschlichen Handelns auf ein Minimum reduziert ist und Raum wird für Gottes Handeln.*[78] Sehr schön wird dies an dem Bild aus „De servo arbitrio" deutlich, das die Mächtigkeit des Predigers zum Ausdruck bringt: „Nichts ist also bei uns – wie der Wolf zu der Nachtigall sagt, die er verschlingt: du bist eine Stimme, sonst nichts."[79]

Definiert „der Rechtfertigungsartikel ... die Predigt als verbale Aktion, die Glauben als Befreiung von Zwängen ohne Bedingungen und Auflagen bewirkt"[80], so *sichert* die radikale Verbalität der Predigt die Begrenzung derjenigen Elemente, die den Zusammenhang der Rede mit

---

74 StA 2, 537, 1 f.

75 StA 2, 537, 4 f.

76 StA 2, 538, 20 f.; vgl. 548, 1 f.

77 Moeller, 1984, weist nach, dass die Rechtfertigung das wichtigste Thema der Predigt in den Städten war. Den konstitutiven Zusammenhang von Luthers Homiletik und der Rechtfertigungslehre als Zentrum seiner Theologie hat auf überzeugende Weise Christof Bizer, 1972, bes. 119 f., nachgewiesen.

78 Schon für A. Niebergall, 84, ist die Predigt „das allein sachgemäße Mittel der Rechtfertigung." Vielleicht ist diese gerade auch ihre eigenen (Leistungs-) Grenzen betonende Perspektive auf die Homiletik – und das kirchliche Handeln insgesamt – ein Grund, warum nach Beutel, 1991, 373–376, die Tradition vor Luther am sprachlichen Charakter des inneren und äußeren Wortes wenig interessiert war.

79 Übersetzung nach Baur, 1993c, 30. In der gegenwärtigen homiletischen Debatte thematisiert u. a. der katholische Praktische Theologe Zerfass, 14–22, die Spannung zwischen der Schwachheit der Stimme gegenüber anderen Formen wirksamen Handelns einerseits und der Effizienz dieses ‚schwachen‘ Mediums andererseits durch seine Auslegung der Sage von Orpheus.

80 Bizer, 1972, 120.

ihren Folgen kontrollieren und beherrschen wollen. „Das Wissen um die Genese des Glaubens"[81] aus der Predigt verbürgt die Freiheit von Gemeinde und Welt. Wird das ,Wort treiben' an bestimmte Folgen gekoppelt, wird es menschlichen Anliegen unterworfen und mit Gewalt durchzusetzen versucht, „so wirt mir ein eüsserlich werck darauß vn(d) gleißnerey / das wolt der teüfel auch habe(n)."[82] Das wäre ein „narren spill"[83], über das sich der Teufel freut und das in die Hölle führt, denn in jedem Aufruhr steckt der Wille, aus eigenem Werk Gerechtigkeit zu schaffen.[84] Im Gegensatz dazu „geschicht jm leyd / wan(n) wir alleyn das wort treybe(n) / vn(d) das alleyn wercken lassen / das ist almechtig das nympt gefangen die hertzen / wen(n) die gefangen seyn. So mu(o)ß das werck hinnach von jm selbs zufallen."[85]

Wiederum dient Paulus als Beleg sowohl für das begründete Vertrauen in die Wirksamkeit von Gottes Wort als auch für die Kritik der Verbindung von Wort und menschlichem Werk. Im Konflikt um die Notwendigkeit der Beschneidung für Menschen, die sich zu Christus bekennen, hat er am Wort festgehalten und sich geweigert, ein Gesetz aufzurichten und ein Werk daraus zu machen. Hieronymus hat dann den anderen Weg gehen wollen und ein ,Müssen' daraus gemacht. Nachdem Augustin, der ihm heftig widersprochen hat, gestorben ist, hat er sich durchsetzen können und aus der Abtuung eine Vorschrift gemacht. Kommt es an einer Stelle zu einem Einstieg in eine Logik, die die Folgen des heilvollen Sprechens selbst in den Griff bekommen will, so werden ständig neue Maßnahmen zur Durchsetzung nötig. Wer auf die wirksame Durchsetzung der eigenen Predigt zielt, setzt nicht nur die Freiheit der anderen außer Kraft, sondern verliert seine eigene und verfängt sich in einer Spirale, die ihn dazu zwingt, ständig neue Zwangsmaßnahmen anzuwenden: die Päpste haben immer neue menschliche Gesetze gemacht: „Also wirt es hie auch zugan / das eyn gesetz macht bald zwey / zway machen drey (et)c(etera)."[86] Dagegen wendet sich Luther: „Wider solliche nerrische gesetz habe(n) wir geprediget"[87].

---

81 Ebd.

82 StA 2, 550, 16 f. Im Brief Nr. 459 (WABr 2, 474, 29–475, 32) weist Luther daraufhin, dass die Wittenberger Gemeinde versagt hat, insofern sie „relictis verbo, fide & Charitate solum in hoc gloriatur, se Christanum esse, quod coram infirmos carnes, oua, lac comedere, vtraque specie vti, non ieiunare, non orare possit."

83 StA 2, 537, 15.

84 Vgl. WF, Blatt 3.

85 StA 2, 537, 19–21.

86 StA 2, 538, 10 f.; zum ganzen vgl. StA 2, 537, 22–538, 11.

87 StA 2, 548, 14.

„Das wort treyben / vbe(n) vnd predige(n) / dannocht darnach / die folge vn(d) treybu(n)ge dem worte heym gebe(n) oder stellen / vn(d) jederman hierjnnen frey lassen"[88], hat eine sprachliche Praxis im Blick, die um die Problematik instrumentellen Sprachgebrauchs weiß und diese auf Grund einer theologischen Operation in Frage stellt. *Das Wort wirkt, ohne dass seine Wirkungen menschlich letztlich kontrollierbar sind; im Gegenteil, eine zu enge Anbindung an menschliches Handeln droht seine Wirksamkeit zu behindern.* Es gilt, sich der eigenmächtigen Potenz des Wortes als Grund seiner Wirksamkeit anzuvertrauen, der es keinen Abbruch tut, dass die Worte von Menschen gesprochen werden: „Quanquam ergo homo dicit verba, tamen potenzia."[89] Wie lassen sich die Vorstellungen von Sprache, von ‚dem Wort', denen wir bei Luther begegnen, so interpretieren, dass die Mächtigkeit des Predigtwortes gegenwärtig plausibel wird und ihnen in theologischer Theorie und kirchlicher Praxis einen angemessener Platz eingeräumt wird?

Einen verbreiteten und wichtigen Versuch, Zugang zu dieser Dimension des reformatorischen Wortverständnisses zu gewinnen, stellt die Auseinandersetzung mit der *Sprechakttheorie* dar.[90] Betont das „christliche[...] Heilsverständnis in reformatorischer Interpretation, dass ... das Heil allein durch das Wort mitgeteilt werde", so hilft „die sprachanalytische[...] Entdeckung der Performative"[91], die Wortwirklichkeit als Heilswirklichkeit zu verstehen. Die spezifische Bedeutung des Wortgeschehens wird unter dieser Perspektive nicht länger in seiner Funktion, Informationen zu übermitteln oder (wahre) Aussagen zu treffen, gesehen, sondern darin, dass es eine Mitteilung ist, an deren Zustandekommen interagierende Partner beteiligt sind. Das verbum externum ist verbum efficax, mächtiges, „wirksames und kreatives Wort"[92]. Es schenkt, was es sagt[93], ist „wirksames, auf Zustimmung in einer ganzheitlichen, personalen Weise zielendes Reden, in dem die Sache, die es zu vermitteln gilt, eine der konkreten Situation angemessene Gestalt annimmt."[94] Es lassen sich (veränderbare) Bedingungen benennen, die „felicity-conditions" oder „Korrektheitsbedingungen"[95], unter denen „die performative Äußerung ... wirkungskräftig" ist und „einen beab-

---

88 StA 2, 550, 13–15.

89 WA 45, 189, 24.

90 Vgl. im Anschluss an J.L. Austin insbesondere Bayer, 1971. Einen Überblick über die bisherige Diskussion vermittelt Schulte; dort auch weitere Literatur.

91 Schulte, 132.

92 Schulte, 133.

93 Vgl. Bizer, 1972, 111–114.

94 Bieritz, 1984, 490.

95 Ebd.

sichtigten Effekt"[96] auslöst; „von glaubensbedingten, religiösen oder metaphysischen Voraussetzungen" ist die Wortwirksamkeit jedoch „weitgehend unabhängig."[97]

Die Wirkmächtigkeit des (Predigt-) Wortes wird in diesen Überlegungen auf dem Hintergrund einer Analyse des menschlichen Sprechaktes und damit strikt im Rahmen des alltäglichen zwischenmenschlichen Diskurses und seiner Konventionen verständlich gemacht.[98] Wenn Luther darauf abhebt, dass das Wort auch weiter läuft und wirkt, wenn er beim Bier oder auf der Wartburg sitzt, dass es sich nach und nach auch unabhängig von ‚face-to-face' Situationen durchsetzen kann, dann kommt darin eine Vorstellung zum Tragen, für die gerade die Eigenständigkeit des Wortes gegenüber dem sprechenden Subjekt und gegenüber dem einzelnen Sprechakt wesentlich ist. Ein solches Anliegen scheint mir in der Sprechakttheorie nur schwer rekonstruierbar. In ihr erscheint die gegenwärtig vorfindliche, sprachlich erfasste Wirklichkeit als die Wirklichkeit schlechthin, auch wenn von der Theologie die Kontingenz, die im Blick auf die Wirkung von Worten nicht zu hintergehen ist, als der Punkt angesehen werden mag, an dem auf das Wirken Gottes in Gestalt des Heiligen Geistes zu verweisen ist.

Genau an dieser Stelle ist in den letzten Jahren ein Ansatz für die Interpretation des reformatorischen Wortverständnisses fruchtbar gemacht worden, der die Unterscheidung des Literaturwissenschaftlers J. Anderegg zwischen einem instrumentellen und einem medialen Sprachgebrauch aufnimmt.[99] Der instrumentelle Sprachgebrauch sieht die Sprache „als Instrument zur Bezeichnung oder zur Bezugnahme innerhalb einer problemlos vorhandenen, immer schon gegebenen Wirklichkeit."[100] Er unterliegt damit einer Selbsttäuschung, weil er übersieht, dass Wirklichkeit immer nur als interpretierte begegnet und verfügbar erscheint. Vor allem verstellt er sich den Zugang zu einer Realität, die jenseits der scheinbar problemlos vorhandenen Ordnung liegt. Trotz der unbezweifelbaren Notwendigkeit eines instrumentellen Zugangs zur Wirklichkeit vermag diese „nicht DIE Wirklichkeit schlechthin gültig zu repräsentieren."[101]

Demgegenüber transzendiert „der mediale Sprachgebrauch … jene Welten, lässt uns jene Welten transzendieren, deren wir uns instrumentell

---

96 Schulte, 134.

97 Ebd.

98 Vgl. dazu mit weiterer Literatur: Beutel, 1988, 533 Anm. 90 u. ders., 1991, 115 Anm. 480.

99 Vgl. insbesondere Beutel, 1988, bes. 532–535 und Streiff, 122–130 und 200–224. Vgl. Anderegg, bes. 81–91. Rezeptionen Andereggs finden sich bei Otto (vgl. oben A 3.1.), aber auch bei Baltz-Otto, bes. 15–17 und Grözinger, 1991, 137–139.

100 Anderegg, 39.

101 Streiff, 220.

versichern."[102] In diesem Sinne ist der mediale Sprachgebrauch mit seiner Frage nach dem Sinn „nicht das, worum es im letzten geht, sondern er bietet sich an als Medium für eine Sinnbildung, die über ihn hinausgeht", die „in erprobendem Begreifen und Konstituieren prozesshaft gebildet werden muss."[103]

Der „Verweis auf die Kategorie der Medialität" hilft die Eigenständigkeit und die spezifische Qualität der ‚novam sprach, lingua‘ wahrzunehmen und den „geschlossenen, als verbindlich immer schon vorausgesetzten Zusammenhang unserer Wirklichkeit"[104] zu überwinden. Dabei zeichnet sich „Glaubenssprache" dadurch „als spezifische mediale Rede aus, dass sie den Menschen auf Gott anspricht und dass sie eine Lehre, ein praescriptum hat, das nicht freisteht, über das nicht verfügt werden kann."[105] Dieses vorausgesetzte Präskript darf jedoch nicht biblizistisch oder fundamentalistisch als feststehender, eindeutiger Text verstanden werden, sondern ist selbst mediale Rede, weil in seiner christologischen Struktur Medialität geborgen ist. Lässt sich mit diesem Konzept die offene Struktur der Wirklichkeit und die verwandelnde Kraft der Predigt deutlicher als sprachanalytisch herausarbeiten[106], so erschwert auch in ihm die Konzentration auf ein „Subjekt der Sinnbildung"[107] und dessen prozesshaften, ‚nachdenklichen‘[108] Umgang mit Sprache alle Versuche, eine transsubjektive Dimension des Predigtvorganges, Predigt als das *Menschen und Wirklichkeit nicht nur verwandelnde, sondern überwältigende Geschehen* angemessen zu erfassen.

In beiden Interpretationsversuchen des wirksamen Wortes kommt zudem die soziale Dimension der Rezeption kaum in den Blick, die für die Frage nach der homiletischen Bedeutung der Rede von der ‚ecclesia creatura verbi‘ zentral ist. Einzelne sprechen, ‚tun etwas mit Worten‘, transzendieren in und mit ihrer Rede, ihrem Text Wirklichkeit; inwiefern sie damit Menschen in einer spezifischen Weise gemeinsam ansprechen, zusammenführen oder auch trennen, wird zumindest in den theologischen Rezeptionen kaum zum Thema.[109]

---

102 Anderegg, 55.
103 Anderegg, 51.
104 Beutel, 1988, 534.
105 Streiff, 222.
106 Dies hat Beutel, 1988, überzeugend gezeigt.
107 Anderegg, 50.
108 Vgl. Anderegg, 73.
109 Damit ist nicht die Analyse von Sprechakten gemeint, die selbst auf die Herstellung von Gemeinschaft zielen. Solche lassen sich in den Invokavitpredigten sicherlich entdecken (vgl. unten B 4). Es geht vielmehr um die angemessene Wahrnehmung und Beschreibung eines sprachlichen Geschehens, dass eine Gemeinschaft entstehen lässt, die sich gerade nicht ‚instrumentell‘, d.h. z.B. über sprachliche Abgrenzungsmechanismen definiert.

Einen anderen Ansatzpunkt zur Interpretation bietet die in verschiedenen, unterschiedlichen Theoriesträngen zuzuordnenden neueren Veröffentlichungen als Ausgangspunkt gewählte Metapher vom „im Schwange gehen"[110]. Luther geht es darum, dass das Wort nicht verschwiegen wird, sondern laut wird, dass wir im Predigen und Hören nicht müde werden: „das es ia alles geschehe / das das wort ym schwang gehe / vnd nicht widderumb eyn loren und dohnen draus werde / wie bis her gewesen ist. Es ist alles besser nachgelassen / denn das wort. / und ist nichts besser getrieben / denn das wort."[111] Manfred Josuttis hat jüngst darauf hingewiesen, dass Luther dies keineswegs nur im übertragenen Sinne gemeint hat, sondern etwa mit einem Wochenleseplan die permanente Ausbreitung des Wortes sicherstellen will.[112] „This means that the word of God is dispersed through a Christian congregation when each day the Bible is read aloud in church and clearly explained."[113]

Für unser Sprachverständnis, in dessen Zentrum die Ziele Verstehen und Verständigung stehen, mutet diese Vorstellung fremdartig an. Deshalb ist zunächst noch einmal festzuhalten, dass Luthers Konzeption sich in wesentlichen Punkten von sprachmagischen Vorstellungen unterscheidet. Letztere beinhalten den Glauben „durch das ‚starke Wort', das Sprechen von Formeln, durch den Ritus direkt auf die Wirklichkeit einwirken ... zu können," um, „wenn wir ethnologischen Erklärungen folgen, ... die als Mangel erfahrene Zufallsstruktur der Wirklichkeit aufzuheben und ihre verborgene Ordnung zu beschwören."[114] Demgegenüber beharrt Luther auf der verständlichen, muttersprachlichen, aktuellen, mündlichen Auslegung und wendet sich gegen jede menschliche Verfügbarkeit des Wortes.[115] Es geht ihm weder um die Rezitation heiliger Texte[116] noch um die Reproduktion von Lautpotenzen[117] oder von nur

---

110 Vgl. von der Semiotik herkommend: Bieritz, 1985; anders: Josuttis, 1992; vgl. auch Beutel, 1991, 400 mit weiteren Belegstellen. Vgl. WA 12, 36, 24–26. „Denn es ist alles zuthun umb gottis wort, das dasselb ym schwang gehe und die seelen ymer auffrichte und erquicke, das sie nicht lassz werden." Vgl. WA 19, 80, 1 f.: Um „das gottis wort ym schwang zu halten", sind Lesungen und Predigten eingerichtet. Vgl. Nembach, 1972, 34 f.
111 WA 12, 37, 27–29.
112 Vgl. Josuttis, 1992, 59.
113 Ebd.
114 Nusser, 19. Vgl. 19–22 mit Blick auf die Virulenz solcher magischen Praktiken im Mittelalter als „Rezeptionsbedingungen" (42), denen die mittelalterliche Kirche begegnete.
115 An dieser Stelle ist noch einmal an die Bedeutung und das Recht derjenigen Interpretationen von Luthers homiletischem Ansatz zu erinnern, die wie z. B. Nembach, 1972, die pädagogische und die kommunikative Komponente seiner Konzeption herausstellen.
116 Vgl. Powers; Crystal, bes. 8 f.
117 Vgl. Blofeld.

für wenige verständlichen „incomprehensible terms"[118]. Das wirksame Wort ist nur dann für uns erträglich und heilsam zu hören, wenn es uns in Gestalt des personal und / oder institutionell verantworteten und auf Verständigung zielenden Wortes begegnet. Nur so stiftet es Ordnung, schafft Heil in diffusen Machtsphären, tröstet und stiftet Gemeinschaft.

Dennoch weist gerade das Motiv vom ‚im Schwange gehen' daraufhin, dass den Worten neben ihrer funktionalen oder normativen Bedeutung, neben ihrem Informationsgehalt oder ihrer Bedeutung für eine gelingende, ganzheitliche, institutionelle oder personale Kommunikation ein spezifischer Charakter eignet, der an ihr leibliches Lautwerden, ihren Klang gebunden ist und räumliche Dimensionen hat: *Worte werden laut, erfüllen den Raum, bereiten sich über und um Menschen aus.*[119] Dieses Klanggeschehen führt gleichsam einem Raum Energie[120] zu, Energie, die die Voraussetzung der Mächtigkeit der Worte bildet. Um dies plausibel zu machen, greift Josuttis zurück auf „arachaic views, according to which vital power, divine life energy, spreads through processes of verbal diffusion."[121]

Verschiedene sprachliche Bilder, die Luther in den Invokavitpredigten verwendet, bestätigen die Entscheidung, sich Luthers Wortverständnis über eine Auseinandersetzung mit *Raumvorstellungen* zu nähern. Da ist zunächst das Bild vom Glanz und der Hitze der Sonne, das übereinstimmend sowohl im gedruckten Text, in den Thesen und den Fragmenten überliefert wird.[122] Wie der Glanz und das Licht die Sonne umgibt und sich im Unterschied zur Hitze nicht lenken lässt, so muss „der glaub … allzeyt reyn vnbeweglich in vnsern hertze(n) bleyben / vnd müssen nit dauon weychen"[123]. Ein Lichtraum ist entstanden, in dem der vom Wort, der Sonne, gewirkte Glauben die Menschen umgibt, umschließt und überwältigt. Die Hitze, die ebenfalls von der Sonne her kommt, ist demgegenüber gerichtet und wird für die Menschen in Gestalt der Liebe wirksam; „die weycht dem nechtsen, so offt es not ist."[124]

Der räumlichen Struktur entsprechend gewinnt die Präposition

---

118 Als Beispiel für ein solches Konzept einer „Sacred Language" vgl. Powers, 1986, hier bes. 11 ff.

119 Vgl. Josuttis, 1992, 60: „When the source of life becomes audible, then the air of the community is filled with salutary grace, which one receives in faith."

120 Auf die Vorstellung einer durch Geist oder Energie bestimmten Wirklichkeit und ihre Bedeutung für das Verständnis des christlichen Lebens in der Orthodoxie geht Dorothea Wendebourg ein.

121 Ebd. mit Verweis auf Müller, 1987, 221 f. Der Zusammengehörigkeit von Klang- und Raumerfahrungen entspricht nach Schneider, 1987, 16, auf der Ebene der Sinneswahrnehmungen der enge Zusammenhang von Akustik und Taktilität.

122 Vgl. StA 2, 532, 15–19; WA 10, III, LV, (T = Thesen), 18–21. Vgl. auch WA 9, 632, 25–633, 19. Vgl. auch Althaus, 1962, 42–47.

123 StA 2, 532, 19 f.

124 WA 10, III, LXIII, (F), 122.

„ynn"[125] beträchtliches Gewicht für die Beschreibung der hörenden Existenz. Hat Gott „alle seyne gu(o)ter vber vns außgeschüttet"[126], so begegnen wir ihm nun als einem „glüende[n] backofen foller liebe / der da reichet vo(n) der erden biss an den hym(m)el"[127]. Wir befinden uns in einem Raum, der in einer *überwältigenden* Weise von Gott bestimmt ist, in dem der Menschen „in got sich geschwindet"[128], d. h. sich in ihm verliert und ihm aufgeht. Das gepredigte Wort breitet sich aus, ergreift immer mehr Menschen und verändert die Wirklichkeit. Damit ein solcher Klangraum entstehen kann, in dem die Gemeinde „leben kann"[129], muss, wie in oralen Kulturen üblich[130], „zuvor das geschray ... auß geen"[131]. Der Atemstoß, der Hauch, der den Raum füllt[132], ist Träger der Potenz, die im gesprochenen Wort steckt. „Du must aber sinnen und vernunfft bei seit thun und dencken, es sej etwas anders, das einen Christen machet, davon du nichts mehr den das hauchen und sausen horst. Die Stim horestu, der folge und gleube ir."[133] „Das sind des Heiligen Geistes Stim, sein Sausen und pfeiffen."[134]

In spezifischer Weise geprägt wird diese räumliche Orientierung durch die Charakterisierung des Wortes als ein ‚Fluidum'[135], das wie Wein aus einem Becher getrunken wird oder durch ein Rohr oder einen Kanal fließt.[136] In den Invokavitpredigten ist es die Milch, die aus der Mutterbrust fließt und die Geschwister ernährt.[137] Im Zusammenspiel von fluidalen und räumlichen Orientierungen machen Menschen Erfahrungen des Schwimmens, Tauchens und Überschwemmtwerdens.[138] Das Wort wird zu einem „strömenden tiefen Fluss"[139], der die Hörerinnen und Hörer jedoch nicht verschlingt.

---

125 Vgl. Beutel, 1991, 421.
126 StA 2, 554, 32.
127 StA 2, 555, 2 f.,
128 StA 2, 531, 20.
129 Beutel, 1991, 227.
130 Vgl. Ong, 1987.
131 WA 10, III, 305, 7.
132 Vgl. WA 8, 678, 4 u. 15, 219, 10. Vgl. Josuttis, 1992, 63: „The word of God is the source of life. When it sounds in the reading and exegesis of the divine liturgy, it fills the air, people are touched in faith, and community is built up."
133 WA 47, 29, 29–31.
134 WA 47, 30, 36 f.
135 Vgl. auch die Flussformulierungen am Ende der Freiheitsschrift, StA 2, 304 f., auch wenn dort nicht explizit vom Wort als dem fließenden Element gesprochen wird. Für die Bedeutung der Flussmetapher für das mittelalterliche Wortverständnis vgl. Wenzel, 240 f.
136 Vgl. Beutel, 1991, 391 f. mit zahlreichen Belegen.
137 StA 2, 532, 10–12; vgl. WA, TR 3, 3421: „Man sol auf der cantzel die zitzen herauß ziehen vnd dass volck mit milch trencken." Vgl. Gutmann, 289.
138 Vgl. Sloterdijk, 1993, bes. 71 ff.
139 Baur, 1993d, 92; vgl. auch Gestrichs Ausführungen über das Fließen einer Predigt, 365 f.

Der besonders eindrückliche Vergleich mit dem Mutterleib enthält in sich sowohl den Aspekt des Raumes wie den des ‚Fluidums‘: „Sicut mater fert in utero, sic deus in utero suo i.e. verbo."[140] Wer wie die Kirche und der Glaube „nata ex verbo"[141] ist, wird im Mutterleib Gottes geboren und erlebt im Hören des Wortes die Geborgenheit und Sicherheit, die sich mit der pränatalen Existenz verbindet. Er wird „in den bergenden Raum des Evangeliums verwandelt"[142]. Allerdings eignet dieser Raumerfahrung nicht die Enge, die schließlich in der Geburt ihre Lösung findet: Vielmehr zeichnet sich der „Lebensraum", in den das Wort stellt gerade dadurch aus, dass er „ein neues Lebensgefühl" eröffnet, zu dem eine große Offenheit, Freiheit und Weite gehört. Hörerinnen und Hörer werden in eine „weite Landschaft", in einen „riesige(n) Wald"[143] gestellt. Der Raum des Wortes Gottes schränkt sie nicht in ihren Lebensmöglichkeiten ein, sondern macht sie im Gegenteil frei gegenüber den Dingen der Welt, seien es Bilder, Speisen usw.

Unter Aufnahme der grundlegenden theologischen Unterscheidung von Gesetz und Evangelium und unter Bezug auf Kommunikationstheorien der Frankfurter Schule hat Christof Bizer gezeigt, dass der so entstehende Raum als „herrschaftsfreie(r) Raum"[144] bestimmt werden muss. Zur ‚Herrschaftsfreiheit‘ kommt es jedoch nur in einem umkämpften Raum: „das wort klingt, erfult himel, erden *und stoppft die hell.*"[145] Im Sinne eines Revierkampfes will das Wort Gottes sich immer weiter ausbreiten, während dem Teufel „die weldt zu(o) eng sol werde(n)"[146]. Nur durch den „ständigen instrumentellen Einsatz der Predigt" und ihre dauernde „Präsenz"[147], indem durch die Predigt (des Gesetzes)[148] die Zwänge der kommunikativen Existenz beständig aufgedeckt und transparent gemacht werden, gelingt es die Machtlosen gegen den Zwang der Wirklichkeit vorbehaltlos und ohne Leistung zu stabilisieren und zu privilegieren und sie aus der „Befangenheit im Zirkel von Schwachheit und Todesmacht"[149] zu befreien. „Predigt liegt in der Redeaktion vor, die situationsbezogen absoluten Zwang aufdeckt, seine Forderungen aufhebt, den Gezwungenen vorbehaltlos zur Freiheit

---

140 WA 17, I, 99, 6 f.
141 WA 42, 334, 12.
142 Beutel, 1991, 420.
143 Baur, 1993d, 92; dieses Motiv der Weite betont auch Iwand, 1983, 224, der allerdings nicht die Verortung des Menschen im Wort, sondern umgekehrt „das im Menschen einwohnende Wort Gottes" hervorhebt.
144 Bizer, 1972, 125.
145 WA 45, 189, 23 f. (Hervorhebung von mir, J.C.-B.).
146 StA 2, 533, 21; Vgl. WA 10, II, (S), 22, 10. Vgl. auch Barth, 1967a, 114.
147 Bizer, 1972, 128.
148 Zur Predigt des Gesetzes bei Luther vgl. Josuttis, 1995a.
149 Bizer, 1972, 134.

legitimiert und das Gesetz der gepredigten, ‚ausgeteilten' Freiheit einsichtig, als bloßes Gesetz – unvermischt mit dem Evangelium der Freiheit – formuliert."[150] In der Terminologie dieses Abschnittes formuliert: Predigt zielt darauf, den Raum des Wortes frei zu halten von vergesetzlichenden Verengungen, vom Zwang die Mächtigkeit des Wortes an menschliche Werke zu binden, wodurch der Wirkungsraum des Teufels vergrößert wird. Sie soll „reynigen ... von allem Zusatz und Unflat"[151], seien es Vorschriften und Auslegungen der Tradition oder Beifügungen durch Geistbegabte, gleichsam im Sinne einer reduktionistischen Hermeneutik. Gottes Wort „will alleyn seyn."[152] Behindern die Wittenberger aber durch die Verbindung von Worten und Werken weiterhin die Selbstwirksamkeit des Wortes, dann braucht weder der Kaiser noch sonst jemand Luther aus Wittenberg vertreiben: „jch wil wol vngetrieben vo(n) eüch gan / vn(d) darff sprechen Es hat mir kein feindt / wie wol sie mir vil leyds gethan Also getroffen / als jr mich getroffen habt."[153] Es kommt zu einer Situation, in der das Wort Gottes so sehr mit menschlichen Werken verquickt und an sie gebunden wird, dass nur noch der Auszug, die dissoziative Konfliktlösung bleibt und Luther keine Möglichkeit mehr sieht, das Wort zu predigen.

Geduld und die temporale Struktur des mächtigen Wortes

Nicht nur die räumliche, auch die zeitliche Dimension spielt eine wesentliche Rolle in Luthers Wortverständnis, wie schon die Flussmetapher, die den räumlichen Aspekt mit der Bewegung verbindet, andeutet. In der ersten Invokavitpredigt nennt er als viertes Hauptstück die Geduld.[154] Diese kann sich einerseits darauf gründen, dass das Wort, wenn es getrieben, geübt und gepredigt ist, auf Grund der ihm innewohnenden, oben beschriebenen Potenz sich selbst durchsetzen wird; andererseits lebt sie aus der realistischen Erkenntnis, dass um die Durchsetzung des Wortes gerungen werden muss, denn der Teufel schläft nicht, sondern handelt in unserer Zeit. ‚Geduld üben' heißt dann, sich im Raum des Wortes zu verorten durch Hören und Predigen und sich auf diese Weise der Dynamik des ‚Wortes' anzuvertrauen.[155]

---

150 Bizer, 1972, 137; vgl. zum Miteinander von Gesetz und Evangelium: 138 f.
151 WA 8, 144, 1 f.; vgl. WA 47, 165, 20–22: „Darumb so haltte dich an gottes wort, und wisse keiner von einem andern wort, es heiße ohne, undter oder widder Christum, oder wie es sonst wolle."
152 WA 8, 143, 35.
153 StA 2, 548, 27–549, 1. Vgl. auch StA 2, 536, 22–25, wo er am 10. März seinen Rückzug für den Fall androht, dass entgegen seinem in der Predigt erklärten Willen im Blick auf die Messe allgemeinverbindliche Gebote erlassen werden.
154 Vgl. StA 2, 531, 16.
155 Vgl. StA 2, 537, 2–5; 535, 12–16; 550, 12–19 u. ö.

Wenn das Wort „durch vnd durch geprediget" ist, „wie eüch geschehen ist"[156], gibt es in der Zeitdimension ein ‚Genug'. Dies belegt – gleichsam negativ – Luthers mehrfache Drohung, das Predigen einzustellen und Wittenberg zu verlassen, wenn die Gemeinde nicht endlich (im emphatischen Sinn) hört[157]: „werden sie meyne lere dempffen, ßo hatt gewisslich gott nicht durch mich geredt."[158] Dies zeigt aber auch sein Umgang mit dem Phänomen des „Verbalismus"[159], d. h. dem unablässigen Weiterreden, das im letzten zeigt, dass es den eigenen Worten wenig zutraut und das häufig gerade dem Protestantismus mit seiner Wortorientierung angelastet wird: Wer wie Luther das (Predigt-) Wort als eine machtvolle Größe, eine Energie begreift, die – einmal freigesetzt und regelmäßig, im Schwange gehend – Räume durchdringt, Horizonte öffnet und sich durch die Zeit bewegt, der kann mit seiner Predigt aufhören, der kann einen Predigtschluss finden.[160] Er oder sie muss nicht immer weiter reden, sondern kann sich nach der Predigt beruhigt schlafen legen oder Bier trinken: „jch bin dem ablas vn(d) allen papisten entgege(n) gewesen / aber mit keyner gewalt / jch hab allein gottes wort getriebe(n) / geprediget vnd geschriebe(n) / sonst hab ich nichts gethan / das hat wen(n) ich geschlafen han wen(n) ich wittenberisch bier mit meyne(m) philipo vnd Amßdorff getruncken hab / also vil gethan / das das Bapstum also schwach worden ist / das jm noch nye keyn Furst / noch Keyser so vil abgebrochen hat / ich hab nichts gethan / das wort hatt es alles gehandelt vund außgericht."[161] Wer so im Wort Gottes lebt, wird die Autorität des Wortes Gottes nicht verwechseln „with the quantity of a permanent profusion of words."[162] Hier werden nicht Worte gemacht, die in einem permanenten Rauschen untergehen und im Schwall der Worte nichts sagen[163], ja möglicherweise sogar einen Versuch darstellen, sich vor dem überwältigenden Wort zu schützen: „Not the many words but only the

---

156 StA 2, 550, 3 f.

157 Vgl. StA 2, 548, 26-549, 1; 550, 31-551, 2; vgl. auch 551, 13-15.

158 WA 10, II, (S), 13, 13 f.

159 Lorenzer, 247; vgl. Josuttis, 1992, 62 f.

160 Vgl. Josuttis, 1985d.

161 StA 2, 537, 5-12; vgl. WF, Blatt 4: „Ich habe als yr woll wysth ... egen den Bapsth, Bischoffhe vnnde de gantzen hauffen vnnd anhanger, die fledder meüsze, das gantze gesznurchen myth gottes worth szo weith gebracht, das X konnenghe von frankrich nicht gedan hetten. Oder gantze Deutdische land, vnnd hebbe nicht ghedan dan eck habe geschreben gotts worth ans licht ghebracht vnder die leuthe; das hath die hertzen ergriffen (greffen?) eynen hyr den andern dar, vnnd habe eynen trunck wyttembergesck beer ghetruncken myth meynem Philippo vnnd Amsdorff, vnnde andern guten freunden, vnnd habe vnderzeiten geslaffen vff meynem bette, vnd habe das worth gots lassen wyrcken; das ist war."

162 Josuttis, 1992, 63.

163 Vgl. Soeffner, 1993, 194: „Relevant ist weniger das, worüber man redet, als dass man redet." Vgl. auch Luhmann, 1975, bes. 23-25.

one Word is necessary and can save us; not constant but concentrated talking and praying help us live."[164]

2.2. Das Predigtwort im Kampf um Gewissheit

Die Predigt ist die wichtigste Gestalt der Energie, die im Wort Gottes die Welt ergreift und einen Lebensraum eröffnet. Gleichzeitig ist sie der entscheidende Kampfplatz[165] und die wichtigste Waffe[166] in der Auseinandersetzung zwischen Gott und Teufel. „Dann wir streyten nit wider den Bapst oder Bischoff (et)c(etera) Sonder widder den teüffel."[167] In Luthers „extreme Theologie"[168] gibt es keinen machtfreien Raum: „... cum non sit medium regnum inter regnum Dei (et) regnum Satanae."[169] Der Mensch ist immer ‚besessen‘: „si insederit Deuus, uult (et) uadit, quo uult Deus, ut Psalmus dicit, Factus sum sicut iumentum (et) ego semper tecum. Si insederit Satan, uult (et) uadit, quo uult Satan, nec est in eius arbitrio, ad utrum sessorum currere aut eum quaerere, sed ipsi sessores certant ob ipsum obtinendum (et) possidendum."[170] Die Predigt gibt es nicht ohne Kampf: als sprachliche Auseinandersetzung des Evangeliums mit der Macht des Teufels, der Sünde und des Todes; sie lebt mit der Verheißung, letztendlich alle drei zu überwältigen.[171]

---

164 Josuttis, 1992, 67.
165 Grundlegend ist die Predigt „unter dem Gesichtspunkt der Kampfesvorstellung" (148) untersucht worden von Gustaf Wingren. Vgl. aber auch Krug und Hans-Martin Barth, 1967a, 116: „Eine Besinnung über die Predigt entspricht der Auffassung Luthers, wenn sie das Predigtgeschehen bewusst als Aktion Gottes gegen den Satan begreift." Vgl. auch Bieritz, 1984, 486. Unter dieser Perspektive bestätigt sich noch einmal, dass eine Wahrnehmung der lutherschen Homiletik als vornehmlich an Belehrung und Ermahnung interessiert zu kurz greift; vgl. Baur, 1993c, 31 f., der betont, dass sich das Wort keinesfalls primär an unser intellektuelles Vermögen richtet, sondern wesentlich Widerstand gegen die Macht des Satans leistet.
166 Vgl. Nusser, 104: „Luther wirkte durch seine Sprache, die er wie eine Waffe handhabte."
167 StA 2, 532, 33 f.
168 Vgl. Baur, 1993a.
169 StA 3, 311, 28 f. Vgl. Schoch, 38: „Luther denkt sich eben die Wirklichkeit als bis in die tiefsten Gründe des Seins reichenden Widerstreit."
170 StA 3, 208, 3–7. Vgl. Bizer, 1972, 126, der festhält, dass „hinter dem konkret zwingenden partikularen Zwang die universale Strategie des Satans steht."
171 Weitere Belege zum sprachlich operierenden Teufel und seinem Streit mit dem Wort Gottes finden sich Beutel, 1991, 122 f.; 158–163 u. 388. Vgl. auch Wingren, 121–123.

Im Unterschied z. B. zu Karlstadt, der den Teufel vor allem durch ‚Teufelswerk', d. h. äußerlich zu identifizierende Geschehnisse und Gegenstände handeln sieht[172], ist der Teufel (wie auch die Engel[173]) für Luther zunächst und vor allem *ein sprachlich operierendes Geschöpf,* das argumentiert, spricht[174] und hört.[175] Nach dem Wolfenbütteler Fragment ist der Teufel „aüch eyn Theologus"[176], vor dem es im letzten zu bestehen gilt im Argumentieren und Examinieren.

Das Wort ist dementsprechend das einzige Mittel, um gegen den Satan kämpfen und in diesem Kampf auch bestehen zu können. Aus heutiger Sicht lässt sich diese Beschränkung der Verkündigung auf sprachliches Handeln als Hinweis auf die „Gelassenheit"[177] verstehen, die Luther auszeichnet; eine solche Sicht unterschätzt jedoch die Dramatik, die für Luther in diesem ‚Wortgeschehen' steckt.[178] „Das mündliche, laute, gepredigt(e) Wort"[179] entreißt die Menschen dem Teufel, „indem es sich ihnen aufdrängt. Damit kommt ihm eine doppelte Funktion zu: Es gibt dem Gläubigen festen Grund unter die Füße wider alle Anstürme des Teufels, und es nimmt den Irrgläubigen ihren Halt, indem es den Teufel aufdeckt, der hinter ihnen steht"[180].

Nusser hat in seiner Literaturgeschichte darauf hingewiesen, dass sich die Rolle des Teufels am Ende des 15. Jahrhunderts gewandelt hat, wie sich u. a. am geistlichen Spiel zeigen lässt. Die „gefürchteten Sündenrichter" unterliegen einem „Kompetenzabbau", in den sie aber auch Christus hineinziehen, „wenn sie über die Möglichkeit seiner göttlichen Existenz reflektieren. . . . Der Teufel als Symbol des transzendental Bösen verblasst im Bewusstsein der Menschen. Er verliert seinen eschatologischen Be-

---

172 Vgl. Stirm, 38–43 und 60–68.

173 Vgl. Gerke, 328: „Gegenüber dieser Verführung zum Bösen inspiriert der gute Engel dem Sterbenden Gottes Wort."

174 StA 2, 549, 13 f.

175 Vgl. auch Winkler, 1983, 83 f. Dass dies eine durchaus nicht unbekannte Weise des Umgangs mit Tod und Teufel war, zeigt u. a. Johannes von Tepls ‚Ackersmann aus Böhmen', der um 1400 entstanden ist. Hier überzeugt der Tod einen Bauern, der seine Frau verloren hat, argumentativ, dass das Sterben notwendig zum Leben gehört. Allerdings wird hier – diametral entgegengesetzt zu Luthers Interesse – durch den sprachlichen Charakter der Auseinandersetzung gerade der Szene ihre Schärfe genommen. Vgl. Schnyder, 225–230 u. Haas, 173 f.

176 WF, Blatt 4.

177 Möller, 1990, 68.

178 Vgl. zu Luther als Mensch zwischen Gott und Teufel: Oberman, bes. 223–239.

179 Barth, 1967a, 115. Vgl. WA 13, 686, 32 f.: „Diabolus non curat verbum quod iacet sub scamno sed vocale timet, ad quod commovetur cum toto regno." Allerdings zeigen die Vorreden zu zahlreichen Schriften Luthers, dass auch sie dem Ziel dienen, gegen den Satan zu kämpfen; vgl. die Belege bei Barth, 1967a, 116 u. Rödzsus-Hecker, 45.

180 Barth, 1967a, 113.

zug."[181] „Dass aber Spiele, in denen der Teufel eine neue, abgewertete Funktion übernahm, im 15. und 16. Jahrhundert überhaupt weiter – und verstärkt – geschrieben, aufgeführt und angeschaut wurden, ist nicht aus Belustigungseffekten zu erklären, die von ihnen ausgingen; vielmehr spiegeln sich darin die Unsicherheit, die mit dem ‚subjektiven Zustand der eigenen Sündhaftigkeit' verbunden ist, und die Gewissenskämpfe, die entstanden, weil der ‚vergessene' Gott immer wieder erinnert wurde."[182]

In diesem Sinne ist Luthers Hervorhebung des redenden und hörenden Teufels einerseits Ausdruck einer im ‚Prozess der Zivilisation'[183] begründeten Bewegung zur Entmächtigung des Transzendentalen. Andererseits wird die Gefährlichkeit und Mächtigkeit des Teufels in dieser Zeit, in der sprachliche Vollzüge immer mehr an Bedeutung gewinnen, wieder neu plausibel, insofern sie sich im Sprachgeschehen aufweisen lässt. „Die mündliche Rede kann ihre Wirkung nicht voll entfalten, weil immer etwas auf der Seite der Redenden und Hörenden dazwischen kommt. Luther nennt es den ‚Satan'."[184] Dieser Begriff steht für alles, was „alle Sicherheit im Verstehen von Rede und in der Auslegung von Texten immer wieder aufschieben und unsicher machen kann. Der ‚Teufel' ist zuständig für diejenige Seite der Sprache, die sich nicht vom Menschen beherrschen und durchschauen lässt."[185] Nicht das Streben des Menschen, sein eigenes Wort zu sagen, sondern die Gegenmacht gegen das Wort Gottes und damit auch gegen die Predigt sind damit benannt. In einer Gesellschaft, die sich zunehmend von (gelingender) Kommunikation her definieren will, reformuliert Luther die für ihn grundlegende Gespaltenheit der Welt auf eine verständliche, die bedrohlichen Aspekte der Wirklichkeit nicht verdrängende Weise: die städtischen Bürger, die auf eine Reproduktion der Gesellschaft durch Kommunikation setzen und die Existenz des Teufels zunehmend in Zweifel ziehen, hören, dass ihnen in Produktion und Rezeption menschlicher Rede (und Schrift) nie das reine Wort Gottes, sondern immer auch der ‚Satan' begegnet. Die Erfahrungen misslingender Kommunikation werden verständlich, denn das Wort Gottes begegnet immer schon gebrochen, immer droht das „Nicht-Authentische[...], das Tote, Gaukelhafte"[186] dazwischen zu kommen, ist der Teufel schon hinein gekrochen.

181 Nusser, 63.
182 Nusser, 64.
183 Vgl. Elias, 1978 und 1982.
184 Rödzsus-Hecker, 29.
185 Rödzsus-Hecker, 36.
186 Rödzsus-Hecker, 33.

Am Beispiel der Bilderfrage lässt sich der sprachliche Streit mit dem „widersa(e)cher"[187] gut verdeutlichen. Luther zeigt, wie „sie vns den grundt wanckende vnd vngewyß"[188] machen. Auch gute Argumente führen letztlich nicht dazu, dass die anderen überzeugt werden, in dem Sinne, dass sie aus freien Stücken ihre Meinung ändern: „zwingen"[189], „sie ... dahin dringe(n), das sie es bekennen müssen"[190], ist in diesen Fragen unmöglich. „Derhalbe(n) soll man(n) es geprediget habe(n) / wie bilder nichts were(n) / man(n) thete gotte keyne(n) dienst daran / wan(n) man die auffrichte / so würde(n) sy wol vo(n) jm selber zergeen"[191]. Auch Paulus bei seiner Rede auf dem Areopag „schlu(o)g ... keyn ins maul / sonder tradt mitten vff den platz vnd sprach."[192] Wer die Bilder mit Gewalt umzustoßen versucht, der wird „sie wol stercker auffrichten durch diese weyse"[193]. Die gewalttätige Auseinandersetzung erhöht die Bedeutung der Bilder für das Herz der Menschen.

Gerade um das Herz der Menschen aber gilt es zu ringen, denn das Herz ist das innerste Zentrum der Person, der anthropologische Ort, an dem die Entscheidung über das geistliche Leben fällt.[194] Sie ist nicht das Ergebnis eines primär als rational und argumentativ zu beschreibenden Prozess, sondern ist körpergebunden und durch die Dialektik von Freiheit und Intensität der Zuwendung bestimmt: ein ‚dringen' und gewaltsames Drängen führt zu einem ‚Sich-Abschließen' des Herzens im Körper, einem Rückzug. Demgegenüber öffnet die Zusage der Freiheit das Herz, macht es für das Wort Gottes zugänglich und ruft Aufnahme statt Abschließung hervor. Für die Bilderfrage heißt das: „Alleyn das hertze mu(o)ß nicht daran hangen / vn(d) sich nit darauff wagen."[195] Dies gelingt, wenn durch sprachliche Operationen, durch die Unterscheidung von Gesetz und Evangelium der Einfluss des Satans auf das Herz zurückgedrängt wird und „Fröhlichkeit und Gelassenheit"[196] in die Mitte

---

187 StA 2, 542, 5.
188 StA 2, 542, 8 f.
189 StA 2, 542, 30.
190 StA 2, 542, 26 f.
191 StA 2, 542, 32–34.
192 StA 2, 543, 2.
193 StA 2, 543, 6 f.
194 Vgl. Joest, 137–232; Josuttis, 1995b, 58 f.; auch Metzger, 86 f.: „Das Herz ist der Sitz der affektiven Kräfte. Darum kann cor an einigen Stellen mit affectas bzw. voluntas gleichgesetzt werden. Daneben hat cor die umfassende Bedeutung von Mitte des Menschen, Kern seines Wesens, was übrigens auch an der sachlichen Nähe von cor und conscientia ersichtlich wird. Das Herz ist das Zentrum des Inneren, der Wurzelgrund des religiösen und sittlichen Lebens."
195 StA 2, 543, 13 f.
196 Streiff, 150.

des Menschen einziehen. Das Herz ist „die Instanz, in der es sich entscheidet, ob Sprache zu Glaubenssprache wird"[197] und umgekehrt ist „die Sprache ... Abbild und Siegel des Herzens, konsequentester Ausdruck innerer Befindlichkeit."[198]

Lassen sich die geschehenen Reformen „vor den Papisten vnd grobe(n) kopffen"[199] vertreten und verteidigen mit dem Argument, es sei gleichgültig, ob es in gutem oder schlechtem Geist geschehen sei, wichtig sei lediglich, dass „das werck an jm selber gut ist"[200], so überzeugt ein solcher Zugang die von Luther mit dem Begriff Teufel bezeichnete Instanz und Macht nicht.[201] Mit dem Teufel müssen die Menschen mit Worten kämpfen, nicht nur in der Frage der Bilder, sondern in allen Dingen und Zeit ihres Lebens, denn nur so kann es im Herzen zu einer „Befreiung von allen den Menschen bedrohenden Mächten"[202] kommen.

Für die Invokavitpredigten ist die Todesstunde der paradigmatische Ort, um dieses Kampfesgeschehen zu beschreiben. „Der Tod ist der augenfälligste Exponent einer Mächte-Konstellation, die den Menschen bedroht, erniedrigt, beherrscht und von innen her seiner wahren Identität und seiner Zukunft beraubt."[203] Die Auseinandersetzung in der Sterbestunde erscheint unter dieser Perspektive weniger als seelsorgerlich motivierte Befragung, in der man sich am Ende des Lebens noch einmal der Grundlagen des Lebens versichert[204] und sie etwa durch die Rezitation des Sterbepsalms[205] gestaltet, sondern als *Streit um das Herz unter dem Wort Gottes und über der Bibel*: „Wen(n) der teüffel »als er vns genach su(o)chtt« spreche(n) wirt / wo hast das in der schrifft gelesen"[206], sollen wir „mit vilen sprüchen gerüst dem teüffell fürhalten"[207] können, „das wyr unßer gewissen auff gotis wort lautter und alleyne grunden, damit wyr dem teuffel ym sterben begegn und bestehen kunden."[208] Einen solchen festen Spruch kann „dir der teüffel nit vmbstossen oder fressen / ja er wirt von dem spruch umbgestossen vnd gefressen werde(n)."[209]

197 Streiff, 147.
198 Streiff, 148.
199 StA 2, 533, 13 f.
200 StA 2, 533, 15 f.
201 Vgl. StA 2, 533, 16: „Aber vor dem teüffel weyß ich nitt zusu(o)chen."
202 Barth, 1989, 47.
203 Barth, 1989, 46; vgl. 47 Anm. 6 mit weiterer Literatur zu Luthers Verständnis des Todes.
204 Vgl. Rudolf, 148.
205 Vgl. auch Janssen, 1994, 289.
206 StA 2, 549, 13 f.
207 StA 2, 530, 20 f. Vgl. auch StA 2, 539, 14–540, 2: Mönche und Nonnen, die heiraten wollen, müssen „zu(o) errettung jrer gewissen / ... auff eym klaren spruch ston." (540, 1 f.).
208 WA 10, II, (S), 22, 2 f.
209 StA 2, 540, 6–8.

Gelingt es hingegen dem Teufel, etwa im Blick auf die Abendmahlspraxis argumentativ zu zeigen, dass ‚nehmen' an anderen Stellen der Bibel auch anderes bedeuten kann als ‚mit den Händen greifen', so können diejenigen, die die neue Praxis, die Elemente selbst in die Hand zu nehmen, zu einem Gesetz gemacht haben, in der Auseinandersetzung nicht bestehen.[210] Nicht, weil sie nicht rechtfertigen können, dass sie selbst die Oblate wie die Jünger mit den Händen ergriffen haben, sondern weil sie diese Frage in den Rang eines guten Werkes erhoben haben und damit den Glauben gebunden und die Gewissen belastet haben.[211]

In den Invokavitpredigten finden sich weitere Beispiele für die Schwierigkeiten sich in der Sterbestunde vor dem Teufel zu verteidigen, wenn begründete Antworten fehlen auf dessen Rückfragen und Vorhaltungen. Denn letzterer versucht nicht, dem Evangelium frontal entgegenzutreten, da ihm hier „das ware liecht"[212] entgegenstrahlt, sondern in einer für sprachliche Auseinandersetzungen typischen Weise will er es von „der seyten einreyssen"[213]. Dazu lässt er sich auf die Argumentation mit der Bibel ein, verwendet ihre Worte und Sprüche, das gleiche Sprachmaterial, aus dem auch die Gläubigen ihre gewiss machenden Formulierungen entnehmen müssen. So führt er Matthäus 15,13 bzw. Jeremia 23,21 an, um in einer Gerichtsszene[214] diejenigen „so das spil angefange(n)"[215] und sich das Recht zu Handlungen im Namen Gottes anmaßen, zu verunsichern und der Trennung von Gott zu überführen. Der Teufel nimmt den Christen und die Christin ins Kreuzverhör, indem er sie auf die für sie selbst entscheidenden Kriterien ihrer christlichen Existenz anspricht, darauf behaftet und sie damit zwingt, ihr eigenes Urteil zu sprechen: „wie wolten sie bestan / er sto(e)st sie in die helle."[216] *Das äußere Wort begegnet auf dem Kampfplatz in einer eigentümlichen doppelten Rolle: einerseits ist es Waffe, Wort der Gewissheit, um sich gegen den Teufel zu verteidigen und ihm auf den Leib zu rücken[217], andererseits selbst der Gegenstand um den (sprachlich) gekämpft wird.*

210 Vgl. StA 2, 549, 8–29. Die in diesem Abschnitt beschriebene Argumentation kann als Beispiel für die u. a. von Baur, 1993d, 72–81, herausgestellte Offenheit Luthers für einen kritischen Umgang mit der Schrift gelesen werden.
211 Vgl. StA 2, 536, 20–22: „der gläub wil nit gefangen noch gebunde(n) seyn / noch durch ordnung an ein werck geo(e)rtet sein."
212 StA 2, 532, 35.
213 StA 2, 533, 1.
214 Vgl. StA 2, 533, 16–20.
215 StA 2, 533, 17.
216 StA 2, 533, 19 f.
217 Vgl. WA 40, 1, 678, 1.

Für Luthers Zugang charakteristisch[218] und für unsere Fragestellung zentral ist, dass der von Ariés als *„Schauspiel"*[219] bezeichnete Vorgang im Sterbezimmer, von ihm als *Hörspiel* beschrieben wird: *ein Hörspiel auf Leben und Tod.* Gegen die Einflüsterungen des Teufels, seine Argumentationen und Reden muss es dem Individuum in der Situation des Todes gelingen, die während des Lebens ihm oder ihr von außen zugesagten Verheißungsworte: „die hauptstück so einen Christen belange(n)"[220] zu reproduzieren. „Es kan aber nyemand besteen, er hab dann die tröstlichen sprüch wieder die sünde bey seinem leben wol gelernet und geübet: was die seel in der welt da von entpfangen hat, das bringt sye mit hinweg und sonst nichts meer. Wider den Teufel und die helle kan nyemand besteen, er hab denn Christum grundlich erkennet, das er dem teufel trotzlich wisse vorzuhalten on zweyfel: Wie Christus für In gestorben, die helle und den Teufel uberwunden, und das eben er sey der selbig, dem es zu gut geschehen sey und den Gott selig haben wölle."[221]

Noch im Sermon von der Bereitung zum Sterben von 1519[222] hat Luther sich darauf konzentriert, den Sterbenden das Bild Christi *vor Augen zu stellen* und die Bilder von Tod, Sünde und Hölle *aus dem Blick zu rücken.* Die Sterbenden sollen den Tod, die Sünde und die Hölle nicht „zuuil ansehen odder betrachten."[223] Gelingendes Sterben ist hier ein Bilderkampf, der erfolgreich bestanden wird, wenn der oder die Trostsuchende „in der Situation des Sterbens das Bild des Todes ausschlägt und nicht sehen will, dass man ebenso in der Todesstunde sich nicht vom Bild der Sünden, das man besser im Leben vor Augen haben sollte, in Verzweiflung stürzen lasse."[224] Dem dreifachen Bild von Tod, Sünde und Hölle wird „eyn dreyfeltig bild"[225] gleichsam als „bewusste Aktivierung einer angstbannenden Gegenvorstellung"[226] entgegengestellt, das sich jedoch im Grunde auf das eine Bild Christi zurückführen lässt, in

---

218 Zum folgenden vgl. die Untersuchung von Wenzel, 1995, der die „mittelalterliche Audiovisualität" (11) überzeugend dargestellt hat. Gerade auf dem Hintergrund seiner Überlegungen zeigt sich das *spezifische* Interesse Luthers.
219 Ariés, 1982, 34 (Hervorhebung von mir, J.C.-B.).
220 StA 2, 530, 7 f.
221 WA 10, III, LVII, (F), 13–17.
222 Hier zitiert nach der Ausgabe StA 1, 232–243.
223 StA 1, 234, 12; vgl. auch die Zeilen 13 f., 26, 32 f. u.ö.
224 Kantzenbach, 111.
225 StA 1, 237, 36.
226 Winkler, 1984, 66. Vgl. Josuttis, 1995b, 62–64, der Luthers Umgang mit der Sterbestunde von diesem Text her analysiert und das Gewicht, dass das Wort in den Invokavitpredigten für die Sterbestunde gewinnt, nicht berücksichtigt. Zur energetischen Macht von Bildern vgl. auch Leuner; im Horizont der Debatte um die Macht moderner und populärer Bildwelten: Gutmann, 1998.

dem „die Schreckensfantasien aufgenommen werden und in deren Zusammenhang sie von selbst verschwinden"[227]: „das lebendig / vnd vnsterblich bild / widder den tod / den er erlitten / vnd doch mit seyner vfferstand von todtenn vbirwunden / yn seynem leben … das bild der gnaden gottis / widder die sund / die er auff sich geno(m)men / vn(d) durch seynen vnubirwindliche(n) gehorsa(m) / vbirwu(n)de(n) … d(as) hymelisch bild / der vorlassen von gott / alß eyn vorda(m)pter / vnd durch seyn aller mechtigist liebe die hell vbirwu(n)de(n) / bezeugt d(aß) er d(er) liebst sun sey / vn(d) vns allen dasselb zu eygen geben / ßo wir also glauben."[228]

In der ersten Invokavitpredigt sind das Sehen und die Bilder aus der Beschreibung der Sterbeszene verdrängt. Es heißt nicht länger: „Du musst den tod / yn dem leben / die sund / yn der gnadenn / die hell / ym hymell *ansehen* / vnd dich von dem *ansehen odder blick* / nit lassen treyben / wan dirs gleych / alle Engell / alle Creatur / ya wens auch dich dunckt / gott selbs anders furlegen / das sie doch nit thun / aber / der bo(e)ß geyst macht eyn solchen scheyn"[229], sondern du musst dich auf das Wort besinnen, dass du gehört hast. Ein Anlass für diese Umstellung, für diese Skepsis gegenüber der Wirksamkeit und der Eigenständigkeit der Bilder mag der Bilderstreit während der Wittenberger Unruhen sein.

Darüber hinaus aber sind es grundsätzliche theologische Erwägungen: „Und ist Christi reich ein hör Reich, nicht ein sehe reich. denn die Augen leiten und führen uns nicht dahin, da wir Christum finden und kennen lernen, sondern die ohren müssen das tun."[230] Gott hat sich entschlossen, sich durch das Wort hörbar zu machen, nicht den Augen sichtbar.[231] Wenn es um den Glauben geht, ist das Ohr das entscheidende Organ, sind Hören – und dann auch Reden – die wichtigsten Vollzüge menschlicher Anthropologie.[232]

Charakteristisch für das Ohr ist seine geringe Fähigkeit zu (bewusster) Selektion. Es lässt sich nicht bewusst schließen, die Möglichkeiten aus einer Klangwolke auszuwählen, sich von einzelnen Elementen zu distanzieren, bestimmte Perspektiven einzunehmen, zu focussieren, sind viel geringer als die Konzentrations- und Selektionsmöglichkeiten der Augen. So ist das Ohr in weit größerem Maße als das Auge Außeneinflüßen machtlos ausgesetzt und gilt im Gegenüber zum Auge eher als Ort der Grenze „oder gar der Aufhebung der Freiheit."[233] Das Ohr bewegt sich

227 Barth, 1989, 50.
228 StA 1, 237, 38–238, 6.
229 StA 1, 235, 28–32 (Hervorhebungen von mir, J.C.-B.).
230 WA 51, 11, 29–33.
231 Vgl. mit weiterer Literatur, Stirm, 120 f.
232 Vgl. Baur, 1993d, 99 f.
233 Blumenberg nach Rödzsus-Hecker, 60.

in einem Lautraum. Diffuses dringt auf es ein. Wer nicht hören will, muss schon sehr störrisch sein, ebenso wie derjenige beharrlich sein muss, der ein bestimmtes Geräusch hören will. „Das Auge kann suchen, das Ohr nur warten."[234] *So steht das Ohr für die Rezeptivität und Passivität des Menschen im Umgang mit Gott und seinem Wort.* Gerade deshalb betont Luther, dass die für seine Homiletik zentrale Freiheit der Rezeption in der Differenz von Ohr und Herz gründet.

Darüber hinaus kann das Ohr nicht langfristig verfügbar halten, was es vernommen hat.[235] „Ist doch dem Wort gerade dies wesentlich, dass man die Sache, von der es spricht, nicht sehen, sondern allein hören und glauben kann."[236] Nachdem der Schall verklungen ist, ist das Wort nicht nur nicht mehr von denen zu kontrollieren, die es gesprochen, sondern auch nicht mehr in der Verfügung derjenigen, die es gehört haben, während das Sehen durch die wiederholte Wahrnehmung des Raumes zu einer instrumentellen und effektiven Beherrschung der Welt beitragen kann. „Das Sehen ist die Operation par excellence, die das naturwissenschaftliche Experiment, die Textinterpretation ebenso wie die kriminalistische Beweissicherung auszeichnet."[237] Das Wort dagegen lebt davon, dass es immer wieder neu laut und von außen zugesprochen wird; so sichert gerade die Wortbindung die Voraussetzungslosigkeit und Freiheit des Geistwirkens.

Bestätigt wird diese Beschreibung dadurch, dass das in bestimmten Texten Luthers wichtige Sehen theologisch dann Bedeutung erhält, wenn es nicht über seinen Gegenstand verfügen kann. „Wenn Luther sagt: ‚Rhetoricator igitur Spiritus Sanctus iam, ut exhortatio fiat illustrior' (WA 40, III, 59, 37), so nimmt er den ‚Fachausdruck für jene Fähigkeit des Aktualisierens und Vergegenwärtigens, des Dabeiseins und Betroffenseins' auf; Illustrior ist nämlich das Adjektiv, welches jene dem Auge, dem Schauen eignende Gabe des Dabeiseins ausdrückt. Vergegenwärtigung und damit Glaubhaftmachung (Glauben als Glaubenmachen) geschieht so über ‚das wiedererweckte Sehen von Bildern, über die wir keine Macht haben'."[238]

Festzuhalten ist: nach den Invokavitpredigten braucht, wer auf dem Kampfplatz des Lebens bestehen will, einen „klaren starcken spruch"[239],

---

234 Ebd.
235 Vgl. Ongs Hinweise auf die Strategien primär oraler Gesellschaften, durch Formeln und Mnemotechniken Kontinuität zu ermöglichen.
236 Beutel, 1991, 441.
237 Gutmann, 1991, 363.
238 Bieritz, 1984, 488.
239 StA 2, 530, 11 f.; vgl. 540, 1 f.. Vgl. Beutel, 1991, 154, nach dem es um „die Frage" geht, „welches Wort ein verzagtes Herz zu trösten und einen in Trübsal erdrückten Geist wieder zu erwecken vermag." Und im Blick auf die Predigt, a. a. O., 114: „So trägt Luthers fortwährendes Insistieren auf die simplicitas verbi denn auch unverkennbar eine homileti-

„daran wir uns hangen und uns halten"[240] können. „Darumb lieben freünde müssen wir auff eyne(n) gewissen grundt stan das wir vor des teüffels anläuff besteen mügen."[241] Dem Glauben, „das Christus gottes Son für vns steet"[242], „dem kan weder teüffel / hell / noch sünde schaden / warumb? dann gott ist sein schütz vnd rückhalter"[243]. Dieser Glaube bedeutet: „dafür ichs gewyß halte / gott streyttet für mich / tru(o)tz dem teüffel / tod / helle / vnd sünde"[244]. „On und vor dem wort"[245] gibt es keine solche „emphatische Gewissheit"[246], die hilft, „getrost, keck und mütig zu werden widder allerley anfechtung dazu wider welt und Teuffel."[247]

Die ‚starken Sprüche‘ und die Gewissheit

Was aber ist mit den ‚starken Sprüchen‘ gemeint, die in sprachlicher Form der Gemeinde Gewissheit zur Verfügung stellen? Luther beschäftigt sich zunächst mit der Frage, inwiefern es sich dabei um die *Reproduktion auswendig gelernter Sätze* handeln kann. „Jch sihe wol das jr vil wyst vo(n) lere zureden eüch gepredigt vo(n) dem glaube(n) vnd liebe / vn(d) ist nit wunder / kan doch schier ein esell lection singen / solt jr dann nit die lere oder woertlin reden und leren."[248] Das Wissen, das in der Situation des Sterbens gefragt ist, ist mehr als die Kenntnis und Wiederholung von Worten, die in der Vergangenheit einmal zur Sprache gekommen sind und in einem institutionellen Rahmen überdauert haben. Es fordert mehr als die Beherrschung einer Mnemotechnik.[249] Zwar hat Luther selbst auf der Coburg „an die Wände ... einige ihm wichtige Psalmworte geschrieben, die alle vom Bedrohtsein und seiner letztendlichen Überwindung sprachen: ‚Ich werde nicht sterben, sondern leben

---

sche Pointe: Es ist ihm um die Vergewisserung von Prediger und Hörer zu tun, das äußere, mündliche Predigtwort nicht nur als ein menschliches Reden über Gott verstehen zu müssen, vielmehr als die eigentliche und unüberbietbare Gestalt, in der Gott selbst zu den Menschen spricht. Die Eigenschaften, die Luther dem ewigen Wort (Ewigkeit) und dem schaffenden Wort (Verlässlichkeit, Wirksamkeit) zuschreibt, gelten darum nicht minder für das verbum prolatum und sind ihm vor allem um dieser letzteren Sprachgestalt willen interessant."

240 WA 48, 67, 7.
241 StA 2, 549, 27–29.
242 StA 2, 552, 8.
243 StA 2, 552, 11–13.
244 StA 2, 552, 14 f.
245 WA 50, 245, 6.
246 Baur, 1993d, 46.
247 WA 45, 613, 1–9.
248 StA 2, 531, 6–9.
249 Vgl. neben Ong fürs Mittelalter auch Wenzel, 72 ff.

und des Herrn Werke verkündigen' (Ps 118,17). ‚Der Weg der Gottlosen vergeht. Es währet aber lang, harre doch.' (Ps 1,6). ‚Arme und Schwache werden deinen Namen loben. Denn die anderen brauchen dich nicht.' (Ps 74, 21)."[250] Dennoch ist für Luther das Memorieren von (biblischen) Sprüchen keineswegs die beste Vorbereitung auf das Sterben. Zu stark ist seine „Reserve"[251] gegen eine Fixierung auf die Sterbeszene und eine spezielle Sterbebegleitung, die das Wort Gottes instrumentalisiert und exklusiv für die eigene Gruppe oder Person reklamiert.

Zudem ist er nicht nur an der Gestaltung der individuellen religiösen Praxis[252] interessiert, sondern gerade daran, wie sie in der Gemeinde Gestalt gewinnt. „Die eigentliche Seelsorge für Leben und Sterben erfolgt im öffentlichen Gottesdienst."[253] Sie bleibt eingebunden in die konkrete, öffentliche und auf Verständlichkeit zielende Verkündigung. Gewissheit schaffen die Worte, die die Gemeinde „vor vil tagen"[254] von Luther gehört hat und die nun denen, die die gehörten Worte glauben, als spezifisches „Wissen und Rüstzeug"[255] für die sprachliche Auseinandersetzung mit dem Teufel zur Verfügung stehen. In der Predigt wird gegen die Teufel gekämpft[256], indem um die rechte Auslegung und Deutung des Wortes Gottes, ja um die Präsentation eines einzelnen starken Bibelverses gerungen wird, an dem sich der Satan die Zähne ausbeißen wird, durch den er vertrieben wird[257]. In ihr werden Worte gesprochen, die nicht „mit dem hall" vergehen, „als der aus war"[258], sondern in denen Gott selbst zu Worte kommt. „Denn aber ist er dir da, wenn er sein wort dazu thut und bindet sich damit an, und spricht: Hie solltu mich finden. Wenn du nu das wort hast, so kannstu ihn gewislich greiffen und haben, und sagen: Hie hab ich dich, wie du sagest."[259]

Auf dieses äußere Wort können die Gläubigen „pochen"[260], daran können sie sich halten.[261] Die Invokavitpredigten werden hierfür zum

---

250 Brecht, 2, 359. Vgl. die Vielzahl der Trostsprüche im Betbüchlein von 1522, WA 10, II, 331–501, bes. 442–451 und 454–457. Vgl. auch WA 10, II, (S), 36, 2 f.: „Ließe libellum de votis [WA 8, 564 ff.] woll und sterck dich auffs best du kannt."

251 Barth, 1989, 58.

252 Zu Luthers Umgang mit seinem Tod vgl. auch Lohse, 1997, bes. 124–126.

253 Barth, 1989, 58. Vgl. Josuttis, 1995b, 59: „Was Luther hier dem einzelnen zur individuellen Erbauung empfiehlt, soll auf jeden Fall bei der Reform des Gottesdienstes beherzigt werden."

254 StA 2, 530, 8 f.

255 StA 2, 530, 8.

256 „Ich sol predigen, quod omnes sint diaboli." (WA 40, I, 123, 3) Vgl. auch EG 362, 3: „Ein Wörtlein kann ihn fällen."

257 Gerke, 325.

258 WA 30, III, 295, 33.

259 WA 23, 157.

260 Steck, 1963, 115.

261 Vgl. WABr 4, 282, Nr.1170. Vgl. auch die Ausführungen in StA 1, 245–257.

Modell, indem sie die Satanspredigt, die unfrei macht und auf eigene Leistung zielt, begrenzen bzw. abwehren und auf die alleinige Macht des Wortes Gottes verweisen: „„Halte dich an die Predigt‘"[262]! Such dir ein gewisses Wort, einen festen Spruch, wie du ihn von mir gehört hast oder jetzt hörst; auf den kannst du bauen im Leben wie im Sterben. In ihnen werden die Forderungen, die sie stellen, selbst eingelöst, insofern sie die Sätze, die die Zuhörerinnen und Zuhörer kennen sollen, selbst zur Verfügung stellen.[263] Deutlich wird das z. B. in der Freitagspredigt: Gott tritt für dich ein, „als sprech er / trit ko(e)nlich vn(d) frisch hind(er) mich / lass sehe(n) was dir schade(n) kan / lass her trete(n) teüfel tod sünd vn(d) hell vn(d) all creatur / wen(n) ich für dich tret / da(nn) ich wil dein schützhalter vn(d) vorgeer sein / traw mir vnd v(er)lass dich keglich vff mich.“[264] Wer dies hört und glaubt, „de(m) kan we(der) teüfel hell sünde noch tod schade(n)“[265].

Dieser Sieg über Tod und Teufel, über die Uneindeutigkeit ist möglich, weil die Worte der Schrift Gottes Wort bleiben, selbst wenn der Teufel sie verwendet.[266] „Gott hat es gesagt / gott mag nit ligen.“[267] Deshalb werden alle, die sich darauf verlassen, Trost finden: „Seynd es dan gottis wort / ßo wirt es war seyn / da bleyb ich auff / da stirb ich auff.“[268] Insofern kann die Gewissheit „keyn mensch mit worten ergreyffen noch erreyche(n)“[269], „d(asz) er der go(e)tliche versprechu(n)g vn(d) zu(o)sagu(n)g gewiss sey“[270]. Gewissheit schaffen nur ‚Sprüche‘, die nicht in menschlicher Verfügung stehen und nicht durch menschliche Werke blockiert sind, sondern an der Dynamik des göttlichen Wortes teilhaben.

In seiner Studie ‚Unterricht und Predigt‘ hat Christof Bizer herausgearbeitet, dass für Luther die Predigt weder normierende Gesetzgebung, therapeutischer Rat oder Lehre ist, wie man leben soll, sondern ein *Geschenk*, durch das es zu einer „Übereignung einer dem Hörer nützlichen Gabe, Christus“[271], kommt. Die klaren und starken Sprüchen, die uns helfen, im Kampf mit dem Teufel zu bestehen, werden uns übereignet und zeichnen sich gerade durch ihr ‚pro me‘ bzw. ‚pro nobis‘ aus. Ein „Korrelat zu den direkt übereignenden Predigtkomponenten“ stellen die „Artikelsätze“ bzw. „katechetische(n) Sätze“ dar, die den Hörenden „zur

---

262 Bizer, 1972, 123.
263 Vgl. ebd.
264 StA 2, 552, 33–553, 3.
265 StA 2, 553, 4.
266 Rödzsus-Hecker, 24.
267 StA 1, 239, 34.
268 StA 1, 240, 33 f.
269 StA 2, 552, 16.
270 StA 2, 553, 7 f.
271 Bizer, 1972, 111.

instrumentellen Verfügung angeboten"[272] werden. Sie „beziehen sich auf die Predigt selbst zurück und versuchen, für alle Gegebenheiten, wo immer Bedarf vorhanden, die Predigt als solche reproduzierbar zu halten."[273] Wichtig ist, dass die Artikelsätze kein Maßstab zum Messen eigener Frömmigkeit sind; vielmehr wird in der Lehre der Artikelsätze ein Soll-Zustand der Predigt festgeschrieben. Die „Kenntnis des Maßstabs befähigt, jene Predigt zu kontrollieren und gegebenenfalls herzustellen, die im Gegensatz zur Satanspredigt von sich aus den geforderten Standard bewirkt: wer diesen Maßstab kennt, der ist in der Lage, christlich zu predigen und den Angesprochenen zum Christen zu machen; ja ‚der ist Christ', weil er auch für sich weiß, wie es zum Anfang des Glaubens kommt, der zugleich der volle Glaube ist."[274]

Bizer betont in seinen Überlegungen die „katechetisch-theologische Vermittlung der Predigt"[275] und wird durch die Invokavitpredigten darin bestätigt. „Der Satanas fulet auch selbs woll, wer meyner lere meyster sey, darumb tobet er und sucht also schwinde griff."[276] Es ist Luthers Lehre[277], d. h. sein sprachlich in Wort und Schrift reproduzierbares Programm, dass in Anfechtungen tröstet und den Teufel in die Enge treibt, sofern es – im Unterschied zur Eselslektion – von den Hörenden Besitz ergriffen hat. Gleichzeitig aber heben die Invokavitpredigten die *Unmittelbarkeit und Aktualität der Heilszueignung* hervor: hör mir zu, trau mir, verlass dich auf mich, ich trete für dich ein! Vertrau dich der Potenz des Wortes an, das dir jetzt in dieser Predigt zugesprochen wird! Und sie betonen die Bedeutung dieser starken Worte und Sätze als Instrumentarium der Kritik in der *Auseinandersetzung* mit anderen Ausführungen, die dadurch für die Hörenden unter der Frage überprüfbar werden: Versucht der Teufel, mich mit diesen Worten in seinen Raum zu ziehen?

Schließlich machen sie deutlich, dass die Predigt nicht nur im Lebenskampf, sondern auch im *Kampf mit dem Tod* steht; immer geht es in ihr darum, Menschen zu helfen, in diesen Kämpfen die richtigen Antworten zu geben[278]: „Ein yetlicher mu(o)ß vor sich steen / vnd geru(o)st sein / mit dem theüffel zu(o) streytten / du mu(o)st dich gründen / auff eynen starcken klaren sprüch der schrifft da du besteen magst / wen(n) du den nit hast / so ist es nit müglich das du bestan kanst / der teüffel

---

272 Bizer, 1972, 116.
273 Bizer, 1972, 117.
274 Ebd.
275 Bizer, 1972, 127; vgl. Steck, 1963, 198: „Die Lehre ist dem Leben unendlich überlegen."
276 Wa 10, II, (S), 12, 23 f.
277 Vgl. auch WA 10, II, (S), 40, 5- 29.
278 Vgl. WA 10, II, (S), 21, 22-27; vgl. z. B. 24 f.: „das ynn freilich Claus Narr manß genug were tzu antwortten".

reyst dich hin weck wie ein dürre blat."[279] Die Bezeichnung Luthers als „verbale(r) Erfinder unwahrscheinlicher Reliquien"[280] gewinnt hier Plausibilität.

Oralität und Visualität: Die mediale Gestalt der Gewissheit

Gewissheit findet, wer sich „auff eynen starcken klaren sprüch der schrifft"[281] gründet. In diesem Nebeneinander von starkem Spruch und Schrift ist ein zentrales Problem in der Verhältnisbestimmung von Hören/Sprechen und Sehen und der Gewissheitserfahrung in der frühen Neuzeit angesprochen. Die reformatorische Welt ist gekennzeichnet durch eine vielfältige mediale Wirklichkeit. Primäre Oralität existiert neben und in einer bereits breit etablierten literalen Kultur und wird zu Beginn des 16. Jahrhunderts massiv durch die neue Druckkultur überlagert.[282] Schriftlichkeit spielte im städtischen Leben des Spätmittelalters vor allem durch die Bereiche Ökonomie, Jurisprudenz, aber auch Stadtgeschichte eine große Rolle.[283] In Wittenberg kommt die Bedeutung der Universität hinzu. Zwar können wir „in den Großstädten ... am Ende des Mittelalters allenfalls mit 20% Lesefähigen rechnen, in den kleineren Städten mit einer geringeren Anzahl."[284] Noch sind Bücher zu teuer „für den normal verdienenden Bürger .... Dessen Bedürfnis nach Unterhaltung und aktueller Information wurde noch lange eher durch Einblattdrucke, Kalenderhefte u. ä. und eben durch das gesprochene Wort befriedigt."[285] Noch behalten die Ausrufer ihre Funktion. Doch die Motivation, Lese- und Schreibfähigkeit zu erwerben, nimmt zu. „In den sechs Jahren von 1517–1523 stieg die Buchproduktion deutscher Texte von 85 auf 1000 Titel im Jahr. Die größten Auflagenziffern erreichte Luther; ein Drittel sämtlicher Ende 1524 in Deutschland umlaufender Schriften soll ihn zum Verfasser gehabt haben. Der Buchdruck ermöglichte eine schnelle Kommunikation von noch nicht da gewesener Reichweite. An ihr nahmen auch die ungebildeten Angehörigen der unteren sozialen Schichten teil, denen fliegende Blätter vorgelesen, Lieder vorgesungen wurden. Umgekehrt kann nun auch das Volk im neuen Medium der

---

279 StA 2, 539, 10–14; vgl. WA 10, III, LVII, (F), 9–12: „Es kan aber nyemand besteen, er hab dann die trostlichen sprüch wider die sünde bey seinem leben wol gelernet und geübet: was die seel in der welt da von entpfangen hat, das bringt sye mit hinweg und sonst nichts meer."
280 Hofmann, 1983, 50.
281 StA 2, 539, 12.
282 Vgl. Faulstich; Giesecke; Schneider, 1987.
283 Nusser, 283.
284 Nusser, 284.
285 Nusser, 285.

Flugschrift seine Interessen zum Ausdruck bringen."[286] Hat sich „die Substitution des Ohrs durch das Auge als Empfängerorgan der Offenbarung" bereits länger angebahnt, so treten nun die Visualität und das Auge als „erkenntnistheoretisch privilegierte(r) Sinn"[287] in den Mittelpunkt der kulturellen Entwicklung.

Luther bleibt in einem eigentümlich spannungsvollen Verhältnis zu dieser Entwicklung:

Einerseits setzt er ganz auf das mündliche Wort und das Hören, denn es ist der gepredigte Gott, der „Deus praedicatus"[288], an den wir uns halten sollen. „Erst von diesem Hintergrund her wird ... klar, weshalb Luther derart massiv auf die Mündlichkeit des Evangeliums pocht: Es ist die unmittelbare Gegenwart des mündlichen, lauthaften Wortes, in der sich Gott selbst – sofern es ihm gefällt – gegenwärtig macht, indem er uns, wovon der Geist spricht, ins Herz gibt."[289] „Denn wy wol dem buchstaben nach auff papyr geschrieben so soll doch das Evangelium odder das new testament eygentlich nicht geschrieben, sondern ynn die lebendige stym gefasst werden, die da erschalle und uberal gehört werde ynn der wellt."[290] „Was Christus vermag, kann nur durch die Predigt erfahren werden", nur durch das mündliche Wort kommt der „Glaube als aktuelles Erkennen unter dem Aspekt seiner Entstehung"[291] in den Blick.

In der Schrift sind die lebendigen Worte „nicht so eigentlich und gut"[292] gegeben wie in der viva vox; es fehlt ihnen „Präsenz, Lebendigkeit, Gottesgegenwart"[293], weil die Anwesenheit des menschlichen Gegenübers, die situative Auslegung fehlt. „Eine lebendige Offenbarung Gottes, die mir Gemeinschaft mit Gott gibt, ist nicht da mit dem Buche"; sie kommt auch nicht durch die Rezitation heiliger Texte zu Stande; „sie ist nur da in dem lebendigen Zeugnis lebendiger Menschen."[294] Die Ver-

---

286 Nusser, 103.
287 Schneider, 1987, 14.
288 WA 18, 685, 20.
289 Beutel, 1991, 393; vgl. auch A. Grözinger, 1998, bes. 58 f.
290 WA 12, 275, 8–12. Vgl. auch Beutel, 1991, 68 mit weiteren Belegen.
291 Bizer, 1972, 114.
292 WA 54, 74, 18.
293 Rödzsus-Hecker, 49; vgl. 24 f. mit weiteren Belegen. Vgl. WA 10, III, 305, 1–4 (Predigt Nr. 47 vom 7.September 1522): „Dann das ist aigentlich das euangelium, das da haisst ain gut geschray, ain gutt gerucht, das nit auff bapir geschriben, sonder in der welt, in lebendiger stimm berufft unnd bekennt wirt."
294 Hirsch, 1954a, 19. Vgl. Rödzsus-Hecker, 71: „Religiöse Mitteilungen sind ,nicht in Büchern zu suchen', sie brauchen lebendige Rede und lebendiges Hören - Geselligkeit, wie Schleiermacher es nennt, Intersubjektivität." vgl. Beutel, 1991, 194: „Das Evangelium ist, seinem Wortsinn gemäß, ,eyn rede und vorkundigung des zugesagten heyls und selikeyt'; es ist ,ain gut geschray, ain gutt gerucht, das nit auff bapir geschriben, sonder in der welt, in lebendiger stimm berufft und bekent wird.' Nur in der Form der Proklamation,

schriftlichung, etwa auch das Mitschreiben von Luthers Predigten kann helfen, „sich durch die rekapitulierende Wiedervergegenwärtigung die Rede eines anderen (seinen Gegenstand) selbst anzueignen"[295], die gewissen und starken Sprüche sich einzuprägen. Nur dem mündlichen, gepredigten Wort gelingt es aber, ein Wort zu sagen, „das den Menschen aus der gleichsam neutralen Rolle eines Interpreten von – wenn auch heiligen – Texten herausnötigt."[296] „Der Text kann anregen, doch nur das gesprochene Wort bewegt."[297] Diese machtvolle, energetische Dimension des Wortes Gottes droht in einer historistischen und legalistischen Reproduktion von Texten nicht ausreichend ernst genommen zu werden: „If the word of God really gets ‚swinging‘, it does not bump up against mute walls but it meets living human beings, and if it is to speak to these living human beings, it has to sound in living words. ... The authority of the word proves itself in the vitality which it procures for despairing and anxious people."[298] Nur wo die Schrift sich im mündlichen Wort aktualisiert, „wo der Auferstandene in seiner Gemeinde lebt, kann die Schrift leben."[299] Erst hier kommt das pro me des Christusgeschehens zum Ziel. „The word of God wants to ‚swing‘, as the air between people is to be filled with the Spirit of God through life-giving words."[300]

Umgekehrt ist das Hören, im Gegensatz zum Lesen, die dem Wort Gottes „einzig ... angemessene Aufnahmeform"[301], in der sich Gottes- und Menschenwirklichkeit verbinden können. Vorausgesetzt ist in diesen Überlegungen eine „metaphorische und wirkliche Bevorzugung der Stimme vor der Schrift."[302] Die Stimme Gottes hinter dem Text, seine Wirklichkeit, aber auch die Stimmen der authentischen Ausleger durchbrechen die Intertextualität, die im Prozess der Interpretation von Texten unhintergehbar scheint. Das mündliche Wort steht dafür, dass in der religiösen Praxis, speziell in der Predigt ein Punkt jenseits der Mehrdeutigkeit und Deutbarkeit der Schrift erreicht wird: „Die Rückkehr zum Hören gibt dem Text für die Dauer einer Aufführung eine Unbefragbarkeit zurück."[303]

---

gleichsam im Aggregatszustand der Mündlichkeit, ist das Evangelium Wort Gottes im strengen Sinn; nur wenn es gesagt wird, kann es mit letzter Verbindlichkeit darauf dringen, als solches gehört zu werden."
295 Wenzel, 1995, 11.
296 Beutel, 1991, 239.
297 Rödzsus-Hecker, 222.
298 Josuttis, 1992, 61.
299 Prenter, 1954, 342 Anm. 104; vgl. Bieritz, 1984, 485.
300 Josuttis, 1992, 62.
301 Rödzsus-Hecker, 52.
302 Rödzsus-Hecker, 65.
303 Rödzsus-Hecker, 176; vgl. 184 f.

Andererseits nimmt Luther selbstverständlich die neu gewonnenen Möglichkeiten des Buchdruckes wahr und sieht die hervorragende Bedeutung des Mediums ‚gedrucktes Wort' für die Ausbreitung des Evangeliums. Jörg Baur hat jüngst die bei Luther nach seiner Meinung einzigartige „Konzentration auf die Schrift"[304] gegenüber dem (Spät-) Mittelalter hervorgehoben. Die evangelische Christenheit „steht oder fällt mit der Schrift."[305] „Wir leben / vnd sollen auch leben nach der geschrifft."[306] Insbesondere stellt Luther die Solidität der schriftlichen Überlieferung gegenüber dem Wort heraus: die Schrift bewahrt die Worte, macht sie wiederholbar[307] und vereindeutigt sie als ‚heißes Medium', während die Rhetorik, die ja neben dem Ohr auch die Augen anspricht, der „Inbegriff kühler medialer Kommunikation"[308] ist. Die übersetzte Bibel ermöglicht der Gemeinde sich an die Worte zu erinnern und gleicht Schwächen der Predigt aus[309]; wer nicht mehr weiter weiß, kann „ynn den eynfelltigen, gewelltigen, klaren wortten der schrifft"[310] nachschauen, deren Klarheit christologisch fundiert ist[311]; das geschriebene und überlieferte Wort liefert den Prüfstein, an dem alle Worte in der Kirche geprüft werden können. Allerdings kann Luther als ‚gewisse Sprüche' auch aus verschiedenen Bibelversen kompilierte Sprüche und Evangelienharmonien anführen, ja selbst für die Einsetzungsworte statt auf die biblische Fassung auf die Formulierung des Messkanons zurückgreifen.[312] Korrektheit und Exaktheit der Wiedergabe des überlieferten Textes sind für ihn nicht wie in einer ‚heiligen Sprache' Maßstab für die zu gewinnende Sicherheit.[313]

Auch in der Schrift ‚Von der babylonischen Gefangenschaft' von 1520 hebt Luther die Funktion und Bedeutung der Visualität hervor. Da die mündliche Verkündigung kaum in der Lage ist, die Verheißung nicht nur gewiss, sondern auch dauerhaft zu vermitteln, da auch auf die kirchliche Hierarchie und das Sakrament in seiner ‚römischen' Konzeption zu diesem Zweck nicht zurückgegriffen werden kann, kommt als neuer

---

304 Baur, 1993d, 60. Anders Hamm, 1993.
305 Baur, 1993d, 113.
306 StA 2, 549, 8.
307 Vgl. Schneider, 1987, 15, der bei Luther eine „Mündlichkeit (findet), die sich durch Schrift affirmieren lässt."
308 Schneider, 1987, 22.
309 Vgl. zur Bedeutung der Schrift: Rödzsus-Hecker, 26–33.
310 WA 10, I, 1, 185, 4 f.
311 Vgl. Beutel, 1991, 246–250; vgl. Belege zur Charakterisierung des ‚Wortcharakters' Christi, 330–337. Vgl. zur Mühlen, 1991, 534: „Die äußere Klarheit ist die Schrift selbst, wie sie sich als helles Licht im ministerium verbis divini, d. h. in der Predigt als viva vox evangelii zur Klarheit bringt. Dieser äußeren Klarheit korrespondiert eine innere, d. h. der Heilige Geist wirkt durch die gepredigte Schrift innere Klarheit im Herzen des Menschen."
312 Vgl. StA 1, 291, 12–22.
313 Vgl. Powers.

„Zeitstabilisator … das ständig greifbare Buch"[314] in den Blick. „Ita possum quotidie, immo omni horam, Missam habere, dum quoties uoluero, possum uerba Christi mihi proponere, (et) fidem meam in illis alere (et) roborare."[315]

Luther greift die neuen medialen Möglichkeiten auch im Interesse der Verbreitung seines Anliegens auf, um schneller größere Räume zu erschließen durch ein ‚heißes Medium', das nur einen Sinn, diesen jedoch besonders intensiv anspricht. „Im Kern reklamierte Luther lediglich die alte Macht und Qualität des Bibelwortes, dessen neue Kraft nur aus der spezifisch medialen Erfahrung des gedruckten Wortes stammen konnte."[316]

Die *Zuordnung* beider Medien der Verkündigung ist nicht eindeutig geklärt.[317] Deutlich ist, dass Luther, anders als wichtige Vertreter der Praktischen Theologie, die bis heute von einem „Primat des Sprechens gegenüber dem Schreiben, des Hörens gegenüber dem Lesen, der Stimme gegenüber der Schrift"[318] ausgehen, keinen einfachen „‚Phonozentrismus'"[319] vertritt; vielmehr findet sich bei ihm ein „erhöhte(s) Problembewusstsein(…)"[320], das seinen deutlichsten Ausdruck in der Metapher vom „‚buchstäblichen Zungensinn', als unauflösbarer Verschränkung von Schrift und Rede"[321] findet. *Steht die Oralität für die Erfahrung der Relevanz und Gewissheit des aktuellen Hörens – und Redens, so soll die Schrift „der mündlichen Rede … die Eindeutigkeit geben, die immer wieder abhanden kommt."*[322] Je mehr jedoch die Erfahrung der Gewissheit und die Eindeutigkeit in den Vordergrund gerückt werden, „desto deutlicher tritt hervor, dass die Authentizität von Schrift und Rede und damit die Authentizität des Gotteswortes immer schon durch des ‚Teufels Gaukelspiel', die Möglichkeit, die wiederholbare Seite aller gesprochenen und geschriebenen Äußerungen zu missbrauchen, in Frage gestellt wird."[323]

---

314 Schneider, 1987, 20.

315 StA 2, 199, 9–11.

316 Schneider, 1987, 18; vgl. 14. Bei seiner These, durch den Bildersturm sei es zu einer Aufheizung des Mediums ‚gedrucktes Wort' gekommen, berücksichtigt Schneider, 1987, 20, zu wenig, dass es Luther (vielleicht anders als den ‚eigentlichen' Bilderstürmern wie Karlstadt, die stärker biblizistisch argumentierten) jedenfalls nach den Invokavitpredigten um eine Entgegensetzung Bilder – mündliches Wort ging.

317 Vgl. Rödzsus-Hecker, 21: „Es herrscht zwischen Luthers Berufung auf die viva vox und seinem Beharren auf dem sola scriptura weder ein Verhältnis der Über- oder Unterordnung noch eines des friedlichen, da notwendigen Nebeneinanders."

318 Rödzsus-Hecker, 10. Vgl. Belege für die Theologie insgesamt bei Rödzsus-Hecker, 23 Anm. 21, im Blick auf die Praktische Theologie z. B. Hirsch, 1954a, 18 f. u. Mühlhaupt.

319 Rödzsus-Hecker, 15.

320 Rödzsus-Hecker, 14.

321 Rödzsus-Hecker, 15.

322 Rödzsus-Hecker, 47. Vgl. Wenzel, 269.

323 Rödzsus-Hecker, 17.

Die „Wiederholbarkeit von Sprache" impliziert für das geschriebene wie das gesprochene Wort „eine irreparable Uneindeutigkeit"[324], die selbst ein Gespräch nicht beheben kann.[325] Versucht die Rede von der Stimme der Schrift[326] Eindeutigkeit zu sichern, so zerstört die Metapher von der „Schrift der Stimme"[327] „den ursprünglichen Bezug der mündlichen Rede zu Authentizität und Wahrhaftigkeit und jeden Gedanken an personale Kommunikation im Medium der Sprache."[328] *Beide medialen Gestalten sind nicht in der Lage das Wort Gottes rein mitzuteilen, beide haben Anteil an der Uneindeutigkeit menschlicher ‚Intertextualität.*[329] „Der von Gott intendierte Sinn erscheint ... in einer metaphorischen Verschränkung von beiden, im ‚buchstabischen tsungen synn'."[330]

Für meine Interpretation unter homiletischen Gesichtspunkten lässt sich im Anschluss an Marita Rödzsus-Hecker festhalten, dass Luther mit seiner zwischen den Vorzügen und Problemen der beiden Gestalten hin und her wechselnden Argumentation *in beide Richtungen* darauf zielt, „die mit der medialen Gegenwart des Gotteswortes gegebene Notwendigkeit der Auslegung und die damit gegebene Möglichkeit, an kein definitives Ende zu gelangen, auszuschließen."[331] Den Ausstieg aus dem „progressus in infinitum"[332] sucht Luther in der Gewissheit, die das Wort Gottes verbürgt: „Anders als bei den Menschen weiß man, wenn man Gott hört, woran man ist."[333] In der Inkarnation ist die menschliche Sprache in Predigt und Schrift zum Ort der Offenbarung geworden. In ihr wird Gottes Wort hörbar und lesbar, dass den Menschen eindeutig Trost spendet in der Situation ihrer Anfechtung, dass Tod und Teufel überwindet. Dabei gestaltet menschliche Sprache die Lebendigkeit und Kräftigkeit des Gotteswortes angemessener als Rede denn als Schrift, umgekehrt aber als Schrift deutlicher seine Eindeutigkeit und Dauerhaftigkeit.

Wie Rödzsus-Hecker sehe ich bei Luther keine eindeutige Überordnung der Rede, jedoch eine *Option für die Predigt.* Denn erst als zugesprochenes, anredendes Wort „kommt die schriftliche Überlieferung an ihr Ziel", erst in ihm kommen „die Gegenwärtigkeit, der Anredecharakter und der Autoritätsanspruch"[334] als die entscheidenden Strukturele-

---

324 Rödzsus-Hecker, 21.
325 Vgl. Rödzsus-Hecker, 79: „Selbst ein Gespräch lässt keine Rückschlüsse darauf zu, dass seine Teilnehmer nicht Tote sind."
326 Vgl. Schneider, 1987, 22: „Im Innern der Buchstaben eine Stimme hören."
327 Rödzsus-Hecker, 80.
328 Rödzsus-Hecker, 91.
329 Vgl. Rödzsus-Hecker, 147.
330 Rödzsus-Hecker, 21; vgl. 125 fF.
331 Ebd.
332 WA 18, 655, 25.
333 Rödzsus-Hecker, 22.
334 Josuttis, 1995b, 56.

mente des Evangeliums angemessen zur Sprache, während dem Gesetz durchaus die Gestalt der Schrift entspricht. „Auch dort, wo die Schrift, das praescriptum oder das verbum externum thematisiert wird, geht es um die Mündlichkeit als dort geborgener ansprechender Rede."[335] Die Schrift ist ein begrenzender Horizont, sichert Kontinuität und hat die „Funktion der Sprachvorgabe."[336]

Letztlich lässt sich diese Entscheidung für den Vorrang des mündlichen Vollzuges darauf zurückführen, dass das Wortgeschehen von Luther wesentlich als energetischer Prozess gesehen wird, dass er die leibhaftige Dynamik des Wortes betont, das aus dem Mund ausgeht und den Raum füllt. Diese Dynamik tritt in der schriftlichen Überlieferung in den Hintergrund, u. a. weil die „körpersprachlichen Indizees"[337], die ein hohes Maß an Aufmerksamkeit und Selektivität sichern, an Bedeutung verlieren.

Das Ende der Predigt und die Unterbrechung der Kommunikation

Ein Hauptanliegen einer Predigt, die sich wie bei Luther als Kampfgeschehen versteht, ist es, in Diskursen, die auf Selbstbezüglichkeit, Referenzlosigkeit und Unendlichkeit hin angelegt, „sine fine"[338] sind, zu einem Ende zu kommen, dem Teufel eine abschließende Antwort zu geben und so den „progressus in infinitum"[339], die endlose Reflexion und Unsicherheit über das eigene Sprechen bzw. Hören und das der anderen *unterbrechen* zu lassen.[340] Im Gegensatz dazu wird im Zusammenhang der Rezeption ästhetischer und semiotischer Theorien gegenwärtig in der Homiletik[341] verschiedentlich die These vertreten: „Das Spiel des Reiches Gottes zielt nicht auf erfolgreichen Abschluss. Zu seinen Regeln gehört, dass es ohne Ende ist. Evangelischer Predigt bleibt darum aufgetragen, diesem Spiel, sooft es unterbrochen wird, wieder Raum zu geben und

---

335 Streiff, 201.
336 Streiff, 144.
337 Wenzel, 244.
338 WA 7, 100, 36.
339 WA 18, 655, 25.
340 Vgl. die Fragen in Ebeling, 1987, 181: „Aber die ‚Verwesung der Predigtsprache' macht sich dabei vor allem als die Unfähigkeit bemerkbar, zwischen Welt und Gott, zwischen zeitlichem und ewigem Leben so zu unterscheiden, dass deutlich wird, worauf der Mensch auch angesichts des Todes sein Vertrauen und seine Hoffnung setzen kann und worauf nicht, und inwiefern die Konfrontation mit dem Tode dem irdischen Leben zugute kommt. Gehört diese Unfähigkeit zu dem Preis, den die Christenheit dem Wandel der Zeit schuldet und dessen Höhe wir kaum noch ahnen? Fällt die Glaubenssprache bei der durch sie selbst provozierten Konfrontation mit dem Tode nun ebenfalls dessen Werkzeug zum Opfer, dem alles verschlingenden Moloch der Geschichte?"
341 Vgl. oben A 6 und meinen Literaturbericht: Cornelius-Bundschuh, 1995b.

es erneut zu beginnen."[342] Vor dem Hintergrund meiner Interpretation der Invokavitpredigten, in denen die Predigt wesentlich als Kampfplatz und -mittel bestimmt wird, muss dieser Ansatz zumindest präzisiert werden: *alle Versuche, das Wort Gottes in seiner eigenen Dynamik, in seinem ,Spiel' durch Verquickung mit menschlichen Werken einzuengen, sind stets durch die Predigt des Gesetzes wieder aufzubrechen; im Kampf mit dem Teufel jedoch, auf der Suche nach Gewissheit, im Bemühen, Raum zu schaffen, damit das Wort wirken kann, muss und kann menschliche Kommunikation unterbrochen werden, muss der unendliche Text*[343] *an sein Ende kommen.* Gewissheit stellt sich im Augenblick ein, ist Geschenk des Heiligen Geistes, das auch unter modernen Menschen Gestalt gewinnt „als die schmerzhafte und befreiende Unterbrechung ihres Selbstgespräches und der Worte ihrer Götter"[344]. Diese Unterbrechung impliziert bereits in den Sprachformen einen Verzicht auf Stabilisierung und Absicherung, die Freiheit vom Zwang, sich rasch und erfolgreich zu verständigen, und ein erprobendes Begreifen des gesuchten Sinnes, d. h. den Verzicht auf einen instrumentellen Sprachgebrauch.[345]

Theologisch unterläuft Luther die Problematik der Uneindeutigkeit menschlicher Rede durch eine strikte *christologische Konzentration* des Predigtvorgangs: weder wer predigt noch wer hört, muss letztlich für das Gesprochene bzw. Gehörte einstehen, sondern Christus: „Quando ego praedico; ipse praedicat in me, quando tu audis, ipso in te audit."[346] Homiletisch lässt sich die „Gewissheit des Glaubens", auch wenn sie eingespannt bleibt im „Ineinander" von „Endgültigkeit" und „Vorläufigkeit"[347], im Hören der Predigt dann finden, wenn die Antworten auf die Fragen des Teufels gewiss sind: ,starke Sprüche, die ihn umstoßen'. *Solche* „Lebensworte"[348] *können sie werden, wenn sie mir mündlich und aktuell zugesprochen werden, wenn der Energie und Potenz des Wortes Gottes im Predigtwort Raum gelassen wird.* Nur dann kann ich im Blick auf den Kampf mit dem Teufel sagen: „ich bin sein herre"[349]. Nur dann kann es in der Predigt zu einer Evidenzerfahrung kommen, wie sie Marita Rödzsus-Hecker an der Interpretation von Lk 24 im Blick auf das Lesen und Schreiben von Texten vorstellt: in der Predigt gelingt es, „(redend) das Ende der (Rede) in einem Evidenzerlebnis zu markieren"[350].

---

342 Beutel, 1988, 537; vgl. u. a. Engemann, 1990 und 1993; Bieritz, 1986 und 1989, H. Luther, 1991; Martin, 1984.
343 Vgl. Frey.
344 Baur, 1993d, 113.
345 Streif, 216–218.
346 WA 20, 350, 6 f.
347 Steck, 1963, 218.
348 Baur, 1993d, 63.
349 StA 2, 533, 2.
350 Rödzsus-Hecker, 160. Dort steht statt redend schreibend und statt Rede Schrift.

Stellt der Begriff der Emergenz[351] einen Versuch dar, solch eine Gewissheitserfahrung humanwissenschaftlich plausibler zu machen, so scheint in der Breite heutige soziologische Theorie diese Bestimmung der Predigt als Kampfgeschehen und das Dringen auf Gewissheit leicht resigniert zur Kenntnis zu nehmen: von Luther bis Freud, „die Suche nach Gewissheiten und der Glaube daran, sie gefunden zu haben, nehmen kein Ende."[352] Gerade angesichts dieser Rückfrage halte ich die in den Invokavitpredigten vorliegende Verbindung von Kampfes- und Wortgeschehen kirchlich für höchst aktuell. Normalerweise gehen wir heute davon aus, dass sich mit Worten zwar streiten und kommunizieren lässt, gültige, klare Antworten, noch dazu in Fragen über Leben und Tod sich jedoch nicht finden lassen. Die Kritik eines magischen Wortverständnisses und der Zweifel an der Wahrheitsfähigkeit und Mächtigkeit der Sprache, deren Unzuverlässigkeit oft gerade ihrer Äußerlichkeit zugeschrieben wird, haben dazu geführt, dass im alltagssprachlichen Bereich, aber auch in Theorien kirchlichen Handelns, wenn es um etwas Ernsthaftes, Lebenswichtiges geht, Sprache und noch vielmehr Predigt für nur sehr begrenzt leistungsfähig gehalten wird. *Versprachlichung einer Konflikthandlung bedeutet im besten Fall Entdramatisierung im Sinne von Versachlichung, im schlechteren Banalisierung.* Ernsthafte Kämpfe, noch dazu zwischen guten und bösen Mächten können wir uns nur im Horizont gewalttätiger Auseinandersetzungen, vielleicht auch im Medium technischer, ökonomischer, sozialer oder politischer Geschehnisse vorstellen.

Luthers Konzept, dass alle Christinnen und Christen Worte zur Verfügung haben und gebrauchen sollen, in denen ein solches Maß an göttlicher Potenz steckt, dass man mit ihnen in einer Diskussion die bösen Mächte, in Luthers Sprache: dem Teufel standhalten, ja ihn in die Flucht schlagen kann, erscheint demgegenüber als archaisch oder – mit einem in der gegenwärtigen religionssoziologischen Diskussion beliebten Terminus – fundamentalistisch.[353] Angesichts „theologische(r) Unsicherheit" und dem Zwang zu immer neuer „sprachliche(r) Relativierung"[354] hat die Predigt nicht mehr „ihren Wert und ihre Geltung in sich selbst."[355] Gegenüber der für Luther charakteristischen „eschatologische(n) Dringlichkeit der Verkündigung"[356] und seiner Konzentration auf ihre Wirkmächtigkeit betonen schon die nachlutherschen Sterbebücher wieder, dass man „mit dem Teufel nicht über die Frage der eigenen Erwähltheit

---

351 Vgl. zum Begriff der Emergenz: Welker, 1992, bes. 38 Anm. 1 mit weiterer Literatur.
352 Soeffner, 1992, 72.
353 Vgl. Jäggi, Krieger, 1991.
354 Lischer, 326.
355 Lischer, 327.
356 Lischer, 328.

diskutieren, sondern sich ausschließlich Christus zuwenden"[357] soll, sehen also primär die tröstende Funktion bzw. katechetische Aspekte des Wortgebrauchs, nicht seine kämpferischen. Im Schlussteil wird zu fragen sein, inwiefern heute noch Predigt in der Auseinandersetzung mit einer vielleicht nicht mehr als Teufel zu personifizierenden, aber eben doch beschreibbaren Macht[358] geschieht, gegenüber der nur bestehen kann, wer ein gewisses Wort gehört und zu sagen hat, ein machtvolles Wort, das den endlosen Diskurs unterbricht.

Wort und Bild

Christof Bizer hat in einer Analyse einer Lutherpredigt die Spannung zwischen der „Bildkomponente" „in der Übermittlung des donum Christi" und der Betonung des Wortes durch folgende Formulierung zu lösen versucht: „Die prinzipielle Behauptung der Mündlichkeit des Wortes impliziert keine theologische Fixierung auf eine bestimmte Predigtgestalt oder Predigtsprache."[359] „Wort steht in dieser Predigt für Medium, das situationsbezogen, polemisch, aktuell, emanzipatorische Erkenntnis vermittelt. Alternativen, die unter Berufung auf das reformatorische Erbe das Predigtwort mit der Kanzelrede gleichsetzen und gegen die übrigen Medien und Kommunikationsformen ausspielen, werden durch diese Predigt Luthers nicht gedeckt."[360] Die Verwendung des Oberbegriffs ‚Medium' soll ähnlich wie bei Eilert Herms der Terminus „szenische Erinnerung"[361], den Zugang zu neuen, ganzheitlicheren Formen der Verkündigung eröffnen und legitimieren.

Auch wenn nicht zu bestreiten ist, dass die protestantische Konzentration auf die Sprache und das Wort Verluste an Elementen von sinnlichen Erfahrungsmöglichkeiten mit sich bringt, hat Horst Wenzel in seiner Studie über ‚Hören und Sehen' im Mittelalter überzeugend gezeigt, dass Reden und Hören ganz wesentlich durch „körpersprachliche Indizees"[362] bestimmt ist, dem Predigtgeschehen also durchaus ‚Leibhaftigkeit' eignet. Zudem hat Luther nie versucht, „die ausschweifende Vieldeutigkeit des ‚Bildes' (also der Geschichte und Metaphern) auf die Eindeutigkeit des Wortes zurückzuführen."[363] So muss entgegen landläu-

---

357 Mohr, 1979, 150.
358 Vgl. Colpe.
359 Bizer, 1972, 115.
360 Bizer, 1972, 116.
361 Herms, 1984, 245.
362 Wenzel, 244.
363 Hofmann, 1983, 31; vgl. 49: „Der Keim zu dieser Verbalisierung des Kunstwerks ... steckt in der von Luther dekretierten Überlegenheit des Wortes." Vgl. Schneider, 1987, 21.

figer Betrachtung die Predigt als rhetorisches Geschehen keineswegs als ‚heißes Medium', sondern als Vorgang angesehen werden, in dem verschiedene Sinne angesprochen sind. Das Wort, an dem der Glaube hängt, wird laut im Mund und mit den Ohren gehört, muss sinnlich aufgenommen werden.

Luther lehnt Bilder im Horizont der Homiletik im Übrigen keineswegs grundsätzlich ab.[364] Sie können die Predigt veranschaulichen, können Menschen erfreuen, besser als Worte erinnert werden und als Zeichen dienen.[365] In unserem Inneren entwerfen wir ohnehin Bilder von Christus, die unseren visuellen Erfahrungen korrelieren.[366] Auch als bildhafte Sprache bleibt die Verkündigung für Luther aber immer noch und zu allererst Wortgeschehen; nur so ist sie aktuell, polemisch, situationsbezogen und befreit aus festliegenden religiösen Bestimmungen. Das Zeigen eines Bildes leistet dies entgegen der Sicht moderner Kunst genauso wenig wie das Lesen eines Textes. Denn durch ein Bild wie durch einen literarischen Text „entstehen plötzlich zwei Welten: das Raum-Zeit-Kontinuum ist zerbrochen, es gibt nun mehrere, ineinander verschachtelte Lebens- und Erlebensräume."[367] *Der in der oralen Kultur fließende, nicht stillstellbare Lebensstrom kommt ins Stocken, wird (sich selbst) präsent in der Darstellung und damit hineingezogen in die Konflikte um die Macht, ihre Konzentration und Reproduktion.*

Luthers kritische Haltung gegenüber Bildern setzt genau an dieser Stelle an und rückt sie in den Horizont der grundlegenden Spannung zwischen Wort und Werk: das Bild ist leichter durch das Werk des Menschen affizierbar, da es materieller, reproduzierbarer, deutlicher als Menschenwerk erkennbar ist; visuelle Phänomene sind stärker als das Wortgeschehen Bemächtigungsversuchen ausgesetzt durch „praktische Vergegenwärtigungsmöglichkeiten."[368] Genau dies aber will Luther durch die Konzentration auf das zugesprochene und gehörte Predigtwort verhindern, auch wenn er sich bewusst war, dass auch das Wort vor solchen Zugriffen nicht letztlich geschützt ist.

---

364 Die bildfreundlichen bzw. bildkritischen Argumentationen sind im Folgenden nicht im Einzelnen zu behandeln. Vgl. dazu Bredekamp; Hoffmann, 1983; Neuhaus, 1987 und 1992; Hofmann; Schuster, 1983; Stirm mit weiterer Literatur; Warnke. Susanne bei der Wieden, 151, hat darauf hingewiesen, „dass Luther den Bildern tatsächlich kritisch gegenüberstand, als es in seinen Schriften zum Ausdruck" kommt. Meine Überlegungen konzentrieren sich darauf, aus der Verhältnisbestimmung von Bild und Wort bei Luther Schlussfolgerungen für das untersuchte Verhältnis von Predigt und Gemeinde in seiner Konzeption zu ziehen. Vgl. etwa Neuhaus, 1992, 87: „Die ‚Kirche des Wortes' will bilderlose Kirche sein."

365 Vgl. Stirm, 120 f.

366 Vgl. u. a. Wider die himmlischen Propheten WA 18, 83, 6–15.

367 Neuhaus, 1992, 97.

368 Neuhaus, 1992, 98.

In dieser Betrachtung hat „das Wort … über das Bild"[369] gesiegt; andererseits aber befreit es das Bild vom Werk und ermöglicht so nicht nur die Entstehung eines eigenen reformatorischen Bildprogramms, sondern schafft allererst die Voraussetzungen für eine moderne Kunstrezeption. In ihr ist allgemein akzeptiert, dass „das Bild … weder gut noch böse"[370] ist. Die Bilder erlangen eine autonome „Frag-Würdigkeit"[371]. Es entwickelt sich „ein neues Maß an Toleranz", aber eben auch an „Indifferenz gegenüber dem Bild"[372]. Aus der Negation des „lukrative(n) Missbrauch(s), den die Kirche mit den Bildern trieb", entstehen die Grundzüge einer „neuen … Kunsttheorie"[373], einer „Betrachterästhetik, die Kunst als einen nominalistischen Vereinbarungsbegriff auffasst."[374] „Über den Gebrauchswert der Bilder entscheidet ihr Benutzer."[375]

Albrecht Beutel hat versucht, den von Hofmann gebahnten Weg zu einer Neubestimmung des Bildverständnisses bei Luther im Blick auf sein „Wort- und Sprachverständnis"[376] weiterzuführen. Er setzt dabei voraus, dass für den Reformator Wort und Bild zwei Ausprägungen eines Allgemeinen sind, so wie es moderne, kunst-, sprach- aber auch medientheoretisch interessierte Ansätze im Blick auf die Produktions- und Rezeptionsbedingungen von Literatur, Kunst und Kultur behaupten: heiße dieses Allgemeine nun ‚Medium‘[377], ‚szenische Erinnerung‘[378] oder Zeichen, wie in der semiotischen Diskussion[379].

Demgegenüber weist eine Interpretation der überlieferten Texte der Invokavitpredigten eher in die Richtung, die Differenz zwischen dem Wortgeschehen und anderen Kommunikationsmedien zu betonen, weil das Wort in einer spezifisch anderen Weise an der Energie und der Dynamik Anteil hat, die das Wort Gottes auszeichnet als etwa das Bild. Auch ein Bild kann belehren, kann trösten und erfreuen; selbst das reformatorische Bildprogramm, zu dessen wesentlichen Funktionen die Polemik gehört, ist aber in Luthers Verständnis nicht aus sich selbst

---

369 Hofmann, 1983, 23.
370 Vgl. Hofmann, 1983, 46.
371 Hofmann, 1983, 25.
372 Hofmann, 1983, 45.
373 Hofmann, 1983, 33; vgl. 46: „Luthers Spott führt nicht die Einbildungskraft ad absurdum, sondern den Aberglauben, der sich jedwedes ‚objet trouvé‘ als heilsmächtige Reliquie aufbinden lässt."
374 Hofmann, 1983, 50.
375 Hofmann, 1983, 29; vgl. 46: „‚Die Bilder sind weder das eine noch das andere, sie sind weder gut noch böse, man kann sie haben oder nicht haben.‘ Mit diesem Freibrief beginnt die Moderne."
376 Beutel, 1988, 524.
377 Vgl. Bizer, 1972, 116.
378 Vgl. Herms, 1984, bes. 245 ff.
379 Vgl. Bieritz, 1985.

heraus mächtig wie das Wort.[380] ‚Ich habe nur gemalt, das Bild hat alles alleine gewirkt‘, ein Satz, den heutige Kunsttheorie formulieren könnte, hätte Luther – wohl nicht nur aus Mangel an eigenen Fähigkeiten und Versuchen – nicht teilen können.

Ebenso ist der Zugang der Gläubigen zum Predigtwort oder Vergebungswort ein anderer als der zu einem Bild von Cranach. Die These, Luther hätte auch im Blick auf die Aufnahme der Predigt festgestellt: „Der Rezipient entscheidet darüber, was das Rezipierte für ihn ist"[381], ist von daher zu präzisieren: *Wer predigt, hat keine Möglichkeit, weiter als bis zum Ohr zu kommen; wer hört, ist gegenüber dem, der spricht, frei. Doch ob und dass das Wort durchs Ohr den Weg in die Herzen findet, die Gläubigen ergreift, das liegt im Blick auf Gottes Wort für Luther, anders als bei Bildern, letztlich und ausschließlich in der Macht des Wortes.*[382]

---

380 Auch die Betonung Luthers, dass „erst die Schriftworte bei dem Bild … ihm den richtigen Sinn" (Stirm, 88) geben, bestätigt die deutlich unterschiedliche Bewertung von Bild und Wort durch Luther. Vgl. Butor.

381 Beutel, 1988, 524.

382 Gegenwärtig wird eher den Bildern eine solche energetische Potenz zugeschrieben (vgl. Eurich, de Haen). Hofmann, 1983, 43, weist daraufhin, dass „Thomas von Aquino das Bild für wirksamer (efficacius) als das Wort des Predigers hält, um Frömmigkeit zu erwecken." Gott hat sich nach Luther dagegen an die Gestalt des Wortes gebunden. Das gesprochene, leiblich werdende Wort befreit, gibt Gewissheit im Kampf mit dem Teufel, schafft einen Lebens-Raum mitten auf dem Kampfplatz und füllt diesen mit seiner Energie. Damit aber schafft es allererst die Voraussetzungen für eine freie Rezeption autonomer (Kunst-)Objekte. *Wird das Wort nicht mehr laut, verlieren die Menschen ihre Freiheit, ergreifen die Bilder von den Menschen Besitz, gibt es keine autonome Kunstrezeption mehr.*

B 3. Zugänge zur Gemeinde

Von Luther liegt keine Predigtlehre vor, in der ausgeführt ist, wie er sich in seiner Predigtarbeit auf seine Gemeinde bezieht, wie er einen Zugang zu ihr gewinnt. Die bekannten Ausführungen im Sendbrief vom Dolmetschen von 1530 zeigen, dass er es zumindest im Blick auf die auch für die Predigt erforderliche Übersetzungsleistung für nötig hält, auf die Menschen in seiner Gemeinde zu *hören*.[1] Weil er ihr Ohr erreichen, auf sie einwirken will, muss er gemeinde- und situationsspezifisch predigen; die überlieferten Invokavitpredigten lassen ansatzweise erkennen, wie solche Perspektiven von ihm im Predigtprozess berücksichtigt werden[2] (3.1.). Ist er deshalb verschiedentlich zum Kronzeugen einer gemeindeorientierten Predigt gemacht worden[3], ist andererseits nicht zu übersehen, dass Luther beim Predigen nicht nur die empirisch zu identifizierende Gemeinde vor Augen hat, sondern sie immer schon *sub oder in verbo* sieht, d. h. – um in der sich in den vorangehenden Kapiteln herauskristallisierenden Terminologie zu bleiben – unter der Macht, im Energiefeld des Wortes: Zugang zur Gemeinde lässt sich nur gewinnen auf der Grundlage einer theologischen Wahrnehmung der Gemeinschaft der Hörenden (3.2.).

3.1. „Diß ist grob genug gesagt. Jch meyne jr habt es verstanden."[4]
Luthers Predigt zwischen Verständlichkeit und Eindringlichkeit

Luthers Predigtkonzeption baut darauf auf, dass die gepredigten Worte allen verständlich öffentlich verkündigt werden. Nur dann kann das äußere Wort seine Funktion erfüllen, Gottes Wort bis ans Ohr der Hörerinnen und Hörer zu bringen, nur dann können Schrift und Rede

---

1 Vgl. StA 3, 480–496, bes. 486, 28–33: „den man mus nicht die buchstaben inn der lateinische(n) sprachen frage(n) / wie man sol Deutsch rede(n) / wie diese esel thun / sondern / man mus die mutter jhm hause / die kinder auff der gassen / den gemeinen ma(n) auff dem marckt drumb fragen / vn(d) den selbige(n) auff das maul sehen / wie sie reden / vnd darnach dolmetzschen / so verstehen sie es den / vn(d) mercken / das man Deutsch mit jn redet."

2 Werdermann hat unter dieser Maßgabe versucht, aus Luthers Predigten das Bild seiner Wittenberger Gemeinde zu erheben.

3 So schon Hirsch, 1954a, 5; vgl. auch Albrecht, 1985, bes. 18 f.

4 StA 2, 538, 22.

ihr „Wirkung aus[...]üben, und zwar Wirkung auf den ‚gemeinen Mann'"[5]. Deshalb ist Luthers Sprache volkstümlich und „an den Mustern der gesprochenen Sprache des täglichen Verkehrs"[6] orientiert. Deshalb sind seine Texte „klar", „verständlich" und „wirkungsvoll"[7] formuliert. Sie konzentrieren sich auf „das Einfache und Wesentliche"[8] und gerade den Predigten eignet ein hohes Maß an Redundanz.[9] Auch die doctrina als eine wesentliche Gestalt der Predigt setzt auf allgemeine Verständlichkeit und Zugänglichkeit. Die Predigt hat sprachlich und stilistisch nicht nur die hermeneutische Lebenswelt des entstehenden Bürgertums im Blick, ist also noch nicht schichtspezifisch verengt.[10]

Eingängig werden seine Schriften und Reden darüber hinaus durch Vergegenwärtigungen, persönliche Anspielungen[11], „Vergleiche, Bilder, Sprichwörter, die er oft in die argumentierende Rede einflicht"[12] und „ständig wechselnde sprachliche Elemente"[13]. Dazu kommt die Fähigkeit, „okkasionell" zu predigen, eine „lebendige Beziehung der Predigt auf eine bestimmte Gemeinde"[14] und eine große „seelsorgerliche Beweglichkeit"[15] zu entwickeln. Die gerühmte Einfachheit und Volkstümlichkeit ist jedoch nicht quasi natürlicher Ausfluss der ‚deutschen Bodenständigkeit' Luthers, sondern Ergebnis bewusster und durchaus kunstvoller rhetorischer Gestaltung, deren zentrales Kriterium das „aptum"[16] ist.

Luther akkommodiert sich an Situationen und Sprachmöglichkeiten; er schreibt oder redet dem Volk nicht nach dem Maul, aber hört ihm

5 Nusser, 102.

6 Brand, 215; vgl. 47. Vgl. auch Bieritz, 1984, 485; Gutmann, 365; Herms, 1990, 49f.; Althaus, 1921, 18 nennt Luthers Predigt „durch und durch volkstümlich". Für Arndt, Brand, 140, ist die „die Orientierung auf den Sprachgebrauch und das Sprachverständnis breiter Volksmassen" mitentscheidend für den Erfolg von Luthers sprachlichem Wirken.

7 Arndt, Brand, 8.

8 Hirsch, 1954a, 1. Dies zeigt sich u. a. darin, dass Luther in seinen Texten Formulierungen gebildet hat, die dann als Sprichwörter weiter wirkten. Vgl. z. B. StA 2, 545, 10f.

9 Vgl. Arndt, Brand, 82–84.

10 Albrecht, 1985, 17–29.

11 Werdermann, 189ff.; vgl. etwa StA 2, 537, 5–11 u. 539, 7–14.

12 Winkler, 1983, 71; vgl. Werdermann, 199ff.; vgl. als Beispiele das Bild von der Mutter, die ihr Kind zunächst mit Milch, dann mit Brei und erst dann mit fester Speise nährt (StA 2, 532, 2–12) und das Gleichnis von Glanz und Hitze der Sonne (StA 2, 532, 15–21).

13 Bizer, 1972, 115. Die Predigt gilt als „sehr variable Kommunikationsform" (Brand, 41).

14 Hirsch, 1954a, 5. Lischer, 315, gibt in dieser Frage den Invokavitpredigten im Gesamtcorpus der Lutherschen Predigten eine besondere Stellung, insofern in ihnen ständig Bezug auf die aktuelle gemeindliche Situation genommen wird und die Erwartungen, Fragen und Erfahrungen der Hörerinnen und Hörer immer präsent sind.

15 Mühlhaupt, 249.

16 Vgl. Beutel, 1988, 529f., mit weiterer Literatur; zur Bedeutung Luthers für die Rhetorik und die germanistische Lutherforschung vgl. Beutel, 1991, 477–481 und Weyer, 86f.

genau zu.[17] Allerdings tritt die Gemeinde dabei nicht als distanziert wahrzunehmende objektive Größe in den Blick. Luthers Zugang ist vielmehr engagiert, sei es seelsorgerlich[18], sei es polemisch[19]. So predigt er im ‚Dialog'[20] und kreist nicht „um sich selbst"[21]. Trotz seiner exponierten[22] und manchmal auch angefochtenen Position[23] verwendet er keine sprachlichen Formen, die auf eine gesellschaftlich isolierte Stellung deuten würden, indem er etwa Erklärungen abgibt oder Argument an Argument reiht.[24] „Fast mit jedem Satz verwickelt er sich in ein Gespräch"[25]: mit Gott[26], dem Teufel[27], der Gemeinde und den unterschiedlichen Gruppen in ihr[28]. Dabei benutzt er „gekonnt die von der rhetorischen Tradition bereit gestellten ‚Figuren der Publikumszugewandtheit' (Frage und Antwort, fingierter Dialog, fictio personae, fingierte Aussprüche und Einwürfe unbestimmter Personen)."[29] Er springt in einer „dramatisierende(n) Predigtweise"[30] aus einer Rolle in eine andere, setzt thematisch konzentriert These gegen Antithese, „ein zentrales, wenn nicht überhaupt das entscheidende Stilmerkmal von Luthers Denken." Denn: „erst in der Abwehr des Falschen gewinnt die Wahrheit Profil."[31]

Damit ist nicht bestritten, dass für Luthers Texte „argumentierende Kommunikationsverfahren"[32] wichtig sind. Weyer zeigt gerade am Beispiel der Invokavitpredigten, dass es Luther um „logisch mit vollziehbare Schlussfolgerungen" geht. „Der Hörer soll mitdenken können – dazu dienen der schrittweise Aufbau der Predigten, die weiterführenden Zu-

---

17 Vgl. das oben Anm. 1 angeführte Zitat aus dem Sendbrief vom Dolmetschen. Vgl. auch Beutel, 1991, 253–280 und Bieritz, 1984, 488 trotz des Zitats aus den Tischreden: „Wan ich auf den Predigtstul steige …" (WA TR 4, 447, 23–25)

18 Vgl. z. B. die Bemühung um ein Verständnis derjenigen, die sich den Neuerungen nur anschließen, weil sie „der gemeyne vn(d) gewalt volgen müssen" (StA 2, 536, 2 f.; vgl. auch 539, 7–14).

19 Vgl. z. B. die Androhung der großen Plage, StA 2, 555, 27 f.

20 Vgl. Winkler, 1983, 80; Hirsch, 1954a, 15. Die Verwendung des Begriffs ‚Dialog' zur Kennzeichnung von Luthers Predigtweise soll nicht die bereits herausgearbeiteten Unterschiede zu den ‚dialogischen' homiletischen Modellen der Gegenwart verwischen.

21 Vgl. Nusser, 119.

22 Vgl. die Ausführungen über Luthers besondere Bedeutung für die Wittenberger Reformation in der ersten Predigt: StA 2, 532, 25–29.

23 Vgl. z. B. StA 2, 536, 24: „so wil ich alles was ich geschriben vnd gepredigt hab widerru(o)ffen." Aber auch: StA 2, 548, 28–549, 1; 550, 31–551, 2.

24 Vgl. Nusser, 160.

25 Bieritz, 1984, 483.

26 Vgl. StA 2, 552, 33–553, 3.

27 Vgl. StA 2, 539, 7–10; 545, 29–31; 549, 13–29 u.ö.

28 Vgl. StA 2, 533, 6; 540, 24–541, 3; 542, 5–32 u.ö.

29 Bieritz, 1984, 483 f.

30 Bieritz, 1984, 483.

31 Beutel, 1991, 40.

32 Vgl. Arndt, Brand, 82–84; vgl. z. B. StA 2, 544, 24–545, 10.

sammenfassungen, die Exempel und Dialoge in der Predigt und die klaren Sprüche der Bibel, die er als unwiderlegbare Beweisgründe heranzieht."[33]

Nembach hat die rhetorische Qualität von Luthers Predigten durch Vergleich mit der Volksberatungsrede Quintillians erhellt, „die sich ebenfalls an eine Vielzahl von Hörern wendet, die … im konkreten Einzelfall nach Geschlecht, Stand, Alter, sittlichem Charakter sehr verschieden sein können."[34] Seine These, dass Luther wie Quintillian auf pädagogische Prozesse und Mittel zielen, primär am Intellekt und am Verstehen interessiert sind, zum ungelehrten Volk herabsteigen, Lern- und Verstehensprozesse ermöglichen und dazu nur am Anfang und am Schluss Affekte erregen[35], bleibt aber im Blick auf die Invokavitpredigten defizitär: nachvollziehbare Lehre und Argumentation stehen hier immer im Kontext des oben geschilderten, eindringlichen sprachlichen Kampfgeschehens. Menschen werden nicht nur belehrt und in Freiheit angeredet: sie werden hineingezogen in die *Dramatik des Wortgeschehens*, dessen Protagonisten aus unterschiedlichen Perspektiven zur Sprache kommen. Immer wieder tritt die „mediale Organisation" zurück gegenüber einer „intensiven (faszinierten) Wahrnehmung", ja „Identifikation"[36] mit dem in der Predigt angesprochenen Konflikt. Die Predigten wollen mehr als „Bessern"[37]; in ihnen geht es um einen Kampf auf Leben und Tod.

Aufschlussreich für die Beziehung Luthers zu seiner Predigtgemeinde ist deshalb eine Zuordnung seiner Predigten zu der von Nusser beschriebenen „Literatur religiösen Ergreifens und Ergriffenseins"[38], einer „Phase geistlicher Dichtung" seit dem 12. Jahrhundert „die bis zur Reformation und über sie hinaus anhält." In ihr geht es, „um es verkürzt und bewusst mehrdeutig zu formulieren, um das religiöse Ergriffensein sowohl des einzelnen Laien wie der breiten Masse des Laienvolkes." Dazu zählen sowohl Versuche, „die Menschen indoktrinierend in den Bann christlicher Religiosität zu ziehen, sie zu ‚ergreifen'" als auch „eine Literatur, die der ‚Ergriffenheit' der einzelnen Seele, später dem Gefühl großer Bevölkerungsgruppen Ausdruck verleiht."[39] Aus soziologischer Sicht bestätigt Hans-Georg Soeffner die Zuordnung Luthers zu dieser Literatur,

---

33 Weyer, 103.

34 Nembach, 1972, 129.

35 Vgl. etwa die immer wieder mit großer Vehemenz und emotionaler Betroffenheit vorgetragenen Androhungen, Wittenberg zu verlassen und der Gemeinde nicht mehr zu predigen, weil sie Luther so viel Leid zugefügt hat: z. B. StA 2, 548, 28–549, 1; 550, 31–551, 551.

36 Wenzel, 337.

37 Vgl. Nembach, 1972, 114 f.

38 Vgl. Nusser, 45–112.

39 Nusser, 45.

insofern er ihn zu den „großen Artikulatoren"[40] rechnet, denen es gelingt, „das sozial bereits Wirksame" und „das – ebenfalls – kollektiv bereits existierende, dem ‚Volk vom Maul abgeschaute' Symbolrepertoire" dergestalt „durch einen und zu einem großen ‚identifikatorischen' Text zusammenzufassen", dass „alle anderen Texte, alles andere überhaupt, bis hin zum eigenen Leben, zu Begleittexten werden"[41].

Es waren die ‚Volksprediger' des Mittelalters, die diese Tradition geprägt haben. Sie haben vor allem „die Todesangst der Menschen"[42] in „affektive(m) Stil"[43] angesprochen und ausgenutzt: „Angst erregen, Angst beschwichtigen, der Wechsel dieser Vorgänge bildet den Mechanismus der Volkspredigten Bertholds, und nicht nur der seinen."[44] „Angesichts dieser Gräuel wächst die Angst vor dem Tode ins Extreme"[45]; „die relative Gelassenheit dem Tode gegenüber" verwandelt sich auch wegen der Predigten „in dieser Zeit in helle Panik."[46] Der Prediger scheint „immer von der Hoffnung getragen ..., seine Zuhörer mit einem Schlag religiös zu erleuchten."[47]

Der Einstieg der ersten Invokavitpredigt lässt einen *Zusammenhang zu dieser Tradition* erkennen. Nusser hat die Form, wie Luther dieses Drängen sprachlich umsetzt, an der Übersetzung des Anfangs des 23. Psalms verdeutlicht.[48] Auch in den Invokavitpredigten lässt sich die Tendenz zur „Vereinheitlichung der Zeitformen", zum Präsens, die rhythmische Struktur der meist kurzen Hauptsätze, die „Eindringlichkeit", „Gewissheit", Lebendigkeit und Bildlichkeit bei allen überlieferungsgeschichtlichen Vorbehalten zumindest für die als Text vorliegende Gestalt nachweisen. Luther zieht Menschen mit seiner rhetorischen Praxis in Gottes Wort hinein, macht sich zum Sprachrohr einer Energie, die Menschen ergreift, sich ihrer bemächtigen will. „Der Prediger kann sich nicht genug tun, der Gemeinde das Eine in immer neuem Ansatz eindringlich zu machen."[49] Die Gemeinde kann nicht distanzierte Beobachterin, objektiv urteilende Richterin oder Wissen lernende Schülerin bleiben. Sie ist Beteiligte, deren Heil und Wohl letztlich davon abhängt, ob sie sich vom Wort Gottes ergreifen lässt oder nicht. Sie ist ein Gegenüber, mit dem und um das im Energiefeld des Wortes Gottes gerungen wird.

---

40 Soeffner, 1992, 22.
41 Soeffner, 1992, 21 f.
42 Nusser, 46.
43 Nusser, 47.
44 Nusser, 50. Vgl. zur vergleichbaren Konzeption und Wirkung des geistlichen Spiels: Nusser, 57. Zu Berthold von Regensburg mit weiterer Literatur zur mittelalterlichen Predigt E. Winkler, 1990, 579 f. 583.
45 Nusser, 49.
46 Nusser, 52.
47 Nusser, 49.
48 Vgl. Nusser, 101–103.
49 Althaus, 1921, 18.

Andererseits treten aber deutlich die *Unterschiede* in den Blick: Luther will keine Religion, die sich auf Angst gründet und setzt deshalb gerade nicht auf die Schilderung der Gräuel des jüngsten Gerichtes[50], um die religiöse Leistungsgesellschaft zu stabilisieren. Stattdessen verkündigt er die Gerechtigkeit Gottes allein aus Glaube und spendet Trost für die „hu(n)gerige(n) vn(d) verla(n)gende(n) mensche(n)"[51]. Mit seinem Predigteinstieg am 9. März 1522 nimmt er zwar die Angst vor dem Tod auf. Er malt aber nicht mit Worten immer neue Schreckensbilder[52] und erhofft sich davon eine ‚Förderung‘ der religiösen Erfahrung bzw. Praxis. Vielmehr zielt er auf eine Sistierung des Handlungsdrucks, die Freiheit schafft, und erinnert die Gemeinde daran, dass sie durch die Predigt des Evangeliums aus der Todesangst befreit worden ist, dass ihr die Gewissheit dieses Trostes in sprachlicher Form gegeben ist und sie ihrer Befreiung gewiss sein kann in der Sterbestunde.

3.2. Theologische Perspektiven auf die Gemeinde

Luther nimmt seine Predigtgemeinde nicht distanziert wahr; immer setzt er sich polemisch, seelsorgerlich oder werbend zu ihr in Beziehung. Zudem spricht er sie immer schon unter einer theologischen, unmittelbarer Beobachtung nicht zugänglichen doppelten Perspektive an: als „kinder des zorns"[53] und als „kind(er) gottes"[54].

Die Schuld vor Gott verbindet „wie eine Fessel alle Menschen miteinander"[55]; alle stehen im gleichen Kampf mit dem Teufel; alle sind auf das Wort Gottes in Gesetz und Evangelium verwiesen, sollen Gottes Urteil hören und übernehmen und an der Kraft seines Wortes partizipieren[56], „an der neuen Perspektive, in die der Glaube versetzt."[57] Dabei ist unterstellt, dass die Predigt immer schon dem „Hörerinteresse"[58] entspricht, insofern die Predigtgemeinde von ihr ein Geschenk erwarten darf. Durch den Geschenk- oder Gabecharakter ist „nicht nur prinzipiell die Predigt für den Hörer in seiner Sozialität ... definiert und kontrollierbar gemacht, sondern darüber hinaus die Ebene freigelegt, auf der die Motivationen zu Predigtvollzug und Predigthören lie-

---

50 Vgl. Nusser, 52 f.
51 StA 2, 553, 20.
52 Vgl. zur Analyse dieser Auseinandersetzung Luthers mit dem Tod in den Invokavitpredigten ausführlicher unten B 4.
53 StA 2, 530, 10.
54 StA 2, 530, 18 f.
55 Lischer, 315.
56 Vgl. Beutel, 1988, 528.
57 Beutel, 1988, 527.
58 Bizer, 1972, 111.

gen."[59] Um dieser Grundstruktur gerecht zu werden, ist die Predigt immer „so zu konstruieren, dass in ihr zeitgebundenes, konkretes Hörerinteresse durch christologisch begründete und kontrollierbare Verbalaktion aufgenommen und befriedigt wird"[60]: die „Antipredigt des Satans"[61] ist abzuwehren; Menschen sind aus konkret bestehenden Zwängen zu befreien.

Zugang zur Predigtgemeinde gewinnt Luther also immer nur, indem er sie als Gemeinde im Wirkungsfeld des mächtigen Wortes begreift, eingebunden in dessen Dynamik. Vom ausgegangenen, vom getriebenen Wort her werden die Konflikte bedacht und die Lage der einzelnen Gruppen in der Gemeinde reflektiert. *Insofern gibt es die Predigtgemeinde nie ohne das Wort, ohne die Predigt.*[62] Deshalb spricht er sie trotz aller Konflikte als „eüwer lieb"[63], „lieben freündt"[64], „lieben bru(o)der"[65] usw. an. Deshalb ruft er ihnen und sich selbst immer wieder die „hauptstück so einen Christen belange(n)"[66] in Erinnerung und mahnt sie: Haltet euch an die Worte der Predigt und der Schrift, damit euch der Teufel nicht hinweg reißt „wie ein dürre blat."[67]

Charakteristisch und wegweisend daran ist, dass diese theologische Sicht der Gemeinde die oben beschriebenen erfahrungsorientierten Zugänge nicht überflüssig macht, die Gemeinde als einen monolithischen Block erscheinen lässt oder differenzierte Wahrnehmungen verhindert. *Vielmehr gelingt es Luther unter der theologischen Perspektive von der Einheit des Wortes Gottes her, die Verschiedenheit der Gemeinde zu erfassen,* die sich vor allem als unterschiedliche Stärke im Glauben darstellt.[68] „Es sein ettliche die künden wol re(n)nen / etlich wol laüffen / etlich kaüm kriechen."[69] Einige haben selbst stärkeren Glauben als Luther.[70] Nem-

---

59 Bizer, 1972, 111.
60 Bizer, 1972, 112.
61 Bizer, 1972, 113.
62 Vgl. Nembach, 1972, 65 f.
63 StA 2, 530, 8.
64 StA 2, 531, 3.9.25; 540, 22; 543, 22.
65 StA 2, 532, 10 f.25.
66 StA 2, 530, 7 f.
67 StA 2, 539, 14.
68 Vgl. WA 10, III, 6, 12: „gemengt ding". Lischer, 317 f., hat darauf hingewiesen, dass Luthers Zugang zur Predigtgemeinde ein eigenständig theologischer ist, der sich durchaus auf ‚humanwissenschaftliche Erkenntnisse' stützen kann, aber nicht in einer „Abhängigkeit von den Sozialwissenschaften" besteht. „Ganz im Gegensatz zur gegenwärtigen Predigtlehre, die sich im Bezug auf die Deutung des Menschen ganz auf die Sozialwissenschaften verlässt, gründete Luthers Predigen über den Zustand des Menschen in einem Glauben. Statt von psychologischen Tatbeständen und Gefühlen zum Glauben zu gelangen, kommt er vom Glauben her zu einem psychologischen Realismus."
69 StA 2, 532, 21 f.
70 Vgl. StA 2, 531, 29.

bachs These: „Eine Berücksichtigung des Hörers in der Predigt findet nur insoweit statt, als der Hörer ein noch nicht ernster Christ ist"[71], ist von daher zu relativieren. Bei aller Distanz zur Wittenberger Gemeinde und bei aller Kritik der Geschehnisse im Frühjahr 1522 kann Luther im Unterschied zu manchen gegenwärtigen Reformationsgeschichten der Gemeinde zubilligen, „das jr das lauter wort gottes handt"[72], ohne deswegen die eigene Einschätzung der Lage relativieren zu müssen. So gelangt Luther zu überraschend vielfältigen Perspektiven auf die Lebensformen und Gestalten des Glaubens in Wittenberg und es entsteht in seinen Invokavitpredigten das Bild einer in sich differenzierten, vielfältig aufeinander bezogenen Gemeinschaft.

Die *Starken* im Glauben werden darin ihrer eigenen Stärke gerade dadurch gerecht, dass sie sich freiwillig zurücknehmen und in der Liebe nicht sich selbst, sondern ihre schwächeren Geschwister im Auge haben. „Darumb müssen wir nit vnser vermügen / sonder vnsers bru(o)ders betrachten / vff das der schwache jm glauben / so er dem starcken volgen wolt / nit vom teüffel zuryssen werde"[73], wenn er in der Stunde des Todes Rechenschaft geben muss. Die Beschränktheit der *Schwachen* ist nicht darauf zurückzuführen, dass sie nicht fleißig genug gelernt haben, dass rhetorische, soziale oder psychische Umstände sie abhalten, sondern hat einen theologisch bestimmbaren Grund: „secht solche reyche vberschwencklich schetze / mit welche(n) wir vo(n) got vberschüt auß seiner gnad sein / künden(n) nit jederman gemeyn sein"[74]. Nur wer äußerliche oder innerliche Widerwärtigkeiten erfährt, wer unter leiblicher Verfolgung oder geistlicher Anfechtung leidet, wem der Teufel sein „hertz schwach blo(e)d vn(d) verzagt macht / das du nit weyst wie du mit got dran seyst"[75], wer Schutz und Rückhalt sucht, dem hilft die Speise des Abendmahls, dem gilt die Verheißung des Wortes. „In solchen erschrocke(n) zitterden hertze(n) / wil got alleine wone(n)."[76] Geht das Abendmahl gern in hungrige und verlangende Menschen, so will es umgekehrt „nit in ein sat vn(d) vol hertze"[77], ja droht dort zum Schaden statt zum Heil zu wirken. Wer Angst, Not, Bedrängnis und Schwäche empfindet, wird sich in Furcht und Demut Wort und Sakrament nähern. Das Sakrament, aber auch das Wort Gottes, sie sind „ein trost der betrübten / ein artzney der krancken / ein leben der sterbende(n) / ein

---

71 Nembach, 1972, 88.
72 StA 2, 532, 29.
73 StA 2, 532, 23–25; vgl. StA 2, 531, 30–532, 1.
74 StA 2, 553, 9 f.; zum folgenden vgl. 553, 10–554, 17.
75 StA 2, 553, 13 f.
76 StA 2, 553, 15 f.; vgl. 554, 23–26: „die / in welchen des todes forcht ist / haben blo(e)de verzagte gewissen / vnd fo(e)rchten sich vor der helle / die treten billich zu(o) dieser speyße zu(o) stercken jren schwachen gläüben vmb tro(e)stung jrs gewissens".
77 StA 2, 553, 23; gl. auch WA 10, II, (S), 38, 14–27.

speyß aller hungerigen / vnd ein reycher schatz aller armen vn(d) dürffti-
gen"[78]. „Darum(b) sind die zu(m) besten geschickt die d(er) todt vn(d)
teüffel stete anficht"[79].

Niemand wird jedoch auf den Stand des Glaubens festgelegt, der ihm
gegenwärtig in der Wahrnehmung des Predigenden eignet. Da der Prediger keinen Zugriff auf das Herz der Zuhörenden hat, muss er mitbe-
denken, dass Gottes Perspektive auf die Menschen, die ihm gegenüber
sitzen, eine andere ist. So besteht die Möglichkeit und – vom Wort her
gesehen – die Gewissheit, dass auch die Schwachen Starke werden:
„den(n) auff jener seyten sind auch noch bru(o)der vn(d) schwester die
zu(o) uns geborn die müssen auch noch herzu(o)."[80] Wenn wir das Wort
nur lange genug predigen und nicht an unsere Werke binden, wird es
wirken: es überzeugt erst den, dann die, dann jene usf. und nimmt
nacheinander die Herzen gefangen.

Wie das Wort sich im Raum immer weiter ausbreiten, ihn ganz füllen
will, sich wie ein Kraftfeld ausbreitet, so ist die *größtmögliche, die universale Öffentlichkeit* ein wichtiges Gegenüber der Predigt. Nicht die
Anwesenheit und die Zugehörigkeit zur Predigtgemeinde wird im Prozess
der Predigtarbeit zur entscheidenden Bezugsgröße, an wen zu denken
ist, auf wen zu hören und wer im Blick zu behalten ist, wenn gepredigt
wird. Vielmehr sind gerade auch die zu bedenken, die nicht kommen,
die noch außen vor sind, die aber eigentlich dazu gehören.[81] „Die Predigt, die sich auf den Heiligen Geist beruft, legt sich ... auf Zwanglo-
sigkeit des rechtfertigenden Wortes wie der es vertretenden Kirche fest
und hält mit dem Wort die Kirche selbst für jeden offen"[82]; sie kann
„unabhängig von individuellen, spezifisch-religiösen Voraussetzungen ...
jedem erklärt und gelehrt werden, in dem Interesse an Freiheit von
Zwängen zu wecken ist."[83] Auch wenn Luther klar ist, dass es über dem
Wort zu Trennungen kommt, denn die einen folgen, die anderen nicht
und gehen auseinander[84], bemüht er sich deshalb im Konflikt in Wittenberg, dem Satan so entgegenzutreten „citra scandalum utrinque"[85], d. h.
ohne auf beiden Seiten Anstoß zu erregen, *um den Wirkungsraum des
Wortes, den Klangraum, in dem es laut wird, nicht einzuengen.*

---

78 StA 2, 554, 15–17.
79 StA 2, 554, 3.
80 StA 2, 532, 14f.
81 Vgl. dazu auch A. Niebergall, 1968, 103 ff.
82 Bizer, 1972, 145. Vgl. von Soosten, 235: „Die Predigt des Wortes" sprengt „jede ab- und ausschließende Definition der Grenzen der Kirche."
83 Bizer, 1972, 125.
84 WABr 2, 474, 20.
85 WABr 2, 474, 14.

B 4. Predigt und Gemeinde:
Die Geburt der Gemeinde in der Predigt

Luther hat bei seiner Betonung des Wortes und der Predigt deren energetische Dimension, ihr dynamisches Potenzial im Blick gehabt; er hat das Predigtwort von gewaltförmigen Formen religiöser Praxis abgegrenzt, seine Wirksamkeit betont und in ihm die einzig gewissmachende, heilschaffende Kraft im Kampf mit dem Teufel gesehen; nur das Wort kann dem Menschen abschließende Gewissheit geben. Zugang zur Gemeinde und der homiletischen Situation gewinnt er über das Hören auf die Gemeinde, die allerdings den Predigenden nicht als Objekt gegenübersteht. Sie finden sich vielmehr immer schon gemeinsam mit der Predigtgemeinde im weiten und offenen Energiefeld vor, das durch das Wort erzeugt wird. Die Gemeinde erscheint in diesem Machtbereich sowohl als Gemeinschaft der Kinder des Zornes wie auch Gottes.

„Das gepredigte Wort Gottes schafft und schenkt den Glauben und konstituiert die Kirche als communio sanctorum, als Versammlung aller Gläubigen."[1] Auch die Kirche ist in Luthers Theologie vom Wort her gedacht. Sie ist „Creatur durch Gottes wort geschaffen"[2]. Diese Charakterisierung hat zunächst eine *abgrenzende Funktion* gegenüber der mittelalterlichen, römischen Kirche: Die Kirche verdankt sich dem Evangelium, nicht umgekehrt. Sie ist „filia, nata ex verbo, non mater verbi"[3]. Sie lebt aus dem und wird gestärkt und bewahrt durch das Wort, das den Glauben schenkt.[4] Gegen die Beschränkung des Zugangs zu Gott durch die hierarchische Struktur, die priesterliche Heilsverwaltung und vor allem die Einschränkungen der öffentlichen Verkündigung fordert Luther die Kirche auf, „passiv und dienend"[5] mit dem Wort

---

1 Zur Mühlen, 1991, 551 mit Verweis auf WA 2, 190, 16; 6, 606, 33; vgl. Beutel, 1991, 447, der die Theologie des Wortes Gottes als „Angelpunkt von Luthers Ekklesiologie" bezeichnet; vgl. dort Anm. 710 weitere Literatur zu Luthers Ekklesiologie.

2 WABr 5, 591, 55 f.; vgl. die Hinweise auf Äußerungen Luthers in der Einleitung zu B.

3 WA 42, 334, 12.

4 Vgl. zur Mühlen, 1991, 551–555, der u. a. darauf hinweist, dass Luther die Sakramente in seine Worttheologie einordnet: „Die spezifische Seinsweise der Gegenwart Christi im Abendmahl ist und bleibt für Luther die Realpräsenz Christi im Wort, das die Elemente umfasst." (554)

5 Steck, 1963, 80.

umzugehen, ihm Raum zu gewähren. „An die Stelle der Macht der Kirche setzt Luther die Macht des göttlichen Wortes"[6].

Analog zur Unterscheidung von verbum externum und internum und von Ohr und Herz als Rezeptionsorganen des Wortes differenziert Luther zwischen „zwo kirchen"[7], einer unsichtbaren und einer sichtbaren, die jedoch keinesfalls auseinander gerissen bzw. mit dem „Unterschied zwischen richtiger und falscher Kirche"[8] identifiziert werden dürfen, für den das zentrale Kriterium die „Übereinstimmung mit dem Wort Gottes"[9] ist. In der wahren Kirche, in ihrer sichtbaren und in ihrer unsichtbaren Gestalt, wird das Wort Gottes hörbar, in der falschen, die immer nur in der sichtbaren vorfindlich ist, bleibt es unhörbar. Luther betont die „exklusive Verbalität des Reiches Christi"[10] und den universalen Aktualismus des Wortes: Gott ist überall da zu finden, wo sein Wort zu hören oder zu lesen ist.[11] „Da bey aber soll man die Christliche gemeyne gewisslich erkennen: wo das lauter Euangelion gepredigt wirt."[12] „Ist das Wort da, so ist's eine Kirche, wenn's auch ein Schweinestall wäre."[13]

Die Vorordnung des (Predigt- und Bibel-) Wortes vor der Kirche führt aber bei Luther keineswegs zu einem Desinteresse an ihr. Nicht nur erfüllt das Wort Gottes erst dann „seine Sendung ...,, wenn es in der Versammlung der Gemeinde gepredigt und von der Gemeinde wirklich gehört wird."[14] Das Wort wird auch zunächst und vor allem in der Kirche laut: „impossibile est sonare, nisi in ecclesia per spiritum sanctum'."[15] Die sichtbare wie die unsichtbare Kirche stehen im Kampf mit der Sünde[16]; ihre Differenz zielt auf Gestaltung nicht auf Suspension.[17] Die sichtbare Kirche ist zwar keineswegs davor gefeit, falsche Kirche zu werden; dennoch ist „nur aus der mündlichen, d.h. aktuellen und öffentlich erschallenden Stimme des Evangeliums", und das heißt in der sichtbaren Kirche zu erkennen, „wo die Kirche und das Geheimnis des Himmelreiches ist."[18] Wie sich die Ekklesiologie nicht von der Lehre

---

6 Nusser, 94.

7 WA 6, 296, 38.

8 zur Mühlen, 1991, 552.

9 Ebd.

10 Beutel, 1991, 342.

11 Vgl. Beutel, 1991, 450; WA 14, 386, 28 f.: „Wu Gott redt, do wohnt ehr."

12 WA 11, 408, 5–10.; vgl. Herms, 1990, 32: „Der Glaube entsteht aus dem Hören der ‚Predigt in der Kirche'." Zahlreiche Belege aus den Postillen in WA 10, I, bei Herms, 1990: zur Kirche 32–34; zum Verhältnis Ohr-Herz 32.

13 Werdermann, 275; vgl. WA 39, II, 176, 8 f.: „Ubi est verbum, ibi est Ecclesia." Vgl. Iwand, 246: „Wo immer das Wort ist, da sammelt sich um das Wort die Schar der Gläubigen."

14 Lischer, 308 f.

15 Steck, 1963, 29.

16 Vgl. von Soosten, 91.

17 Vgl. von Soosten, 92.

18 Steck, 1963, 18.

vom Wort Gottes lösen kann, so kann es keine „Ablösung der ekklesiologischen Dimension von der Predigtaktion"[19] geben.[20]

Im folgenden ist zu fragen, wie Luther auf dem Hintergrund des dargestellten Wortverständnisses und seiner spezifischen Form des Zugangs zur Predigtgemeinde in den Invokavitpredigten den Zusammenhang von Wort, Individualität und Sozialität thematisiert. Einen Schlüssel zum Thema stellt die Verortung im Kontext der Sterbestunde dar (4.1.). Das Wort wird von außen zugesprochen, die Begegnung mit ihm ist bestimmt durch Macht und Distanz (4.2.); wer sich in seinen Herrschaftsbereich stellt macht Erfahrungen von Freiheit und braucht Geduld (4.3.). Luthers Geduld scheint zumindest an einer Stelle zu Ende gewesen zu sein: die Kirche schien nicht mehr zu ‚wachsen‘ durch das Wort. Lassen sich vom Predigtstreik des Jahres 1530 her, Grenzen des Konzepts ‚Kirche des Wortes‘ bestimmen? (4.4.).

4.1. Der Tod, die Kirche und die Worte des Lebens

Die ersten – überlieferten[21] – Sätze der Invokavitpredigten scheinen zu bestätigen, dass Luther[22] als Gegenüber seiner Predigt – ebenso wie die in A untersuchten homiletischen Entwürfe – vornehmlich einzelne Individuen sieht[23]:

„WJr seindt allsampt zu(o) dem tod gefodert / vnd wirt keyner für den andern sterben. Sonder ein yglicher in eygner person für sich mit dem todt kempffen. In die oren künden wir woll schreyen. Aber ein

---

19 Bizer, 1972, 127.

20 Vgl. Hirsch, 1954a, 19, der fordert, „die Lehre vom Worte Gottes und von der wahren Kirche nie anders als zusammen (zu) behandeln."

21 Brecht, 1986, 66, behauptet, dass Luther die Predigt mit einer knappen Auslegung des Sonntagsevangeliums (Mt 4, 1–11) begonnen hätte. In der Überlieferung der Predigt fehlt dafür jeder Hinweis; auch dem Inhalt oder der Form sind keine Hinweise zu entnehmen, dass die Perikope für die Abfassung der Predigt eine wesentliche Bedeutung hatte. Gestützt wird die These lediglich durch den Bericht von Joh. Keßler (vgl. WA 10, III, LII).

22 Mit dieser Formulierung soll die in B 1. diskutierte Problematik der Authentizität der Predigten nicht übergangen werden; ich gehe jedoch davon aus, dass die Texte Luthers Position angemessen wiedergeben.

23 Beispielhaft für einen solchen Zugang zu den Invokavitpredigten sei hier die Interpretation von K.-F. Daiber, 1991, 47, erwähnt, der die zunehmende Bedeutung der „individuelle(n) Präsentation der Tradition durch einen Prediger, die ihrerseits auf die jeweils individuelle Rezeption durch die Hörergemeinde verwiesen war", hervorhebt: „Der Macht der kollektiven Orientierung erwuchs ein deutlicher Gegenpol in der Individualität des einzelnen. Dieser Prozess kam dann in der Reformation des 16. Jahrhunderts zu einem ersten Höhepunkt: Predigt als Anrede und individueller Glaube als Antwort auf diese Anrede werden zu Symbolen einer sich verändernden geistigen Orientierung. Luthers Invocavitpredigten von 1521 (sic!) seien als Beispiel genannt."

yeglicher mu(o)ß für sich selber geschickt seyn in d(er) zeyt des todts / ich würd denn nit bey dir sein / noch du bey mir. Hierjn(n) so muss ein yederman selber die hauptstück so einen Christen belange(n) / wol wissen vnd gerüstet sein / vnd sein die / die eüwer lieb vor vil tagen von mir geho(e)rt hat."[24]

Ausgangspunkt von Luthers Predigt am Sonntag Invokavit, die den Wittenberger Konflikt grundsätzlich thematisiert[25] und als Predigteinstieg gleichsam den Grundtenor der ganzen Reihe, ist also eine spezifische Reformulierung des Problems *individueller Existenz im Angesicht des Todes*[26] und die Frage nach der „Vermittlung des Heils ..., die ihre Probe im Sterben zu bestehen hat."[27] Vergegenwärtigen wir uns, dass die Invokavitpredigten sowohl vom kirchenjahreszeitlichen wie vom situativen Zusammenhang her Bußpredigten[28] darstellen, so ist diese thematische Konzentration nicht überraschend. Interessant für meine Fragestellung aber ist das Miteinander von Tod und Wort, Individualität und Sozialität, in dem dieses Problem abgehandelt wird. Im ‚Kampf mit dem Tod' geraten individuelle und soziale Erfahrungen in eine spezifische Konstellation, die ihrerseits wiederum in ein bestimmtes Verhältnis zu Grundvollzügen sprachlicher Kommunikation, zu ‚Reden und Hören' treten.

Luther beginnt mit einem ‚wir', durch das er sich nach seiner Abwesenheit neu mit der Gemeinde zusammenschließt.[29] Dies geschieht nicht, um die Konflikthaftigkeit der Situation zu überdecken. Vielmehr ist die Verwendung dieses Personalpronomens darin begründet, dass die Begegnung mit dem Tod und die Bedrohung durch den Teufel alle Hörerinnen und Hörer unabhängig von ihrer Stellung im aktuellen Konflikt verbindet.[30] Gilt Luthers Reden schon grundsätzlich nicht nur den anderen, sondern ebenso auch der eigenen Seele: „vnd meyne euch wie ich meine

---

24 StA 2, 530, 3–9; vgl. zum Gewicht dieses Einstiegs auch die fast wortgleiche Verwendung in „Von beiderlei Gestalt". Vgl. WF, Blatt 2: „wyr kunnen nicht bey der ßein yn dottes notthen, da musthw ßuluesth sthaen vnnd streythen antwortten dem Teufell vnd deyner eygen conscientzien." Vgl. WA 10, III, LVII, (F = Fragment), 4–9.

25 Dies gilt trotz der überraschend das Thema Messe in den Mittelpunkt rückenden Bemerkung am Ende der ersten Predigt: „nu(o)n ist genu(o)g vo(n) der Messe" (StA 2, 534, 24). Die Messe wird ausführlich erst in der 5. Predigt am Donnerstag, dem 13.3.1522, behandelt.

26 Dieser thematische Predigteinstieg hat erhebliche Wirkungen bis in die Philosophiegeschichte hinein gehabt. Vgl z. B. Baur, 1993b, 13, mit seinem Hinweis auf die Rezeption durch Heidegger.

27 Kantzenbach, 104.

28 Vgl. zum kirchenjahreszeitlichen Zusammenhang: Bieritz, 1986b, 98. Vgl. auch: Nusser, 1 f.

29 Vgl. Werdermann, 187 f.

30 Luther befindet sich mit dieser Perspektive auf den Tod, der alle Menschen gleichermaßen betrifft und in diesem Sinne eint, in Übereinstimmung mit dem damaligen Todesverständnis. Vgl. Ariés, 1980, 13 ff.; Huizinga, 1961, 202 und Gassen, 18.

sele meyne"[31], so tritt unter der Perspektive der „Extremsituation"[32] des Todes nicht nur der Gegensatz Amt und Gemeinde in den Hintergrund, sondern auch die unübersichtlichen Fronten der Wittenberger Unruhen gegenüber der allgemeinen Erfahrung, im Sterben zurückgeworfen zu sein auf die eigene individuelle Existenz.

Die erste Antwort der Invokavitpredigten auf die Suche nach Einheit und Einigkeit der Gemeinde und die Neuordnung ihrer Sozialität ist die Erinnerung an die Grenze der Predigt, der Gemeinde und der christlichen Liebe: an den Tod. Damit ist gleich zu Beginn ein entscheidender, die Wirkungsgeschichte bis heute prägender Akzent gesetzt: Die Gemeinde wird in der entscheidenden Situation des Predigtanfangs nicht auf ihre empirische Gestalt, d. h. auf ihre Zerstrittenheit angesprochen, auch nicht auf ihren ‚Idealzustand', d. h. auf die Forderung, eine handlungs- und liebesfähige Gemeinschaft zu sein, die in ihrem Miteinander die Liebe Gottes zu den Menschen abbildet. *Sie wird bestimmt als Gemeinschaft von Menschen, denen gemeinsam ist, dass sie einer von außen gesetzten, bedrohlichen Grenze gegenüberstehen.*

Hinweise zur Gestalt und Wandlung der mittelalterlichen Erfahrung des Todes[33]

Die mittelalterliche Todeserfahrung beginnt mit dem Bewusstsein: „Ich sehe und ich weiß"[34], dass ich sterben muss. Der normale Tod[35] ist eine „einfache Sache"[36], für die es eine „öffentliche und genau festgelegte Zeremonie"[37] gibt. Die Sterbenden spielen in ihr die „Hauptrolle"[38]. Sie sind in einen klaren Verhaltensablauf eingebunden, sodass es zu einem ruhigen, emotional wenig bedeutungsvollen Übergang vom Leben zum Tod kommen kann. Aus unserer heutigen Sicht, die den Tod als angsteinflößend und gefährlich wahrnimmt, entdecken wir einen „gezähmte(n)

---

31 StA 2, 532, 32.

32 Brecht, 1986, 66. Vgl. Nassehi, Weber, 271: „Die grundlegende ‚Grenzsituation', die Diskontinuität par excellence, ist der Tod."

33 Vgl. zum ganzen: Angenendt, bes. Teil VII; Aries, 1980 und 1982.

34 Ariés, 1982, 20. Dieses ‚normale' Todesbewusstsein schließt ein, dass „der schreckliche Tod, etwa de(r) Pesttod oder de(r) plötzliche Tod" (a. a. O., 19) „außergewöhnlich" (a. a. O., 20) ist. Anders Gassen, 18 f. mit ausdrücklichem Hinweis auf Luther: „In einer Zeit, in welcher der Tod – der Schwarze Tod – jederzeit plötzlich und unvermittelt in das Leben eindringt, wird der einem Antiphon des 11. Jahrhunderts entlehnte und später von Martin Luther zu einem Kirchenlied umgedichtete Gedanke des ‚Media vita in morte sumus' ... zur prägenden Sinnkonstante."

35 Vgl. Ariés, 1980, 13 ff.

36 Ariés, 1982, 22.

37 Ariés, 1982, 24; vgl. Ariés, 1982, 73–75; Ariés, 1980, 24 ff.; vgl. auch die knappe Schilderung bei Haas, 171 f.

38 Ariés, 1982, 48.

Tod"[39], der für die einzelnen entdramatisiert ist und sie einstimmen lässt in die „mit dem kollektiven Schicksal der Gattung vertraute Resignation, die sich in der ... Formel zusammenfassen lässt: Et moriemur – wir sterben alle."[40]

Seit dem 11. und 12. Jahrhundert entwickelt sich durch „kaum merkliche Modifikationen" ein neuer Typus des Todesbewusstseins, der „der traditionellen Vertrautheit des Menschen mit dem Tode allmählich einen dramatischen und persönlichen Sinn verleih(t)."[41] Die Bedeutung, „die im gesamten Bereich der Neuzeit der eigenen Existenz zuerkannt wird"[42], schlägt sich in einem „Trend zur Individualisierung der Todeserfahrung"[43] nieder. „Das Gefühl der eigenen Identität gewann die Oberhand über die Unterwerfung unter das kollektive Schicksal."[44] Ariés bezeichnet diese neue Wahrnehmung des Todes mit der „Kurzformel ...: der eigene Tod"[45] und zeichnet folgendes Bild:

Noch immer umringen bei ‚normalen' Todesfällen „zahlreiche[...] Gefährten und Angehörige ... das Bett des Sterbenden."[46] Doch während er die vorgegebenen Riten vollziehen will, „geht ... etwas vor sich, *was die Einfachheit der Zeremonie durchkreuzt und was die Umstehenden nicht wahrnehmen, ein allein dem Sterbenden vorbehaltenes Schauspiel.* Übernatürliche Wesen sind ins Zimmer herniedergestiegen und drängen sich zu Häupten des ‚Ruhenden'. *Auf der einen Seite die Dreieinigkeit, die Heilige Jungfrau, die himmlischen Heerscharen, auf der anderen Seite Satan und seine gräßliche Schar.* Die große Versammlung, die im 12. und 13. Jahrhundert am Ende der Zeiten stattfand, spielt sich ... jetzt, im 15. Jahrhundert, im Zimmer des Kranken ab."[47] Die für das Mittelalter charakteristische „Angst, ... allein zu sterben"[48], wird in den Hintergrund

---

39 Ariés, 1982, 25. Nassehi, Weber, 291 Anm. 1 weisen darauf hin, dass sich Ariés in seinem Werk latent in der Gefahr befindet, „die Vergangenheit zu idealisieren und zu romantisieren."

40 Ariés, 1982, 43.

41 Ariés, 1982, 31.

42 Ariés, 1982, 43.

43 Nassehi, Weber, 145; vgl. Weiß, bes. 152 ff.; Caruso, 248: „Nebenbei gesagt, steigert der in unserer Zivilisation herrschende Individualismus die Schärfe dieses Problems wohl bis ins Unerträgliche. Jeder stirbt seinen Tod; jeder trennt sich auf seine Weise; jeder erlebt auch auf seine Weise, dass er nicht in einer sinnvermittelnden Gemeinschaft eingebettet ist."

44 Ariés, 1980, 777.

45 Ariés, 1982, 43.

46 Ariés, 1982, 23; vgl. Borst, 117: „Im Sterben umgeben ihn (i.e. den Toten, J.C.-B.) gestufte Gruppen von Mitmenschen."

47 Ariés, 1982, 34 (Hervorhebungen von mir, J.C.-B.).

48 Ariés, 1980, 30: „Man starb immer öffentlich. Daher die Wucht der Prophezeiung Pascals, dass man allein sterben werde; denn man war damals im Augenblick des Todes im physischen Sinne nie allein." (ebd.) Vgl. Haas, 171: „Sterben ... ist im Mittelalter kein Geschehen im verborgenen, sondern grundsätzlich öffentlich."

gedrängt durch den Gedanken der „individuelle(n) Verantwortlichkeit"[49] und der sich daraus ergebenden Angst vor dem Tod. Sind in dieser Szene „die Sicherheit des kollektiven Ritus und die Besorgnis einer persönlichen Befragung"[50] zuerst noch vereint[51], so gewinnt zunehmend der Gedanke der „letzte(n) Prüfung" an Gewicht, an deren Ausgang sich das menschliche „Schicksal in der Ewigkeit entscheidet."[52] Ist, wer stirbt, zunächst noch „Fremder, Unbeteiligter", der beim „kosmischen Kampf[...] zwischen den Mächten des Guten und des Bösen"[53] zuschaut, die ihr Anrecht auf ihn oder sie geltend machen, so wird er oder sie immer mehr zur eigenverantwortlich handelnden Person, die in dieser Situation das ewige Leben gewinnen oder verlieren kann. Es entsteht eine „immer engere Beziehung zwischen dem Tod und der Biographie", die davon ausgeht, „dass jeder Mensch im Augenblick des Todes sein ganzes Leben noch einmal, in einem einzigen kurzen Abriss, an sich vorüberziehen sieht" und glaubt, „dass sein Verhalten in diesem Augenblick dieser seiner Biographie ihren endgültigen Sinn, ihren Abschluss aufprägt."[54] „Von jetzt an wird über das Schicksal der unsterblichen Seele im Augenblick des physischen Todes selbst entschieden."[55] „Beim Sterbenden selbst liegt die Macht, in diesem Augenblick alles zu gewinnen oder alles zu verspielen. ... Seine Sache ist es, mit Hilfe seines Schutzengels und seiner Fürsprecher zu siegen – und er wird den Frieden haben – oder den *Einflüsterungen* der Teufel nachzugeben – und er wird verloren sein."[56]

„Zurück tritt der Aspekt der mittelalterlichen Ständerevue"[57] ebenso wie der der Jenseitsvisionen.[58] „Der Mensch steht nunmehr als Individuum ... im Zentrum ... und ist nicht mehr in das hierarchische und ständisch gegliederte Weltbild des Mittelalters eingebunden."[59] Er hat Abschied vom Leben zu nehmen und dazu das Sterben zu lernen. Das Interesse an einem ‚guten Tod' findet seinen Niederschlag u. a. in der Literatur der ‚ars moriendi'.[60] In Kunst und Literatur tritt der Tod häufig

---

49 Ariés, 1982, 32.
50 Ariés, 1982, 36.
51 Auch Luther ging zum Sterben auf das Ruhebett, in die Gemeinschaft. Und nach Brechts Schilderung war er die Hauptperson, die „fast ausschließlich ... redete." Mehrfach sprach er die Worte von Ps 31,6, das herkömmliche Sterbegebet; „die Rezitation einzelner Bibelworte diente der eigenen Versicherung." (Brecht, 1987, 369)
52 Ariés, 1982, 35.
53 Ebd.
54 Ariés, 1982, 36.
55 Ariés, 1980, 137.
56 Ariés, 1980, 140 (Hervorhebung von mir, J.C.-B.).
57 Gassen, 15.
58 Vgl. Dinzelbacher, 250.
59 Gassen, 15.
60 Vgl. Rudolf; Mohr, 1979; Dinzelbacher, 252 f.

„als handelnde Gestalt"[61] auf, wichtig werden für die ars moriendi auch „die Anfechtungen durch den Teufel."[62]. Insgesamt erfährt der Tod und die „Sterbestunde"[63] im 14. und 15. Jahrhundert „einen Zuwachs an Dramatik" und „eine emotionale Besetzung, die ih(nen) früher nicht eigen war."[64] „Der Tod ist zu dem Ort geworden, an dem der Mensch das tiefste Bewusstsein seiner selbst gewonnen hat."[65]

Die spezifische Fassung der Sterbeszene in den Invokavitpredigten

Bereits die ersten Sätze der ersten Invokavitpredigt zeigen, dass hier das Konzept des ‚eigenen Todes' leitend ist. Nicht die allgemeine Nichtigkeit und Gleichheit[66] der mittelalterlichen Memento-mori-Darstellungen steht im Mittelpunkt, sondern das Heil der jeweiligen Person, die in der Stunde ihres Todes vor der Bedrohung steht, dass „nach dem leiblichen Tod im Gericht die Möglichkeit des ewigen Todes aufbricht."[67] Deshalb muss im Sterben „ein jglicher alda auff seine schantz selbs sehen und sich mit den feinden, mit dem Teufel und Tode selbs einlegen und allein mit jnen im kampff liegen", wie es in der von Aurifaber überarbeiteten Fassung heißt.[68] Im Sterben, in dem mir Wirklichkeit eindeutig als fremde, nicht von mir und normalerweise auch nicht intersubjektiv erzeugte gegenübertritt, bin ich gezwungen, mich als eine mit Tod und Teufel kämpfende Person zu definieren jenseits der sozialen Bindungen, die mich sonst schützen und tragen: im ganzen Haus, in der Bruderschaft oder der Zunft.[69] Nicht länger bewerkstelligen „Herkommen und Vorsorge …, dass der Tod keinen Einzelmenschen trifft."[70] Auch die Kirche hat ihre Bedeutung als kontinuitätssichernde Größe eingebüßt: die Toten können ihr nicht mehr „anvertraut oder, besser, überlassen"[71] werden; der sichernde Ritus und die mit ihm verbundene Indifferenz treten tendenziell gegenüber der Sorge um das eigene Heil und die Erfahrung der Individualität im Sterben zurück. Geselligkeit als eine schlichte Verbindung zwischen Leben und Tod geht verloren.[72]

---

61 Gassen, 15.
62 Rudolf, 148.
63 Dinzelbacher, 251.
64 Ariés, 1982, 36.
65 Ariés, 1982, 40.
66 Vgl. Gassen, 18; Jüngel, 157, spricht vom „egalitären Grundzug des Todes."
67 Zur Mühlen, 1991, 560.
68 WA 10, III, 1, 20–22.
69 Nassehi, Weber, 323, sprechen von der „Vereinsamung des Sterbenden."
70 Borst, 117.
71 Ariés, 1982, 50.
72 Borst, 118. Borst hat eindrücklich darauf hingewiesen, dass gerade in Pestzeiten die Personenverbände ein großes Gewicht bekamen, insofern sie oft mit gesundheitlichen Ri-

Das von Ariés beschriebene Konzept wird in Luthers ‚Hörspiel'[73] am Totenbett spezifisch modifiziert. Heißt es dort: „Himmel und Hölle werden zu Zeugen des Kampfes des Menschen mit dem Bösen: Beim Sterbenden liegt die Macht, im Augenblick seines Todes alles zu gewinnen oder zu verspielen"[74], so revidiert der Reformator diese *Hypostasierung der sterbenden Person und nimmt ihr ihren überlastenden Charakter.* Ein moralischer Lebenswandel, gute religiöse Werke oder der Selbstruhm über die eigene Gerechtigkeit[75] sind ebensowenig gefragt wie ein ‚naives Vertrauen' auf die kirchliche Heilsvermittlung und die auditive Elementen in der ars moriendi: die Kunst des Sterbens besteht nicht im Beantworten von „Fragen ..., die zur Feststellung der rechten Disposition dienen; wer sie bejahen kann, ist zu einem seligen Sterben vorbereitet." Die ‚große Mahnung', Gebete oder das „Vorlesen, Vorbeten, Fragen, Ablenken von weltlichen Sorgen ..."[76] werden nicht erwähnt. Diese Elemente tauchen jedoch alle wieder in den Sterbebüchern aus der Mitte des 16. Jahrhunderts auf.

Vielmehr ist es nach den Ausführungen der Invokavitpredigten für die Erfahrung von Trost im Sterben entscheidend, *das seit der Taufe immer wieder zugesprochene ‚fremde' Wort als das das eigene Leben zutreffend bestimmende zu akzeptieren.* So lässt sich Distanz von sich selbst und allen Fremdzuschreibungen gewinnen und darin die Heilsgewissheit, die notwendig ist, um in der sprachlichen Auseinandersetzung mit dem Teufel bestehen zu können. Nicht was ich selbst zu leisten in der Lage bin, noch was ich von anderen an Einstellungen übernommen habe, trägt mich im Sterben im Angesicht Gottes und im Kampf mit dem Teufel, sondern nur die Macht des Wortes Gottes und das Vertrauen darauf, der Glaube an die starken und klaren Sprüche und die Reproduktion dieser zugesprochenen Heils- und Trostworte. Der Tod gewinnt auch bei Luther für das Individuum an emotionaler Bedeutung und Dramatik; gleichzeitig wird die Verarbeitung des Sterbens dadurch kontrolliert, dass die verheißungsvollen Verhaltensmöglichkeiten gegenüber dem Tod auf sprachliches Handeln und Verhalten begrenzt werden.[77]

---

siken einen „hohe(n) Preis für soziales Verhalten, das die Todesangst minderte" (121), zahlten. „Vorsorge und Erfahrungsaustausch machen die Anrufung Gottes und die Tröstungen des Klerus nicht überflüssig, verleihen aber den noch immer bedrohten Verbänden mehr Selbstgefühl und Zusammenhalt." (120)

73 Vgl. oben B 2, 177 f.

74 Ariés, 1982, 77.

75 Ariés, 1982, 35.

76 Rudolf, 148; die Fragen lehnen sich zumeist an die Formulierungen Anselms an und finden noch heute in Werken zur Sterbebegleitung Beachtung: vgl. z. B. Heinz-Mohr, bes. 73 f.

77 Nassehi, Weber, 312.

Im *Leben* siegt das Evangelium im „Kampf zwischen dem Wort und dem Teufel"[78], wenn „ir zween oder drey mit eynander darvon reden mit ernst, das die lebendige stim gehet, da gehet es auh vil stercker und muss der teuffel weichen."[79] Die Kirche konstituiert sich im wechselseitigen, personalen Zuspruch des Heils; er ist ihre wichtigste Aufgabe, die ihr Urbild in den Hirten auf dem Feld aus der Weihnachtsgeschichte findet[80]: „dass du auf Grund des Gebotes Gottes auf mich hörst, und dass ich dich, der du dich in Trauer und Gefahr befindest, tröste, dass du mir glaubst, und umgekehrt ich dir, wenn ich in eine ähnliche Gefahr gerate."[81] Solche Reziprozität zeichnet nach Luther die *Vorbereitung* auf die Sterbestunde aus.

Im *Sterben* jedoch ist keine Hilfe, kein Zuspruch mehr möglich.[82] „Darumb denck fur dich, du hast sterben odder verfolgung fur dyr, da kan ich nicht bey dir seyn, noch du bey myr, ßondern eyn iglicher muss alda fur sich selbst streytten, den teuffell, den todt, die wellt ubir winden, wenn du denn woltist tzu der tzeyt dich umbsehen, wo ich bliebe, oder ich, wo du bliebest, und dich bewegen lassen, ob ich odder yemant auff erden anders saget, ßo bistu schon verloren"[83]. Der sterbende Mensch ist allein; es hilft ihm nichts, wenn ihm die Umstehenden in die Ohren schreien.[84] Hier stimmt Luther mit der humanistischen Kritik des mittelalterlichen Sterbeideals überein, wie sie sich etwa auch bei Erasmus findet. In einer Kritik der Sterbezeremonie bestreitet dieser auf ironische

---

78 Barth, 1967a, 121; vgl zum ganzen mit zahlreichen Belegen 82–123.

79 WA 5, 537.

80 Vgl. Herms, 1990, 45; Rödzsus-Hecker, 34 Anm. 75; Schoch, 46; Beutel, 1991, 400; Barth, 1990, 30–32.

81 Barth, 1989, 63; vgl. Herms, 1990, 45: „Wer das mündliche Wort der Predigt heilsam gehört hat, ist dadurch zugleich verpflichtet, es wiederum anderen zu sagen."

82 Vgl. StA 2, 530, 4 f.: „In die oren künden wir woll schreyen", wir können einander zu trösten versuchen, zur Geduld mahnen, zum Streit und Kampf, in der unmittelbaren Auseinandersetzung steht jedoch der sterbende Mensche allein. Vgl. den von Aurifaber veröffentlichten und in WA 10, III, 1 ff. als zweites abgedruckten Text: WA 10, III, 1, 18 f.

83 WA 10, II, (S), 23, 15–20.

84 Vgl. den Hinweis von Mohr, 1975, 99, „dass die einzig mögliche Hilfe darin bestand, bei den Leidenden zu bleiben und sie mit Kraftworten aus der Schrift zu trösten." Vgl. dagegen Barth, 1989, 53: „Nicht menschliche Nähe wird dem Sterbenden letztlich helfen, sondern die Gewissheit einer anderen Gemeinschaft", nämlich mit dem trinitarischen Gott und der sanctorum communio. Die Praxis des ‚In-die-Ohren-Schreiens' wird ein Hinweis auf gängige (Toten-) Klagepraxis sein. (Vgl. Ariés, 1980, 389) Zur mittelalterlichen Trostpraxis und ihrer „lauten Lust" im Verhältnis zur neuzeitlichen „„stillen Trauer'" vgl. Schenda, 129: „Die Beraubung, die der Tod oder die Tödin uns angetan, und die Grube, die er mitten in das gesellschaftliche Umland des Verstorbenen gerissen hat, lassen sich heutzutage offenbar verschmerzen ohne laute Akte der Gegenwehr, ohne kräftige Aggressionen der Lebenden, ohne gemeinsames Sich-Versichern, dass frau/man noch mit allen Sinnen lebe."

Weise, dass die gelungene Gestaltung der Todesstunde „einem liederlichen Leben die Rettung in extremis"[85] verheißt; im Gegenteil: „Jemand brüllt ihm (dem Sterbenden, J.C.-B.) ins Ohr und beschleunigt damit sein Ende, wie es häufig vorkommt, sei es durch heftige Schreie, sei es durch seinen nach Wein stinkenden Atem."[86] Halt und Gewissheit in dieser Situation ist jedoch nicht durch eine ständige, angestrengte Humanisierung des eigenen Lebens zu erreichen; vielmehr sind bei Luther die von ihm mit den Humanisten geteilte Konzentration auf den einzelnen Menschen mit dem Verweis auf die Notwendigkeit des verbum externum untrennbar verflochten, das mir in der Predigt, in der Gemeinde, von meinen Mitbrüdern und -schwestern zugesagt worden ist.

4.2. Das Wort, die Distanz und die Macht: Zur externen und sozialen Gestalt des kirchengründenden Predigtwortes

Die von Luther vorliegenden, zumeist neutestamentlich fundierten ekklesiologischen Konzepte haben in der homiletischen Rezeption wenig Beachtung gefunden. Das betrifft die Rede vom Leib Christi genauso wie die vom Volk Gottes.[87] Auch Stecks Hinweis, dass „Kirche als ‚Braut Christi' ... besonders geeignet war, das grundlegende Verhältnis der Kirche zum Wort Gottes, und dementsprechend auch die Relationen ihres eigenen als des ihr aufgetragenen Wortes deutlich zu machen"[88], ist kaum rezipiert worden.[89] Ein knapper Durchgang durch gegenwärtige Ansätze, Überlegungen Luthers für die Charakterisierung der Predigtgemeinde in der Homiletik fruchtbar zu machen, soll Problempunkte benennen, die im Folgenden weiter zu klären sind.

Gegenwärtige Konzepte und Luthers Verständnis der Predigtgemeinde

Christof Bizer hat Luthers homiletische Überlegungen einem Konzept von Kirche als einer *‚offenen, emanzipatorischen Lerngemeinschaft'* zugeordnet, die die ‚Hauptstücke' in Gestalt von Artikelsätzen lehr- und lernbar hält, um Freiheit *und* Zuspruch zu ermöglichen.[90] Keine rationalistisch verengte ‚Lehrpredigt', keine Konstellation Belehren – Belehrt-

---

85 Ariés, 1980, 389.

86 Erasmus von Rotterdam, Vertraute Gespräche, hier zitiert nach: Ariés, 1980, 389.

87 Vgl. Steck, 1963, 68 Anm. 24.

88 Steck, 1963, 69.

89 Vgl. allerdings die Ausführungen zum Brautmystik-Motiv im Blick auf die Seelsorge bei Gutmann, 1991, bes. 86 ff.

90 Vgl. Bizer, 1972. Mit seinen Ausführungen hat er überzeugend die Polemik gegen den pädagogischen Gottesdienstbegriff bei Luther in ihre Schranken gewiesen.

werden ist hier im Blick, sondern die offene Gemeinschaft derjenigen, die frei miteinander und voneinander lernen und sich gegenseitig frei sprechen. Selbst diejenigen, die „die christologische Explikation" und „die zureichende Effizienz der bewirkten Freiheit"[91] in Frage stellen, können sich hier zuordnen und haben die Möglichkeit, die Predigt der Kirche daraufhin zu kontrollieren und zu handhaben, ob sie ihre Interessen verfolgt, ob „in ihr zeitgebundenes, konkretes Hörerinteresse durch christologisch begründete und kontrollierbare Verbalaktion aufgenommen und befriedigt wird"[92], „ob die geplante bzw. durchgeführte Predigtaktion gegen aktuell wirkenden Zwang das rechtfertigende Evangelium konkret so zu formulieren vermöchte, dass es für den Empfänger als reines und relevantes Angebot akzeptabel und der Kirche als Kriterium ihres Gesetzes verständlich ist."[93] „Denn die Kirche, konstituiert als Gruppe derjenigen, die aus der Befreiung durch die Predigtaktion Nutzen ziehen, ist zugleich der Raum, in dem die Predigtaktion durch das Gesetz der Predigt kontrolliert wird."[94]

In Bizers Interpretation von Luthers Ansatz begründet die Verbalaktion die Kirche und hält sie gleichzeitig kontrollierbar. Der Gabe der Predigt kommt Eindeutigkeit, Wahrheitsfähigkeit und instrumentelle Handhabbarkeit im Kampf zu. Im Spannungsfeld der Invokavitpredigten formuliert, wird das Verhältnis von Kirche und Wort hier wesentlich vom Lebens- und Liebesgeschehen in Kirche und Welt her bestimmt; die soziale Erfahrung ‚Tod‘, in der die Faktoren: Wort, Kirche und Individuum in eine andere Konstellation einrücken und in der der transpersonalen Dynamik des Wortes größere Bedeutung zukommt, ist in diesem Ansatz schwerer zu reformulieren.

Dies gilt in ähnlicher Weise für Untersuchungen, die die Predigtgemeinde als „*Interpretationsgemeinschaft*"[95] sehen und die Reziprozität des Kommunikationsgeschehen und die „wechselseitige Interaktion der Angehörigen des Volkes Gottes"[96] ins Zentrum rücken. Für die Invokavitpredigten hat etwa Weyer festgehalten: „Luther vertritt hier kein instrumentelles, sondern ein affektgebundenes Rhetorikverständnis. Er sucht das glaubensgebundene Einverständnis mit seinen Hörern."[97] Der Prediger Luther redet von sich, predigt mit seiner ganzen Person und spricht auch seine Hörerinnen und Hörer als diejenigen Personen an, mit denen er ein wechselseitiges Einverständnis sucht.

---

91 Bizer, 1972, 125.
92 Bizer, 1972, 112.
93 Bizer, 1972, 141.
94 Bizer, 1972, 126.
95 Beutel, 1988, 537.
96 Gutmann, 1991, 289; vgl. 289–291, wo Gutmann u. a. von der „Kirche als Seelsorgebewegung" (289) spricht.
97 Weyer, 103.

Besser findet die energetische Dimension des Wortes Berücksichtigung unter dem Stichwort „*Erzählgemeinschaft*"[98]: Menschen sind und werden immer wieder neu durch Geschichten miteinander verbunden; die Potenz dieser Geschichten, soziale Einheiten zu schaffen, lässt sich nur begrenzt durch Interaktions- oder Kommunikationstheorien erklären. Selbst entfernte Geschichten können uns nah sein, fremder Leute Geschichten wollen von uns weitererzählt werden, aus bösen Geschichten werden wir in gute geführt. Vor allem: „Wir leben von der Logik unserer eigenen Geschichte, ohne zu versuchen, ihre Gültigkeit zu beweisen."[99] In der Predigt werden alte Geschichten so erzählt, dass die jetzige Lebensgeschichte befreit und vertrauensvoll weitergehen kann. Wer liest oder hört, wird „in einer Weise berührt …, die eine direkte Beziehung zu seiner Lebenserfahrung herstellt, nämlich durch eine Art von Partizipation, die nicht möglich ist bei genau ausgearbeiteten und straff geführten Predigtstrukturen, welche weder dem Evangelium gerecht werden noch dem menschlichen Bewusstsein, das es aufnehmen soll."[100]

Lischer hat zu zeigen versucht, dass Luther bewusst auf „narrative Ausdrucksformen des Evangeliums" gesetzt hat: „Seine Methode war einfach: Die Erzählung selbst verleiht der menschlichen Situation Ausdruck und zeigt ein Dilemma auf. Durch ein Nacherzählen und Ausschmücken der Geschichte lässt Luther das Evangelium als Antwort aus der Geschichte hervorgehen. Die Gestalt, die das Evangelium annimmt, richtet sich jeweils nach der Beschaffenheit des Problems. Die Lösung wird nicht verkündigt, sondern im Gang der Erzählung erreicht."[101] Wenn auch „der erzählende Stil … keineswegs in Luthers Predigten"[102] überwiegt, wie auch die Invokavitpredigten belegen, nehmen die Stilmittel der Narration einen breiten Raum ein: „Überzeichnung, Selbstgespräch, Anrede."[103] Durch ihre Verwendung „‚dehnt' er den Schnittpunkt der Begegnung zwischen Gott und Mensch und stellt das Evangelium als einen Transaktionsprozess dar, der sich mit zeitlicher Ausdehnung im Leben der Glaubenden vollzieht."[104] Diese Interpretation vom Aspekt der Narration her hat wesentliche rhetorische und homiletische Aspekte des Lutherschen Ansatzes zu Tage gefördert. Weitgehend ungeklärt sind jedoch noch die Fragen, wie das Ende (je)der Geschichte und Konflikte zwischen Geschichten und in der Rezeption zu denken sind.

---

98 Vgl. A. Grözingers Überlegung zur ‚Kirche als handelnder Erzählgemeinschaft', 1989, 102 ff., zu Luther bes. 111–114; vgl. auch Rödzsus-Hecker, 14 und Schapp, bes. Kap. 11.
99 Lischer, 310. Vgl. oben A 4.3.
100 Lischer, 313.
101 Lischer, 318.
102 Lischer, 320.
103 Lischer, 319.
104 Lischer, 320.

Einen letzten Aspekt der Ekklesiologie Luthers, der für die gegenwärtige Homiletik von Relevanz ist, hat Soeffner mit dem Begriff der „*Selbstbeobachtungsgemeinschaft*"[105] bezeichnet. Konstituiert sich die mittelalterliche Kirche für ihn wesentlich über die Einhaltung spezifischer (Verhaltens-) Regeln, die den Alltag bestimmen und von außen zu kontrollieren sind, so werden bei Luther diese „Fremdbeobachtungsregeln ... ausschließlich zu Selbstbeobachtungsregeln." Für Soeffner bedeutet das, dass „das soziale Gegenüber verschwindet – das einzige Gegenüber ist Gott. Die Vereinzelung des Individuums vor ‚seinem Gott' ist hier ... exemplarisch vollzogen."[106] Entscheidend für die religiöse Praxis werden die „Authentizität"[107] der Individuen und ihre wechselseitige, öffentliche Zuordnung. Der „Cordon sanitaire, den die Kirche zwischen den Gläubigen und Gott eingerichtet hat"[108], wird zerstört, um einen unmittelbaren Zugang zu Gott zu gewinnen. Damit verändert sich die soziale Struktur: die Individuen sind, wie Soeffner am Beispiel der Beichte zeigt, auf sich selbst, auf „Selbstbeobachtung, Selbstbeurteilung und Rechtfertigung" und damit auf einen „infiniten Prozess"[109] verwiesen; sie begegnen einander als prinzipiell Gleichgestellte in der Öffentlichkeit: der „rituell abgesicherte Schutzraum für den einzelnen"[110], den Amt und Schweigepflicht zur Verfügung gestellt haben, ist verschwunden. Soeffner behauptet, die Schutzmechanismen vor dem „Abgrund der Vereinzelung"[111] bei Luther seien gering; der einzelne verliere sich in einem ständigen Um-sich-selbst-kreisen, das durch die externen Gegenüber nicht unterbrochen werden kann, da ihnen keine spezifische Bedeutung zukommt, sie nur noch ‚Menschen wie Du und Ich', weiteres ‚Material' für die Selbsterfahrung sind.

Im folgenden will ich zeigen, dass und wie nach Luthers Verständnis das Predigtwort eine Distanz nach außen und nach innen schafft, die die „neue Egozentrik und strukturell zur Asozialität tendierende Grundhaltung"[112] verhindert, die Soeffner beschrieben hat: „Am Ende werden diesem Individuum es selbst, die eigene Geschichte, die eigenen großen und kleinen Erlebnisse so bedeutsam, dass es ihm unvorstellbar ist anzunehmen, es könne jemanden geben, der an diesen bedeutsamen Geschichten nicht interessiert ist: Der als Gespräch getarnte autobiografische Monolog beginnt."[113] Dagegen gründet m. E. im als Macht- oder

---

105 Soeffner, 1992, 40.
106 Soeffner, 1992, 41.
107 Ebd.
108 Soeffner, 1992, 45.
109 Soeffner, 1992, 46.
110 Soeffner, 1992, 45.
111 Ebd.
112 Soeffner, 1992, 54.
113 Soeffner, 1992, 56.

Energiefeld verstandenen Wort und der ihm entsprechenden sprachlichen Praxis ein Glauben, der das Ende dieser Monologe (nicht erst im Sterben) getrost akzeptieren kann und dadurch frei wird für die Sozialität.

Die interpersonale Gemeinschaft:
ein aktueller Versuch gegen die Todesverdrängung

Die interpersonale Gemeinschaft:
ein aktueller Versuch gegen die Todesverdrängung

Die gegenwärtigen Rezeptionen der Lutherschen Ekklesiologie in der Homiletik heben Offenheit, Partizipation und Wechselseitigkeit als Grundstrukturen der Kirche, Kirche als ‚lebendiges‘, ‚liebevolles‘ Kommunikationsgeschehen hervor; die Fragen nach dem Wort, seiner Macht und der Einsamkeit des Sterbens spielen keine Rolle. Demgegenüber hat die Soziologie in den letzten Jahren einige Anstrengungen unternommen, Probleme der Sozialität und des Todes, des Endes von Kommunikation und von Sprache zu thematisieren. „Die Unvorstellbarkeit des Todes in der Moderne dokumentiert die radikale Kluft, die zwischen Gesellschaftssystem und individuellem Sinnbedürfnis klafft"[114], solange sich die Person als autopoietisch konstituiert begreift und „die funktional differenzierte Umwelt keinerlei Bedeutung mehr für die existentiell relevante Sinnkonstitution des je eigenen Bewusstseins hat."[115] Der Tod ist kollektiv nicht mehr zu verstehen, da die „intersubjektiv zugänglichen Wissensvorräte in der Moderne zum größten Teil nach den Regeln und Strukturen funktionaler Teil- und Subsysteme strukturiert sind, deren thematische Felder lediglich hochdifferenzierte funktionsspezifische Semantiken zulassen, nicht aber die Rolle intersubjektiver, identitätsverbürgender Deutungssysteme spielen können."[116] Auch die Sprache wird „‚zu einem Werkzeug unter anderen. ... Jeder Satz, der kein Äquivalent einer Operation in diesem Apparat ist, erscheint dem Laien als ... bedeutungslos."[117] Es fehlt die „intersubjektive Verstehbarkeit, vermittelt durch die doppelte Bedeutung der Lebenswelt als ‚Boden (= Woher) und Horizont (= Woraufhin) aller Sinnbildung'" als „Bedingung der Möglichkeit sprachlicher Kommunikation."[118] Der Tod entzieht sich „jeder Möglichkeit einer Versprachlichung."[119] Da auch die Religion nicht mehr wie in segmentär bzw. stratifiziert ausgerichteten Gesellschaften eine Einheit zwischen systemischen und lebensweltlich-biografischen Perspektiven zu stiften vermag, fällt „die Privatisierung und Dekollektivie-

---

114 Nassehi, Weber, 348 f.
115 Nassehi, Weber, 348.
116 Nassehi, Weber, 349.
117 Ebd.
118 Nassehi, Weber, 348.
119 Nassehi, Weber, 349.

rung des Todesproblems … mit seiner sozialen Verdrängung zusammen.“[120]

Zielt die Entwicklung eines modernen Todesbewusstseins auf die Verdrängung, zumindest aber auf das Absehen vom Tod[121], so bleibt doch ein grundsätzlicher Widerspruch, phänomenologisch formuliert: „etwas Dunkles, Unbekanntes“[122] zwischen Tod und rationalisierter Welt. „Diese Dunkelheit hat ihre Ursache darin, dass der Tod, auch der profan und natürlich konzipierte, den wichtigsten Postulaten bürgerlicher Rationalität widerspricht: dem Wert des Individuums, dem Fortschritt und der Autonomie der Zivilisation, der Berechenbarkeit und Lenkbarkeit der Dinge.“[123] So lässt sich „die Unfähigkeit des modernen Menschen, das Todesproblem zu versprachlichen,“ nicht nur „auf dessen hohes Maß an Individualität“[124] zurückführen, sondern gründet letztlich in systemtheoretischer Perspektive darin, dass „der Tod … der Autopoiesis der Person und des Bewusstseins“[125] grundsätzlich widerspricht und ihr unzugänglich ist. *Der vermeintlichen Unendlichkeit der Systeme steht die Endlichkeit der Individuen unverbunden gegenüber.*

Die Jugend- und Lebensbewegung am Anfang unseres Jahrhunderts hat einen angemessenen gesellschaftlichen Umgang mit Tod und Sterben nicht von einer *Versprachlichung* erwartet, sondern von der (Wieder-) Verwendung von *kultischen oder symbolischen Formen*.[126] Nassehi und Weber sehen dagegen die Sprache als angemessene Möglichkeit eine neue Form des Umgangs mit dem Tod zu entwickeln. In der Sprache zeigt sich, dass der Mensch fähig ist „zu einer grundlegenden Distanz zu

---

120 Nassehi, Weber, 323.

121 Vgl. die These von Nassehi, Weber, z. B. 302: „Die Verdrängung des Todes hat ihre Wurzeln im Prozess der Modernisierung selbst.“ Anders dagegen Jüngel, 49 f., unter Bezug auf die älteren Arbeiten von Hahn und W. Fuchs, der festhält, dass „auch die Polemik gegen die Verdrängungsthese nichts an unserer These“ ändert: „die Einstellung zum Tode tendiert eher dahin, sich auf den Tod gerade nicht einzustellen.“ (50)

122 Nassehi, Weber, 301.

123 Nassehi, Weber, 302. Insofern ist Jüngels Plädoyer für eine Unterscheidung von natürlichem und Fluchtod (vgl. etwa Jüngel, 117 u. 120) eine im strengen Sinne theologische Unterscheidung, da sie nur auf der Basis der glaubenden Erkenntnis der Differenz zwischen Gott und Mensch und der Endlichkeit des menschlichen Lebens sinnvoll ist. Der natürliche Tod ist dann „die Begrenzung des Menschen allein durch Gott, der da, wo wir schlechthin ohnmächtig sind, seine Macht nicht missbraucht.“(Jüngel, 171)

124 Nassehi, Weber, 318; vgl. 311: „Vereinsamung und Individualisierung“; vgl. zur Thanatopraxis auch 183 ff. und zur Geistesgeschichte des Todes 53 ff.; vgl. Feldmann, 45 f.

125 Nassehi, Weber, 319.

126 Der Tod wurde geradezu zur unhintergehbaren Begründung für das fortdauernde Recht von Religion in der modernen Gesellschaft. Vgl. etwa Karl Barths allerdings kritisch gemeinten Hinweis, 1962, 200: „Zum Leben brauchen die Menschen uns offenbar nicht, aber zum Sterben, in dessen Schatten ja ihr ganzes Leben steht, scheinen sie uns brauchen zu wollen.“ Zum Umgang mit dem Tod in kultischen und symbolischen Formen vgl. Cornelius-Bundschuh, 1991, 102 ff.; dort auch weitere Literatur.

seinen Außenbezügen, ohne sich ganz von ihnen abkoppeln zu können."[127] Sprache ist nicht nur „Verständigungsmedium ..., sondern ist zugleich als das ‚Zwischen' jeder Intersubjektivität, Ausdruck für die Erschlossenheit der Welt und Möglichkeit zur bewusstseinsmäßigen selbstreflexiven, ‚exzentrischen' Distanzierung von der Welt. Denn Bewusstsein ist ohne Sprache nicht denkbar, und Sprache ist gleichzeitig Konstituens und Konstitutum der Welt."[128]

Als Alternative zur modernen Todesverdrängung entwickeln die beiden Soziologen eine Form sprachlicher Kommunikation über den Tod, indem sie die „soziale Dimension des Todeswissens" rekonstruieren, die in der Moderne „völlig unterbelichtet"[129] ist. Dabei gehen sie von der Selbstbeschränkung aus, dass „eine symbolische Verknüpfung der verschiedenen Wirklichkeitssegmente – die klassische Aufgabe der traditionellen Religion – ... unter diesen Bedingungen faktisch nicht auf der Ebene der objektiven, sondern nur auf der der subjektiven bzw. interpersonal konstruierten Wirklichkeit denkbar"[130] ist. „Die Sphäre der Individualität und die mit ihr konstituierten interpersonalen Wirklichkeiten sind ... der einzige Ort, an dem der Tod Gegenstand der Kommunikation sein kann."[131] *Nur in interpersonaler Kommunikation lässt sich die Abgründigkeit, die Unvernünftigkeit, das Wollen und das Wünschen um den Tod formulieren.* Ausgehend vom Gegensatz: System – Lebenswelt setzen sie deshalb ihre Hoffnung auf den Erhalt von „Rationalitätsinseln der interpersonalen Geselligkeit"[132] als sich von funktionsbestimmten Systemen abgrenzende Bereiche symmetrischer Interaktion und sprachlicher Verständigung.[133]

Im Mittelpunkt eines Versuchs individuelle Dauer im Angesicht des Todes zu konstituieren, stehen also sprachliche Vorgänge, weil in der Sprache sowohl Distanz als auch Weltgebundenheit zum Ausdruck kommt. Intersubjektivität lässt sich nicht auflösen in die Begegnung einzelner Individuen; vielmehr kommt der Sprache ein „paradigmatische(r) Charakter für das ‚Inter' jeder Intersubjektivität"[134] zu. Der Versuch, „in interpersonaler Kommunikation eine symbolische Sinngebung und Antizipation des Todes zu ermöglichen"[135], führt zu einem neuen Begriff von Religion als einer Form interpersonalen Wissens, dass einen angemesse-

---

127 Nassehi, Weber, 337.
128 Nassehi, Weber, 337 f.
129 Nassehi, Weber, 274. Elias, 1982, 46, spricht von einem „weißen Fleck auf der sozialen Landkarte."
130 Nassehi, Weber, 422.
131 Nassehi, Weber, 383.
132 Nassehi, Weber, 378.
133 Nassehi, Weber, 377.
134 Nassehi, Weber, 348.
135 Nassehi, Weber, 431.

nen Umgang mit dem Tod erlaubt: „Unter Religion verstehen wir den Wirklichkeits- und Wissensbereich, in dem der Mensch in Distanz zu den von der individuellen Sinnerfahrung weitgehend unabhängig gewordenen Systemen gesellschaftlicher Ansprüche versucht, seinen individuellen Lebensprozess – seine innere Dauer – zu einem Ganzen zu integrieren. In besagtem Bereich kann zwar die Segmentierung der modernen Ich-Identität nicht aufgehoben, jedoch als solche erkannt und symbolisch sinnhaft vorgestellt werden."[136] Damit wird der Tod für die Religion zum „Inhalt schlechthin"[137]. Mit ihm ist angemessen in der „interpersonale(n) Form der Kommunikation" umzugehen, die „für die Sozialform der Religion ... konstitutive Bedeutung"[138] hat.

Verweist „die moderne Gesellschaft ... die Entscheidung für die jeweilig konkrete Sinnhaftigkeit des Lebens und des Todes (an) den einzelnen, der dies nur in relativer Distanz zum zweckrationalen Geflecht von Produktion, Konsumtion und Verwaltung in interpersonaler Kommunikation vermag"[139], so entwickeln Nassehi und Weber „eine konkrete inhaltliche, sinnhafte Struktur, die auf interpersonaler Ebene zu einer gewissen intersubjektiven Wertehierarchie der verschiedenen Identitätssegmente führen kann."[140] „Die Problematisierung des Todes, seine kommunikative Behandlung und damit der Umgang mit der je eigenen Endlichkeit"[141] würde in Form eines „kommunizierbaren Memento mori" möglich, „wenn es gelänge, Gesprächssituationen und -formen in eine nach unserer Definition aufgebaute ‚religiöse' Situation einzubinden. Diese ‚ideale Sprechsituation' ist dann allerdings keine unendliche Kommunikationsgemeinschaft, sondern eine auf signifikante Personen begrenzte."[142] „Die traditionell vorhandenen Institutionen", d. h. die bestehenden Kirchen können eine solche „interpersonale Gemeinschaftsbildung"[143] erleichtern.

Fremdheit und Macht des Wortes

Auch Luther beschreibt in den Invokavitpredigten sprachliche Kommunikation als angemessen für den Umgang mit dem Sterben; heilvolle Existenz ist ihm ebenfalls wesentlich sprachliche Existenz. Zu ihr gehört es, mit (angeeigneten) Worten im Angesicht des Todes um Gewissheit

---

136 Nasehi, Weber, 418.
137 Nassehi, Weber, 419.
138 Ebd.
139 Nassehi, Weber, 423.
140 Nassehi, Weber, 419.
141 Nassehi, Weber, 421.
142 Nassehi, Weber, 420.
143 Nassehi, Weber, 421.

zu kämpfen. Wie Nassehi und Weber thematisiert er den Tod dabei nicht als eigenständiges und eigentliches Problem, sondern *immer im Zusammenhang des Lebens*; bricht der Tod „die Beziehungen ab, in denen alles Leben sich vollziehen kann"[144], so schafft das vergewissernde Wort, zugesagt durch andere, eine neue Möglichkeit der Existenz im Angesicht des Todes ebenso wie eine Fähigkeit zur „Sorge für das Leben"[145], denn „in Frieden sterben kann man nur, wenn man auch in Frieden weiterleben könnte."[146] Schließlich hebt auch Luther den Gedanken der *Distanz* im Zusammenhang dieses Sprachgeschehens als zentral hervor: die zugesprochenen Worte sind nicht die Worte der Zusprechenden, wie sie auch nicht letztlich die Worte der Hörenden werden; in ihnen steckt schon immer das ‚Zwischen' jeder Kommunikation. *Damit rückt das fremde Wort*[147], *das Leben schafft und im Sterben Gewissheit, in eine eigentümliche Spannung: es ist auf einen sozialen, für Luther wohl: kirchlichen Zusammenhang angewiesen, in dem es laut oder sichtbar werden kann, und verdankt seine Mächtigkeit doch letztlich nicht diesem Miteinander, sondern der Wirkmächtigkeit des dreieinigen, des mit sich und den Menschen kommunizierenden Gottes.*

Die *Fremdheit des Wortes* zeigt sich also darin, dass es sich einem fremden Werk verdankt, von anderen zugesprochen ist und zeitlich und sachlich „zuerst ... anderen"[148] zukam. Insofern ist das fremde Wort für die einzelnen wesentlich ein Wort der Kirche[149]: „Darumb wer Christum finden soll, der muss die kirchen am ersten finden."[150] „Nur in ihr, als ihr Glied kann er hören, glauben, selig werden."[151] In ihr, der communio

---

144 Jüngel, 1971,101.

145 Jüngel, 1971,163; vgl. Caruso, 249 u. 269.

146 Jüngel, 1971,164; vgl. 167 ff.

147 Vgl. Steck, 1963, 211: „Der Gläubige ... wird per verbum et Spiritum außerhalb seiner selbst versetzt in die Einheit des Leibes Christi."

148 Baur, 1993d, 110.

149 Vgl. die Belege bei Herms, 1990, 43.

150 WA 10, I, 1, 140, 8 f.; vgl. Baur, 1993d, 103: Die Bibel angemessen zu lesen, „vermag ... nur, wer ‚mit den Propheten in hundert Jahren die Gemeinden gelenkt hat'. So gehören Schrift und Kirche zusammen, ohne dass die Bibel darüber zum Buch würde, dass der Kirche gehört. ... sola scriptura, numquam solitaria."

151 Steck, 1963, 217. Vgl. Beutel, 1991, 330: „Gerade das von Menschen gesprochene, äußere Wort ist es, das Himmel und Erde erfüllt und die Hölle verstopft. Wobei Luther neben dem liturgischen Tauf- und Vergebungswort ausdrücklich auch auf das Wort der Eltern und Nachbarn verweist, durch die Gott zu uns spricht." Vgl. Bizer, 1972, 116: „Der Wittenberger Handwerker ist darauf angewiesen, dass sich ihm die Predigt als Predigt erweist. Er wäre nicht in der Lage, das Bild des Auferstandenen sich selbst ohne Predigt in der Weise vor Augen zu stellen, dass es ihm den ‚Einstieg' in das eigene Glauben privatim ermöglicht. Selbst der Extremfall einer Autosuggestion setzt eine wie auch immer geartete Predigt voraus und ist nur im Grad der Intensität von der auch von Luther hervorgehobenen Möglichkeit unterschieden, im Bedarfsfall an die Predigt zu denken." Vgl. auch von Soosten, 275.

sanctorum[152], die stets „ecclesia peccatorum bleibt"[153], gewinnen Fremdheit und Andersartigkeit, Gabecharakter und extra nos Gestalt. „So sind wir: wir werden nur, wir sind nur geworden, indem wir uns empfingen, und dieses Empfangen konstituiert uns."[154] Diese Verwiesenheit der „Begegnung mit Jesus Christus" auf „zwischenmenschliche[...] Interaktion (Predigt)"[155], auf den Nächsten der mir den Himmel öffnet[156], spitzt sich zu in dem Verweis auf die Schrift: „Die Schriftlichkeit des Wortes potenziert die Anstößigkeit des Ganzen noch einmal. Das Wort des Anderen an andere, das wir hören sollen, kommt uns durch ein anderes, das Buch, zu."[157]

Andererseits darf das Wort nicht auf die Kirche zurückzuführen sein; es darf nicht in ihrer Verfügung liegen, in ihrer Verlässlichkeit gründen, sonst kommt es zu einer Umkehrung der These: ecclesia creatura verbi, wie sie sich in einigen der oben untersuchten homiletischen Entwürfe andeutet (vgl. z. B. A 5). Luther beharrt deshalb auf der sprachlichen Verfasstheit der Vergewisserung: die Flüchtigkeit und Machtlosigkeit der mündlichen Predigt verhindert eine Vor- oder Überordnung der Kirche und den Aufbau einer stabilen Handlungs- und Interpretationsmacht ebenso wie der Rückbezug auf das Buch der Heiligen Schrift, wenn es sich nicht durch „die Probleme von Autorität und Kritik zu einem Ausgriff auf eine schriftexterne Instanz verleiten"[158] lässt. Und er betont im Blick auf die Rezeptionsorgane die Differenz Ohr – Herz, die die Wirksamkeit der Predigt und des Handelns der Kirche einschränkt und das eigentlich entscheidende Geschehen im Herzen des Menschen frei lässt: Der „Glaube[...] des einzelnen (ist) unvertretbar ernst zu nehmen: Nur wenn aus meinem Herzen und dem Wort Gottes quasi ... una res fiat, kann ich meines eigenen Lebens letztlich gewiss sein."[159]

Vor allem aber ist es der Charakter des Wortes selbst, der sich einer Rückführung des ‚Todeswissens' auf kirchliche Kommunikation, auf interpersonale und soziale Vermittlung widersetzt. Gewissheit und Trost im Angesicht des Todes ermöglicht für Luther gerade nicht die im Grunde das Problem des Fundamentalismus heraufbeschwörende Beschränkung auf interpersonale Kommunikation mit Anderen, die mir immer schon ähnlich sind, sondern die Mächtigkeit des Wortes und seine radikale Fremdheit, die sich auf universale Geltung hin ausrichtet. Die

---

152 zur Mühlen, 1991, 551.
153 Baur, 1993d, 103.
154 Baur, 1993c, 44.
155 Gutmann, 1991,107.
156 Vgl. Beutel, 1991, 476; vgl. 471. Vgl. Baur, 1993d, 110 f. mit Verweis auf einen Abschnitt aus „Emile" von J.J. Rousseau.
157 Baur, 1993d, 111.
158 Baur, 1993d, 81.
159 Beutel, 1991, 445.

Sterbesituation und der Tod sind mehr als „ein menschlich-gesellschaftliches Problem, das Menschen im Verkehr miteinander und füreinander zu lösen haben"[160], indem sie Problemhorizonte abblenden und dadurch den Problemdruck reduzieren. Um Trost und Gewissheit zu gewinnen, ist vielmehr eine *grundlegende und unüberbrückbare Distanz* notwendig: ein Wort „von weiter her".[161] Luthers Ansatz unterscheidet sich also von Nassehi und Weber nicht erst durch die theologische Bestimmtheit seines Gottes- und Todesbegriffs[162], in deren Zentrum die Worte von Kreuz und Auferstehung Christi stehen. Letztlich ist schon seine „Linguistik der Tröstung"[163] intersubjektiv nicht einholbar. Die Worte bleiben fremde Worte, auch wenn sie mir von Menschen in der Gemeinde, vornehmlich in der Predigt zugesagt werden. Die Worte haben eine „demiurgische Kraft"[164], gerade weil die, die sie zusprechen, sie nicht im eigenen Namen, sondern im Namen Gottes aussprechen.

Die Wirkmächtigkeit des Wortes Gottes weist also über den sozialen und kommunikativen Zusammenhang hinaus.[165] *Zum Ziel kommt Predigt erst dann, wenn sie Worte findet, die nicht nur hier und jetzt in dieser Situation Menschen das Evangelium plausibel und relevant machen, sondern wenn sie Menschen das ‚sprachliche Material' zur Verfügung stellt, das sie auch im Tod trägt.* Die sinnlich erfassbaren Elemente: „die ‚eusserlichen stucke' des Wortes, die unverrückbare Buchstäblichkeit, die unüberhörbare Lautlichkeit", die „das Wort Gottes identifizierbar, menschlich, artikuliert und damit wirksam"[166] machen, stellen die ‚materielle' Trägerschicht einer transpersonal wirksamen Energie dar, auf die Luthers sicheres Wissen um

---

160 Elias, 1982, 46.

161 Jüngel, 1971, 7: „Der Tod ist stumm. Und macht stumm. Soll man über ihn reden können, muss das Wort dazu von weiter her kommen. Der christliche Glaube beansprucht, ein solches ‚Wort von weiter her' gehört zu haben. Ja, er lebt davon." Einen mit Worten mit den Sterbenden streitenden Tod wie bei Luther findet sich in Jüngels Ausführungen nicht; dies ist u. a. darauf zurückzuführen, dass er im Unterschied zu Luther nicht den Trost und die Gewissheit des ewigen Lebens angesichts der Bedrohung durch Tod und Teufel sucht, sondern Möglichkeiten, die Endlichkeit des Lebens in seiner Würde plausibel zu machen. Das menschliche Leben erscheint hier als ein allein durch Gott begrenztes, „der da, wo wir schlechthin ohnmächtig sind, seine Macht nicht missbraucht" (171).

162 Vgl. Nassehi, Weber, 423 f.: Der Tod lässt sich „ohne jede metaphysisch-theologisch-substantiale Implantation" als „das Fremdeste und Geheimnisvollste der Existenz, das Symbol für unübersehbare Kontingenz schlechthin" beschreiben; *das ‚Geheimnis des Glaubens' behauptet jedoch in Kreuz und Auferstehung Christi noch ein größeres, tiefgründigeres Geheimnis: im Tod ist das Leben!*

163 Formuliert in Anlehnung an Sloterdijks Rede von einer „Linguistik der Begeisterung" (1993, 29).

164 Sloterdijk, 1993, 29.

165 Vgl. Barth, 1990, 52: „Die Gemeinschaft der Christen entsteht nicht durch Gruppenbildung und gegenseitige Kohäsion als solche, sondern durch das Wort! Nicht die Art und Weise, sondern die Tatsache der Verkündigung entscheidet."

166 Rödzsus-Hecker, 39.

die Selbstwirksamkeit des Wortes gründet. Diese energetische und transpersonale Dimension des Wortes, das Interesse an der Macht, die im ‚Zwischen‘ jeder Sprache enthalten ist, stellt das Charakteristikum von Luthers Ansatz dar. In ihr gründet die Fähigkeit des Verkündigenden, dem Wort mehr zuzutrauen als seinen eigenen Worten. Das Hören-wollen der Gemeinde und das rhetorische Geschick der Predigenden, beides hat seine Bedeutung und seine Verpflichtung für die Konstitution der Gemeinde; wirksam können beide Faktoren jedoch nur werden im Horizont dieses Kraftfeldes, das mit dem Wort in die Welt gekommen ist. „Die gemeine horet zu"[167] wird Wirklichkeit, wenn sie in dieses Energiefeld des Wortes eintritt, das sie radikal bestimmt.

4.3. Struktur und Gestalt der im Wort gegründeten Gemeinschaft

Wer wie Luther das Wort in einem Kampfgeschehen zwischen Leben und Tod verortet, wer ihm eine transpersonale Mächtigkeit zuweist, wer von ihm Gewissheit erwartet, der begegnet gegenwärtig dem Vorwurf zu archaisieren, ja fundamentalistische Konzepte zu stützen. Wird hier nicht voreilig von Evidenz geredet? Werden Referenzpunkte bezogen, die um der offenen Kommunikation willen noch hinauszuschieben wären? Wird aus Angst vor der Differenz Kommunikationsunterbrechung gefordert, wo wir erst am Anfang des Gesprächs stehen?[168] Und: wird Luthers Wendung von der Gewalt zum Wort auf der Suche nach der Gewissheit im Kampf nicht selbst wieder gewaltförmig? Angesichts gegenwärtiger sprachwissenschaftlicher, insbesondere soziolinguistischer Erkenntnisse[169], aber auch der Erfahrung, dass die mittelalterliche Kirche zurzeit Luthers mit dem Bann das Wort selbst zum Zwangsmittel umgestaltet hat[170], ist also nicht nur zu fragen, wie Luther die Gestalt der Predigtgemeinde bestimmt, sondern auch, inwieweit er sich davor schützen wollte und konnte, dass Sprache, dass das heilvolle Wort in Gewalt umschlägt.

Ohr und Herz: die Freiheit der Hörenden und die Grenze der Predigt

Ausgangspunkt für Luthers Überlegungen zu dieser Frage ist eine Beschreibung des Predigtvorganges in anthropologischen Kategorien: „Jch kan nit weytter kom(m)en dan(n) zu(o) den orn / jns hertz kan ich nit

---

167 WA 30, III, 525, 12,17,19.
168 Eine solche Perspektive betonen etwa die neueren praktisch-theologischen Veröffentlichungen von Henning Luther oder Albrecht Grözinger.
169 Vgl. etwa Crystal, 38 ff. und die Ausführungen bei Albrecht, 1985, 17–29.
170 Vgl. Duchrow, 570, bes. Anm. 510; vgl. auch May und Link.

kom(m)en / dieweyl ich dan(n) den glaube(n) jns hertz nit gießen kan(n) / so kan(n) noch sol ich niemants darzu(o) zwingen noch dringen / wen(n) got thut das alleyne / vnd macht d(aß) er vor [= zuvor schon] jm hertze(n) lebt."[171] Das Personzentrum ‚Herz'[172] ist dem Zugriff des Predigers und der Predigerin verschlossen: „Köndten wir einer dem andern in Hertz sehen, ich dir, du mir, so würden wir entweder für Liebe einer dem andern das Hertz im Leibe, wens müglich were, mitteilen oder für zorn einer den andern fressen und würgen, wie man saget."[173] Wäre der Zugriff auf das Herz des anderen möglich, so wäre ein Grad von Intimität erreicht, der die für menschliches Zusammenleben notwendige Distanz nicht mehr einhält; die Beziehung zum Mitmenschen würden durch die Vergottungstendenzen der eigenen oder der fremden Person bestimmt.

„Warumb dan(n) ich hab nit in meiner gewalt oder handt jr hertzen der menschen als der ha(e)ffner [= Töpfer] den leymen [= Lehm] mit jm zuschaffen nach meynem gefallen."[174] Die Differenz zwischen Gott und Mensch wird im Bild vom Töpfer (Vgl. Röm 9,21) zur Voraussetzung dieser Argumentation. Die Kommunikation der Menschen untereinander ist radikal von der Gottes des Schöpfers mit den Menschen als seinen Geschöpfen unterschieden. Kein Mensch kann sich in die Rolle Gottes begeben und durch ‚gewaltförmige' Handlungen seinem Mitmenschen seine Perspektive aufzwingen. „Der Ort der Wandlung vom alten, unfreien zum neuen, freien Menschen ist … der innere Mensch, insofern er von außen, vom Wort Gottes her konstituiert wird"[175], in seinem Inneren aber gerade vor dem Zugriff seines Nächsten geschützt ist, auch wenn Gott sich in der Verkündigung der Menschen und ihrer Wörter bedient.[176]

Es ist Gott selbst, der sein Wort, das als Menschenwort im Ohr erklingt, den Weg zum Herzen der Menschen finden lässt. „Das wort kan man mir wol predigen, aber jns hertz geben, kan mirs niemant denn allain Got."[177]

---

171 StA 2, 535, 18–21. Vgl. WA 10, III, 260, 21 f.: „Das wort kann man mir wol predigen, aber das wort in den grund des hertzens kan mir niemants geben au got." Vgl. auch Stolt, 2000.

172 Vgl. Streiff, 147–150.

173 WA 46, 545,36–546,2.

174 StA 2, 535, 16–18.

175 Gutmann, 1991,358.

176 Vgl. Nembach, 1972, 56, der betont, dass eben „keine intensivere Einwirkung auf den Hörer von Seiten des Predigers als lehren und ermahnen" möglich sei und in diesem Sinne „die von der Freiheit her gebotene Predigt … dieselben Züge wie die von der claritas externa her einzig mögliche" trägt. Dies zwingt allerdings keineswegs dazu, wie Nembach, 1972, 117, meint, die Einwirkung auf die Ohren zu intensivieren: „Wer nicht weiter als bis in die Ohren dringen kann, muss das Evangelium in die Ohren schreien, damit es gehört wird".

177 WA 10, I, 2, 335, 34 f. Vgl. StA 2, 552, 17: „auch kans hertze ergreyffen alleyn der glaüb".

„Also ist auch das wort, das die stym bringt, es fellet yns hertz und wirt lebendig, so doch die stym er ausen bleybt und vergehet."[178] Das Wort bleibt frei und kann nicht durch unser Werk vollendet werden. „Wir haben wol jus verbi aber nicht executionem. Das wort soll wir predigen / aber die volge sol got alleyn in seim gefallen sein"[179]. Wie das Wort Gottes nicht zu haben ist ohne Vermittlung durch menschliche Ohren und Zungen, wie es eine „exklusive Bindung des inneren Wirkens des Geistes an das äußere Wort"[180] gibt, so bleibt der Weg vom Ohr zum Herzen und zum Glauben allein in der Verfügung des dreieinigen Gottes. „Christus, der meyster leret ym hertzen, doch durch das eußerliche wortt seyner prediger, die es ynn die oren treyben, aber Christus treybts ynn das hertz."[181]

Damit ist noch einmal betont, dass das menschliche Wort zwar analogiefähig ist, dass aber eine doxologische Differenz zwischen Gottes und Menschen Wort bestehen bleibt.[182] Es gibt keine Äquivokation zwischen verbum Dei internum und verbum oris; dem Deus praedicatus steht der exzentrische, responsorische und futurische Mensch gegenüber.[183] *Die Unterscheidung von Ohr und Herz als Orte der Rezeption ermöglicht es Luther, die Freiheit der Christenmenschen und die Macht des Wortes zusammenzudenken.*

Das Herz und die Individualität

Das Wort der Predigt kann und soll nicht weiter in den Menschen eindringen als bis zum Ohr; ja es ist sogar nutzlos über das innere Wort zu disputieren.[184] Versuche ich dennoch, ans Herz zu kommen, verunsichere ich und schaffe neue Probleme: in der für die Invokavitpredigten zentralen theologisch und anthropologischen Situation, der Sterbeszene,

---

178 WA 12, 300, 19–21.
179 StA 2, 535, 22–24. Vgl. StA 2, 543, 14–19: „Sollichs mu(o)sen wir predigen vnd sagen / vnd das wort / Wie gesagt / alleyne würcken lassen. Das mu(o)ß die hertzen der menschen zu(o)uor gefangen annemen vnd erleüchten / wir werden nicht die seyn die es thu(o)n werden. Darumb berümen sich die Aposteln jres diensts ministeri vnd nit der volge. Executionis dauon ist jetzunder gnu(o)g." Vgl auch StA 2, 537, 15–22.
180 Beutel, 1991, 390. Insofern ist die Formulierung von Beintker, 1985, 285: „das Wirksamkeitsfeld des Geistes liegt zwischen dem Mund des Predigers und dem Ohr des Hörers" unpräzis: der Geist hat sein Handeln bis zum Ohr an das äußere Wort gebunden; allein handelt er jedoch auf dem weiteren Weg zum Herz. „Wohlgemerkt, das äußere Wort wird nicht vergeblich gesprochen, aber nur das Ziehen des Geistes zeigt Christus; seine Erleuchtung reißt mit sanftestem Zug zu ihm." (Baur, 1993d, 111).
181 WA 10, II, (S), 23, 12–14.
182 Vgl. auch Beutel, 145–147.
183 Vgl. Baur, 1993c, 38.
184 Vgl. Beutel, 1991, 147–149.

werden diejenigen, denen ich mein Wort aufgezwungen habe, im Gericht selbst dafür einstehen müssen; genau dies aber kann ihnen nicht gelingen, wenn das Wort sich nicht frei seinen Weg vom Ohr zum Herz hat suchen können.[185] Hier in der Sterbeszene wird die doxologische Differenz unhintergehbar, hier wird die Ausgangsposition wiederhergestellt, die jeder ge- oder misslungene Versuch, gewaltförmig bis ins Herz vorzudringen, zu überspielen oder zu hintergehen versucht hat. Hier spätestens führt kein Weg an Freiheit und eigener Verantwortung vorbei: „Lieber bruder, glewbe du myr, der ichs erfahren habe, der teuffel furcht sich fur menschen wort und gepott nicht. Darumb wenn er dich am sterben finden wirt, das du deyn gewissen auff menschen gepot sto(e)nest und wilt sagen: Alßo haben myr gepotten der Bapst, kirche, fursten etc., ßo wirt er dich stu(e)rtzen, das deyn keyn fußstab uber bleyben wirt. Widderumb find er dich, das du auff gottis wort trotzist und sprichst: Alßo hatt myr Christus gepotten, da ist seyn wort, ßo wirstu yhm damit die wellt tzu enge machen."[186] Hier kommt alles darauf an, dass du „gerüst vn(d) geharnischt bist / das du kanst vor got vnd der welt besteen / wenn du angefochten würdest / sonderlich am sterben von dem theüffel."[187]

Wer den anderen nachgelaufen ist, ,evangelisch' gehandelt hat, weil Karlstadt oder Gabriel Zwilling so gepredigt haben[188], kann nicht bestehen: „der teüffel reyst dich hin weck wie ein dürre blat."[189] Sicherheit hat nur der Mensch, der „mit des hertzen grund am wortt"[190] hängt und nicht „mit den oren an menschen mund odder feder"[191]. „Darumb denck fur dich, du hast sterben odder verfolgung fur dyr, da kan ich nicht bey dir seyn, noch du bey myr, ßondern eyn iglicher muss alda fur sich selbst streytten, den teuffell, den todt, die wellt ubir winden, wenn du denn woltist tzu der tzeyt dich umbsehen, wo ich bliebe, oder ich, wo du bliebest, und dich bewegen lassen, ob ich odder yemant auff erden anders saget, ßo bistu schon verloren unnd hast das wortt auß dem hertzen lassen, denn du hafftist nicht am wortt, sondern an myr odder an andern, da ist denn keyn hu(e)lff. Dabey kanstu mercken, wilch grewliche seelmorder das sind, die den seelen menschen lere oder auch gottis wort nicht lautter und gewiss predigen, datzu, wie wenig mit hertzen dran hangen, obs wol lautter predigt wirt und von vielen gepreysset."[192]

---

185 Vgl. den Hinweis auf das Scheitern des päpstlichen Handelns: StA 2, 552, 31 f.
186 WA 10, II, (S), 22, 4–10.
187 StA 2, 539, 6 f.
188 Vgl. WF, Blatt 2, „Du darffsth vnnd muesth nicht ßagen, Gabriel hats gesagt offt Carlstadt offt Martinus."
189 StA 2, 539, 13 f.
190 WA 10, II, (S), 23, 10 f.
191 WA 10, II, (S), 23, 9 f.
192 WA 10, II, (S), 23, 15–25.

Für die Menschen, die nicht frei aus ihrem Herzen und nach ihrem Gewissen gehandelt haben, sondern gezwungen worden sind, müssen diejenigen mit einstehen, die sie dazu gedrängt haben und die Grenze zwischen Ohr und Herz nicht respektiert haben: „Darumb müssen wir nit vnser vermügen / sonder vnsers bru(o)ders betrachten / vff das der schwache jm glauben / so er dem starken volgen wolt / nit vom teüffel zuryssen werde.“[193] Wenn z. B. der- oder diejenige, die angehalten worden sind, am Freitag Fleisch zu essen, im Sterben angefochten werden und denken: „O wee mir das ich fleisch gessen hab / vnd nit besteen kan“[194], so fragt Gott diejenigen Gemeindeglieder danach, die sie verleitet haben. Sie sind keine besseren Christinnen oder Christen, die das tun, sondern tragen die Verantwortung für die Situation, in die diese Menschen geraten. „Du wilt gott da mit dienen, weyst nicht, das du eben deß Teufels vorlauffer bist.“[195] So gelingt es dem Teufel, „das angegangen wort (zu) schenden.“[196] Am Gewissen der Nächsten findet also die den Gläubigen in der Predigt zugesprochene Freiheit ihre Grenze, für diejenigen „so durch ewer liebe / lose freyheit verleytet habt“[197], müsst ihr Rechenschaft abgeben. Deshalb „last vnns zu(o)sehen das wir nit die schwachen Conscientien verfüren.“[198]

Damit ist noch einmal belegt, in welcher Radikalität für Luther der Glaube mit Individualität und individueller Verantwortlichkeit zusammengehört. Darüber hinaus aber wird deutlich, *dass sich fundamentalistische Optionen und Versuche, die Freiheit des Glaubens zu beschneiden, nicht nur auf der Basis von verständigungstheoretisch orientierten Konzepten abweisen lassen, die die Gleichrangigkeit aller an der Kommunikation Teilnehmenden hervorheben, sondern auch auf der Grundlage einer Theorie der ‚Kirche des Wortes‘, die davon ausgeht, dass in der Predigt Menschen in ein sie ergreifendes und umgreifendes Energiefeld geraten. Freiheit der Person gegenüber Zugriffen anderer Personen und die Erfahrung der Macht des Wortes können zusammen gedacht werden.*

Das Predigtwort und die Gemeinde

Diese Erkenntnis leitet zu der Frage, ob das Konzept des die Menschen ergreifenden Wortes auch neue Perspektiven auf den Zusammenhang von Wort, Glaube und Kirche bei Luther und damit auf das Verständnis der

---

193 StA 2, 532, 23–25.
194 StA 2, 534, 4 f.
195 WA 10, III, LX, (F), 61 f.
196 WA 10, III, LX, (F), 64.
197 StA 2, 534, 2.
198 StA 2, 538, 13 f.

Predigtgemeinde eröffnet. Vertreter einer vordringlich an der Freiheit und Subjektivität der gläubigen Personen interessierten Position beschreiben die unaufgeb- und unaufhebbare Individualität des Glaubens als allein wesentlich, das Wort als letztlich an den einzelnen gerichtet[199] und jede Form sozialer Verortung als sekundär: Kirche entsteht immer erst nachträglich durch das Zusammenfinden der gerechtfertigten Individuen, die je einzeln das Wort vernommen haben. „Das Individuelle wird hier zum eigentlichen Zentrum der Predigt und ihrer Aufgabe."[200] Es geht um das unmittelbare „Wirksamwerden der Wahrheit-Gottes-in-seinem-Wort am menschlichen Herzen"[201]. Wer „die Eingliederung aller Glaubenden in die Gemeinschaft des Reiches Christi, also die Kirche", immer erst „durch die Aufrichtung der Herrschaft Christi über das Herz der Glaubenden"[202] ermöglicht sieht, rückt die *individuelle Rezeption des Wortes* und – von den Invokavitpredigten her formuliert – die Frage der *individuellen Existenz im Sterben* in den Mittelpunkt. Wird theologisch die Individualität der Person und ihre Freiheit betont, so scheint das Predigtgeschehen medientheoretisch in Analogie zum *Lesen* auf dem Hintergrund einer literalisierten Kultur verstanden zu sein: Während das mündliche Wort, die primäre Kultur der Oralität auf die Begegnung von Menschen angewiesen ist, ermöglichen die visuellen oder sekundär oralen Systeme ein deutlich höheres Maß an Individualität. Zugang zur Heiligen Schrift kann ich allein pflegen, meinem Gott ganz individuell begegnen. Insofern dezentralisiert die Schrift und das Buch die christliche Welt. Das Sehen und die bildende Kunst fördern eher als die sprech- und hörorientierten Formen Gruppen- bzw. Privatreligionen, auch wenn die Unterschiede fließend sind.

Demgegenüber betonen Autoren, die an einer ‚sozialen Ekklesiologie' interessiert sind, das Ineinander von Sozialität und Individualität in der Glaubenserfahrung und damit den *Konstitutionsaspekt* des Glaubens, der im Angesicht des Todes Gewissheit schafft, dessen Grund aber im *Leben* gelegt ist. Dieses Anliegen findet sich auch in der Argumentation der Invokavitpredigten wieder: Die Voraussetzung heilsamer Existenz des einzelnen im Wort Gottes und des Wort Gottes in seinem Herzen ist die Existenz im Raum des äußerlich hörbaren Wortes Gottes. Ohne das Lautwerden des Wortes ist das ‚Leben unter der Gnade' ein Abstraktum, das keine Gestalt gewinnt und keinen Halt gibt. ‚Starke Sprüche' in der

---

199 In diesem Sinne optieren auch die soziologischen Analysen, vgl. etwa Soeffner, 1992, 30 f.: „Fremdbestimmung zum einen, strikte Individualisierung des Kampfgeschehens zum anderen kennzeichnen nun das Menschenbild."
200 Rössler, 1983, 208.
201 Herms, 1990, 21. Vgl. Rössler, 1983, 213: „Im Medium des Beispiels soll die Erfahrung des Glaubens zur Sprache gebracht und jedem einzelnen Hörer für sein Herz oder Gewissen und also für seine subjektive Erfahrung zugänglich gemacht werden."
202 Herms, 1990, 34.

Kirche hören, sie von Gott ins Herz gesenkt bekommen, sie sich aneignen, dass sie in der Auseinandersetzung mit Tod und Teufel reproduziert werden können: um diese Hör- bzw. Sprachfähigkeit geht es. Sie kann und wird nur *in* der Gemeinde[203] und in besonderer Weise in der Predigt gewonnen, geschieht im Zusammenspiel mit anderen, die mir etwa durch ihre Stärke oder Schwäche, ihre Geschichte oder ihr Anliegen verbunden sind und muss schließlich doch *individuell* angeeignet und verantwortet werden. Die ‚novam sprach‘, die in der Auseinandersetzung mit dem Teufel und vor dem Richterstuhl Gottes hilft, wird beim Hören des äußeren Wortes in der Kirche ‚gelernt‘. Insofern ist selbst der Tod nicht ausschließlich „Angelegenheit dessen, der von ihm bedroht war."[204]

In seiner Beschäftigung mit der Bonhoefferschen Ekklesiologie findet von Soosten dort, „wo Bonhoeffer Luther rezipiert, die Wurzeln einer theologisch verantworteten Theorie der Sozialgestalt der Kirche …, die dem Protestantismus über weite Strecken seiner Geschichte gefehlt hat."[205] Bei Luther ist „im christologisch qualifizierten Wort … die Kirche als realisierte wie als aktualisierte immer bereits mit gegenwärtig."[206] „Von hier aus muss ein rein individualistisches Gottesverhältnis des Einzelnen ausgeschlossen werden, da das vom Geist bewegte Wort ‚in demselben Akt‘, in dem es im Zusammenhang der Gemeinde laut wird, diese in ihrer Aktualisierung begründet."[207] Insofern lässt sich von einer „Gleichursprünglichkeit von Einzelnem und Gemeinde"[208] sprechen. Unter dieser Perspektive ist ein individualistisch gefasster Kirchenbegriff zu relativieren und im Anschluss an Holl auf „‚Luthers viel reichere Anschauung‘" zu verweisen, „‚dass die Kirche, die sichtbare wie die unsichtbare, eine Lebensgemeinschaft darstellt, die sich im Gebet, im gegenseitigen Aufeinandereinwirken, im Liebeswerk unaufhörlich betätigt.‘"[209]

Berndt Hamm hat auf den historisch feststellbaren „Grundkonsens"[210] hingewiesen, der dieser Wahrnehmung von Gemeinde zu Grunde gelegen hat und der letztlich auch sakral verankert ist, weil die reformatorische Stadt „sich als corpus christianum im kleinen"[211] versteht. Auf diesen Konsens kann trotz aller Gruppeninteressen in Konfliktlagen zurückge-

---

203 Der Begriff der Gemeinde muss hier allerdings so gefasst werden, dass er nicht auf die vorfindliche ‚Kerngemeinde‘ oder ‚Predigtgemeinde‘ reduziert wird: er hat universale Dimensionen und erfasst auch Prozesse, die in nicht offensichtlich ‚kirchlichen‘ Zusammenhängen zustandekommen.
204 Ariés, 1982, 46.
205 Von Soosten, 27.
206 Von Soosten, 169.
207 Von Soosten, 170.
208 Ebd.
209 Holl hier zitiert nach von Soosten, 139.
210 Hamm, 1996, 61.
211 Moeller, 1987, 15

griffen werden, in denen dem Medium Sprache eine hohe Präferenz als Mittel zur Konfliktregulierung zukommt.

Bei der Analyse der Konsensgemeinschaft in der städtischen Reformation greift Hamm auf den Abendmahlssermon von 1519[212] zurück. Auch für Joachim von Soosten ist dieser Text entscheidend, um zu verdeutlichen, dass die Gläubigen in den geistlichen Leib, in die Gemeinschaft mit Christus und allen Heiligen hineingezogen werden. Er kennzeichnet dieses Geschehen als „Wechsel von der monologischen zur kommunikativen Existenz"[213]. „Beschrieben wird der Prozess, in dem der Mensch angesichts einer Situation, die ihm schier die Sprache verschlägt, mithilfe des Sakraments zu einer neuen Form sozialer Praxis findet, die er im Zusammenhang des Leibes Christi erlernen und befestigen kann"[214] und die schließlich zu einer „Rückgewinnung kommunikativer Kompetenz"[215] führt. „Der Glaube gewinnt durch die Hereinnahme in den kommunikativen Zusammenhang der sanctorum communio seine soziale Sprache genau da wieder, wo sie dem auf sich allein gestellten Christen geradezu verschlagen musste."[216]

Von Soosten hat selbst darauf hingewiesen, dass die von ihm, wie vom Hauptstrom der gegenwärtigen Praktischen Theologie vorgenommene Zuordnung der sozialen Dimension zum Abendmahl[217], u. a. weil es in ihm zu einer für heutige Wahrnehmung vermeintlich ganzheitlicheren, auch leiblichen Begegnung mit dem dreieinigen Gott kommt, für Luthers Äußerungen ab dem Beginn der zwanziger Jahren problematisch wird. Sicher hat Luther auch weiterhin dem Abendmahl große Bedeutung zugemessen; allerdings hat er schon früh die Einsetzungsworte in besonderer Weise hervorgehoben und vom Sakrament als äußerlichem Wort Gottes gesprochen.[218] Wenn „die wortt des sacraments da sind"[219], so ist das genug, denn an ihnen hängt die heilvolle „macht"[220], sie sind „alleyne nott"[221].

In einem Vergleich des Sermons vom Sterben von 1519 mit Luthers Pestgutachten von 1527 und seiner Auslegung des 90. Psalms von 1534/35 hat H.-M. Barth gezeigt, dass sich die Luthersche Theologie in der Frage der Bereitung zum Sterben nach 1519 verändert: „Das

212 Vgl. u. a. StA 1, 274, 19–25 und 275, 34–276.
213 Von Soosten, 176.
214 Von Soosten, 179.
215 Von Soosten, 183.
216 Von Soosten, 185.
217 Vgl. die Zusammenfassung bei von Soosten, 192, aber etwa auch die Arbeit von Käßmann.
218 Vgl. StA 1, 239, 19 f.
219 WA 10, II, (S), 32, 7.
220 WA 10, II, (S), 32, 8.
221 WA 10, II, (S), 32, 10; vgl. 29, 18 f.: „das man ynn der predigt wol treybe die wortt des sacraments".

Sakrament, das 1519 im Mittelpunkt zu stehen scheint, wird bereits dort auf dasjenige hin befragt, was an Verheißung es dem Sterbenden ‚sagt'; das ‚Wort Gottes' gewinnt in den Äußerung von 1527 und 1534/35 so sehr an Gewicht, dass das Sakrament nur noch assistierend im Hintergrund steht."[222] Die Formulierungen im Umfeld der Invokavitpredigten zeigen, dass diese Entwicklung schon 1522 vorangeschritten ist: „Eyn Christen soll wissen, das auff erden keyn großer heylthumb ist denn gottis wortt, denn auch das Sacrament selbs durch gottis wort gemacht und gebenedeit und geheyliget wirt, und wyr alle auch da durch geystlich geporn und zu Christen geweyhet werden, ßo denn eyn Christ das wortt, das alle ding heyliget und ho(e)her ist denn das Sacrament (ßoviel men seyn mit henden greyffen kan) dennoch beyde mit mund oren, hertzen, ia mit gantzem leben begreyffet, wie solt er denn nit thuren auch solchs angreyffen, das damit geheyliget ist?"[223]

Immer mehr muss das Wort tragen, polemisch den Kampf gegen „uneynickeytt und tzwitracht"[224] als die sozialen Kennzeichen der mala lingua[225], produktiv die Konstitution der Gemeinde, wie in den Wittenberger Unruhen deutlich wird. Man mag diese Verschiebung wie von Soosten auf die damaligen „Kontroversen"[226] zurückführen; auch soll der systematische Sinn einer Verortung der Ekklesiologie in der sozialen Dimension des Abendmahls keinesfalls bestritten werden. Im homiletischen Zusammenhang ist es jedoch interessant zu überlegen, warum Luther zunehmend das Wort in den Mittelpunkt seiner Überlegungen rückt, auch wenn es ihm um Fragen der Gestalt der Kirche geht, während von Soosten mit seiner Rekonstruktion von Luthers Ekklesiologie so ansetzt, dass es primär im Abendmahl – und nicht im Wort – zur Konstitution von Kirche kommt, dass also das Abendmahlsgeschehen zur Voraussetzung sozialer Praxis wird und zur Wiedergewinnung von Sprache und von kommunikativer Kompetenz führt. Eröffnet der Ansatz bei einem Neuverständnis des Wortes unter Betonung seiner energetischen Dimension demgegenüber die Möglichkeit, einen Interpretationsansatz zu formulieren, der die Bedeutung der sozialen Dimension aufnimmt, die von Soosten herausgearbeitet hat, diese jedoch im Zusammenhang der Wortorientierung Luthers zu thematisiert? Lässt sich also die von Luther in den Invokavitpredigten entworfene ‚Kirche des Wortes' als eine Größe verstehen, die sich der transpersonalen Mächtigkeit des Wortes verdankt und was verändert dies im Blick auf das Verständnis der Predigtgemeinde?

---

222 Barth, 1989, 65.
223 WA 10, II, (S), 19, 27–20, 6.
224 WA 10, II, 12, 8.
225 Vgl. Streiff, bes. 137 und 145.
226 Von Soosten, 174.

Als „das unersetzbare, sachgegebene Mittel der Gemeinschaft"[227] führt das Predigtwort Menschen zusammen, indem es sie überwältigt, eingliedert in den Klangraum, den diese Worte erzeugen. In diesem Raum existieren nicht nur vereinzelte Individuen, sondern auch differenzierte und identifizierbare soziale Einheiten. *Es entsteht eine Raum- bzw. Feldstruktur, in der Christinnen und Christen, Gemeinden, Gruppen in den Predigtgemeinden usw. ihren Ort im Energiefeld des Wortes finden und darin wechselseitig aufeinander einwirken: als Reflektoren, Transformer, Absorber usw. dieser (Klang-) Energie.* Ein solches Modell stellt eine Alternative dar zu dem im Interesse der Wiedergewinnung der sozialen Dimension der Predigt rekonstruierten funktionalen Zusammenhang zwischen der Kirche und der Gegenwart des Heilswortes, wie er sich etwa in dem Diktum ausdrückt: „Denn der Christus im Mund der Schwester und des Bruders ist stärker als der Christus im eigenen Herzen."[228] Die Verlegenheiten, in die eine solche Betrachtungsweise führt, lässt sich besonders gut an der Geschichte des Todes verdeutlichen: schon bald wird der gefürchtete Tod der des oder der anderen: Kann ich mich auf dein Wort verlassen, wenn du doch auch stirbst?[229] Ist das Wort des anderen, das Wort der Predigt tatsächlich ein „verlässliche(s) Außen[...]"[230] angesichts von Lügen[231] und der Unabschließbarkeit kommunikativer Diskurse?

Zum Beispiel: Die Beichte[232]

Am Beispiel der Beichte, dem sprachlichen Geschehen, in dem Menschen schon jetzt getröstet werden und die Erfahrung machen, dass „wir auff eyne(n) gewissen grundt stan das wir vor des teüffels anlauff besten"[233], lässt sich das Ineinander von sozialen und individuellen sprachlichen Prozessen verdeutlichen, die die ‚Kirche des Wortes' auszeichnen. In der Predigt am Sonntag Reminiszere nennt Luther unter Verweis auf die biblischen Belege zunächst die Beichte, die einem *überführten* Sünder öffentlich Abbitte abverlangt.[234] Sie beginnt im Gespräch unter vier Augen, zieht, im Falle der Weigerung des Beschuldigten umzukehren, zunächst

---

227 Beintker, 1968, 25.
228 Jörns, 1989a, 174.
229 Vgl. Ariés, 1982, 49.
230 Rödzsus-Hecker, 39.
231 Vgl. Luthers Bemühen das wahrhaftige Wort Gottes von der Lüge zu unterscheiden im Sermon vom Sakrament der Buße von 1519, StA 1, 245–257, z. B.: 249, 19–22; 250, 19–24; zur Lüge vgl. Sommer, 1992 und 1993; Semmler, bes. 231 ff.
232 Vgl. auch WA 10, II, (S), 32, 18–33, 14.
233 StA 2, 549, 28 f.
234 Vgl. StA 2, 556, 4–30.

zwei Zeugen hinzu und führt schließlich öffentlich vor dem Volk und dem Pfarrer Anklage. Am Ende steht dann die Sprachform, in der die Wirkmächtigkeit des Wortes *öffentlich* am deutlichsten wird: der Bann!

Gewalt und Sprache gehen eine Symbiose ein, Sprache schlägt um in Gewalt. Dadurch wird Erwartungssicherheit innerhalb einer Kommunität wiedergewonnen, insofern die Macht des öffentlichen Konsenses mit den ihm innewohnenden Gewaltpotenzialen zur Darstellung kommt. Ob für Luther der Bann[235] allein durch den sprachlichen Vollzug im Sinne der *Fluchreihen* wirksam ist oder ob auch er in den öffentlichen und verrechtlichten Formen, in denen Gewalt ausgeübt wurde, einen Plausibilitätsgewinn sah, lässt sich anhand der Invokavitpredigt nicht entscheiden, ist aber angesichts seines sonstigen Interesses an der Erhaltung und Darstellung öffentlich legitimierter Gewaltpotenziale zu vermuten. Auf jeden Fall wäre ein solcher Vollzug nach Luthers Meinung christlich; er traut sich jedoch nicht dies „alleyne"[236] aufzurichten, weil eben keine christliche Gemeinde vorhanden ist.

Zudem ist Luther deutlich, dass dieser erste Fall der Beichte ein überaus seltener ist, insofern er voraussetzt, dass jemand öffentlich überführt wurde und der Sachverhalt bzw. sein Beurteilung im öffentlichen Konsens eindeutig ist. Wer vom wirksamen Predigtwort redet, mag an die transpersonale Struktur des Bannes und der Fluchreihen anknüpfen und darauf eine Illustration der eigenen Position aufbauen. Im Sinne Luthers ist eher daran zu erinnern, dass die Predigt des Kreuzes nicht im öffentlichen Konsens gründet, auch wenn sie in vielerlei Hinsicht dazu beiträgt, Erwartungssicherheit zu stabilisieren[237]; vielmehr fördert und fordert sie in mindestens gleichem Maße die Revision öffentlicher Erwartungen.

Insofern lässt sich Predigt von Modell ‚Bann' her genauso wenig verstehen wie von der zweiten Form der Beichte: dem intimen Zwiegespräch mit Gott im Winkel, in dem der einzelne Mensch sich als Sünder vor Gott bekennt und um seine Gnade und Hilfe bittet. Hier ist die soziale Komponente auf ein Minimum reduziert; die Problematik von Macht und Gewalt bleibt außen vor, da eine unmittelbare Kommunikation zwischen dem einzelnen Menschen und Gott stattfindet. Für Luther haben aber nur wenige einen so starken Glauben, dass sie allein Gott beichten können, im „starcken festen gläube(n) … sein sünd sein jm vergebe(n)"[238]; alle anderen bedürfen der Stärkung durch einen „gewissen spruch"[239] „durch den mu(n)dt"[240] eines Mitchristen oder einer Mitchristin.

---

235 Zum Thema Bann bei Luther vgl. Link.
236 StA 2, 556, 30.
237 Vgl. etwa die Argumentation bei Welker, 1995, 78 ff.
238 StA 2, 558, 5 f.
239 StA 2, 558, 3.
240 StA 2, 558, 5.

Analogien zwischen Beichte und Predigt finden sich deshalb vor allem in der dritten Form der Beichte, der sog. Ohrenbeichte und darin beim Gegenstück zum Bann: der Absolution. Ein Mensch beichtet dem oder der anderen in die Ohren, „auff d(aß) er vo(n) jm hor(e)re ein tro(e)stlich wort."[241] Luther lehnt den Zwang zu dieser Beichte, wie ihn der Papst ausgeübt hat, als unbiblisch ab. Weil ihm „die heymliche beicht"[242] aber „trost vn(d) stercke"[243] für die Situation gibt, von der er bei allen seinen Argumentationen ausgeht, beim Ringen mit Teufel und Tod nämlich, will er sie auf jeden Fall erhalten: „ich were langst vo(m) teüffel erwürgt / wen(n) mich nit die beichte erhalte(n) hett"[244]! Und ganz am Ende der gedruckten Invokavitpredigten heißt es in den Schlusssätzen, die nicht die Berühmtheit der Einleitungssätze mit ihrer vermeintlich ganz auf das Individuum konzentrierten Tendenz erlangt haben: „Dan(n) jr wist noch nitt was es mühe kostet mit dem teüffel zu(o) streytte(n) / vn(d) vber-winde(n) / ich weyß es aber wol / wen(n) ich wol ein stück saltzes od(er) zwey mit jm gessen hab / jch kenne jn wol / er kent mich auch wol / wan(n) jr jnn hetten erkent / ir würden mir die beichte nicht also zuru(o)ckschlagen."[245] Hier schließt sich der Kreis: *wer im Sterben, in dem er auf sich zurückgeworfen ist, bestehen will, der suche seinen Mitmen-schen und dessen tröstliches Wort.*

Die anthropologische Begründung für die Notwendigkeit dieses Bei-standes sieht Luther in der Präsenz von „vil zweyfeliche sachen die der me(n)sch nit erreyche(n) kan / noch sich darjn(n) erku(o)nden."[246] Bleibt solche Zweideutigkeit, Undeutlichkeit, Unübersichtlichkeit unhintergeh-bar, so gewinnt das sprachliche Geschehen zwischen einzelnen Christin-nen und Christen gerade die Bedeutung, die Relativität und Pluralität der Lebenswelt, der verschiedenen Moralcodices usw. erträglich *und* ver-antwortlich handhabbar zu machen. Nur wer sich vor seinem Nächsten demütigen kann *und* dessen Trösung „gläubte ... als wan(n) er sie vo(n) gott ho(e)rte"[247], wird in der entstehenden, neuzeitlich pluralen Lebens-welt mit seinem verzagten Herzen gegen den Teufel und alle sich als Götter gerierenden Instanzen bestehen können. Wer sich der Problematik dieser Lebenswirklichkeit bewusst ist und diese wie Luther als Kampf beschreibt, der wird die soziale Form der Beichte als Rüstung sehen und sich „kein waffen neme(n) lassen / son(dern) harnasch vnd rüstunge gantz lassen, so vns vo(n) got wider vnser feinde gegeben."[248] Diese

---

241 StA 2, 557, 15.
242 StA 2, 557, 20.
243 StA 2, 557, 22.
244 StA 2, 557, 23 f.
245 StA 2, 558, 30–34.
246 StA 2, 557, 25 f.
247 StA 2, 557, 29; vgl. StA 2, 558, 4 f. u. 19 f.
248 StA 2, 558, 28–30.

‚Aufrüstung‘ unterscheidet sich von jeglicher Form psychologischer, moralischer[249] oder materieller dadurch, dass ich mich selbst als schwach bekenne, dass eine bleibende Notwendigkeit besteht, dass ich auf den anderen oder die andere angewiesen bin, auch durch das Wissen, dass derjenige, dessen Stärke uns trägt, selbst schwach geworden ist und dass die Stärke, die mir zukommt, nie meine Verfügungsmasse werden kann, sondern immer eine zugesprochene bleibt. *Meine Stärke liegt im Zusprechen von Stärke und im Zugesprochenbekommen von Stärke*, die auf das Kreuz baut, das uns den allmächtigen Gott in seiner Barmherzigkeit erkennen lässt. Weil dieses Zusprechen und akzeptierende, zutrauende Zuhören im Raum des Wortes stattfindet, kann ich den Satz nachsprechen und glauben: „jch habe eine(n) gnedige(n) got"[250], kann ich mich sicher wissen in dieser Welt und vor Gott und Teufel.

In die Arme nehmen, anschauen und streicheln haben zwar in der Trostspende eine wichtige Funktion, sprachlich aber soll die Beichte sein, damit die Nähe nicht beide Beteiligten auffrisst und die Differenz zwischen Trost und Tröstendem deutlich bleibt. Luther weist ausdrücklich auf die Pluralität der Formen hin, in denen Gott uns trösten will: neben der Predigt nennt er die Bergpredigt, das Vaterunser, die Taufe, die Privatbeichte und schließlich das Abendmahl, durch das ich erfahre, dass ich all meiner Sünden ledig und von meinen Gebrechen befreit bin: „damit er mich gewyß ma(e)chte / gibt er mir seine(n) co(e)rper zu(o) essen / sein blu(o)t zutrincke(n) das ich jo nit verzwyfflen mag noch kan/ jch habe eine(n) gnedige(n) got."[251] Ihre besondere Bedeutung hat die Predigt darin, dass sie *vielen* das Sprachmaterial der Tröstung zur Verfügung stellt und damit den Raum eröffnet, in dem für viele die Gewissheit erfahrbar wird, die nötig ist, um einander zu trösten.

Gefährdungen der Gewissheit: Die Lüge

Wer Gewissheit im Sterben sucht und sich dabei auf das Wort Gottes, das er durch seine Nächsten bzw. die Predigt hört, verlässt, sieht seine Gewissheit gefährdet durch die Erfahrung der Lüge: „das ist erlogen."[252] Wenn erst „die Iterabilität von Sprache macht, dass sie als Verständigungsmittel überhaupt funktioniert"[253], so impliziert die Wiederholbar-

---

249 Vgl. Kind.
250 StA 2, 558, 25.
251 StA 2, 558, 23–25; vgl. WA 10, II, (S), 33, 1 f.: „Gott hatt seyn absolution reychlich und viel uns geben, der keyne umb der anderer willen tzuverachten ist"; vgl auch 14: „yhe mehr gottis wortt du hast, yhe besser es ist."
252 WA 10, II, (S), 17, 8.
253 Rödzsus-Hecker, 38.

keit von Schrift und Rede andererseits, dass Sprache eine von ihrer Intention und Authentizität ablösbare Seite hat. Wer spricht oder schreibt und sich damit wiederholbar macht, riskiert die Lüge, denn alles, was aussagbar ist, dient auch zum Lügen wie umgekehrt alles, was nicht zum Lügen benutzt werden kann, auch nicht dazu verwendet werden kann, die Wahrheit zu sagen.[254]

Weder die vermeintliche Klarheit und Eindeutigkeit der Schrift noch die Unmittelbarkeit des persönlichen Gesprächs, weder das „Konzept aufrichtiger Herzens-Kommunikation"[255] noch das „Projekt der Durchsetzung nicht-rhetorischer Verhältnisse"[256] führen in der Frage der Verbindlichkeit, Wahrheit und Authentizität von Sprache zu einer Lösung ‚jenseits der Lüge'.[257] In seiner ‚mündlichen' Variante drängt der „Traum vom unmittelbaren Verstehen"[258] den medialen Charakter der Sprache zurück, indem er die Gegenwart „des Sprechers, des Wortes und des Publikums" und deren spontanes und authentisches Miteinander voraussetzt und darin die „‚volle', eindeutige und einheitliche Bedeutung ... gesichert"[259] sieht. In der sozialen Dimension wird damit in der heutigen Situation „die Anwesenheit voraussetzende Kommunikation der kleinen Gemeinschaft Maßstab für eine auf Distanz und weitgehender Anonymität basierende schriftliche Kommunikation."[260] Eine solche „neue Sozietät ...‚ in welcher Menschen füreinander transparent werden"[261], lässt sich in interpersonaler Kommunikation selbst unter sehr spezifischen Bedingungen wie denen der Liebe kaum realisieren. Für die Predigt, die einen Öffentlichkeitsanspruch erhebt, ist dies kein Ausweg.

Weil Gott sein Wort, indem er es geäußert hat, wiederholbar gemacht hat, ist es wie die Worte der Menschen durch Mehrdeutigkeit bedroht.[262] „Mit dem ersten Gebot an die Menschen riskierte Gott, dass seine Worte einen anderen Klang bekämen, je nachdem, wer sie hört und wer sie äußert."[263] In den Invokavitpredigten thematisiert Luther „eine unernste, unwahre, nicht-authentische Verwendung von Sprache"[264] in der Gestalt des sprachlich operierenden Teufels. „In der Rede vom Teufel hält er

254 Rödzsus-Hecker, 40 im Anschluss an Eco.
255 Geitner, 40.
256 Geitner, 6.
257 Vgl. Geitner, 255 ff.
258 Geitner, 167.
259 Geitner, 339. Im entstehenden Gemeinschaftskult der Romantik wird u. a. versucht, durch Deklamieren und Vorlesen Unabschließbares abschließbar zu machen.
260 Geitner, 227.
261 Geitner, 166.
262 Vgl. Rödzsus-Hecker, 189.
263 Rödzsus-Hecker, 190.
264 Rödzsus-Hecker, 37.

fest, dass Sprache eben soviel Verwirrung wie Klarheit schafft, ohne dass man dafür einfach nur die Intention ihrer Sprecher"[265] oder mangelndes Verständnisvermögen der Hörerinnen und Hörern verantwortlich machen kann. Kein Diskurs kann die Verzerrungen der Kommunikation letztlich beseitigen, deren Macht mit dem Begriff ‚Teufel' gekennzeichnet ist; jedoch führt Luther eine Reihe von Strategien an, die die Mehrdeutigkeit eindämmen sollen. So hält der Gedanke der sich selbst auslegenden Schrift[266] die Notwendigkeit einer Interpretation ebenso fest wie die Tatsache, dass die Auslegung zu ihrem definitiven Ende kommt, weil die Bedeutung der Rezeption minimiert ist. Marita Rödzsus-Hecker hat unter hermeneutischen Gesichtspunkten darauf hingewiesen, dass Luther eine eigentümliche Verbindung von Schriftlichkeit und Mündlichkeit im Blick hat. Im „buchstabischen tsungen synn"[267] verschränken sich bei ihm Schrift und Rede: „die Schrift soll der mündlichen Rede, die mündliche Rede soll der Schrift die Eindeutigkeit geben, die immer wieder abhanden kommt."[268]

Andererseits liegt für Luther der Schlüssel zur Überwindung der Unsicherheit gegenüber der Predigt letztlich bei Gott, „der nit liegen kan."[269] Wer einen gewissen, starken Spruch gefunden hat, der kann sagen: „Das hath meyn godt gesagt der wyll vnnd kan nicht liegen, dar stha ych auff, da trotze ych auff freymutig ane allen tzweyffel."[270] Gilt dies auf jeden Fall für das Wort, das unmittelbar vom Heiligen Geist unmittelbar ins Herz eingegeben wird[271], so kann Luther darüberhinaus zu einer Identifikation von Predigtwort und wahrhaftigem Gotteswort kommen: „weil Gottes mund der Kirchen mund ist und widerumb Gott kan ja nicht liegen, Also die Kirche auch nicht."[272] Dies gilt jedoch nur, wenn das Wort „rein und d. h. ohne verfälschende[...] Zusätze"[273] in der Kirche zugesprochen und gepredigt, in seiner Wirksamkeit nicht behindert oder überlagert wird durch „vil unchristlicher fabeln / und lugen, beyde ynn legenden / gesange und predigen."[274]

Zuwenig ist beachtet worden, dass Gott spricht: „In der kirchen, do wil ich alleine Gott sein, welches den nicht kan geschehen, wen ich nicht

---

265 Rödzsus-Hecker, 40.

266 Vgl. WA 7, 97, 23: „sui ipsius interpres" und WA 10, III, 238, 11: „wenn sich die schrifft selbs außlegt".

267 WA 7, 650, 23 f.

268 Rödzsus-Hecker, 47.

269 WA 10, II, (S), 14, 19; vgl. 14, 23 f.; vgl. auch: Ein Sermon vom Sakrament der Buße, in: StA 1, 245–257.

270 WF, Blatt 2; vgl. WA 10, II, (S), 36, 1 f.

271 Vgl. Rödzsus-Hecker, 41 f.

272 WA 51, 516, 30 f.

273 Möller, 1990, 138.

274 WA 12, 35, 13 f.

auch allein in der kirchen rede."[275] Zur „Begegnung des deus loquens mit dem homo semper audiens"[276] gehört deshalb das *konzentrierte Schweigen*[277] *und Hören, die Selbstrücknahme der menschlichen Produktivität*: „Nos: nicht vil wort, halts maul."[278] Der zirkuläre Rückverweis auf die Schrift bei Auslegungsproblemen, die Kritik an Zusätzen und Einträgen und das Plädoyer für das Schweigen: Luthers Versuche, die Mehrdeutigkeit der Sprache zu hintergehen und im sprachlichen Kampf mit dem Teufel zu bestehen, bauen stets auf eine gezielte Reduktion menschlicher Sprachbestandteile, auf *die Unterbrechung menschlichen Redens und Handelns als Weg zur Wahrheitsfindung.*

Die ‚starken Sprüche‘ und die Sprache der Liebe

Die Predigtgemeinde im Energiefeld des mächtigen Wortes zeichnet sich durch die Freiheit ihrer Glieder aus. Sie sprechen einander Trost zu und hören aufeinander, als würde Gott mit ihnen sprechen. Sie wissen um die Mehrdeutigkeit der Worte. Indem sie jedoch versuchen, ihre eigenen Worte zurückzunehmen, lassen sie den zu Wort kommen, der nicht lügen kann.

Im Wittenberger Konflikt sind der Predigtgemeinde die zwei grundlegenden Bestimmungen des Verhältnisses zu Gott, die zwei zentralen ‚starken Sprüche‘ gut bekannt:

„Zum ersten / wie wir kinder des zorns seind / vnd all vnser werck sen(n) und gedancken sonderlich nichts sein."[279]

„Zum andern / das vns got sein eingeborne(n) son gesant hat / auff das wir in jn gläuben / und der in jn vertrawen wirt sol der sünde frey sein vnd ein kind gottes."[280]

Hier sieht Luther in Wittenberg „noch keynen fehel oder mangel / sonder sie seyn euch reinlich gepredigt"[281], ja es sind „nit allein .einr.zwen. drey.vier. sonder wol zehen oder meher / die so erleücht sein jm erkentnuß"[282] wie er selbst.[283] Anders ist dies beim dritten „haüptstuck eins

---

275 WA 47, 148, 39 f.
276 Beutel, 1991, 89.
277 Nicht das Schweigen Gottes, die privatio verbi Dei (vgl. Beutel, 1991, 121), sondern das konzentrierte Stillwerden und Hören auf das Wort im Raum Gottes.
278 WA 20, 91, 13.
279 StA 2, 530, 10 f.; vgl. den ersten Kernsatz aus den Thesen WA 10, III, LV, 3.
280 StA 2, 530, 16 f.; vgl. den zweiten Kernsatz aus den Thesen WA 10, III, LV, 4.
281 StA 2, 530, 21 f.
282 StA 2, 530, 23–25.
283 Insofern halte ich es für problematisch, davon zu sprechen, dass „sich in den Pre-

Christenlichen menschen"[284]: der Liebe, die wir auch haben müssen „vnd durch die liebe einander thu(o)n wie vns got gethan hat / durch den glaüben / on welche liebe der glaub nit ist."[285] Glaube und Liebe gehören zusammen wie „brennen vnd leuchten vom fewr."[286] In Wittenberg fallen sie auseinander: „vn(d) spür in keynem die liebe / und merck fast woll / das jr gott nit seyt danckpar gewesen vmb solchen reichen schatz vnd gabe."[287] Die „große gabe gottes"[288], die in der Erkenntnis der Schrift, im wahren Evangelium und dem unverfälschten Wort Gottes besteht, wird nicht erwidert. „Jr wo(e)lt vo(n) got all sein gu(o)t jm sacrament nemen / vnd wo(e)llent sie nit in die liebe wider außgießen / keiner will dem anderen die hende reychen / keyner nimpt sich des andern erstlich [= zuerst] an / sonder ein yeder hat vff sich selber achtunge was jm fürderlich ist / vnd sücht d(as) seine / lasst gan was da gat wem da geholffen ist dem sey geholffen / niemant sicht vff die armen / wie jn von eüch geholffen werde / das ist zu(o) erbarmen."[289] Wer sich aber nicht in der Liebe üben will, der soll auch alle anderen, dann unnötigen Dinge lassen.[290] „Denn Christo ligt mehr an der liebe denn an des sacraments gestalten."[291] Lehre und Worte sind nicht angemessen zu reproduzieren, ohne selbst in eine reziproke Beziehung einzutreten, ohne selbst – in Wort und Tat – das weiterzugeben, was dieses Wort verheißt: Liebe und Leben.[292] Andernfalls droht aus Wittenberg Kapernaum zu werden (vgl. Mt. 11,23).

---

digten Luthers keine Anrede des Christen in seiner Christlichkeit" findet, „vielmehr allein in seiner Nicht-Ernstlichkeit als Christ." (Nembach, 1972, 88) Eher lässt sich wohl umgekehrt formulieren: die Predigt spricht die Hörerinnen und Hörer auf ihre Christlichkeit an, ähnlich wie es Bohren in seiner Konzeption unter dem Stichwort ‚die erfundene Gemeinde' (vgl. A 2.2) tut.

284 StA 2, 534, 28 f.; vgl. StA 2, 555, 5 f.

285 StA 2, 530, 26–531, 1; vgl. den dritten Kernsatz WA 10, III, LV, 5.

286 StA 1, 395, 2 (Vorrede auf die Epistel S. Pauli an die Römer); der biblische Beleg in StA 2, 531, 1 (1. Kor. 2) ist wahrscheinlich ein Hörfehler und meint eigentlich 1. Kor 13, 1.

287 StA 2, 531, 3–5; vgl. StA 2, 555, 3 f.: „Die liebe sag ich / ist ein frucht dieses sacrame(n)ts / die spür ich noch nit vnder eüch alhie zu(o) Wittenberg / wiewol eüch vil gepredigt ist." Vgl. WABr 2, Nr. 461, 23: „die liebe bettelt bey In." Vgl. WA 10, III, LIX, (F): „Dennocht spüre ich bey euch gar kain liebe."

288 StA 2, 555, 16; vgl. 555, 16–18.

289 StA 2, 555, 20–25.

290 Vgl. StA 2, 555, 6–8.

291 WA 10, II, (S), 30, 16 f.

292 Vgl. StA 2, 535, 1: So „mu(o)ß die liebe handlen mit dem na(e)chsten wie vns von got geschehen." Vgl. StA 2, 554, 28–555, 3: „Nu(o) wo(e)llen wir von der frucht dieses sacraments / welche die liebe ist reden das wir vns also lassen finden gege(n) vnserm na(e)chsten / wie es [uns] von got geschehen ist / nu(o) habe(n) wir von got eyttel liebe vnd wolthat empfangen / dann Christus hat für vns gesatzt [= eingesetzt] vnd geben / gerechtigkeyt / vnd alles was er hatt / alle seyne gu(o)ter vber vns außgeschüttet/ welche nyemants ermessen kan / keyn engel kan sie begreyffen noch ergründe(n) / dan(n) got

„Also lieben freündt / das reich gottes / das wir sein / steet nit in der rede oder worte(n) / sonder in der tha(e)ttigkeit / das ist in der that / in den werken vnd vbunge(n). Got wil nit zuho(e)rer oder nachreder haben / sonder nachuo(e)lger / vnd vber das in dem glaube(n) durch die liebe. Dan(n) der glaub on die liebe ist nit gnugsam / ja ist nit ein glaub / sond(er) ein schein des glaube(n)s wie ein angesicht jm spiegel gesehen / ist nicht ein wahrhafftigs angesicht / sonder nür ein scheyn des angesichts.“[293] Kirche ist über das auf die soziale Konstitution angewiesene, individuell zu reproduzierende Wissen um die explizite Ordnung hinaus die verantwortlich darstellende und gemeinschaftlich wirksame Gestaltung der gepredigten und gehörten Artikelsätze in der Interaktion der Personen. Ihre gelingende Intersubjektivität wird als Liebe symbolisiert. „Das reich gottes / das wir sein“[294], umfasst Wort und Tat, Zuhören, Nachreden und Nachfolgen; darin aber ist die Liebe der „häuptman“[295]. Andernfalls bleibt der Glaube nur Schein wie das Angesicht im Spiegel, er wirkt nicht, strukturiert nicht die Wirklichkeit, den Alltag, die Beziehungen. Für den Zusammenhang von Predigt und Gemeinde heißt das: *das Wort bleibt nicht bei sich im sprachlichen Vollzug von Reden und Hören, sondern geht über sich hinaus, sucht sein anderes: die Praxis, die Liebe.*[296]

Geduld als zentrales Strukturelement gemeindlicher Existenz im Raum des Wortes Gottes

Damit scheint Luther denen Recht zu geben, die in Analogie zur im reformatorischen Glauben gewonnenen neuen Beziehung zu Gott auf eine erneuerte Praxis (in) der Gemeinde drängen. Durch eine weitere Differenzierung[297] gelingt es ihm jedoch die festgefahrene Frage- und

---

ist ein glüender backofen foller liebe / der da reichet vo(n) der erden biss an den hym(m)el.“ Vgl. die Hinweise auf 1. Kor 13: StA 2, 531, 1; 555, 8–15 (Hier liegt wohl mit dem Verweis auf 1. Kor 11 ein Hörfehler vor.).

293 StA 2, 531, 9–15; vgl. auch den Schluss der Samstagspredigt in der Fassung B: WA 10, III, 57, 36–58, 12: „Jr versucht Gott zu hart, meine freunde, were dis Wort für etlichen zeiten unsern vorfarn gepredigt, sie hetten sich vieleicht wol anders hierinnen gehalten denn jr thut. Jr schickt euch gar nichts darzu und lassts euch kein ernst sein, davon könnet jr wol reden aber mit der that wolt jr noch nicht folgen. Mit andern gauckelwerck gehet jr umb, das von unnöten ist, was aber nötig ist, das last jr anstehen. Gott gebe, das es dermal eins nit allein in worten stehe sondern auch kreftig heraus breche.“

294 StA 2, 531, 9 f.

295 StA 2, 543, 25 f.

296 Vgl. Beutel, 1991, 456, der darauf hinweist, dass Luther sich gegen ein „folgenloses Hören“ wendet; vgl. auch 344: „Indem der Glaube in der Liebe Gestalt annimmt, bezeugt er die Kraft des Wortes Gottes, aus dem er lebt.“

297 Vgl. Jüngel, 1978b, 22.

Konfliktstellung auf einer komplexeren Ebene neu zu thematisieren: „Zum Vierdten / ist vns auch not die gedult / denn wer den glaube(n) hat / got vertrawet vnd die liebe seine(m) nechsten erzeygt in der er sich teglich [übt]/ ja der [kan] nit on verfolgungen sein / den(n) der teüffel schla(e)fft nit / sond(er) gibt jm genu(o)g zuschaffen vnd die gedult wirckt vn(d) bringet die hoffnu(n)g / welche sich frey ergibt vn(d) in got sich geschwindet [verliert, aufgeht] / vn(d) also durch vil anfechtu(n)g und ansto(e)sse / nympt der glaub ym(m)er zu(o) vnd wirt von tag zu(o) tag gesterckt.“[298]

Ausgangspunkt ist die (An-) *Erkenntnis der Unterschiede in der Gemeinde*: „wir sind nit alle gleich / habe(n) auch nit alle gleich eine(n) glaübe(n) / dan(n) einer hat eine(n) starcke(n) glaube(n) den(n) der and(er) / derhalbe(n) ists vnmüglich d(aß) es in ein gemeine ordnu(n)g gedrunge(n) kan werde(n)“[299]. Veränderungen und Umgestaltungen der Ordnung und im sozialen Raum müssen beachten: „es sein ettliche die künden wol re(n)nen / etlich wol läuffen / etlich kaüm kriechen“[300]. Deshalb gilt für die Reformen: „Es wer wol ain gu(o)t ding, das man solche sachen anfieng, wenn wier alle zugleych glauben hetten und der gantzen gemeyn wol gefiel, der massen, das sich nyemandt dran ergerte; das wiert aber nymmer mehr geschehen, wir konnten nit alle also geleert sein als carolstadt: Darumb mu(e)ssen wier den schwachen nachgeben, sonst wierts du der starck ist, seer laufen und der schwach, dre dier gleycher schritt nit folgen kan, untergon.“[301] Wer trotzdem versucht, eine allgemeine Ordnung aufzurichten, „wen(n) wir aber vnser freyheit on not so frech vnserm na(e)chsten zum ergernyß braüchen wo(e)llen / so treybe(n) wir den zurück / darnach mit der zeyt zu(o) vnserm glaüben ka(e)m.“[302] Die Schwachen werden überfordert und die Grundstruktur der evangelischen Heilserfahrung aufgegeben: *Gewissheit und Freiheit gehören zusammen.*[303]

Nur indem das Tempo der Starken verlangsamt wird, bleiben die anderen im Blick. „Du mu(e)st deinem nechsten nachlassen, bis so lang er auch starck und dier gleych wurd.“[304] „Noch kan ichs doch nit erzwingen noch erhalte(n)“[305]. *Die zeitliche Dimension wird zum zentralen*

---

298 StA 2, 531, 16–21.
299 StA 2, 552, 23–25; vgl. 553, 8–10; vgl. 552, 17 f.: „vn(d) den glaübe(n) habe(n) ja nit alle leüte.“
300 StA 2, 532, 21 f.
301 WA 10, III, LVIII, (F), 34–40.
302 StA 2, 547, 4–6.
303 Vgl. StA 2, 547, 21–25: „Demnach sollen wir auch leben / vnd vnser freyheit gebraüche(n) / zu(o) rechter vnd bequemer zeyt / damit der Christenlichen freyheit nit abgebroche(n) / vnd vnßern brüdern vnd schwestern die noch schwach seindt / vnd solicher freyheit vnwissent / keyn ergernyß gegeben werd.“
304 WA 10, III, LXII, (F), 99–101.
305 StA 2, 549, 13.

Thema gemeindlicher Existenz, „noch nitt"[306] *zum wichtigsten Stichwort;*
Geduld erscheint als das wesentliche Strukturelement einer konkreten Ver-
haltensanalogie zur Worthaftigkeit des Evangeliums.[307] Im Wissen um unsere Verschiedenheit und im Vertrauen auf die Macht des Wortes gilt
es, einander demütig zu Füßen zu liegen, sich hilfreich die Hände zu
reichen[308] und geduldig auf Gottes Wort zu hören.

„Nu(o) fart jr aber purdi purdi"[309]. In diesem Verhalten sieht Luther
den Hauptfehler der Wittenberger Gemeinde, die „frech laüffen / purdi
purdi on all forcht vn(d) demu(o)t"[310]. „Vnd wolt mit dem ko(e)pffen
hindurch vnd wolt jederman hinzu(o) dringen"[311]. Stattdessen sollen sich
die Wittenberger im Umgang mit den Schwachen an Christus orientieren:
„Wie Christus uns gethan hat, so sollen wier unserm nechsten auch thun.
Christus hatt unser schwachheyt getragen, so sollen wier unsers nechsten
schwacheit auch tragen. Christus helt uns zu gut, wenn wier uber die
sünd fallen, das wier gleych uber brutzeln, warumb wollen wier auch nit
unserm nechsten etwas zu gut halten?"[312] Zudem erinnert Luther daran,
dass er selbst, einige Zeit gebraucht hat, bis er im Glauben stark geworden ist: „Hab doch ich selbs wol drey iar mich geerbeytet, ehe ich auß
des Bapsts gesetzen meyn gewissen erlo(e)ßet hab mit teglicher ubung
des Euangeli ynn predigen, lesen, trachten, disputiern, schreyben unnd
ho(e)ren. wie sollt denn der gemeyn man ßo schnel erauß tzu bringen
seyn?"[313] Vor allem aber wendet er sich gegen die Hoffnung einiger
Wittenberger auf ihre eigene Vernunft und Stärke und verweist sie auf
die Macht des Wortes: „Das worth gots, wyll wyslick gehandelth szein
vnnd nicht myth dem kopff hyndurch, alsze vnsze vornunfft vnns yn
gibth, vnnd vnns guth dünckt."[314] Weil Gott die Welt geschaffen hat,
wird er sie auch wohl regieren. Uns steht es an, das Wort zu treiben,
„biss das es baß gepredigt und verstanden werde"[315]: „ßo werden sie

---

306 Vgl. StA 2, 540, 25–541, 3; vgl. auch WF, Titelblatt: „Noch nicht lieber geszelle".
307 Vgl. auch WA 10, III, LV, (F), 13: „Preter hec Spes et patientia Christiano sunt
pernecessaria."
308 Vgl. StA 2, 532, 29–31: „Darumb lasst vns das mit forcht vnd demu(o)t handeln /
vnd einer dem andern vnder den füssen liggen / die hende zu(o) samen reychen / einer
dem andern helffen."
309 StA 2, 550, 23 f.; vgl. WF, Titelblatt: „vnnd nicht myth dem koppe hyn durch, purdy,
purdy / purdy das mües szein." Vgl. auch WA 10, III, LIX, (F), 49.
310 StA 2, 553, 27 f.
311 StA 2, 550, 24 f.
312 WA 10, III, LVIII, (F), 23–27.
313 WA 10, II, (S), 25, 17–21. Vgl. WF, Blatt 3: „Ich wyll Iwer schonen alsze goth
meyner schonth vnnd szu[] lange geschonth hat, das ich meynen negesten aüch dan
sch[one]."
314 WF, Blatt 3; vgl. WA 10, III, LIX, (F), 50: „mit feusten hineyn getriben, das gefellt
mier gar nichts, das yhrs wisset."
315 WA 10, II, (S), 31, 25 f.

durch solch prediget mit der tzeytt woll selbs fallen."[316] Dann wird es
irgendwann nicht mehr „an leutten"[317] fehlen, in deren Herz das Wort
gefallen ist; dann wird es möglich sein, eine neue Ordnung frei einzu-
führen. Im Vertrauen auf die Macht des Wortes wird am Ende die ganze
Gemeinde gewonnen. Wenn „alle gemüt vnd syn(n) zusamen stympte vnd
vereynigt wurdt / so thu(o) man dan(n) abe"[318]; dann geschehen äußerliche Veränderungen wie von selbst: die Messe als Opfer etwa zerfällt
einfach und hört auf.[319] Aber „wo aller gemu(o)t vnd hertz nicht dabey
ist / das lass got walten /da bit ich dich umb / du machst nichts
gu(o)ts"[320]. Bis dahin gilt: „wyr mussens noch eyn tzettlang ym alten
missbrauch gehen lassen."[321] Dann sollen Bilder und andere überlieferte
Frömmigkeitsformen lieber bestehen bleiben „propter infirmos alios, qui
adhuc sunt illis inuoluti, tum non vti, vbi firmi fuerint."[322] „Verbo quidem
omnia sunt arguenda, sed corda paulatim ceu greges Iacob sunt initianda,
vt sponte verbum prius capiant & roborati tandem faciant omnia."[323]
Luther jedenfalls wird die neuen Ordnungen erst anerkennen, wenn auch
die Schwachen folgen können: „Wen der gantze / hauffe antrydt / frey,
so wyll / ych auch folgen."[324]

Bis dahin ist jeder Versuch, durch eigene Werke zu bestehen, zum
Scheitern verurteilt bzw. steht in der Gefahr, in eine ‚gesetzliche' Sackgasse zu führen, denn er übersieht die Grenzen und die Mehrdeutigkeiten
des eigenen Handelns und leugnet die Macht des Wortes Gottes. Die
Gemeinde konstituiert sich ohne die Macht, die eigenen Positionen
durchzusetzen: „wer da volgen wolte der volgete / wer nicht wo(e)lt
belibe aussen."[325] Noch keine neue allgemeine Ordnung durchsetzen zu
können, ist nicht als *Scheitern* zu interpretieren, sondern bestätigt die
für Luthers Wortverständnis charakteristische Erkenntnis: *wer dem Wort
Gottes vertraut,* dessen Leben und Glauben *wird sich in Anfechtungen zu*

---

316 WA 10, II, (S), 32, 16 f.

317 Wa 10, II, (S), 24, 10. Vgl. 26, 10.

318 StA 2, 536, 17 f. Vgl. die Lesart B in WA 10, III, 17, 15–19.

319 Vgl. StA 2, 536, 15 f.: „Also mu(o)ß dan(n) d(as) ding zu letst vo(n) jm selbs zufalle(n)
vnd auffho(e)ren."

320 StA 2, 536, 18 f.

321 WA 10, II, (S), 29 f. In der Sakramentsschrift verwendet Luther ein Bild, das in den
Invokavitpredigten nicht vorkommt, das Gleichnis vom Wein in den alten Schläuchen (Mt
9, 17).

322 WABr 2, 474, 26 f.

323 WABr 2, 475, 32–34.

324 WF, Titelbaltt; vgl. WABr 2, 461, 18–21: „Die freyheit ist nur zurhalten Im gewissen
und zu predigen offentlich, Aber doch da neben die schwachen gewissen, die solchs nit
begreiffen, zu tragen und nicht zu rutteln, biss sie auch hinan komen."

325 StA 2, 536, 10 f. Vgl. WABr 2, 474, 19 f.: „Verbo solo damno; qui credit, credat &
sequatur, qui non credit, non credatur & dimmitatur." Vgl. WF, Blatt 2: „wylth yr myr
volgen, guth, wylth yr nicht szo varth hen."

bewähren haben.[326] Das Wort des Evangeliums ist und bleibt „seyner art noch eyn wort des creutzs, des ergerniß, der torheyt . . . . Es ist eyn grosß thewr tzeychen eyns rechten glawbens und lerens bey uns, das uns der Satanas durch seyne schuppen ßo bitter und manchfeltiglich angreyfft."[327]

Für den eigenen Glauben ist es unbedenklich, solche Geduld zu üben: „was kan dirs schaden / hastu doch deinen glaüben reyn vnd starck zu(o) gotte / das dir das ding nit schade(n) kan."[328] Außerdem gewinnt die Geduld den Charakter eines *Kriteriums zur realistischen Einschätzung der eigenen wie auch öffentlicher Handlungsmöglichkeiten:* „ich wolt auch wol vil ding anhebe(n) / da mir wenig volgen würden / was hülffs aber / dan(n) ich weyß die sollichs anfange(n) habe(n) / wann es zum treffen würdt gan / nit besteen künde(n) / vnd würde(n) die ersten sein die da würden zuru(o)ck tretten."[329] Das wäre genauso, wie wenn Luther eine Schar von kämpfenden Männern auf den Kampfplatz führen würde und dann, obwohl er der erste gewesen ist, statt den Tod fröhlich zu erwarten, flüchten würde und die verführten Menschen zurücklassen.

Die Starken und ihre jüngeren Geschwister: eine offene Gemeinde

Beispielhaft erläutert Luther die Analogie zwischen der Liebe Gottes zu uns und der Beziehung der Gläubigen zueinander ausgehend von einem Bild aus Dtn 1, 31, das er in (kultur-) spezifischer Weise abwandelt. Während dort auf Jahwe verwiesen wird, der Israel in der Wüste getragen hat, „wie ein Mann seinen Sohn trägt", verdeutlicht Luther Gottes Handeln als (typisch) mütterliches Verhalten[330]: „ich hab dich getragen vnd

---

326 Vgl. Baur, 1993c, 32; Beutel, 1991, 340: „Das Wort Gottes, das sich gerade in der äußersten Machtlosigkeit als allmächtig erweist, hat sich in der Gestalt des bittenden Christus symbolisch verdichtet."

327 WA 10, II, (S), 11, 9–12.

328 StA 2, 536, 25–27. Vgl. auch die biblische Argumentation in dem Abschnitt StA 2, 548, 16–549, 27; bes. 549, 19–27 sowie 549, 33–550, 2. Vgl. 547, 1 f.: „Die weill es vns keynen schden oder gefa(e)r weder an leyb noch seel bringt." Vgl. 551, 8–11: „Jst aber niemant so vnwytzig das er d(as) Sakrament jo wil mit den hende(n) angreyffen / d(er) lass es jm heym in sein haüß bringen vnd greyff es / das es genu(o)g hette / aber vor jederme(n)igklich / da enthalte er sich / weil es jm keynen schaden thu(o)tt." Vgl. WABr 2, Nr. 461, 31 f.

329 StA 2, 534, 6–9.

330 Eine solche Verschiebung der Interpretation legt auch die Septuagintafassung der Stelle nahe, die das hebr. nasa mit trophophoreo wiedergibt. trophos kann zwar mit männlichem wie weiblichem Artikel gebraucht werden und sowohl die männliche wie die weibliche Pflegeperson bezeichnen: „Ernäher(in), Züchter, Pfleger(in), Pflegevater, Wärter(in), Amme, Erzieher(in)" (Menge-Güthling, 696). In Bauers Wörterbuch zum NT wird trophos nur noch mit weiblichem Artikel gebraucht und nur noch mit den Begriffen „Amme" bzw. „Mutter", trophophoreo mit „wie eine Amme tragen, d. h. zärtl. hegen und pflegen" (Bauer, 1638) in Verbindung gebracht.

auffgezoge(n) wie ein mu(o)tter jrem kind thut"[331] und fragt dann, „was thu(o)t die mu(o)tter jrem kinde."[332] Die folgende knappe und eindrückliche Schilderung[333]: „Zum erste(n) gibt sie jm milch / darnach brey / darnach eyr vnd weyche speyß"[334] versucht, der Gemeinde ein bestimmtes Verhalten gegenüber denen plausibel zu machen, die den Reformen noch zögerlich oder gar ablehnend gegenüberstehen. Während Luther sich von der Orientierung auf die Beziehung des Vaters zum Sohn für die von ihm vordringlich angesprochenen Starken in der Gemeinde keine neue Orientierung verspricht, gelingt es ihm durch den Rückgriff auf weibliche Elemente im Gottesbild, *die Gemeinde mit einem neuen, verwirrenden und überraschenden Identifikationsmuster zu konfrontieren*, das kaum Widerspruch zulässt und die einzelnen in eine neue Rolle weist.

Diejenigen, die sich am Vatergott und seinem Sohn orientieren, werden zu einer neuen gemeinsamen Einsicht genötigt, denn allen leuchtet ein: „wo sie es zum ersten gewendte / vnnd herte speyß gebe / würde auß dem kinde nichts gu(o)ts."[335] Und: „solten alle mütter jre kind(er) weck werffen / wo weren wir blieben."[336] Luther zielt nun aber nicht darauf, dass sich die Starken in Wittenberg, die schnelle Reformen wollen, seien es Männer oder Frauen, mit der Mutter in diesem Bild oder dem Vater in der biblischen Belegstelle identifizieren. Stattdessen spricht er sie als *ältere Geschwister* an, die ihren „brüdern vnd schwestern ein großen frum(m)en thon"[337] sollen: „Also sollen wir auch thu(o)n vnserm bru(o)der / gedult mit jm tragen ein zeyt lang / vn(d) seine schwachheit gedulde(n) vnd helffen trage(n) / jm auch milchspeyß gebe(n) wie uns geschehen ist / biss er auch starck werde vnd nit allein gen hymel fare / sonder vnser brüder die jetzt nit vnser freünd sein mit pringen."[338] „Lieber bru(o)der hastu genug gesogen / schneyd jo nit also bald den dutten ab / sond(ern) lass dein bru(o)der auch sauge(n) wie du gesogen hast."[339] Die älteren Brüder und Schwestern müssen auf ihre kleineren Geschwister achten und ihnen zuliebe ihr Tempo verlangsamen; andernfalls verlieren sie sich: euer „eylen ist zu(o) schnell / den(n) auff jenner

---

Diese Stelle wirft ein für die Homiletik interessantes Licht auf die Luthers Umgang mit biblischen Texten in seinen Predigten: Hält er in seiner Bibelübersetzung an der (wörtlichen) Übersetzung „wie ein Man seinen Sohn tregt" (WA DB 8, 559 z.St. Dtn 1,31) fest, verändert er in der Predigt vermutlich um der Aktualität und Plausibilität des Bildes willen.

331 StA 2, 532, 1 f.
332 StA 2, 532, 2 f.
333 Vgl. WA 10, III, LXIf, (F), 92–107.
334 StA 2, 532, 4.
335 StA 2, 532, 5 f.
336 StA 2, 532, 10.
337 StA 2, 547, 3 f.
338 StA 2, 532, 6–10.
339 StA 2, 532, 10–12; vgl. WA TR 3, 3421.

seyten sind auch noch bru(o)der vn(d) schwester die zu(o) vns geborn die müssen auch noch herzu(o)."[340]

Die starken Zuhörerinnen und Zuhörer werden von Luther weder als erwachsene starke Männer oder Frauen angesprochen noch in die Position des kleinen, hilflosen Kindes zurückgedrängt: als ältere Geschwister sind und bleiben sie angewiesen auf die Liebe Gottes und sind doch gleichzeitig gerade wegen ihrer Sprachfähigkeit schon *ansprechbar* auf ihre Stärken und ihre Mitverantwortung: „das ‚Hören des Wortes‘ hat insofern auch einen definierbaren anthropologischen Ort in der psychischen Entwicklung des Menschenwesens" als es „das Tor" ist, „das aus der allumfassenden, versorgenden wie verschlingenden Intimität in das Leben des erwachsenen Menschen hineinführt."[341] Habt Geduld, übt „freie Selbstzurücknahme"[342], lernt eure Aggressionen im Zaum zu halten, die anderen sind schwächer und brauchen noch Zeit! Wendet euch einander solidarisch und rücksichtsvoll zu[343], traut eurem Sprechen etwas zu[344], denn ihr lebt aus dem wirkmächtigen Wort Gottes.

Die glaubende Person[345] zeichnet sich in ihrer Existenz dadurch aus, dass sie ihren ihr von außen zugewachsenen Vorsprung, ihre Stärken nicht ausspielt und sich durchsetzt, sondern sich *selbstbewusst zurücknimmt.* „Alhie lieben freündt mu(o)ß nitt ein jederman thu(o)n was er recht hat / sond(er) sehen was seinem bru(o)der nützlich vnd fürderlich ist / wie Paulus sagt."[346] Es geht um ein Verhältnis untereinander, das sich mit dem begriff „schonen"[347] kennzeichnen lässt. Zuhause, nicht-öffentlich soll der- oder diejenige kommunizieren, die unbedingt das Sakrament „mit deen hende(n) angreyffen"[348] will, „damit auch das ergernyß so vnsern brüdern schwestern vn(d) nachpaüern vmb vns entwo(e)chst vermitten werd / die jetzunder vff vns zornig seind vn(d) wo(e)llen gar todt schlage(n)".[349] Oder am Beispiel der Bilder[350]: Das Hauptproblem

---

340 StA 2, 532, 14 f. Hervorzuheben ist, dass hier der überlieferte Text eine inklusive Sprache verwendet, obwohl gerade Mitschriften zu einer Verwendung der männlichen Form als pars pro toto tendieren, um zu einer Verkürzung zu gelangen.

341 Gutmann, 1991, 363.

342 Vgl. Welker, 1992, 304 ff.

343 Vgl. die Schilderung der „warmen, solidarischen Interaktion unter Männern innerhalb des Bereichs regelgeleitet – öffentlicher Interaktion der entstehenden bürgerlichen Gesellschaft" in der Interpretation von Luthers Hoheliedvorlesung bei Gutmann, 1991, 289 ff.; hier: 291.

344 StA 2, 548, 28; 549, 8.

345 Vgl. StA 2, 531, 22: „hertz mit tugenden begnadet".

346 StA 2, 531, 25 f.

347 WA 10, II, (S), 29, 1.

348 StA 2, 551, 8 f.; vgl. auch ganz ähnlich WF, Titelblatt.

349 StA 2, 551, 11–13.

350 Vgl. StA 2, 543, 26–546, 3. (Predigt am Mittwoch nach Invokavit); vgl. auch WA 10, II, (S), 33, 15–34, 19.

mit den Bildern ist nicht, dass die Menschen nicht zwischen dem Bild und Gott unterscheiden können, sondern dass sie durch die Bilder bzw. deren Stiften „got eynen dienst"[351] zu tun gedenken.[352] Auf jeden Fall gilt: „noch ist die ursach nit gnu(o)g alle bilder abzuthu(o)n zu(o)reyssen vnd verbrennen / warumb dan(n) wir müssens zu(o)lassen."[353] Noch immer gibt es Menschen, die die Bilder richtig gebrauchen können, auch wenn es wenige sind, deshalb dürfen wir es nicht verdammen. „Sonder jr solten das geprediget haben wie die bilder nichts weren / gott fragt nichts darnach."[354] „Wan(n) sie solichs hetten geho(e)rt / das die bilde nit gülten / hetten sie vo(n) jn selber abgestanden / vnd die bilde wa(e)ren on alle rumor vn(d) auffru(o)r zufalle(n) / wie es den(n) yetzu(n)d in schwa(n)g was kom(m)en."[355] Luthers Liste der Argumente gegen eine Abtuung der Bilder ist lang und polemisch. Am schädlichsten aber für den Menschen ist sein eigenes Herz: wer den Teufel schwarz machen will, muss einen gute Kohle haben. Auch hier ist die Schwierigkeit: wenn es nur einen einzigen Menschen gibt, der die Bilder richtig gebrauchen kann, „so schleüßt der teüffel balde wider mich / ja warumb verdamstu dan(n) d(aß) man wol kan bräuchen"[356]. „Derhalben mu(o)ß man die schrieft wol wissen / darneben zu(o) rechten zeyten gebrauchen / so man mit den teüffel fechten will."[357]

„Erfordert es die liebe das du mitleyden hast mit den schwache(n)"[358], so wie Gott Mitleid hat mit dir, hat es zudem weder Nutzen noch Schaden für den Glauben, wie schnell es zu Veränderungen kommt[359] und eröffnet die Geduld realistische Perspektiven auf die eigenen Möglichkeiten, so liegt auf ihr schließlich die Verheißung der Wirkmächtigkeit des Wortes. Erhalten die Schwachen lange genug Milchspeise, so werden noch viele, zu uns stoßen: „Hierumb lass uns den andern auch so lang milch speyß geben / wie uns geschehen / biss sie auch jm glauben starck werde(n) / dan(n) jr ist noch vil die vns sonst zu(o)fallen / vnd wolten gerne diß ding auch mit haben vn(d) anneme(n) / besonder sie konde(n) es nit wol begreyffen / dieselbige(n) treyben wir zuru(o)ck."[360]

351 StA 2, 544, 4.
352 Vgl. zum Problem der Bilder grundsätzlich: Stirm, bes. 24–68.
353 StA 2, 544, 7–9.
354 StA 2, 544, 12 f.
355 StA 2, 544, 17–19.
356 StA 2, 545, 29–31.
357 StA 2, 546, 1–3.
358 StA 2, 536, 27 f.; vgl. WA 10, III, LXI, (F), 92–96.
359 Vgl. StA 2, 534, 16–20: „Darumb last vns vnser nechsten liebe erzeygen / werden wir des nicht thu(o)n / so wirt vnser thu(o)n / nicht beschehe(n) [= vollbracht werden] / müssen wir doch auch ein zeyt lang mit jn gedult haben vn(d) nit verweffen / dan(n) der noch schwach jm glauben ist / wie vil meer thu(o)n vnd lassen / so es sie liebe erfodert vn(d) vns nit an vnserm glaube(n) schaden bringt.". Vgl. WA 10, III, LIX, 41–48.
360 StA 2, 534, 12–16; vgl. 546, 28–547, 1: „Zum dritte(n) / seindt etliche die noch jm

„Darumb soll man keyn neüwckeyt auffrichten / das Eua(n)gelium sey dan(n) durch vnd durch geprediget vnd erkant. Wie eüch geschehen ist / der wegen."[361] Denn ungeduldiges Vorangehen und Drängen ärgert „die gantze welt"[362], die bisher anders handelt und denkt, und treibt „die schwache gu(o)therzigen menschen zuru(o)cke /die noch wol zu uns kemen / wen sie so lange vn(d) vil geho(e)rt hetten / als wir."[363] *Die Gemeinde rückt damit in einen sozial, räumlich und temporal offenen Horizont; sie behält auch diejenigen, die an ihrem Rande stehen im Blick, versucht, sie mitzubedenken und anzusprechen.* Nicht die Predigtgemeinde ist schon die ecclesia, sondern zu ihr gehören auch noch andere.[364] „Wier haben noch vil schwester und bru(e)der, die zu leyptzig, jm land zu Meyssen und sonst umbher wonen, die mu(e)ssen wier auch mit zu himmel haben. Ist yetzt wol hertzog G(e)org und vil ander hierüber bewegt, auff uns zornig, dennocht söllen wier sye tragen und das beste von Inen hoffen. Es ist möglich, das sye besser werden, denn wier seyen."[365]

Der sistierte Handlungsdruck und die Fähigkeit zum Handeln

Wird die Geduld zum entscheidenden Wert gemeindlicher Existenz erhoben, wird Handlungsdruck von der Gemeinde genommen. Eine solche Konzeption muss sich jedoch davor schützen, zu einer Festschreibung bestehender sozialer Ordnungen und Verhältnisse zu verkommen, und klären, wie in ihr überhaupt Handlungsfähigkeit gedacht werden kann.

Wenn etwa sowohl die communio sub una wie auch die sub utraque gefährlich sind, die eine, weil sie dem Gesetz des Papstes folgt und die Einsetzung Christi missachtet, die andere, weil sie die Schwachen überfordert, wie ist dann weiteres Handeln überhaupt möglich: „wo sollen

---

glaüben schwach sind / die wol zu(o) weysen were(n) / vn(d) glaübte(n) auch gerne wie wirt. Alleyne jr vnwissenhait hindert sie / vnd wen(n) das jn geprediget würde / wie vns geschehen / wern sie mit vns eyns / gegen sollichen gu(o)thertzigen mensche(n) / müssen wir vns vil anders halten / dan(n) gegegn den halß starcken. Mit den so(e)lle(n) wir gedult tragen vns vnser freyheit enthalten."

361 StA 2, 550, 2–4.
362 StA 2, 549, 31.
363 StA 2, 551, 6f. Vgl. 555, 30f.: Dies gilt auch in der historischen Perspektive: wenn das Evangelium, „das wort vnsern vorfarn vor ettlichen zeytten" gepredigt worden wäre, „sie hette(n) sich villeicht wol anders hierjnne gehalten". Vgl. auch 555, 31–33: „oder würde noch vilen armen kindern in den klo(e)stern gepredigt / sie würde(n) es vil fro(e)licher anneme(n)/ dan(n) jr thu(o)t."
364 Vgl. StA 2, 532, 14f.
365 WA 10, III, LIX, (F), 43–48.

wyr denn hynn?"[366] „Was sollen wyr denn thun?"[367] Die Antwort der Invokavitpredigten auf diese konkreten Fragen ist eindeutig: wir sollen „starck und viel predigen widder des Bapsts gesetz von eyner gestallt und wol treyben die Euangelische eynsetzung Christi von beyder gestalt"[368], „denn mit dem Euangelio unnd nicht mit der thatt odder ordinantz soll man die beyde gestallt widder auffrichten."[369] Weder darf also dem Zwang des Papstes zur Kommunion an Ostern bzw. unter einer Gestalt nachgegeben werden, noch dürfen die Schwachen gezwungen werden, unter beiderlei Gestalt zu kommunizieren, „biss die leutt gnugsam verstendiget on locken und reytzen, sondernn auß eygenem gewissen getrieben von yhn selbs kommen und darnach ringe und dringe, das yhm das sacrament geben werde."[370] Es gilt, „das Euangelion frey selbs holen lassen, wen es holet."[371]

Handlungsfähigkeit gewinnen die Christinnen und Christen in der Gemeinde also dadurch, dass sie „alleine das wort gottes handeln lassen"[372], sich der Gewalttätigkeit enthalten und stattdessen *im Raum des wirkmächtigen Wortes Gottes das Wort treiben*. „So hette ich wo(e)llen predige(n) / vn(d) sie vermane(n) / hetten sie sich daran geko(e)rt / so hett ich sie gewonne(n) / wo aber nicht / so hett ich sie dannocht nit mit der haren vnd gewalt dauo(n) geryssen / sond(er) das wort lassen handlen vnd für sie gebetten / dan(n) das wort hat hymel vnd erd geschaffen / vnd alle ding / das mu(o)ß es thu(o)n / vnd nit wir arme(n) sünder."[373] „Denn jr wisset, das das Reich Christi gegründet ist auff das wort, welchs man sonst weder fassen noch begreifen kan on durch diese zwei gliedmas, ohren und zungen ... Das wort fassen die ohren und das hertz gleubets, Die Zunge aber redets oder bekennets, wie das hertz gleubet."[374] Sozial handlungsfähige Person ist der einzelne Mensch im Gemeindeleben, insofern er mit „lebendigem Mund und Ohren da handel(t)."[375] Auch Luther selbst kommt im März 1522 „nicht mit eigenen oder kurfürstlichen Anweisungen, sondern allein mit dem Wort der Predigt, das in seiner Sicht nicht sein, sondern Gottes Wort ist. Er setzt auf die Freiheit des Glaubens, das Überzeugtwerden durch das Wort und die Erkenntnis des Evangeliums."[376] Dies jedoch nicht nur in einem

---

366 WA 10, II, (S), 26, 18; vgl. 26, 15–18.
367 WA 10, II, (S), 26, 24 f.
368 WA 10, II, (S), 27, 1–3.
369 WA 10, II, (S), 29, 31–30, 1.
370 WA 10, II, (S), 27, 6–8; vgl. 27, 24 f.: „ßondern frey predigen und darnach sie von yhn selbs kommen und datzu dringen lassen."
371 WA 10, II, (S), 28, 8 f.
372 StA 2, 548, 2.
373 StA 2, 536, 35–537, 2.
374 WA 37, 512, 37–513, 20.
375 WABr 2, 460, 39.
376 Weyer, 103.

kommunikationstheoretisch und verständigungsorientierten Sinn, sondern aus der Erfahrung der umgreifenden Macht und Dynamik heraus, die das Wort jenseits unserer Verfügung hat.

Im Rahmen des Gesamtzusammenhangs, in dem das Wort getrieben wird, kommt der Predigt eine besondere Bedeutung zu. *Sie muss den Blick für den Glaubensstand der anderen schärfen, die Starken zu freier Selbstzurücknahme und Geduld anhalten und die Schwachen vom Sinn der Reformen überzeugen.* „In solchen sachen, die da frey und nicht nott sind, das auge halten vff des nehisten kranckheitt, vill dauon predigen, dz die gewissen frey werden, aber nicht drein fallen, die gewissen sind den zuuor frey, dz die folgen mugen."[377] Damit ist die für die Handlungsperspektive grundlegende Unterscheidung zwischen dem „müssen sein vnd frey sein"[378] der in Frage stehenden Handlungen angesprochen, die die Predigt befördern muss. „Dann mu(o)ß sein / ist das / was die notturfft fodert vnd mu(o)ß vnbeweglich besteen / als do ist der glaub / den lass ich mir nit nemen / sonder mu(o)ß den allezeyt in meynem hertze(n) haben vn(d) vor jedermann frey bekennen."[379] Der Glaube steht fest und lässt sich wie die Helligkeit, die die Sonne abstrahlt, nicht „bygen oder lencke(n)"[380], sondern strahlt in alle vier Himmelsrichtungen.

Will uns jemand die Freiheit nehmen, etwa in dem er uns verbietet, etwas Bestimmtes zu essen, obwohl es doch frei ist, so soll der Mensch nicht nur einfach „zu(o) tru(o)tz essen"[381] oder sich nicht weiter darum kümmern, sondern „spreche(n) / ja ebe(n) das du mir verbeütest fleysch zuessen / vn(d) vnd(er)steest dich / auß meyner freyheit ein gebot zumache(n) / ebe(n) wil ich dir d(as) zu(o) tru(o)tz essen."[382] Die sprachliche Kommunikation, in diesem Fall der sprachliche Widerspruch zeichnet das Tun (in) der Gemeinde aus: *weder desinteressiertes Ignorieren noch Gehorchen, sondern aktiv die eigene Position zum Ausdruck bringen und die Gegenüber auf ihre ansprechen.* Wiederum verweist Luther auf Paulus, der öffentlich mit Petrus über seine Haltung im Antiochenischen Streit sprach.[383]

Auch wenn das ‚Muss-sein‘ sich zunächst auf mich bezieht und darauf, dass ich im Gericht bestehen kann, gewinnt es in der Gemeinde eine soziale Dimension. Im Unterschied zum Glanz des Glaubens zeichnet sich die Liebe nämlich wie die Hitze der Sonne dadurch aus, dass sie

---

377 WABr 2, Nr. 461, 25–28.
378 StA 2, 533, 28 f.
379 StA 2, 533, 29–32; vgl. 532, 19 f.: „Also der glaub mu(o)ß allzeyt reyn vnbeweglich in vnsern hertze(n) bleyben / vnd müssen nit dauon weychen."
380 StA 2, 532, 17.
381 StA 2, 546, 23; vgl. WF, Blatt 2.
382 StA 2, 546, 21–23.
383 Vgl. StA 2, 547, 6–21, bes. 19 f.

sich so „lencken vnd byge(n)"[384] lässt, dass „vnser nechsten begreyffen vnd volgen mag"[385]. Auch in Glaubensfragen, bei Dingen, „die da müssen vnd von no(e)tten seyn"[386], um in der Situation des Gerichts vor dem Teufel bestehen zu können, darf deshalb im Blick auf die anderen keine Gewalt angewendet, niemand zum rechten Glauben gezwungen werden. Die Messe ist „ein bo(e)ß ding"[387] und überall abzutun, wo sie als Opfer und verdienstlich Werk verstanden wird und darin gegen Gottes Gebot verstößt.[388] Dies steht außer Frage, ebenso wie es außer Frage steht, dass „gott an zubetten sey."[389] Am Ende soll nur noch die evangelische Messe gehalten werden. „Dennocht sol die liebe hirjnn nit gestrenge faren / vnd mit gewalt abreyssen."[390]

Die Dinge, die nicht notwendig sind, „sond(er) frey gelassen von gotte die man(n) halten mag oder nit"[391], sollen zwar auch geglaubt und gelebt werden, „fieri autem debent quum exedit."[392] Auf jeden Fall darf „man keyn gezwang noch ordination darauß machen"[393]. Deshalb sind Gelübde Unrecht, wenn sie das, was Gott frei gemacht hat, in ein Müssen verwandeln wollen.[394] Stattdessen ist es wichtig, immer schon die anderen und deren Nutzen im Blick zu haben: „frey sein aber / ist das welchs ich frey habe / vnd mag es gebräuche(n) oder lassen / also doch das mein bru(o)der den nutz vnd nit ich dauon habe."[395] So sollen etwa Mönche und Nonnen, die zu schwach sind, in Keuschheit zu leben, heiraten, wenn sie bestehen können „mit gu(o)tem gewissen"[396], denn: „Was got hat frey gemacht / das soll frey bleybe(n) / verbeüt dirs aber yemants ... dem saltu nit volge(n)."[397] Andererseits darf kein Mönch

---

384 StA 2, 532, 18 f.
385 StA 2, 532, 21.
386 StA 2, 535, 3.
387 StA 2, 535, 5.
388 Vgl. StA 2, 538, 18–20.
389 StA 2, 535, 8.
390 StA 2, 535, 11 f.; vgl. 4 f.
391 StA 2, 538, 23 f.; vgl. 539, 3; 547, 31–548, 1: „dass man keyn gezwang noch ordination darauß machen sol / auch sol man keyne(n) mit den haren daruon zwingen oder dringen / sond(ern) alleine das wort gottes handlen lassen." Vgl. WA 10, II, (S), 16, 5–7: „ßondern ich soll solche menschen lere achten wie esßen und trincklen, schlaffen und gehen, wilchs alles ich thun und lassen, frey on meyns gewissen versehrung oder besserung."
392 WA 10, III, LV, 12.
393 StA 2, 547, 31. So begrüßt Luther, 550, 22 f., die Einführung einer anderen Praxis wie etwa der Austeilung unter beiderlei Gestalt, lehnt aber ihre allgemeinverbindliche Einführung durch Zwang ab: „in dem bräuch ha(e)ttet jrs so(e)llen lassen bleybn / jn keyn ordnunge gezwunge(n) habe(n)"
394 Vgl. StA 2, 541, 7 f.; vgl. WF, Titelblatt: „das frey isth laszme frey bleiben vnnd vngetwüngen vnnde [vnge-] nothigeth."
395 StA 2, 533, 32 f.
396 StA 2, 540, 10.
397 StA 2, 540, 18–20.

zum Heiraten gezwungen werden[398], sondern, wer schon Mönch ist, darf dies aus Liebe zum Nächsten bleiben, „die weyl dirs an deinem glaüben nit schadet"[399]. Dies gilt ebenso für die Fragen des Austritts aus dem Kloster, die Abtuung der Bilder[400] und die Keuschheit der Priester. Zu all diesen Veränderungen, die auch für Luther grundsätzlich wünschenswert wären, ist es bisher nicht gekommen, weil die betroffenen Menschen den „verstandt nit habe(n) dan(n) es predigt jn niemants."[401]

Beides, ‚Muss-sein' und ‚Frei-sein', darf nicht vermengt oder verwechselt werden: „vnd macht mir nitt auß dem ein mu(o)ß / ein frey sein /[402] wie jr gethan habt"[403]. Ob Laiinnen und Laien das Sakrament in die Hände nehmen, ist für Luther keine Frage des „Muss-sein": wer sie dennoch darunter rechnet, der sieht nicht, dass „das reych gottes ... nit in eüsserlichen dingen das mann greyffen oder empfinden kan / sond(ern) jm glaübe(n)"[404] steht. Für Luther bleibt nur die Möglichkeit gegen das Verbot durch die römische Kirche anzupredigen; bleibt die Wittenberger Gemeinde dabei, diese oder eine andere Frage, die ‚frei' ist, normativ entscheiden zu wollen, so gibt sie die gewonnene Freiheit auf, indem sie die Gewissen der anderen bindet.

Wer in dieser Weise versucht, nicht allein durch Predigt und Worte Reformen durchzusetzen, und mit Gewalt andere zwingt, ihm auf neuen Wegen zu folgen, dem werden viele folgen, die sich nicht darüber im klaren sind[405], „ob es recht oder vnrecht sey / sprechende. Jch weyß nicht ob es recht oder vnrecht ist / weyß nicht wie ich daran sey. Jch habe der gemeyne vn(d) gewalt volgen müssen."[406] Eine gelingende Reform setzt voraus, dass diejenigen, die sie mittragen, sie nicht aus „Gruppenzwang" oder wegen einer Gewaltandrohung befolgen, sondern sie auch vertreten können, auch im Angesicht des Gerichts und vor den Anklagen des Teufels.[407] Andernfalls droht aus der Reform ein Zwang

---

398 StA 2, 540, 24 f.
399 StA 2, 540, 21.
400 Vgl. bes. StA 2, 541, 21–543, 19.
401 StA 2, 540, 13 f.
402 Roth und Aurifaber haben diese Stelle erweitert und korrigiert: „Derhalben macht mir nicht ein Mus sein aus dem Frei sein" (StA 2, 534, Anm 56). Sie haben damit wohl eine dem Sinn des folgenden Textes und anderer Lutherscher Äußerungen (Vgl. WA 56, 492,1–498,12) entsprechende Lesart gefunden.
403 StA 2, 533,33–534,1.
404 StA 2, 549, 6 f.; vgl. auch 548, 8–549, 6. Vgl. auch den drastischen Vergleich der Wittenberger Gemeinde mit einer „Saw": StA 2, 550, 28 oder den Hinweis 551, 28–30, auf die Maus, die auch kommunizieren kann, wenn es nicht um das innerliche Empfangen geht.
405 Vgl. StA 2, 535, 25–536, 1: „vnd wissen nit wie sie darjnnen sein".
406 StA 2, 536, 1–3.
407 Vgl. WA 10, III, LIX, (F), 56–58: „Wenn sie in yhrem sterben oder In eyner anfechtung sölten dem Teufel rechnung darum geben, so wissten sye kein harbreytt drumb."

zu werden, ein „euͤsserlich werck"[408], „ein affenspil"[409], eine menschliche Satzung, die sich als heilige geriert, aber die Herzen nicht erfasst.[410] Auf solche Reformen und Erfolge gibt Luther nichts; ihm geht es darum, zuerst das Herz der Leute zu fangen: „das geschicht aber, wen(n) ich gottes wort alleyne treybe / predige das Euangelium / vnd sage lieben herrn oder pfaffen tret ab von der Messe/ es ist nit recht / jr suͤndiget daran / das wil ich euch gesagt haben."[411]

In diesem Zusammenhang gewinnt das Stichwort ‚Ordnung' für Luther an Bedeutung: „wo bleybt die ordenu(n)g / dan(n) es ist in eym freuel gescheen / on alle ordnu(n)g mit ergernyß des nechste(n)."[412] Wird bei Veränderungen des kirchlichen Lebens „nit ordentlich gethan"[413], werden Menschen verunsichert. Es entsteht der Eindruck, diese Entwicklungen seien um des Heils willen nötig und Gerechtigkeit durch die Teilhabe daran zu erlangen. Genau dies aber ist der Punkt, an dem der Teufel die Möglichkeit bekommt, sein Spiel zu gewinnen; lassen wir aber dem Teufel „ein fu(o)ß breyt nach / so sehen wir wie wir sein loß werde(n)"[414]. Der Verzicht auf die Beteiligung der Obrigkeit[415] und die Tatsache, dass Luther bei den Reformen in Wittenberg nicht gefragt worden ist, obwohl das auf Grund seiner Funktion und Bedeutung hätte geschehen müssen, schriftlich auch hätte geschehen können, sind also äußere Zeichen für die grundlegende Problematik dieser Reformen, die darin besteht, dass sie im Blick auf den eigentlich zentralen Kampf mit dem Teufel in eine Sackgasse führen, insofern sie Freiheit beschneiden und Gewissheit infrage stellen. Wär es „feyn still ... vnd seüerlich"[416] zugegangen, hätte niemand wahrgenommen, „wie es dan(n) angefangen wa(e)re"[417]. Wie das Fehlen der äußeren Zeichen die Problematik der Reformen verdeutlicht, so würde umgekehrt ihre Präsenz ihre Rechtmäßigkeit signalisieren: „wan(n) man solt gar mit ernste zuuor darumb gebetten habe(n) / vnd die o(e)bersten darzu(o) genom(m)en habe(n) / so wüste man(n) d(aß) es auß gott geschehen were."[418] So aber will Luther die Wittenberger Bewegung nicht nachträglich verantworten, auch wenn er sie teilweise inhaltlich begrüßt und zum Teil auch nicht mehr umkehren will[419].

408 StA 2, 552, 5 f.; vgl. zum ganzen: 551, 22–552, 6.
409 StA 2, 536, 4.
410 Vgl. StA 2, 536, 5 f.
411 StA 2, 536, 7–9.
412 StA 2, 533, 7 f.
413 StA 2, 533, 5 f.; vgl. 550, 4–6.
414 StA 2, 533, 2 f.
415 Vgl. auch WA 10, III, LV, 14 f.
416 StA 2, 550, 19.
417 StA 2, 550, 20.
418 StA 2, 533, 8–10.
419 Vgl. StA 2, 533, 11 f.: denn es ist „so ein bo(e)ß ding ... vmb die Messe." Vgl. auch StA 2, 538, 20–22.

Luther sieht realistisch und durchaus machtbewusst, dass im Kampf mit dem Teufel nur zu siegen ist, wenn die sozialen Veränderungen sich nicht über Gewalt, sondern ordentlich und über sprachliche Operationen durchsetzen, der Zeitdruck des Handelns sistiert wird und dem Teufel durch die Predigt „eyne spieß vor die nasen" gehalten wird, „das jm auch die weldt zu(o) eng sol werde(n)"[420]. Setzen die Wittenberger dennoch auf allgemeine Ordnungen und mit Zwang eingeführte Veränderungen, so sieht Luther für sich keine andere als eine dissoziative Konfliktlösung: „Vn(d) werde(n) jr nit dauon abstellen / so darff mich kein Keyser noch niemandts vo(n) eüch jagen / jch wil wol vngetrieben vo(n) eüch gan / vn(d) darff sprechen Es hat mir kein feindt / wie wol sie mir vil leyds habe(n) gethan Also getroffen / als jr mich getroffen habt"[421].

4.4. Die Kirche als Geschöpf des Wortes und Luthers Predigtstreik

Das Wort baut die Gemeinde. In den lutherischen und reformierten Kirchen ist dieser Satz bis heute weithin als dogmatische Richtigkeit akzeptiert. Als realistisches, praxisfähiges Modell wird er jedoch kaum in Betracht gezogen.[422] Dazu mag beigetragen haben, dass bekannt ist, dass auch Luther früh die „Erfahrung des Scheiterns"[423] mit diesem Konzept und mit seinen Predigten machen musste.

Die Invokavitpredigten stellen zwar eine die Wirkungsgeschichte beeindruckende Ausnahme dar, auch wenn die Bewertung des historischen Ereignisses nicht unumstritten ist.[424] Die Erfahrungen mit ihnen bzw. das Gesamt der Ereignisse vom März 1522 mögen dem Prediger die Erfahrung von Grandiosität vermittelt haben und ihn gestärkt haben in der Überzeugung, durch die Verkündigung des Evangeliums Einfluss nehmen zu können auf das gemeindliche Leben. Die allgemeine Wirkung seiner Predigten kann jedoch „nicht ohne weiteres erfolgreich"[425] genannt wer-

420 StA 2, 533, 20 f.; vgl. zum ganzen den Abschnitt 20–27.
421 StA 2, 548, 26–549, 1; vgl. WA 10, II, 56, 4–11; StA 2, 550, 31–551, 1 f. u. 551, 13–15; 555, 3 f.
422 Vgl. dazu die Ausführungen zur Suche nach kirchengründenden und gemeinschaftsbildenden Formen jenseits des Wortes im Vorwort.
423 Beutel, 1991, 355; vgl. auch 371 Anm. 179. Zur mittelalterlichen und späteren Praxis des Predigthörens vgl. auch die kurzen Bemerkungen von Schenda, 102 und 204–208.
424 Vgl. die Beurteilung der Bedeutung der Wirkung der Wittenberger Unruhen für Luther, die auch ein etwas anderes Licht auf die Invokavitpredigten wirft, durch Hirsch, 1954a, 15: „Der Mut, von der ganzen Tiefe zu reden, in die das Evangelium einen Menschen führt, ist ihm seit 1522 mit jedem Jahr mehr vergangen. Den Schlag, den ihm die Wittenberger damals versetzt haben, hat er nie verwunden, um so weniger als immer neue Schläge dazu kamen."
425 Brecht, 1986, 280.

den. „Schon in den ersten Jahren musste der Reformator selbst es erfahren, dass der Aufbau evangelischer Gemeinden mittels der Predigt nicht leicht werden würde."[426] Er litt darunter, „dass von der kirchengründenden Kraft des Wortes bei den Hörern so wenig zu spüren war."[427] Immer wieder dringt das Wort nur bis zu den schwerhörigen, den „dick oren"[428], aber nicht mit Gottes Hilfe ins Herz, wird die Freiheit zwar als Befreiung vom Zwang zum verdienstlichen Werk, aber nicht als Freiheit zum neuen Leben verstanden. Die Sittlichkeit und das religiöse Leben haben sich durch die Predigt kaum beeinflussen lassen. „Die evangelische Pedigt zeitigte nicht die erwarteten Früchte."[429] „Bei der Seelsorge an alten sterbenden Menschen zeigte es sich immer wieder, dass diese nicht einmal die Zehn Gebote und das Vaterunser beherrschten."[430] Luther, der „der Gemeinde gern mit der Predigt dienen" will, muss feststellen: „Die tägliche Predigt bewirkte nichts."[431] 1524 heißt es gar: „je mehr ich predige, desto größer wird die Gottlosigkeit."[432]

Brecht spricht von einem „Misserfolg des Predigers hinsichtlich einer christlichen Lebensgestaltung, was zu beträchtlichen Teilen einem Scheitern bei der Verwirklichung seines theologischen Programms gleichkam."[433] Die Entwicklung führt schließlich dazu, dass Luther sich entschließt, „wegen der Wirkungslosigkeit seiner Verkündigung ... nicht mehr (zu) predigen."[434] „Es verdrießt mich euch mehr zu predigen."[435] Am 1.Januar 1530 tritt „der predigtmüde Luther"[436] in einen „Predigtstreik"[437], den er vor seiner Abreise auf die Coburg am 3. April nur viermal unterbricht. Allerdings predigt er auf seiner Reise und auch in Coburg bis zur Abreise des Kurfürsten am 24. April regelmäßig[438], dann wieder am 15. September. Die Heimreise begann am 4. Oktober, Luther predigte „täglich vor dem Kurfürsten .... Am 13., vielleicht auch schon am 11. Oktober kamen die Theologen wieder in Wittenberg an."[439] Nach seiner Rückkehr nimmt er den Predigtdienst wieder auf und vertritt „Bugenhagen für etwa anderthalb Jahre und hatte somit auch dessen

426 Brecht, 1986, 72.
427 Ebd.
428 WA 10, II, (S), 19, 8. Vgl. WA 34/II, 295,19–298,13 ??? u. WABr 6, 83, 12–15.
429 Brecht, 1986, 284; vgl. auch Werdermann, 19 ff.
430 Brecht, 1986, 417.
431 Brecht, 1986, 72. Vgl. WA 15, 641, 12–15 u. 654, 1–13 und 562, 2 f.
432 Ebd.
433 Brecht, 1987, 262.
434 Brecht, 1986, 281.
435 Ebd. Vgl. WA 29, 615, 35–616, 35.
436 Vgl. Glaue.
437 Brecht, 1986, 281. Vgl. zum ganzen Brecht, 1986, 280–285 u. 415–421; Glaue; Jörns, 1989; Winkler, 1983, 76 ff.
438 Vgl. zum folgenden Brecht, 1986, 356–395.
439 Brecht, 1986, 392.

Mittwochs- und Samstagspredigten zu halten."[440] Nach dem 1.Mai, als Bugenhagen seine Tätigkeit wieder aufgenommen hat, predigt Luther fast nur noch in seinem Haus „wegen seiner Gesundheit", aber vielleicht „auch aus Resignation."[441]

Die Interpretation dieses Geschehens und seiner Gründe ist bis heute unklar. Martin Brecht stellt fest: „An der Qualität der Verkündigung kann es nicht gelegen haben. Inhaltlich und formal beeindruckt sie bis heute und ist kaum einmal überboten worden."[442] Die Gemeindebildung gehört damit für Brecht nicht zur Qualität des Predigtwortes selbst; sie verdankt sich vielmehr erst dem Akt der Rezeption durch den „Kreis derer, die ,mit Ernst Christen sein wollten'. ... Die Möglichkeiten der evangelischen Verkündigung allein waren offensichtlich begrenzt."[443] Dementsprechend fordert Brecht im Sinne eines verständigungsorientierten homiletischen Ansatzes weitergehende Formen der Beteiligung der Gemeinde, vor allem eine Überwindung der Distanz zwischen den Predigern und der passiv rezipierenden Gemeinde. Da Luthers Versuche zur Neuordnung hierfür keine Impulse gaben, blieben die Schwierigkeiten bis heute bestehen. Jörns spitzt diese Perspektive noch zu: Für ihn besteht die „Grundirritation" darin, dass „die Predigt der Gemeinde frontal" gegenübertritt, „wenn Predigt und Glaube aus dem Hörensagen als dem sich in der Gemeinde fortzeugenden Prozess herausfallen."[444] Dann ist die Beziehungsebene gestört und die Predigtbewegung kann nicht in eine Gemeindebewegung einmünden.

Nach der von mir vorgelegten Interpretation der Invokavitpredigten erscheint die Distanz zwischen Predigenden und Gemeinde dagegen unvermeidlich. ,Das Wort treiben' heißt nicht nur im Akt der Predigt, ,Distanz' zu wahren und ernst zu nehmen, dass das verbum externum, menschliche Kommunikationszusammenhänge durchbricht. Nur wenn die Vorgängigkeit der Predigtbewegung und die transpersonale Übermächtigkeit des Wortes im Blick bleiben, wird das Hörensagen nicht zu einem unendlichen Prozess, sich als Gemeinde bzw. Kirche selbst zu konstituieren. Nur im Raum des Wortes gibt es die Erfahrung von Freiheit *und* Gewissheit. Wird dieser Raum beharrlich eingeengt, wird das Predigtwort an seiner Ausbreitung in der Weise gehindert, dass in dieser Gemeinde keine realistische Möglichkeit für einen Prediger oder eine Predigerin besteht, dem Wort Raum zu verschaffen, so erscheint der Predigtstreik als temporäre, dissoziative Konfliktlösung plausibel. *Im Wissen um die doxologische Differenz zwischen dem Wort Gottes und*

---

440 Brecht, 1986, 416.
441 Brecht, 1986, 421.
442 Brecht, 1986, 285.
443 Ebd.
444 Jörns, 1989a, 162.

meinem Predigtwort sind Trennungen realistisch und entsprechen der Wirk-
lichkeit des Wortes Gottes, das im Kampf steht und in Erfahrungen des
Scheiterns und der Anfechtung führt, im Wissen um diese Differenz können
diejenigen, die predigen, aber gleichzeitig auch der Macht des Wortes
Gottes vertrauen, dass diesen umkämpften Raum wieder weiten wird.
Dass Luther selbst seinen Predigtstreik nicht durchhalten konnte, zeigt
zudem, dass es den Predigenden im Machtbereich des Wortes nicht
freisteht zu reden oder zu schweigen.

Wie im Streit um die Wittenberger Reformen gilt grundsätzlich auch
für die, die predigen: Im Vertrauen auf die Macht des umgreifenden
Wortes kann ich handeln *und* die Grenzen meines Handelns realistisch
einschätzen, kann ich in der Liebe standhaft tätig sein *und* zu einer freien
Selbstzurücknahme kommen, bevor die Doppeldeutigkeit und Machtförmigkeit meines eigenen Handelns seine Analogiehaftigkeit zerstört.[445]
Daraus folgt keineswegs eine Option für eine priesterliche Amtstheologie
als angemessenes Analogon; vielmehr zeichnet das von Luther in den
Invokavitpredigten entwickelte Modell einer Kirche des Wortes sich gerade dadurch aus, dass es ein hohes Maß an Reziprozität: ich höre auf
dich, du hörst auf mich; wir hören aufeinander, als würde Gott zu uns
sprechen und an wechselseitiger Sensibilität für die einzelnen Gegenüber
in ihren sozialen Bezügen voraussetzt: wie stark bist du? Von wem bist
du abhängig? Was wird für dich zu einer Verunsicherung, zu einem
Zwang, der dich dem ‚Teufel‘ und seinem Wunsch, dich zur Selbstkon-
stitution deiner Person zu überreden, ausliefert? Insofern ist und bleibt
es zutreffend und berechtigt zu betonen: „Luther intended to join the
meeting with the living God with a living event of communication between people."[446]

Die Predigt stellt für dieses Sprachgeschehen, das Luther exemplarisch
an der Ohrenbeichte verdeutlicht hat, allen, die sie hören, das Sprachmaterial zur Verfügung. Sie schärft den Blick für den Glaubensstand der
anderen, hält die Starken zu freier Selbstzurücknahme und Geduld an
und nennt Starken und Schwachen Argumente für die Veränderungen
des gemeindlichen Lebens, die wünschenswert wären. In ihr kommt es
zum Trost der geängstigten Gewissen und zu einer Vergewisserung der
Gläubigen wie sie von Manfred Josuttis im Blick auf die Absolution
beschrieben worden sind: „When the authority of the word is ‚swinging‘,
then people start to swing. The air, which is spirit-filled with these

---

445 Vgl. Bizer, 1972, 118. Dass die Bestimmung des Punktes der freien Selbstzurücknahme in jeder Richtung ebenso schwierig zu finden ist wie ein Misstrauen in Veränderungen,
die sich auf vermeintlich allgemeine Zustimmung stützen, steht außer Frage und ist für
Luthers Ausführungen etwa zur Juden- bzw. Bauernkriegsfrage vielfach thematisiert worden.
446 Josuttis, 1992, 65.

words, allows them to breathe freely, frees them from anxieties and compulsions, and grants them new vitality."[447] Wie die Absolution lebt auch die Predigt aus der Eindeutigkeit, Mächtigkeit und Transpersonalität des Wortes und damit vom Ende menschlicher Kommunikation. Albrecht Beutels Formulierung: „Wer jedoch nichts von sich selbst, dagegen alles aus dem Wort erwartet, dem wird, indem er diesem Wort in sich Raum gibt, die Gnade Gottes zuteil"[448], wäre dementsprechend dahingehend zu präzisieren, dass es im Sinne der Invokavitpredigten gilt, dem Wort nicht nur in sich Raum zu geben, sondern es als umgreifende Wirklichkeit um uns herum wieder zu entdecken, die nicht erst dadurch soziale Realität erhält, dass einzelne, die ihr in sich Raum geben, sich verbinden.

447 Josuttis, 1992, 66 f.
448 Beutel, 1991, 125.

C. DAS WORT, DIE PREDIGT UND DIE GEMEINDE

Gott hat sich in seiner Offenbarung an das Wort gebunden. Darin gründet die bleibende Bedeutung des Wortes für die Kirche. Ob mit dieser dogmatischen Feststellung jedoch eine Bevorzugung des Wortes als Kommunikationsmedium (in) der Kirche begründet wird, ist in der praktisch-theologischen Debatte umstritten. Gegen „das mediale Missverständnis bzw. die mediale Engführung der theologischen Fundamentalkategorie ‚Wort‘"[1] in einer ‚Kirche des Wortes‘, die in manchen Vollzügen in „Wortgesten"[2] erstarrt ist, wird die Forderung erhoben, vielfältige sinnliche Zugänge zum Evangelium zu bahnen, um dessen ganzheitlicher Bedeutung zu entsprechen und der zunehmenden Ausrichtung unserer Gesellschaft auf visuelle Kommunikation Rechnung zu tragen[3]; Multimedialität wird zur Perspektive praktisch-theologischen Handelns[4] in einer Gesellschaft erhoben, die mitten in einem Medienwechsel steht, der mindestens ebenso einschneidend sein wird wie der zu Beginn der Neuzeit.[5]

Angesichts dieser Entwicklung ist es wichtig, sich zu vergegenwärtigen, welche Bedeutung das Wort für die evangelischen Kirchen und ihr gesellschaftliches Umfeld hatte und hat. Unter kulturhistorischer Perspektive weist Nipperdey auf „seine wühlende Kraft zu Reflexion und Innen-

---

1 Neuhaus, 1992, 95 f.

2 Nipperdey, 1983, 15.

3 Die These, dass wir im „Zeitalter der Bilder" (Eurich, de Haen, 1991) leben, bleibt umstritten. Andere Publikationen (vgl. u.a. Liedtke, 1988) betonen die wachsende Bedeutung von Klängen für unser Leben, wieder andere Kulturkritiker heben eine allgemeine ‚Reizüberflutung‘ hervor (vgl. etwa Postman, 1985). Wie schwierig und gleichzeitig aufschlussreich es ist, sich in dieser komplexen Frage um ein methodisch begründetes Urteil über die Bedeutung verschiedener Sinne in einer Kultur zu bemühen, zeigt die Untersuchung von Wenzel, 1995.

4 Vgl. C. Bizer, 1972, 115, der in seiner Analyse einer Lutherpredigt das Miteinander von Auge und Ohr unter dem Stichwort „audio-visuelle Wahrnehmung" positiv hervorhebt: „Der Hörer begreift seine Befreiung, indem er die ihn drückenden Sünden bei Christus aufgehoben *sieht*." Sein Ergebnis lautet (116): „Alternativen, die unter Berufung auf das reformatorische Erbe das Predigtwort mit der Kanzelrede gleichsetzen und gegen die übrigen Medien und Kommunikationsformen ausspielen, werden durch diese Predigt Luthers nicht gedeckt."

5 Vgl. Faulstich; Giesecke.

geleitetsein"[6] hin, auf seinen Einfluss auf die deutsche Bildungsgeschichte und die Entwicklung einer protestantischen Mentalität. „Der Wortgottesdienst forderte Anstrengung, trainierte auch das Zuhören, die intellektuelle Regsamkeit. Das Wort konnte doch Reflexion auslösen und tragen, begründete Distanz zwischen Ich und Um- wie Mitwelt, ja Distanz des Ich zu sich selbst, die – nicht über die Beichte ritualisierte – Innen- und Selbstreflexion; im Choral wird auch das Ich-sagen geübt, das Wort vermittelt die Anfänge der Selbstständigkeit gegenüber den Selbstverständlichkeiten von Tradition und Konvention, die Anfänge des modernen, nämlich innengeleiteten Verhaltens"[7]; „das Innerlichkeitstraining des lutherischen Christen prädestinierte ... zur Bildung."[8]

Aktuell setzt die evangelische Kirche nach Dalferth zu Recht „auf die Wirkkraft des Wortes", „weil es ihr um eine Wirkung geht, die sich auf keine andere Weise als allein durch das Wort erzielen lässt."[9] Statt das „solo verbo" der Reformation als „blassen Intellektualismus" zu diffamieren, dem „eine sakramental-ganzheitliche Religiosität gegenüber gestellt wird, die endlich wieder zu gewinnen ist"[10], rekonstruiert er deshalb die spezifischen Vorzüge dieser Konzentration auf das Wort als Kommunikationsmedium:

Erst Sprache erlaubt „die notwendige Selbstunterscheidung menschlichen Redens und Handelns von Gottes Wort" und begegnet dadurch „der heillosen Vermischung unseres Redens und Tuns mit Gottes Wirken."[11] Im Horizont der lutherischen Theologie heißt das: das Wort befördert in besonderer Weise die für die evangelische Kirche fundamentale Unterscheidung von Gesetz und Evangelium; darin liegt seine zentrale Funktion. Sicherlich geht es auch in anderen Formen künstlerischer und ästhetischer Gestaltung um *Selbstunterscheidung*, darum Distanzen zu wahren und damit Freiheit; der sprachliche Vollzug hat jedoch den Vorzug, diese Unterscheidung selbst wieder zum Gegenstand von zumindest virtuell allgemein zugänglicher Kommunikation machen zu können.

Neben dieser „Selbstthematisierungsfähigkeit"[12] zeichnet sich das Kommunikationsmedium ‚Wort' dadurch aus, dass es eine „Selbstdistanzierung"[13] vom religiösen Erlebnis, vom Höhenrausch des Ergriffenseins erlaubt. Es ist nicht nur im Alltag stärker „reflexiv belastbar"[14] als etwa magische Praktiken, sondern bietet auch auf der Ebene der wissenschaft-

---

6 Nipperdey, 1983, 15.
7 Nipperdey, 1983, 15 f.
8 Nipperdey, 1983, 17
9 Dalferth, 1994, 107.
10 Ebd.
11 Dalferth, 1994, 143.
12 Ebd.
13 Dalferth, 1994, 109.
14 Bukow, 1994, 97.

lichen Reflexion Anschlussmöglichkeiten an human-, insbesondere sprach- oder kommunikationswissenschaftliche Überlegungen. Gottes Bindung an sein Wort macht den *Glauben kommunikabel,* ist „Garant der Intersubjektivität von Religion"[15] und im Blick auf das Verhältnis von Kirche und Welt ein Beitrag zur Förderung einer offenen, demokratischen und pluralistischen Kultur.[16]

Diese Argumente für ein Festhalten am Wort als primärem Kommunikationsmedium in der Kirche beziehen sich auf die Fähigkeiten von Sprache, sich in Verständigungsprozesse einzuspielen und Selbstunterscheidung und -thematisierung zu befördern. Sie betonen, dass der Glaube aus dem Wort entsteht, „weil allein das Wort Freiheit schafft und wahrt: es wirkt, was es will, nur dann, wenn es in Freiheit wahrgenommen, verstanden und angenommen wird."[17] *Freiheit zur Rezeption und eine nicht auf Herrschaft bedachte, solidarische Begegnung kennzeichnen das Verkündigungsgeschehen, gerade weil es ein sprachliches ist.*

Dieses Wortverständnis bildet in seinen Grundzügen auch den Hintergrund der in Teil A vorgestellten homiletischen Entwürfe: Das in der Predigt gesprochene Wort wird – auch und gerade im Blick auf seine soziale Dimension – im Zusammenhang eines kommunikativen oder dialogischen Prozesses wirkmächtig.[18] Homiletik fragt deshalb nach gegenwärtig angemessenen Formen der Verständigung, hat hermeneutische und rhetorische Probleme im Blick, untersucht Rezeptionsbedingungen und Defizite in der Kommunikation und benennt individuelle und soziale Voraussetzungen des Verstehens. Der Zugang zur gemeindlichen Wirklichkeit zeichnet sich durch einen möglichst genauen und konkreten Adressaten- und Situationsbezug aus. Die Predigtgemeinde ist ein Zusammenschluss einzelner, kommunikationsfähiger Individuen, teilweise werden die sozialen Differenzierungen in ihr wahrgenommen.

Nun hat sowohl der Durchgang durch die gegenwärtigen homiletischen Konzeptionen wie auch die Interpretation der Invokavitpredigten gezeigt, dass *Verständigungsorientierung nur ein Zugang zum Sprachgeschehen in der Kirche ist und dass gerade an der theologisch zentralen Frage nach der Bedeutung von Gottes Wirken in seinem Wort andere Perspektiven aufbrechen:* Predigt als exorzistischem Akt oder als Kunstwerk wohnt mehr Kraft inne, als kommunikativ aufzuschlüsseln ist. Die Rede von der ‚erfundenen' bzw. der ‚zu erfindenden Gemeinde' macht deutlich, dass das Bemühen um einen objektiven, konkreten und präzisen Zugriff auf die Gemeinde an seine Grenzen stößt und nach einer Reflexion der theologischen Grundsätze seiner Konstruktion verlangt.

---

15 Beutel, 1994, 13.
16 Welker, 1995, 19.
17 Dalferth, 1994, 107.
18 Vgl. Fremde Heimat Kirche, 1997, 354 f.

Auch Luther sucht in seinen Predigten zwar die Verständigung mit seiner Gemeinde. Wesentlich für seine spezifische Auffassung des Predigtgeschehens ist jedoch die Erkenntnis der Wirkmächtigkeit des Wortes, das individuell und sozial Menschen ergreift und in einem Machtbereich, einem Lebensraum zusammenführt, der als Kampfplatz bestimmt ist. Indem Menschen auf Gottes Wort hören, einander seine Worte in der doppelten Bewegung von Gesetz und Evangelium zusprechen, wird dieser Raum geweitet, lässt Platz für ein freies, liebevolles und geduldiges Miteinander; durch ‚böse‘ Worte hingegen wird er eingeengt, werden die Menschen in ihm bedrängt. ‚Kirche als Geschöpf des Wortes‘ ist in Luthers Invokavitpredigten Beschreibung eines sozialen Zusammenhanges in einem Klangraum, eine Aussage über das zentrale Kommunikationsmedium der evangelischen Kirche und ein gestaltendes homiletisches Prinzip. Lässt sich die Freiheit und Ruhe nachvollziehen, die Luther mit der Predigt aufhören und ins Wirtshaus gehen ließ, die Gelassenheit, die es ihm ermöglichte, sich nicht einfach allgemein auf Gottes Wirken zu verlassen, sondern spezifisch auf sein Wirken in seinem Wort, ohne Sorge, dass Menschen sich dieses Wortes letztlich bemächtigen können? Oder aus der Perspektive der Hörenden: wie bewährt sich die Predigt „in der Wirklichkeit des alltäglichen Daseins als gewissmachend"[19], als ein Wort, das von weiter her kommt und nicht im endlosen Zirkel der Reflexion über Selbstwertgefühl und Lebensängste endet?[20] Lässt sich eine „Faszinations-Beziehung"[21] zu diesem Wort denken, das Leben schenkt: Fluch und Segen[22], Erlösung und Verdammnis[23], ohne dass „die Sinnhaftigkeit der ... gesprochenen Worte"[24], die diese Beziehung schaffen, ausgelöscht wird?

Finden die Überlegungen zu einer verständigungsorientierten Homiletik angesichts sprach- und kommunikationswissenschaftlicher Basistheorien breite Zustimmung[25], so führen die Vorstellungen über die „Selbstwirksamkeit des Wortes"[26] mitten hinein in die „Kontroverse um die Kraft des Wortes"[27], wenn sie mehr sein wollen als ein kritisches Prinzip, das hilft, der Gefahr zu entgehen, in eine neue Gesetzlichkeit zu geraten, in der „das Wort des Lebens ... an den Verstehenshorizont der Todeswelt ausgeliefert"[28] wird. Im folgenden versuche ich, den Zusammenhang

---

19 Vgl. Lange, 1987a, 11.

20 Vgl. Lasch, 1986; v.d. Geest, 1984.

21 Heimbrock, Streib, 1994, 13.

22 Vgl. Barben-Müller.

23 Vgl. z. B. zum Galaterbrief: Betz, 70 f.

24 Heimbrock, Streib, 1994, 13.

25 Vgl. Liedtke, 1987, bes. 334 f f.

26 Möller, 1987, 132.

27 Vgl. Heimbrock, Streib, 1994; zur ekklesiologischen Diskussion auch: Mechels, Weinrich, 1992.

28 Josuttis, 1995d, 183.

von „Wort und Wirkung im christlichen Gottesdienst"[29] und die „energetische Potenz"[30] der Worte deutlicher herauszuarbeiten (1), frage nach den Auswirkungen eines solchen Zugangs auf das (Selbst-) Verständnis einer Kirche, die sich als ‚Kirche des Wortes' sieht (2) und deute Folgerungen für die Homiletik an. (3)

---

29 Dalferth, 1994, 138.
30 Josuttis, 1995d, 197.

C 1. Das machtvolle Wort

Die Rekonstruktion des Verkündigungsgeschehens mit Hilfe von Sprach-
oder Kommunikationstheorien steht in der Gefahr, die grundlegende,
von Gott gesetzte Grenze menschlicher Rede zu überschreiten und die
Macht des Wortes Gottes einzuhegen, wenn nicht zu leugnen. Die verba
Dei schaffen weder durch die produktiven Kompetenzen der Spreche-
rinnen und Sprecher noch durch die rezeptiven Fähigkeiten der Hörenden Heil und Leben, sondern durch die dynamis theou (Röm 1,16; 1.Kor
1,18) und deren heilende, befreiende und überwältigende Kraft. „So
wenig Gottes Wort ohne Sprechhandlungen wirkt, so wenig lässt sich
seine Wirksamkeit im Rekurs auf die Wirkungen verständlich machen,
die jenem Sprechhandeln bei uns ‚notwendigerweise' zukommen."[1] Diese
Erkenntnis systematischer Theologie gewinnt in den Invokavitpredigten
ebenso Gestalt wie in zahlreichen biblischen Texten: in Ps 33,9 ebenso
wie in Jes 40,8[2] und 56,10 f. geht es um die in der Religionsphäno-
nologie vielfältig beschriebene überwältigende und heilsame Wirklichkeit
des göttlichen Wortes[3], neutestamentliche Texte betonen unter den Stichworten der dynamis des Geistes und der exousia als Handlungsvollmacht
im Reden und Tun die Macht von Gottes Wort oder zeigen in den
Evangelien Jesus als denjenigen, der mit seinem Wort befreit, Teufel
austreibt und Gegner überwindet.[4]

Andererseits heißt Wirksamkeit des Wortes nach Dalferth aber auch
nicht „Fortsetzung magischer Praxis durch sprachliche Mittel"[5], die „anders als andere (religiöse) Sprachvollzüge von der Indifferenz zwischen
Symbol und Symbolisiertem lebt, zwischen Sprechen und Besprochenem
also nicht so differenziert, dass die intendierte Wirkung des Sprechens
über das Verstehen des Gesprochenen vermittelt wäre. Dem magischen
Wort wird unabhängig davon Wirkung zugeschrieben, dass es gehört

---

1 Dalferth, 1994, 139.

2 Vgl. z. St., Elliger, 26–28.

3 Vgl. Josuttis, 1991, bes. 205–245 und Heimbrock, Streib, 1994; vgl. aber auch die
‚wort-kritischen' Bemerkungen bei R. Otto, 1987, 79–81.

4 Vgl. Martin, 1994, 158f, auch Anm. 21–25 mit weiterer Literatur. Vgl. ausführlich
zu den Heilungswundern und Dämonenaustreibungen Jesu und zur Rolle der Worte: Kollmann, 1996, bes. 306–315.

5 Dalferth, 1994, 107; zur neu aufgebrochenen Magiediskussion insgesamt vgl. Heimbrock, Streib, 1994.

und verstanden wird."[6] Ein solcher Zugriff widerspricht dem Inhalt der Christusverkündigung und dem für die Existenz evangelischer Christenmenschen zentralen Motiv der freien Einwilligung, das Freiheit und Verstehen verbindet. Die Rede vom ‚Wort Gottes' meint weder ein „Unterwerfungs-Geschehen"[7], das Lebensgeschichten von einzelnen oder Gruppen vernichtet, noch greift es auf einen „sprachfreien Zustand zurück, der vom Unterschied unberührt ist"[8]. Trotz seiner überwältigenden Macht entzieht es sich nicht der Kommunikation.

Wie aber verhalten sich das selbstwirksame Wort und die menschliche Verkündigung und Kommunikation dann zueinander? Einigkeit besteht darin, dass das menschliche Reden und Tun den Lauf des Wortes Gottes nicht verstellen soll.[9] Verkündigung gelingt, „wenn sie selbst nicht verhindert, was sie intendiert: dass den Hörern Gottes Gegenwart so gewiss wird, dass sie ihre eigene Lebenssituation im Licht der wirklichkeitsverändernden Nähe Gottes verstehen und dementsprechend im Bewusstsein dieser Gottesnähe handeln, leben und sterben können."[10] Das heißt jedoch nicht, dass sie einen solchen Erfolg selbst in der Hand hätte. „Zum verbum efficax wird das verbum externum daher erst, wenn und insofern sich anhand des äußeren, menschlichen Wortes Gott selbst so zur Wirkung bringt, dass sich ihm der Mensch in freier Zuneigung zuwendet."[11]

Was auch immer mit dem Stichwort ‚freier Zuneigung' angesprochen ist, die Wirkung des Wortes Gottes ist vor aller – nachlaufenden – subjektivitätstheoretischen oder sprachwissenschaftlichen Bestimmung qualifiziert als Ergebnis von Gottes Reden – und dies nicht nur in Grenzsituationen, in denen Menschen Worte Gottes sagen oder suchen, weil sie selbst nicht mehr weiter wissen. Gottes Worte erweisen sich nicht nur dann als mächtig, wenn sie einer funktionalistischen oder utilitaristischen Betrachtung als „passend"[12] oder „das Überleben der Gesellschaftsmitglieder"[13] sichernd gelten.

Kommunikation und als gesichert geltende Diskurse werden in der Verkündigung nicht einfach fortgeschrieben. Vielmehr *unterbricht* „die Gottesgeschichte" als „eine auf den Menschen von außen zukommende Geschichte ..., die wir Menschen nicht aus uns selbst heraussetzen können"[14] „die diskursiv-symbolische Ordnung unserer sozialen Welt"[15],

---

6 Dalferth, 1994, 121–123.
7 A. Grözinger, 1989, 55.
8 Sloterdijk, 1993, 69.
9 Vgl. Dalferth, 1994, 143.
10 Dalferth, 1994, 128.
11 Dalferth, 1994, 142.
12 Bukow, 1994, 99.
13 Bukow, 1994, 98.
14 A. Grözinger, 1989, 55.
15 Schieder, 1995, 336.

bringt die angesprochenen und hörenden Menschen in Distanz zu sich selbst und ihren Diskursen und lässt sie sich selbst in dieser Distanz als von Gott angesprochene Menschen erfahren. „Der ‚Wirklichkeitsbezug‘ der Predigt"[16] verdoppelt nicht die Diskurswirklichkeit, sondern bringt im Horizont einer Wirklichkeitswahrnehmung, in der wir lediglich die Wahl zwischen verschiedenen Lesarten unserer Wirklichkeit haben, „den Eigensinn der Bibel zur Geltung."[17] Mag der singularische Gebrauch von Eigensinn dabei eine nicht rekonstruierbare Eindeutigkeit und „Unmittelbarkeit"[18] auf der Ebene der Kommunikation unterstellen, entscheidend für die Macht des Wortes Gottes „ist gerade die Unverrechenbarkeit, die wirklichkeitserschließende, weil diskursunterbrechende Wirkung der Bibel, die die Predigt von anderen öffentlichen Reden und Kundgebungen unterscheidet."[19] *Unterbrechung* wird zum zentralen Kennzeichen evangelischer Theologie[20] und Homiletik: der Verständigungsprozess aus Reden und Hören hört auf[21], das Wort wirkt Glauben.

Die Wirksamkeit der Worte gewinnt in ihrer unterbrechenden Kraft Gestalt in einer spezifischen mit dem Hören[22] verbundenen Machtkonstellation (1.1.), in der Leibhaftigkeit der im Namen Gottes gesprochenen Worte (1.2.) und in der Struktur medialer Existenz (1.3.).

1.1. Hören als Leben in einem Machtbereich

Die Macht von Worten lässt sich als transpersonale rekonstruieren. Darauf weisen etwa die Ausführungen des Husserl Schülers Wilhelm Schapp hin, der an zumeist juristischen Phänomenen verdeutlicht, dass Menschen „verstrickt"[23] in Geschichten leben, die sie nicht selber in der Hand haben, die oft genug nicht einmal ihre Geschichten sind; sie „geraten … wie in einem Strudel in die Fremdgeschichte hinein."[24] Auch wenn die Geschichten weit zurück liegen, umgeben sie uns wie ein Horizont

---

16 Vgl. den Titel von Schieder, 1995.
17 Schieder, 1995, 336.
18 Schieder, 1995, 337.
19 Schieder, 1995, 336 f.
20 Vgl. Jüngel, 1978a; vgl. unten A 4.1., B 2.2. und 4.3.
21 Vgl. Kluge, 1989, Art.: aufhören. Zur Etymologie des ‚Aufhörens‘ vgl. unten 1.1.
22 Zur Klärung der medialen Qualität des Predigtwortes gehe ich vor allem auf die Unterschiede zum Sehen ein; anderen Formen der sinnlichen Erfahrung, etwa dem Schmecken, Fühlen oder Riechen kamen in unserem Kulturkreis weder zurzeit der Reformation noch kommen ihnen gegenwärtig vergleichbar große Bedeutung für die (Selbst-) Definition elementarer menschlicher und religiöser Vollzüge zu, auch wenn sie etwa für das Abendmahl eine noch weithin unterschätzte Bedeutung haben. Für das Mittelalter hat Wenzel, 1995, bes. 99–115, die Manifestationen Gottes für die fünf Sinne untersucht.
23 Schapp, 1985, bes. 120–132.
24 Schapp, 1985, 122.

und „unsere zukünftigen Geschichten (sind) im Horizont schon angelegt."[25] Die Untersuchungen zu Luthers Invokavitpredigten haben belegt,
dass auch in ihnen eine solche transpersonale Mächtigkeit von Worten
zur Sprache kommt: Menschen hören Worte, werden von ihnen ergriffen,
von ihrer Wirklichkeit, die in personaler Vermittlung Gestalt gewinnt,
aber in ihrer Wirkung diese Vermittlung übersteigt. Auch wenn „der
Protestantismus … alle Formen, in denen die Heilige Schrift als heilige
und heilende Macht verwendet wird, unter Magieverdacht gestellt"[26] hat,
„dass … Worte aus sich selbst etwas bewirken und insofern Machtträger
sind"[27], bleibt ein Stachel in seiner hermeneutischen Orientierung. „Nicht
das Bewusstsein der Sprechenden macht den Sinn des hier (i.e. im Gottesdienst, J.C.-B.) Gesprochenen, sondern es kommt auf das Sprechen
selber an, das im Akt des Verlautens seinen Sinn hat und freisetzt."[28]

Raummetaphern scheinen dieser Wirklichkeit des Hörens auf Gottes
Wort in besonderer Weise angemessen zu sein: Schapp redet vom „Horizont"[29], in dem die Geschichten mich und andere festhalten. Luther geht
es um den Eintritt in einen Lebensraum, in einen Machtbereich, der
bestimmt ist von Gottes Worten und der so weit reicht, so weit diese Worte
hörbar werden. Es entsteht ein Feld, eine „nichtmaterielle Kraftzone", die
vergleichbar ist mit den „morphischen Feldern", die Rupert Sheldrake
beschreibt, „die sich im Raum ausbreiten und in der Zeit andauern"[30], die
nicht nur aktuell Leben organisieren, sondern auch die Erinnerung an
vergangenes Leben weitergeben. Die innere Struktur dieses Zeit-Raumes
ist jedoch nicht starr, sondern charakterisiert durch Bewegung. Sie ist „wie
ein flüssiger Stoff"[31], dessen „Vitalkraft"[32] das Leben in diesem Machtbereich prägt und die Lebensenergie zum Fließen bringt.[33]

Luthers Konzept, dass das Wort stets im Schwange gehen solle[34],
nimmt diese Bewegung im durch Gott bestimmten Raum auf; er weiß
darum, dass „der Erinnerungsgehalt eines morphischen Feldes … kumu-
lativ"[35] ist, d. h. erst die regelmäßige Wiederholung von Gottes Wort
prägt seine formale wie inhaltliche Struktur der Lebenswelt ein. So hin-

---

25 Schapp, 132.
26 Josuttis, 1996, 60.
27 Josuttis, 1996, 59.
28 Bizer, 1989, 85.
29 Schapp, 1985, 13ff; 90 ff.
30 Sheldrake, 1997, 11.
31 Schmitz, 17.
32 Josuttis, 1995b, 61. Vgl. auch den Hinweis von Josuttis, 1995b, 61 auf Csikszentmihalyi.
33 Vgl. zum „Fließen" als dem entscheidenden Charakteristikum der Predigt auch Gestrich, 1989, 365 f.
34 Vgl. oben B 2.1.
35 Sheldrake, 1997, 11.

terließ und hinterlässt es in all seinen verschiedenen Gestalten in diesem Klangraum Spuren: Menschen erinnern sich an Worte, die sie in Predigten gehört haben, im Gottesdienst oder zu bestimmten Anlässen, die ihnen zugesprochen wurden von anderen Menschen. Dabei entstehen Lebensräume, die in besonders konzentrierter Weise vom Wort durchdrungen sind, wo sich Worte und biografische Erfahrungen, Worte und Blickwinkel, Worte und Gebäude verbinden. Das protestantische Anliegen, dass es keine heiligen Räume an sich gibt, sondern dass Räume durch ihre Nutzung geheiligt werden[36], dass Gottes Wort der ganzen Welt gilt und im Alltag der Welt laut werden will, lässt sich an dieser Stelle mit der religionswissenschaftlichen Erkenntnis verbinden, dass sich in allen Religionen besondere Zentren ausbilden, in denen sich Erfahrungen mit Gott konzentrieren: *der Kirchenraum ist der Lebensraum, in dem Gottes Wort sich in besonderer Weise verdichtet, weil es dort vielfältige Spuren hinterlassen hat, gegenwärtig in regelmäßiger und sicher erwartbarer Weise hinterlässt und auch in der Zukunft hinterlassen wird.*[37]

Allerdings beinhaltet das Wort nicht nur eine „Übertragung formativer Kasualeinflüsse durch Raum und Zeit"[38], sondern – und hier liegt wohl die Unvergleichbarkeit mit Prozessen, wie Sheldrake sie beschreibt – stellt vor allem eine theologisch inhaltlich bestimmte Kraft dar: Gottes Wort als Gesetz und Evangelium, als Wort von der doxologischen Differenz zwischen Gott und Mensch und der gnädigen Hinwendung Gottes zu den Menschen in Jesus Christus. So sind Kirchenräume zwar Orte, an denen Gottes Wort in verdichteter Weise Gestalt gewinnt. Jede Gestaltwerdung bedeutet aber eine Inkulturation, die immer mit der Gefahr verbunden ist, dass menschliche Interessen die Kraft und Richtung des Evangeliums überformen. *Die konzentrierte Präsenz bleibt eine gefährdete, eine die sich im Alltag der Welt durch die gestaltete Artikulation der Differenz bewähren muss und zwar in ihrer spezifischen Gestalt als Wort vom Kreuz (1. Kor 1, 18–25), das in den Schwachen mächtig ist.*

Es ist ein Spezifikum des Hörens[39] gegenüber dem Sehen, dass kein Mensch, der hört, glauben kann, „am Rand des Hörbaren zu stehen."[40] Er findet sich in einem durch Klang oder Sprechen geschaffenen Gefühlsraum wieder, der ihn umgibt, den er prägt, in dem er mit-spricht,

---

36 Vgl. Brunner, 1974, 218–244; Raschzok, 1998.

37 Die spezifische Klangerfahrung der „Kirche als akustischer Raum" im Mittelalter beschreibt Wenzel, 1995, 105 f. Zum Kirchenraum vgl. auch Umbach, Klie und Degen, Hansen.

38 Sheldrake, 1997, 11.

39 Zum Thema Hören vgl. zur Einführung: Tomatis, 1990; Berendt, 1993, Liedtke, 1988.

40 Sloterdijk, 1993, 296. Vgl. Wenzel, 1995, 106, der beschreibt, dass die Hörenden in der gotischen Kathedrale „vom Klang eingehüllt" werden, während „der moderne Hörer im Konzert oder auch in mancher modernen Kirche" dem Klanggeschehen gegenübersteht.

-singt oder -musiziert, und der in ihn eindringt.[41] Während sich die Augen schließen und richten lassen, ist das Ohr den Klängen um sich herum ausgeliefert. „Da wir die Ohren ständig geöffnet haben, befinden wir uns auch permanent unter einer akustischen ‚Schall-Glocke', der wir ausgeliefert sind und der wir nicht entrinnen können."[42] Und dies schon seit der 24. Schwangerschaftswoche, d. h. lange bevor ein Mensch sehen oder gar sprechen kann.[43] Dementsprechend hat das Hören große Bedeutung für die frühe emotionale und soziale Entwicklung, aber auch für alle weiteren Stufen der Ontogenese: „Ankommende akustische Präsenzen ... unterwerfen" Menschen immer wieder „ihrem Erklingen"[44]. Das hat bedrohliche Folgen im Fall des Straßenlärms oder, „wenn Musik zur Qual wird"[45]; die machtvolle Präsenz von Klängen kann jedoch auch therapeutisch wirken.[46]

Damit ist nicht bestritten, dass die Macht der Bilder das gesellschaftliche Leben vielfältig bestimmt und Menschen in ihren Bann zieht.[47] Ob im Kino, beim Lesen von Romanen[48] oder in der Bibel, auch das Sehen führt nicht in eine „Distanzwelt"[49], sondern lässt Menschen in eine andere, fremde Welt eintauchen. Sie erleben „Distanz und Unmittelbarkeit gleichzeitig."[50] Dennoch bleibt ein spezifischer Unterschied: „Denkern ..., die das Dasein von den Tatsachen des Hörens her auslegen wollten, hätte die Fernrückung des Beobachter-Subjekts nicht einfallen können, weil es zur Natur des Hörens gehört, nie anders zu Stande zu kommen als im Modus des Im-Klang-Seins."[51] Die gesehene Welt bildet deutlicher als die gehörte ein Gegenüber zu den Sehenden; das Auge erlebt sich als im „Zentrum der sichtbaren Welt."[52] So führt Sehen noch gegenüber der Schrift der Bibel in eine Distanz, in eine Eigenständigkeit, die Luthers Beharren auf der Mündlichkeit der Predigt verständlich macht: *Hörende sind immer schon involviert, erleben sich als Resonanzkörper in einem auditiven Raum.*

---

41 Vgl. Josuttis, 1996, 66.

42 Liedtke, 1988, 24.

43 Zum Sehen vgl. Berger, 1992, 7. 33 u. ö.; zum Hören vgl. Tomatis, 1990; Berendt, 1993, 12f; Liedtke, 1988, 25–28.

44 Sloterdijk, 1993, 313.

45 Vgl. Liedtke, 1988, 175–213.

46 Vgl. Harrer, 1982 und Gembris, 1985.

47 Beispielhaft sei auf die Macht der ‚laufenden Bilder' im Kino verwiesen, die allerdings fast immer auch mit Klangwelten verbunden sind: vgl. Gutmann, 1998, bes. die Interpretationen im Kapitel II.

48 Vgl. die Interpretationen in Gutmann, 1995, bes. Kap. 1, zu den Büchern von Stephen King.

49 Sloterdijk, 1993, 296; vgl. einführend zum Sehen: Berger, 1992.

50 Brockhaus, 96.

51 Sloterdijk, 1993, 296.

52 Berger, 1992, 16.

Das machtvolle Wort Gottes gewinnt in dieser spezifischen medialen Machtkonstellation Gestalt, in der ein Gefälle zuungunsten der Eigentätigkeit des hörenden und verstehenden Subjekts besteht. Nicht nur der Ausdruck ‚hörig‘ gibt davon Zeugnis[53], auch die Etymologie des Begriffs ‚aufhören‘ verweist auf die Wirklichkeit und Machthaltigkeit des Hörens. Kluge‘s etymologische Wörterbuch erklärt die Ableitung dieses Begriffs vom ‚Hören‘ mit dem Satz: „Wenn jemand auf etwas sein *Augen*merk richtet, dann lässt er zugleich von seiner Tätigkeit ab.“[54] Aber es ist gerade keine besonders konzentrierte Form des Sehens, die dem ‚Aufhören‘ entspricht, sondern das aufmerksame Zuhören: wer sieht, ist aktiv; Hören ist sehr viel grundsätzlicher ein Geschehen, was an mir geschieht. Es gelingt dann besonders gut, wenn ich *konzentriert und gestaltet aufgehört habe*, selbst aktiv zu sein. Dies zeigt sich auch darin, dass sich das Hören im Unterschied zum Sehen nur sehr begrenzt beschleunigen lässt.[55] Peter Sloterdijk hat in seinem Essay ‚Weltfremdheit‘ gezeigt, dass die neuzeitliche Wissenschaft diese Machtkonstellation umkehren wollte zugunsten des handelnden Subjekts, indem sie vom Hören zum Konstruieren übergegangen ist. Dabei treffen zwei Formen der Wirklichkeitswahrnehmung aufeinander, die sich ausschließen, denn: „Konstruieren ist gehörloses Handeln – Selbstaufbau und Selbstgrundlegung in einem.“[56]

Sicherheit lässt sich im Konstruieren jedoch nicht finden, da „das Gewisseste … in Wahrheit das Unbrauchbarste“[57] ist: „Aufmerksamkeit auf innere Stimmen und Klänge“[58], die mächtiger sind als äußere Geräusche[59], „pure Erschütterbarkeit“[60]. Die an dieser Stelle von Sloterdijk vollzogene Gegenüberstellung von Innen und Außen, die dem Individuum einen Sprung heraus aus dem In-der-Welt-des-Klangs-Sein zuschreibt und einen Rückzug ins „selbstbezügliche Hören“[61] unterstellt, verändert in spezifischer Weise die von Sloterdijk selbst rekonstruierte Machtkonstellation des Hörens. Theologie wird demgegenüber daran festhalten, dass im Hören gewonnene Gewissheit zwar nicht zu fixieren ist und die Hörenden nicht über sie verfügen können, dass sie sich jedoch gerade dem Hören *auf Klänge, auf eine Stimme außerhalb meiner, unserer selbst*

---

53 Die Macht des Wortes, die Unfähigkeit sich gegen Lärm zu wehren, drückt sich in dem Begriff ‚hörig‘ aus, der völliges innerliches Ausgeliefertsein meint. (Liedtke, 1988, 24); vgl. auch Kluge, 1989, Art.: hörig.
54 Vgl. Kluge, 1989, Art.: aufhören.
55 Vgl. Ohnesorg in Daiber, 1991, 368.
56 Sloterdijk, 1993, 312.
57 Sloterdijk, 1993, 313.
58 Ebd.
59 Vgl. Sloterdijk, 1993, 297.
60 Sloterdijk, 1992, 313.
61 Sloterdijk, 1993, 298.

verdankt, selbst wenn sie sich wie in der Mystik über Visionen oder Auditionen vermittelt.

Wie die mit dem Hören verbundene Form des In-der-Welt-Seins, die Sloterdijk beschreibt, keineswegs notwendig zu einer „wachen Innigkeit"[62], zur mystischen Existenz führt, so wirken auch die Worte der Verkündigung nicht ‚magisch' heilsam: erstens verhalten sich „Menschen ... zum Hörbaren zumeist in derselben Einstellung ..., wie sie im sehenden Umgang mit entfernten Dingen vorherrscht – nämlich objektivierend und zerstreut, nicht-innig, unberührt, im Modus der Selbstbewahrung und Distanzierung."[63] Zweitens ist der Klangraum, in dem die Worte Gottes laut werden, umkämpft von einer Vielzahl von Stimmen und Klängen. Drittens sind Worte flüchtig, nicht zu fixieren. *Alle drei Gründe relativieren in spezifischer Weise den Machtcharakter des Wortes und bilden gleichsam eine materielle Grundlage der heilsamen Freiheit, die das machtvolle Wort Gottes gerade in seiner inhaltlichen Bestimmtheit als ‚ohnmächtiges' Wort vom Kreuz wirkt.*

Dies lässt sich noch einmal am Gegenüber von Hören und Sehen verdeutlichen: Eilert Herms hat die vermeintliche Überbewertung des Kommunikationsmediums ‚Wort' im Protestantismus durch dessen Zuordnung zur nach seiner Meinung fundamentalen Kategorie *„szenische Erinnerung"*[64] relativiert. „Die Kirche des Wortes lebt in der Sprache der Bilder."[65] Umgedreht sind alle Bilder, in denen sich die Glaubensgemeinschaft darstellt, für ihn ‚Wort'.[66] Damit rückt das wirksame Wort Gottes aus dem Mittelpunkt und der Aspekt der „Authentizität"[67] ins Zentrum. Sie ist nur dort gewahrt, „wo Personen sich verbinden zur Pflege von Konventionen des Redens als der frei wählbaren und modifizierbaren Instrumente für das Abenteuer der intersubjektiven Artikulation ihrer individuellen Erinnerungen, das heißt derjenigen Ereignisse, bei denen sie selbst ‚dabei' waren und deren ‚Zeugen' sie insofern sind."[68] Auch Gerhard Marcel Martin vermutet, dass das Wort „‚nur' Vermittlungsinstanz hin zu einer sehr wirksamen Welt von *Imaginationen* personifizierter Kräfte"[69] ist. Grundlage für die Überlegungen von Martin und Herms ist die Annahme, dass Worte Bilder erzeugen und dass es die Bilder sind, die einen prägenden, ja heilenden[70] Einfluss auf unser Leben ha-

---

62 Sloterdijk, 1993, 297.
63 Ebd. Vgl. dazu auch die kulturkritischen Überlegungen zur „Vertreibung der Stille" „unter der akustischen Glocke" bei Liedtke, 1988.
64 Herms, 1984, 245 (Hervorhebung von mir, J.C.-B.)
65 Herms, 1984, 256.
66 Herms, 1984, 259.
67 Herms, 1984, 256.
68 Ebd.
69 Martin, 1994, 157.
70 Vgl. z. B. Leuner, 1974.

ben[71]: „das Evangelium will dadurch zu Herzen gehen, dass es die Macht der bedrohlichen Bilder bricht und heilvolle Bilder eines Lebens in Christus entwirft."[72] Bisher ist aber gerade der produktive und kreative Umgang mit Bildern und sinnlichem Material keine „Stärke der protestantischen Kirchen"[73]. Von einer Umstellung der Kommunikation des Evangeliums vom Hören auf das Sehen, zumindest einer Förderung der visuellen Seite erhoffen sich deshalb beide eine bessere Wirksamkeit der Verkündigung.

Damit verlieren Herms und Martin die spezifische Machtkonstellation aus dem Blick, die Luther u.a. in seiner Neubewertung der Sterbeszene in den Invokavitpredigten entwickelt hat und in die das Hören und die Wortorientierung führen. Nicht nur „auf d[...]er *Bild*ebene, die in Beziehung gesetzt wird zum eigenen körperlichen und seelischen Erleben, toben die Macht-Kämpfe"[74]; sondern ebenso und gerade im Klangraum, der objektivierendes Zuschauen erschwert. Die wechselseitige Artikulation szenischer Erinnerungen unterscheidet sich vom Im-Wort-Sein dadurch, dass in ersterer das Wort die Hörenden nicht in einen Herrschaftsbereich hereinzieht, sondern handhabbares Instrument zur Kommunikation bildhaft vorliegender individueller, vermeintlich authentischer Erinnerungen ist. Dementsprechend lässt sich im Blick auf das Sehen, vor allem auf den Umgang mit Kunstwerken, Luthers Position als eine rezeptionsästhetische fassen: „Der Rezipient entscheidet darüber, was das Rezipierte für ihn ist."[75]

Für das Hören jedoch gilt eine andere Konstellation von Macht und Freiheit, die beide Perspektiven zuspitzt: das Wort Gottes wird laut und schafft einen Klangraum, ohne dass Menschen ihre Ohren davor verschließen können. Wie schon das ungeborene Kind den Klängen um sich herum ausgeliefert ist, so befindet sich die Predigtgemeinde in einer besonders ‚schwachen' Position. *Umgekehrt aber kommt, wer predigt, nur bis zum Ohr. Wer hört, ist frei gegenüber dem, der spricht.* Wer predigt, kann nicht selbst dafür sorgen, dass das Wort durchs Ohr ins Herz kommt. Dies liegt letztlich und ausschließlich in der Macht dieses Wortes und seines Sprechers Gott. Der heilsame Charakter der Freiheit des Hörens, die sich *im* Klangraum des Wortes Gottes ereignet, gründet also in der Machtförmigkeit des Wortes und der gleichzeitigen Beschränktheit der Wirksamkeit des menschlichen Redehandelns.

---

71 Gegenwärtig wird den Bildern verschiedentlich eine hohe energetische Potenz zugeschrieben, vgl. Eurich, de Haen, 1991. Hofmann, 1983, 43, weist daraufhin, dass „Thomas von Aquino das Bild für wirksamer (efficacius) als das Wort des Predigers hält, um Frömmigkeit zu erwecken." Vgl. auch Jörns, 1988.

72 Josuttis, 1995b, 63.

73 Neuhaus, 1992, 95 Anm. 34.

74 Martin, 1994, 157.

75 Beutel, 1988, 524.

Inmitten aller anderen Klänge und Stimmen wird das Wort Gottes unüberhörbar laut, unterbricht die Machtansprüche der destruktiven Kräfte, die die guten Worte zurückdrängen wollen, und nimmt den bestehenden, gesetzlichen Einbindungen in Kommunikationszusammenhänge ihre Kraft, die behaupten, (nur) durch Teilnahme an ihnen könnten die Hörenden ihr Leben selbst begründen. Diese mit dem Hörsinn in besonderer Weise verbundene Erfahrung der doxologischen Differenz von Gott und Mensch als *Freiheit im Raum des Wortes Gottes* ermöglicht Hörerinnen und Hörern allererst eine freie Rezeption autonomer Objekte. Zugespitzt formuliert: *wird das Wort Gottes nicht mehr laut, erfahren sich Menschen nicht mehr in der heilsamen Freiheit, die um die Macht Gottes ebenso wie um die Grenzen der eigenen Freiheit und die der anderen weiß.* Dann ergreifen die Gefühle, die Bilder, die Vorstellungen und Interessen von den Menschen Besitz, dann gibt es kein freies Sehen mehr.[76]

1.2. Das leibhaftige Wort im Namen Gottes

Im Streit um die Bilder in der Kirche des Wortes ist von der „Leibhaftigkeit des Wortes und seiner leibhaften Wirkweise"[77] in dem Sinne gesprochen worden, dass das Wort Menschen stets in bedeutungsvollen Situationen begegnet, durch die es sich ihnen als „szenische Erinnerung"[78] einprägt, in der kein „Gegensatz" zwischen „mimetischen Indikatoren und Benennungen" besteht, sondern „nur ein[...] Unterschied."[79] „Die leibhafte Gestalt des Wortes ist stets Ingrediens von Szenen erlebter, erinnerter und erwarteter personaler Interaktion."[80] Nur in diesem Rahmen wirken die Worte, in einem Gesamtbild, das durch die „Körperlichkeit"[81] der Predigenden und Hörenden geprägt ist und durch die „nahsinnliche"[82] Erfahrung des Raumes und der Atmosphäre in ihm; erst auf diese Weise entsteht der Eindruck ihrer „Verlässlichkeit"[83].

Diese neue, den Protestantismus des Wortes relativierende, seine Körperfeindlichkeit kritisierende und ihn für ‚Ganzheitlichkeit' und die moderne Bilderwelt öffnende Perspektive wird gegenwärtig in Kultur und Kirche mit viel Interesse weiterverfolgt.[84] Sie geht aber von einem im Vergleich mit Luthers Ausführungen in den Invokavitpredigten reduzier-

---

76 Vgl. oben B 2.2.
77 Herms, 1984, 254.
78 Herms, 1984, 249.
79 Herms, 1984, 255.
80 Herms, 1984, 154.
81 Bieritz, 1997, 27.
82 Ebd.
83 Bieritz, 1997, 28.
84 Vgl. etwa Eurich, de Haen.

ten Wortverständnis aus, denn die Leibhaftigkeit des Wortes meint nicht nur und nicht einmal primär die Erinnerung an das Bild von einer oder einem Sprechenden „in bedeutenden Szenen"[85]. Vielmehr geht es um eine Krafterfahrung. Verkündigung ist wirksam, weil sie Anteil hat am Hauch, an der Energie, die von Gottes Mund ausgeht und sich im Raum ausbreitet, die sich unter der Schwachheit des personalen Mediums durchsetzt und keineswegs ein „physisch relativ folgenloses Interagieren"[86] darstellt.

In seinen ethnologischen und kulturanthropologischen Untersuchungen hat Klaus E. Müller gezeigt, dass für das menschliche Zusammenleben ein ständiger Kräftefluss „zwischen Schöpfer und Geschöpf, Wirkendem und Werk, Initiator und Initiiertem"[87] notwendig ist. Eine der Hauptträgersubstanzen der „Lebenskraft"[88] neben Blut, Knochen und Zähnen sind „alle Körpersekrete", aber auch „Ausscheidungen", u.a. „der Atem" und „das gesprochene oder gesungene Wort."[89] Worte enthalten ein weit höheres Maß an leiblicher Kommunikation als Geschriebenes, aber auch als Bilder, denn ihnen eignet ein geringerer Grad an medialer Vermittlung, die Distanz und Zugriffsmöglichkeiten schafft.[90] In diesem Zusammenhang ist an das hebräische Wort für Leben zu erinnern: „*näfäš* bezeichnet ursprünglich einen Körperteil, der als Sitz der Lebenskraft, des Lebensatems gilt: Kehle."[91] „Dem Wort, im Munde (im Kopf) gebildet, mit Speichel durchfeuchtet, vom Atem getragen und auf andere, selbst über eine gewisse Entfernung hinweg, sichtbar Einfluss ausübend, wird ... überall auf der Welt eine besondere Wirk-, ja Zauberkraft zugeschrieben.."[92] Es spielt „in magischen und religiösen Riten eine wesentliche, ... vielleicht sogar die eigentlich ausschlaggebende Rolle"[93], wie schon der Schöpfungsakt zeigt, in dem der Schöpfer das Geschöpf formte und ihm dann Vitalkraft einhauchte.[94]

Worte übermitteln nicht nur Inhalte, sondern die in ihnen enthaltene Vitalkraft. Es ist ein Irrtum anzunehmen, „im Diskurs selber, das heißt in der eigentlichen sprachlichen Substanz – wenn dieser Ausdruck erlaubt ist – des Wortes" sei der „Ursprung seiner Wirkung zu entdecken."[95] „Die illocutionary force, die außersprachliche Macht von Aussagen, ist

---

85 Herms, 1984, 255.
86 Ebd.
87 Müller, 1987, 204.
88 Müller, 1987, 173.
89 Müller, 1987, 174.
90 Vgl. Wenzel, 1995, 67; 415 u. ö.
91 Ebach, 1995a, 34.
92 Müller, 1987, 221.
93 Müller, 1987, 221.
94 Vgl. Müller, 1987, 177.
95 Bourdieu, 1990, 73.

nun einmal – genau wie bei den ‚performativen Aussagen', in denen sie bedeutet oder besser, in doppeltem Sinne, repräsentiert wird – in den Wörtern selbst nicht zu finden. Nur in Ausnahmefällen, das heißt in künstlich-abstrakten experimentellen Sprechsituationen, reduziert sich der symbolische Tausch auf eine reine Kommunikationsbeziehung und erschöpft sich der Informationsgehalt der Aussage mit dem Inhalt der Mitteilung. Die Macht der Wörter ist nichts anderes als die delegierte Macht des Sprechers, und seine Worte – das heißt untrennbar der Gegenstand seines Diskurses und seine Art zu sprechen – sind allenfalls ein Beweis neben anderen – der Delegationsgarantie, mit der er versehen ist. … Der Versuch, die Macht der sprachlichen Äußerung sprachlich zu begreifen, die Suche nach der Ursache der Logik und der Wirkung der Sprache der Setzung in der Sprache selber, übersieht, dass die Sprache ihre Autorität von außen bekommt, woran konkret das skeptron erinnert, das bei Homer dem Redner gereicht wird."[96]

Geht der Sozialwissenschaftler Bourdieu davon aus, dass „der autorisierte Sprecher … nur deshalb mit Worten auf andere Akteure und vermittels ihrer Arbeit auf die Dinge selbst einwirken" kann, „weil in seinem Wort das symbolische Kapital konzentriert ist, das von der Gruppe akkumuliert wurde, die ihm Vollmacht gegeben hat und deren Bevollmächtigter er ist"[97], so wird theologische Theoriebildung demgegenüber daran erinnern, *dass evangelische Predigt im Namen Gottes geschieht*, dass er der ursprüngliche Sprecher der heilvollen Worte ist. Wer predigt, ist von außen mit Lebenskraft angefüllt worden, ganz unmittelbar wie in der Einverleibung von Gottes Wort in der Berufungsgeschichte des Propheten Ezechiel (Ez 3) oder mittelbar durch das Hören auf das Wort der anderen. Nur weil den Predigenden selbst die Lebenskraft Gottes zuteil wurde, können sie mitwirken an ihrer Diffusion.[98] Nur weil sie selbst Resonanzkörper im Klangraum des Wortes Gottes sind, können sie selbst zu Resonanzverstärkern werden. Die stete Wiederholung, dass diese Mitwirkung nicht im eigenen Namen, sondern in dem des dreieinigen Gottes geschieht, schützt die Predigenden vor Größenwahn, aber auch vor der Angst, „außerhalb der Grenzen der Delegation mit Worten zu handeln (in der Wüste zu predigen, außerhalb der Gemeinde)."[99] Die Worte der Predigt wirken nicht „nur in dem Maße …, wie derjenige, der ihr unterliegt, denjenigen, der sie ausübt, als den zur Ausübung Berechtigten anerkennt beziehungsweise, was auf dasselbe hinausläuft, wie er sich selbst in der Unterwerfung als denjenigen vergisst und nicht

---

96 Ebd.
97 Bourdieu, 1990, 75.
98 Zum folgenden vgl. Müller, 1987, 216 ff.
99 Bourdieu, 1990, 75–77 Anm. 5. Zur Bedeutung der Wüstenerfahrung für die Homiletik vgl. Jörns, 1982.

wieder erkennt, der durch seine Anerkennung dazu beiträgt, dieser Wirkung eine Grundlage zu geben."[100] Sie wirken, weil Gottes Hauch aus seinem Mund hervorgegangen ist und sich über die Erde in leibhaftigen Worten ausbreitet.[101] Sie erinnern „leibhaftig an den Schöpfer, der den Stoff durch seinen Hauch bewegt und formt, … an das Wort, das Mensch geworden ist."[102]

1.3. Der sprechende Gott und die mediale Existenz der Glaubenden

Peter Sloterdijk hat unter dem Stichwort „das Verstummen der Götter" darauf hingewiesen, dass wir „Angehörige einer Zivilisation sind, die seit langem vom Götterschweigen geprägt ist. Moderne Menschen sind Leute, die sich vor Offenbarungen in Sicherheit gebracht haben."[103] Die Behauptung der Predigt, Gott spricht in ihr, muss deshalb im normalen Sprachverständnis psychiatrisiert werden, d. h. „dass nur Kranke Gott oder Götter sehen und hören."[104] Die Bemühungen der Predigttheorie spätestens seit der modernen Homiletik lassen sich als Versuche lesen, diesen Gegensatz u.a. durch die Verständigungsorientierung zu relativieren.

Verschiedene Untersuchungen zur Lutherschen Theologie haben darauf hingewiesen, dass die literaturwissenschaftliche Kategorie der ‚Medialität' hilfreich ist, sein Wortverständnis zu interpretieren.[105] Im Unterschied zum instrumentellen Sprachgebrauch transzendiert der mediale die scheinbar objektiv vorgegebene Wirklichkeit und bietet sich als Medium an „für eine Sinnbildung, die über ihn hinausgeht."[106] Im Horizont unserer Erkenntnisse über die Machtstrukturen des Hörens und die Leibhaftigkeit der Worte gewinnt Medialität noch einen grundlegenderen Charakter als in der bisherigen Aufnahme, die auf individuelle Sinnbildungsprozesse und deren Reflexion konzentriert ist. Mediale Existenz wird zum Kennzeichen eines Lebens im Raum des Wortes Gottes, einer Existenzweise für die Sloterdijk den Begriff „Tauchen als Sammelname

---

100 Bourdieu, 1990, 83.
101 Vgl. Müller, 1987, 237: „Heute scheint sich der Äther in der Welt der Physik verflüchtigt zu haben. An seine Stelle sind ein dynamisches Raumverständnis und mathematische Funktionsbeziehungen zur Bestimmung der Kräfterelationen getreten. In der nicht von den Erkenntnissen der modernen Naturwissenschaft geprägten, ‚naiven' Weltanschauung indessen leben die alten Vorstellungen zumal von Phänomenen wie Luft, Nebel, Dunst, Wind usw. scheinbar immer wieder bestätigt, zweifellos, und wenn auch mehr oder weniger ‚nur' implizit, fort." Auf den „Wind als Aktionsträger Gottes", der jedoch „alles andere als ein nur meteorologisch zu bestimmendes Ereignis" ist, weist Welker, 1992, 101f, hin.
102 Bieritz, 1997, 26.
103 Sloterdijk, 1993, 137.
104 Sloterdijk, 1993, 138.
105 Vgl. die in B 2.1. Anm. 99 genannte Literatur.
106 Anderegg, 51.

für alle Übungen des Übergangs von der konfrontierenden zur medialen Seinsweise"[107] vorgeschlagen hat. „Konfrontierend" heißt dabei „ein Verhalten ..., das das Gegenübersein betont, während medial für das Verhalten steht, in dem das In-Sein führend wirkt. Erzeugt das Gegenübersein einen ‚Horizont‘, so bewirkt das In-Sein die Lösung des Subjekts in einer Sphäre."[108] Die Intensität dieser medialen Existenz, ihre Selbstvergessenheit und Lebenskraft hat Elias Canetti mit Blick auf das Verkündigen von Worten eindrücklich beschrieben: „Er predigte im Schlaf. Wach weiß er nichts davon. Über den Schlaf wird man noch so viel erfahren, dass niemand mehr Lust haben wird, wach zu sein."[109]

Solches ‚In-Sein‘ und Tauchen ist dem Hören des Wortes Gottes angemessen, sofern es nicht in eine Unterwerfung unter eine vermeintliche „Schoßmacht"[110] mündet. Deswegen gehört zum Tauchen das Gegenüber des Atmens: „Der freie Atem ist dafür zuständig, dass das mystische Ganz-in-einem-Element-Sein den Sinn von Ganz-im-Freien-Sein bewahrt."[111] Dem entspricht, dass „das ‚Hören des Wortes‘ ... das Tor" ist, „das aus der allumfassenden, versorgenden wie verschlingenden Intimität"[112] hinaus in die Fremd- und Selbstwahrnehmung führt. Die bleibende Doppeldeutigkeit einer solchen Beschreibung religiöser Existenz hat Sloterdijk erläutert: sie bewegt sich zwischen der panischen Angst vor dem Ertrinken einerseits und dem wollüstigen Hinabgezogenwerden-wollen, der Tauchsucht andererseits. Zwischen beiden Tendenzen, zwischen Flucht und Sucht liegt eine wesentliche Verantwortung der Predigt.

Das Wort Gottes ist „die reale Gegenwart des ungeteilten göttlichen Wesens"[113], machtvolle Gegenwart, auch wenn „die Ausrichtung des Zivilisationsprozesses an der Stärkung des Ich-Bewusstseins, der Aufrichtung von Kontrollsubjektivität und der Unterdrückung medialer Tendenzen ..., von subkulturellen Widerständen abgesehen, insgesamt unumkehrbar"[114] bleibt. Um der ‚realen Gegenwart‘[115] Gottes in seinem Wort und der gegenwärtigen Realität des Zivilisationsprozesses willen, muss die Kirche des Wortes die „demiurgische Kraft"[116] der Worte des sprechenden Gottes wahrnehmen und sie gleichzeitig in einer Weise laut werden lassen, die heute gut zu hören und zu verstehen ist. Schon

---

107 Sloterdijk, 1993, 72.
108 Ebd.
109 Vgl. Elias Canetti, Die Provinz des Menschen, nach Sloterdijk, 1993, 367.
110 Sloterdijk, 1993, 76.
111 Ebd.
112 Gutmann, 1991, 363.
113 Beutel, 1994, 11.
114 Sloterdijk, 1993, 140.
115 Vgl. Steiner.
116 Sloterdijk, 1993, 29.

Hildegard von Bingen hat versucht, die Elemente der Mächtigkeit, des Verstehens und der Wirksamkeit dergestalt zu unterscheiden, dass sie sie der Dreieinigkeit Gottes zugeordnet hat: Im Wort begegnet Gottes „unermessliche Stärke" zusammen mit Christi Kraft, damit man das Wort „versteht"; in ihm wirkt der heilige Geist, „damit es ans Ziel gelangt."[117]

Wer die Invokavitpredigten liest, spürt, dass Luther im Machtbereich von Gottes Wort so viel Lebenskraft gefunden hat, dass er frei war, aktuell, konkret und eigenständig in *thematischen* Predigten Gottes Wort verständlich laut werden zu lassen. Menschen wird sowohl ihre konkrete wie die allgemein menschliche Wirklichkeit als eine erkennbar, in der sie frei sind, aus der sie sich aber nicht selbst zu heilvollem Leben befreien können.[118] „Ein anderes, ein wirklich neues, ein wunderbares Wort ist nötig, um dem zum Tode verurteilten Menschen das Leben zu schenken."[119] Predigt im Lebensraum des Wortes Gottes hat heute Anteil an der Dynamik von Gesetz und Evangelium, wenn sie dieses Wort weitersagt, ohne Illusionen zu nähren, Feind- oder Idealbilder zu befördern oder Resignation und Zynismus zu verbreiten.

---

117 Hildegard von Bingen, 1992, 121 f.
118 Vgl. Josuttis, 1995a, bes. 30–32.
119 Josuttis, 1995a, 32.

C 2. Gemeinde im Wort

„Der Hörer ist im Grunde immer ein einzelner."[1] Die verständigungsorientierte Homiletik sieht als Gegenüber der Predigt einzelne Hörerinnen und Hörer, die Predigtgemeinde als einen Zusammenschluss freier Individuen, die sich miteinander über die Relevanz des Evangeliums verständigen. Die Kommunikation von Ego und Alter-Ego ist zum Modell der Beschreibung der sozialen Struktur der Predigtgemeinde geworden, stellenweise spiegelt sich der Vorgang des Lesens, also die visuelle Rezeption mit ihren individualisierenden und dezentralisierenden Elementen bis hin zur „Isolation des Lesers"[2] in den Ansätzen.

Pointiert hat Eilert Herms „die Gemeinschaft der Glaubenden" insofern „als ‚Kirche des Wortes'" beschrieben, als „alle in ihr und von ihr hervorgebrachten Bilder – alle Bilder also, in denen sie sich darstellt – ‚Wort' sind. Sie sind solche Artikulationen individueller Erinnerung, in denen Autor und Betrachter, Sprecher und Hörer sich gegenseitig affirmieren als zu systematischer Kommunikation fähige, füreinander erkennbare und gemeinschaftsfähige Subjekte, die einander dazu bestimmt wissen, dass sie der Geist Gottes selber durch die Sprache der Bilder einzeln in alle Wahrheit führt."[3] Die damit vollzogene Gleichstellung von Bildern und Worten wurde bereits problematisiert.[4] Im Blick auf die Gestalt der Predigtgemeinde wird deutlich, dass die Predigt in diesem Verständnis ein Geschehen der Kommunikation einzelner Subjekte ist: Individuen bestärken sich wechselseitig in ihrer Subjektivität, zu der ihre Gemeinschaftsfähigkeit wesentlich hinzu gehört; sie nehmen sich gegenseitig als solche wahr, die je einzelnen dem Geist Gottes begegnen. Sie treten dem Heiligen nicht als soziale Einheit gegenüber: „Mit allem, was stärker ist als sie, sind moderne Individuen tendenziell allein."[5]

Die soziale Konstellation spielt im kirchlichen Handeln und im homiletischen Prozess nur insofern eine Rolle, als sie ihn entweder durch ihr Verhaftetsein in milieuspezifischen Strukturen oder in eine Gruppensprache behindert[6] oder ihn durch ihren spezifischen kommunikativen

---

1 Daiber, 1991, 317.
2 Schneider, 1987, 21.
3 Herms, 1984, 157.
4 Vgl. B 2.2. und C 1.1.
5 Sloterdijk, 1993, 143.
6 Vgl. insbesondere zu Albrecht: A 4.2. und 4.3.

bzw. konsensualen Charakter fördert.[7] Während Herms diese Entwicklung begrüßt und zum Schlüssel seiner eigenen Perspektive auf das Verkündigungsgeschehen macht, betont Sloterdijk ihre Kehrseite, die nach seiner Ansicht zu einer Überforderung von Menschen führt. Die soziale, d. h. kirchliche „Hegung"[8] der Beziehung zur religiösen Übermacht verliert an Bedeutung, individuelle Verfallsformen der Teilhabe am Göttlichen gewinnen an Gewicht: Drogen, Alkoholismus, Privatkonsum.

Demgegenüber zeichnet die Kirche im Klangraum Gottes ökumenische Weite ebenso aus wie leibhaftige Präsenz (2.1.). Sie stellt sich konkret als Gemeinschaft der bleibend Fremden dar (2.2.), deren interne Struktur wesentlich durch den Aspekt der Unterbrechung bestimmt ist (2.3.).

2.1. Kirche im Resonanzraum des Wortes Gottes: ökumenische Weite und lokale, leibhaftige Präsenz

Wird der homiletische Prozess als Geschehen im Resonanzraum des Wortes Gottes beschrieben, gewinnt ‚Zuge-*hörig*-keit' als Einwohnung in einem lautlich bestimmten Machtbereich Gestalt. Dieser zeichnet sich nicht – wie die visuelle Wahrnehmung – durch das personale Gegenüber und die „Wechselseitigkeit"[9] einzelner Menschen aus, sondern ereignet sich im Miteinander vielfältiger Klang- und Resonanzkörper in dem einen Klangraum. Darin aber kann „das Ohr ... eine Einheit schaffen, die weiter reicht und tiefer greift, als das Auge es ermöglicht"[10], wie sich etwa an der akustischen Repräsentation von politischer Herrschaft im Mittelalter zeigen lässt. „Die gemeinschaftsbildende Kraft des Gehörten ist größer als die des Gesehenen."[11]

Das Wort von außen gestaltet ein in sich hoch differenziertes soziales Gefüge in einem weiten Horizont. Gottes Wort wird laut seit der Erschaffung der Welt in unterschiedlichen Gestalten an verschiedenen Orten und zu verschiedenen Zeiten. Im zeitlichen Horizont sind die vorangegangenen, überliefernden und die Überlieferung verändernden Generationen ebenso im Blick wie die Öffentlichkeiten späterer Zeiten, deren zu erinnernde Geschichte wir mit unseren Worten prägen. In räumlicher Dimension handelt es sich um einen transperipheren Diffusionsprozess, der über „den unmittelbaren und mittelbaren Erfahrungsbereich der Siedlungsgemeinschaft"[12] hinaus wirksam ist und offensichtlich als

---

7 Vgl. insbesondere zu Daiber: A 5.2. und 5.3.
8 Sloterdijk, 1993, 141.
9 Wenzel, 1995, 142.
10 Wenzel, 1995, 143.
11 Wenzel, 1995, 142 f.
12 Müller, 1987, 237.

Wortgeschehen „übergewöhnliche Kräfte" und „übergewöhnlich tragfähige Mediatoren"[13] zur Verfügung hatte und hat. Gottes Wort umfängt Christinnen und Christen weltweit und bildet die Grundlage der Ökumene; es will auf dem ganzen Weltball laut werden.

Dieses ‚ökumenische Lautwerden' stellt jedoch keine abstrakte Idee dar, sondern vollzieht sich konkret, konzentriert und realistisch als ‚Lautwerden vor Ort'. „Das Wort sehnt sich hinaus in die Ortschaften."[14] In ihrer leiblichen, stofflichen Gebundenheit an ein leichtes Medium wie den Atem tragen die Worte weit, verlieren aber mit dem Maß der Entfernung an Intensität. Deshalb beziehen sich die akustischen Signale primär auf die Öffentlichkeit der „Gruppenkommunikation"[15] und umfassen etwa das „Siedlungsareal einer Lokalgemeinde."[16] Das bedeutet: „Sonntag für Sonntag"[17] hören eine große Vielzahl von Gemeinden überall auf der Welt als überschaubare, leibhaftige, nahsinnliche Öffentlichkeiten dieses Wort in ihrer je eigenen Sprache, beziehen es auf ihre Situation, sagen es weiter, verstärken es, versuchen, es einzufangen in ihren Kontext.[18] Doch stets weist es über diese konkreten Gemeinschaften und Milieus hinaus: das eine Wort bewegt nicht nur die Menschen hier und heute, sondern ist schon vorangegangen Generationen gesagt und von ihnen gehört worden, trägt nicht nur die volkskirchlichen evangelischen Gemeinden im Westen der Bundesrepublik Deutschland, sondern auch charismatische Gemeinden in Afrika oder Basisgemeinden in Lateinamerika, es spricht sich auch jenseits der konkret anwesenden Gemeindeglieder herum, findet Eingang in moderne mediale Kommunikationsstrukturen, will auch in Zukunft Gehör finden. Während die „Erzählungen der Massenmedien"[19] menschliche Gemeinschaften immer stärker segmentieren und diese Segmente als Märkte zu stabilisieren suchen, verorten sich die Hörenden in der Predigtgemeinde zwar auch auf vielfältige und typisierte Weise im Klangraum des Wortes Gottes; es ist aber nicht die Zugehörigkeit zu einem spezifischen gesellschaftlichen Segment, die dieses Miteinander auszeichnet, sondern gerade die *Freiheit gegenüber den sozialen Zuschreibungen*. Zugehörigkeit zu dieser Gemeinschaft gründet darin, dass die bestehende soziale Konstellation durch das Wort unterbrochen wird: ihr seid nicht mehr zuerst Alte, Dorfbewohnerinnen und Dorfbewohner, Menschen aus diesem Quartier oder

---

13 Müller, 1987, 238; vgl. 246 f.
14 Wingren, 242.
15 Müller, 1987, 221.
16 Müller, 1987, 221.
17 Welker, 1995, 92; vgl. 90–93.
18 Schon Lange, 1987a, 36, spricht davon, dass das Wort der Predigt in seinem je spezifischen Kontext zu einem „neuen Wort der Kirche" wird.
19 Albrecht, 1982, 222; vgl. C. Bizer, 1993.

jenem Milieu[20], ihr seid Hörerinnen und Hörer des Wortes Gottes. Ihr seid eine „offene Kirche"[21] und gehört zusammen, weil die Grenzen eurer Gemeinschaften durch das Wort Gottes durchbrochen werden, weil ihr in der Predigt als Kirche überhaupt erst erfunden werdet.

Damit ist nicht behauptet, dass die Predigt von der „Struktur gegenseitigen Nichtverstehens"[22] nicht betroffen sei bzw. sie quasi wie von selbst zu unterbrechen in der Lage ist. Vielmehr wird es homiletisch um eine sorgfältige Wahrnehmung der gesellschaftlichen Verortung der (Predigt-) Gemeinde gehen, wie sie Albrecht, Daiber u.a. in der Nachfolge von Ernst Lange vorgelegt haben. In den Invokavitpredigten hat Luther jedoch durch die konzentrierte Konfrontation mit der Todesthematik die Pluralität der damaligen ‚Erlebniswelten' durchbrochen, die wahrscheinlich einer historischen Analyse ebenfalls als segmentiert erscheinen würden. Auch gegenwärtige Predigtpraxis ist gefordert, Menschen in den Klangraum des Wortes Gottes zu stellen, der ihre je spezifische Milieukonstellation unterbricht und gleichzeitig mit anderen konfrontiert.

Transzendiert und begrenzt die ökumenische Weite die je milieuspezifischen Versuche, sich des Wortes Gottes zu bemächtigen, so ermöglicht umgekehrt erst die konzentrierte und leibhaftige Gestaltung und Lokalisierung in einem Zentralareal ein neues Aufladen des Kraftfeldes. Ökumenische Weite, offene Kirchlichkeit und Religion der Subjektivität gibt es nicht ohne das stete Lautwerden der heilvollen Worte in realistischen Öffentlichkeiten mit ihrer gelebten Religion. Es geht um ein ‚Sich-Mit-Einhören' in einen Raum der Klänge, in dem ich ein Resonanzkörper unter anderen bin, der in seiner Feldstruktur bestimmt ist von dem Wort Gottes, das laut wird, sich bricht, verstärkt, abschwächt oder moduliert durch die anderen Resonanzkörper um mich herum. Es gibt diesen Laut-Raum für mich nicht ohne die anderen.

Sicher lässt sich nicht institutionell über die Worte Gottes verfügen; aber erst die regelmäßige Wiederholung schafft starke Resonanzen und hält die Wirklichkeit des Wortes präsent. Gerade weil Klänge und Worte flüchtig sind, weil sie sich der Verfügung der Hörenden immer wieder entziehen, weil sie schwerer erinnert werden können als Bilder[23], bedarf es der steten Predigt der Kirche, der Worte der anderen Christinnen und Christen. Nur wenn die Worte Gottes den Klangraum füllen, nur wenn sie regelmäßig im Schwange gehen und dabei die bösen Worte zurückdrängen, befördern sie Gewissheit. Erst auf diese Weise entsteht die Möglichkeit für eine produktive und reproduktive Weiterführung: ich lerne die Worte nachsprechen, ich sage sie anderen weiter, halte sie dem

---

20 Vgl. Schulze, 1993, 335–393; vgl. auch Roosen und Hauschildt, 1998.
21 Wingren, 239.
22 Schulze, 1993, 364–366.
23 Wenzel, 1995, 336.

‚Teufel' entgegen, finde zu einer meditativen Wiederholung des Wortes, die mich von mir weg weist und die immer wieder neu auf die Worte der Gemeinde und ‚das Wort von weiter her' angewiesen ist.

2.2. Die Kirche des Wortes und die Gemeinschaft der Fremden

Im Klangraum des Wortes Gottes heißt „sich dem Gemeinschaftlichen anschließen"[24] nicht, sich einer spezifischen sozialen Größe und ihren Kommunikationsbedingungen zu- oder sich in ein ‚Milieu'[25] einzuordnen, das sich „durch gruppenspezifische Existenzformen und erhöhte Binnenkommunikation"[26] auszeichnet. Nicht die bestehenden sozialen Bindungen: das Alter der Hörenden, ihr sozialer Hintergrund oder ihr Bildungsstand, ihre religiöse Einstellung oder ihre freundschaftliche Verbundenheit konstituieren die Predigtgemeinde. Während die verständigungsorientierten Konzepte sich darauf konzentrieren, die Predigtgemeinde als überschaubare, relativ homogene Kommunikations- bzw. Interpretationsgemeinschaft zu thematisieren, als „lebendige Gemeinden"[27], in denen Freundschaftliches wichtiger ist als Institutionelles[28], die ihren Sinn jenseits von „Geschäftsinteressen, ... politischen Manipulationen" und „banaler Unterhaltung"[29] haben, *scheint es mir wesentlich und realistisch die ‚Kirche des Wortes' über die Vielfalt ihrer Öffentlichkeiten, ihre Inhomogenität und die bleibende Fremdheit der ihr Zugehörigen zu bestimmen.* Die Predigt hat eine Gemeinde vor Augen, deren Beschränktheit sie kennt, mit der sie sich aber nicht abfindet.

Charakteristisch für die Wirkung des Wortes in der Gemeinde ist, dass die Hörenden „ohne Auflösung der Vielfalt und Komplexität ihrer Herkunft, ohne Beseitigung ihrer gegen andere abgegrenzten Äußerungs- und Verstehensformen"[30], trotz „bleibender Fremdheit und Unvertrautheit" zu einer „Gemeinsamkeit des Verstehenkönnens"[31] kommen. Im Blick auf das Pfingstgeschehen hat Michael Welker dies erläutert: „Die Sprache der Herkunft wird nicht aufgehoben, die Zugehörigkeit zu einem besonderen Volk und einer besonderen Geschichte wird nicht in Frage gestellt. ... Obwohl keine natürlichen Voraussetzungen für gelingende Verständigung vorliegen, können die zusammengeführten Menschen gemeinsam die Rede von Gottes großen

---

24 Sloterdijk, 1993, 344; in Anlehnung an M. Buber.
25 Vgl. Josuttis, 1997, 34 ff.
26 Schulze, 1993, 174. Vgl. zu den sozialen Milieus, 174 f.
27 Bänziger, 1992, 4.
28 Vgl. Martin, 1994, 156.
29 Bänziger, 1992, 4.
30 Welker, 1992, 217.
31 Welker, 1992, 218.

Taten vernehmen. Die stabilen Typiken der Verständigung bleiben erhalten"[32], die Vertrautheit mit den einen und Fremdheit gegenüber den anderen Menschen herstellen. Worte werden laut, die von Menschen unterschiedlicher „Herkunft, Bildung, Interessenlagen und Erwartungen"[33] zu verstehen sind, die sie nicht ihrer Verschiedenheit berauben und sie doch in einem Klang-Horizont zusammenführen.

Die ethnologischen Untersuchungen von K.E. Müller haben gezeigt, dass das Wort da an Bedeutung verliert, wo es in Gemeinschaften laut wird, die ein hohes Maß an sozialer und kultureller Identifikation auszeichnet: Worte stellen „eine Beziehung ... her, die eine spontane, vielleicht unerwartete und insofern potenziell bedrohliche Einflussnahme von S (Sprecher) über K (das Gesprochene) nach O (dem Angesprochenen) gestattet."[34] In diesem Wortgeschehen spielt das dritte „Element des Zusammenhangsganzen, das S wie O gleichermaßen entrückt ist und eben eine dritte, scheinbar ‚unabhängige' Größe darstellt, die es immer erst in den Griff zu bekommen und verfügbar zu machen gilt"[35], eine um so wichtigere Rolle, je weniger S und O verbunden sind. Eine weitgehende Identifikation der an der Kommunikation Teilnehmenden vergrößert die Kraft, die die Gemeinschaft zusammenhält, lässt jedoch K in die Bedeutungslosigkeit sinken. Nicht als „Ausdruck eines schon in Geltung stehenden, öffentlich anerkannten Konsensus"[36] gewinnt das Wort in der Kirche deshalb seine eigentliche Bedeutung, nicht im Milieu, sondern gerade dort, wo das Wort eine Verbindung allererst stiftet, wo Menschen einander fremd sind und bleiben, wo sie sich *in Freiheit verbunden* sind. *Der Ausweg aus der Krise der Predigt wäre dann entgegen der geläufigen Überzeugung nicht in einem intensivierten Gemeindeleben zu suchen, denn die Entwicklung von (Predigt-) Gemeinden zu verhältnismäßig homogenen sozialen Milieus stellt geradezu eine Ursache dafür dar, dass die Predigtworte ihre Bedeutung einbüßen.*

Rudolf Bohren hat diesen Sachverhalt mit seinem Hinweis aufgenommen, dass die Wirklichkeit der Predigtgemeinde sich durch soziale, psychologische oder kommunikationstheoretische Analysen im letzten nicht entschlüsseln lässt. Im Unterschied zu Lange betont er den theologischen Sinn dieser Begrenztheit unserer Erkenntnis. Die ‚Kirche des Wortes' ist erst im Lichte der Gotteserkenntnis wirklich zu entdecken, ja sie muss in diesem Licht stets neu erfunden werden.[37] Nur zusprechend kann vorausgesetzt werden[38], was eine Gemeinde zur Predigtgemeinde und

---

32 Ebd.
33 Ebd.
34 Müller, 1987, 222.
35 Müller, 1987, 204.
36 Wenzel, 1995, 145.
37 Vgl. A 2.2.
38 Möller, 1987, 260–263 mit Verweis auf Christoph Blumhardt.

eine Situation allererst zu einer homiletischen macht. Horst Albrecht hat das für die ‚soziale Predigt' angedeutet, die in ihren Hörerinnen und Hörern nicht nur die mühseligen und beladenen Unterschichtsangehörigen sieht, sondern diejenigen, denen biblisch Befreiung verheißen ist, auch wenn der Augenschein dem zu widersprechen scheint.[39]

Sicherlich stellen Gemeinschaft und Vertrauen wichtige Kategorien der Gemeindetheorie[40] und -praxis dar; sicherlich ist es für eine angemessene Predigtpraxis und -theorie unaufgebbar die Lebenssituation der Hörenden möglichst präzise, realistisch und konkret zur Kenntnis zu nehmen, auch wenn dies nicht über Klassifikationen und Typologien hinausführt. Es ist jedoch homiletisch von grundsätzlicher Bedeutung die Begrenztheit eines solchen Zuganges festzuhalten: Das Spezifikum kirchlicher Existenz, das sich als ‚Im-Wort-Sein' darstellt, ist: *hier kommen Menschen zusammen, denen Gottes Vertrauen zugesagt wird, auch wenn sie sich untereinander nicht vertrauen und auch wenn sie nach den nicht einfach zu negierenden ‚menschlichen' Maßstäben der anderen kein Vertrauen verdienen.*

Die theologische Erkenntnis über die Begrenztheit unserer Erkenntnis der Gemeinde und ihre Bestimmtheit durch das Wort lässt sich auch empirisch belegen: die Predigtgemeinde präsentiert sich vielfach als „ein Äquivalent für einen Mangel an Freundschaftsbeziehungen."[41] „In den Gruppierungen der Befragten mit höherem Gottesdienstbesuch" ist jedenfalls „tendenziell der Grad der Einbindung in ein ... Netzwerk von Freunden schwächer ausgeprägt ..., als in jenen mit geringerer Besuchsfrequenz."[42] Jeder Versuch, die Plausibilitätsprobleme des Wortes, der Kirche und letztlich des Glaubens in der Moderne durch den Verweis auf den ‚Gesamtlebensvollzug' der Gemeinde zu reduzieren, scheint deshalb nicht nur theologisch fragwürdig, sondern auch unrealistisch. Sicherlich hängt die Glaubwürdigkeit der Predigt „nicht an einer diesem Zeugnis vorausgehenden kognitiven Wahrheit"[43], aber ebensowenig ist davon auszugehen, dass „die Wahrheit des Zeugnisses ... Gestalt"[44] gewinnt, wo die Kommun(ikat)ion der Gemeinde in Gemeinschaft, Diakonie und Verkündigung gelingt. *Die ‚Kirche des Wortes' kann den worthaften Zuspruch der Rechtfertigung des Gottlosen nicht durch ihre Existenz einlösen,* auch wenn sie sich im Sinne der Barmer Theologischen Erklärung bemüht, diese auch in ihrer Gestalt zu bezeugen.[45] Sicherlich wirken „das Fehlen der Diakonie und das Fehlen heilender Gemeinschaft ...

---

39 Vgl. Albrecht, 1982, 221–224.
40 Vgl. Strunk, 1984 und 1989.
41 Lukatis in Daiber, 1991, 134.
42 Lukatis in Daiber, 1991, 133.
43 Daiber, 1991, 257; vgl. 63 f.
44 Ebd.
45 Noch immer grundlegend dazu: Ernst Wolf, 1970, bes. 124–136.

auf die Predigt zurück." Aber keineswegs ist „die Predigt ... immer nur so gut, wie die Gemeinde in ihrem Gesamtlebensvollzug." Keineswegs lebt *„die Predigt ... von der Gemeinde."*[46] Eine solche Umkehrung der reformatorisch grundlegenden Rede von der ‚ecclesia creatura verbi' setzt einen Wertekonsens und eine Übereinstimmung in Wort und Tat voraus, die übersehen lassen, dass die ‚Kirche des Wortes' „allein von seinem Trost und seiner Weisung in Erwartung seiner Erscheinung lebt."[47]

Die ‚Kirche des Wortes' ist also nicht eine Gemeinde des Vertrauens[48], die aus einer Erfahrung von gelingender Gemeinschaft und in hoher kognitiver, sozialer und emotionaler Übereinstimmung miteinander lebt, sondern eine Gemeinde, die Worte über das Vertrauen Gottes hört, die Vertrauen wecken und die diese Worte weiter sagt. Sie taucht ein in den Klangraum von Gottes Wort und findet dabei Gemeinschaft; aber sie holt auch Atem und erfährt sich dabei in ihrer bleibenden Fremdheit und Freiheit. Denn zur überwältigenden Kraft, die dem Wort eignet[49], gehört grundlegend die „Dehnung"[50] der Beziehungen, der die Freiheit der Teilnehmenden entspricht. Auch wenn die Worte immer weitere Kreise ziehen und in der gesamten Ökumene laut werden wollen, die im Klangraum Versammelten bleiben doch frei gegenüber dem „Lautangebot"[51]; sie werden in seinen Machtbereich hineingezogen *und* finden darin ihre Freiheit. Insofern entspricht es zwar der Mächtigkeit des Wortes Gottes, dass eine Predigt dazu führen kann, dass „Prediger und Gemeinde eins sind im nahezu bewusstlosen ‚Swingin', wenn alles singt, den Rhythmus klatscht und stampft, tanzt" und es zum „nur noch physischen Erlebnis der Gemeinschaft"[52] kommt. Doch für die evangelische Predigt ist es charakteristisch, dass sie zu einem Ende kommt und sich auch selbst unterbricht. So führt sie gerade die Hörenden, die „sich dem Herrschaftsanspruch des Wortes fügen"[53], in die Freiheit.

Durch die Dehnung „verdünnt"[54] sich der Kraftfluss zwischen der Quelle der Worte und den Hörenden; gleichzeitig aber erhöht die explizite Beziehung zur Lebenskraft das Gewicht der Worte. Sie können mit auf den Weg gegeben werden, tragen auch dann noch, wenn im

---

46 Daiber, 1991, 95. Hervorhebung von mir, J.C.-B.
47 So die dritte Barmer These, nach: E. Wolf, 1979, 125.
48 Vgl. Strunk, 1984 und 1989.
49 Auf sie verweisen heute vor allem Schriftstellerinnen und Schriftsteller vgl. neuerdings etwa die Dankrede der russischen Autorin Swetlana Alexijewitsch „Tschernobyl: die Katastrophe des Weltvertrauens" anlässlich der Verleihung des „Buchpreises der Europäischen Verständigung", dokumentiert in der Frankfurter Rundschau vom 28. März 1998.
50 Müller, 1987, 214.
51 Sloterdijk, 1993, 317.
52 Albrecht, 1982, 151.
53 Möller, 1990, 190.
54 Müller, 1987, 214.

Sterben die letzte Stufe der Individualisierung erreicht ist. Alle müssen deshalb die guten Worte lernen, sie sich regelmäßig erneut sagen lassen und sie weitersagen.

2.3. Die interne Struktur der Predigtgemeinde und die Unterbrechung

Für die verständigungsorientierte Homiletik ist die *interne Struktur der Predigtgemeinde* wesentliches Kriterium ihrer Gestalt: Verständigungsprozesse sollen Machtverhältnisse, auch religiöse begründete wie Magie oder Suggestion[55] durchsichtig machen und überwinden helfen. Die „ganz spezifische und unersetzliche Funktion" der verbalen Interaktion im Gesamt der ‚szenischen Erinnerung' ist „die intersubjektive Artikulation der von allen Situationsteilnehmern gemeinsam erinnerten Handlungsmöglichkeiten und die Verständigung über die jeweils kooperativ zu realisierende Wahl."[56] Sprachliche Kooperation beinhaltet Freiheit von physischer Gewalt und Ablehnung jeder gewaltförmigen Kooperation von Menschen, auch wenn der letztlich unabschließbare Kommunikationsprozess in seinen Voraussetzungen durchaus machthaltig ist: er setzt bürgerliche, hermeneutische Bildung und kommunikative Kompetenz voraus. Dennoch: insofern „verbale[...] Kommunikation ... ineffektiver als mimetische" ist, ist sie „zugleich weniger gefährlich, weniger vereinnahmend, schonsamer."[57] Das markinische: „aber so ist es unter euch nicht" (Mk 10, 43) realisiert sich im homiletischen Prozess als Versuch, Herrschaft transparent zu machen, aufzuklären in einem Zirkel kommunikativer Prozesse unter Ablehnung gewaltförmiger Formen der Interaktion und unter der Voraussetzung der vermeintlichen „Symmetrie verbaler Kommunikation"[58].

In diesem Zusammenhang ist auf Albrecht Grözingers Überlegungen zu verweisen, die „Kirche als handelnde Erzählgemeinschaft"[59] zu beschreiben, die den Aspekt der sozialen Gestalt der Predigtgemeinde hervorhebt und sie nicht nur als die Begegnung einzelner Subjekte versteht. Kirche als Erzählgemeinschaft gewinnt ihre „narrative Bestimmtheit"[60] unter einer rückblickenden, eingedenkenden und gleichzeitig kritischen Perspektive.[61] Konstitutiv für die Kirche ist das Wort Gottes, nicht aber die überlieferten Ordnungen, „das Wort, in dem die Geschichte Gottes

---

55 Vgl. Heimbrock, 1994, 52.
56 Herms, 1984, 254 f.
57 Herms, 1984, 255.
58 Ebd.
59 Grözinger, 1989, 102–127.
60 Grözinger, 1989, 114.
61 Grözinger bezieht sich bei seinen Überlegungen auf das Schreiben Luthers an den Rat der Stadt Leisnig: „Dass eine christliche Gemeinde ..." vgl. StA 3, 72–84.

mit den Menschen laut und bekannt wird."[62] Jegliches Handeln der Kirche ist an dieser einen Geschichte auszurichten, die sich in vielen Geschichten präsentiert, ja es scheint geradezu charakteristisch für unsere Situation zu sein, dass an die Stelle der einen großen Erzählung die vielen kleinen treten, mit der Aufgabe, „sich seinen Reim eigenverantwortlich zu machen."[63] Nur durch das Erzählen wird die Kirche erhalten, konstituiert sich im möglichst „gleichberechtigte(n) Dialog aller."[64]. Die Gottesgeschichte der Gemeinde gibt es „nur in, mit und unter der Gemengelage der Welt-Geschichten"[65], einem kommunikativen Geschehen im Sinne der von Bäumler beschriebenen „„gemeinsamen Suchbewegung im Prozess der Gemeinde'."[66] „Wir reden miteinander, wir erzählen uns was – also sind wir und wissen wir, wer wir sind."[67]

Der Ansatz bei der öffentlichen Existenz im Raum des Wortes Gottes verändert diese Wahrnehmung der internen Struktur der Gemeinde. Die Predigtgemeinde lebt in einem Spannungsfeld, das sich bildet durch das machtvolle, wirksame Wort Gottes einerseits und die Machthaltigkeit kommunikativer Strukturen andererseits. Insbesondere Paulus hat die Konflikthaltigkeit dieser Konstellation benannt und dabei Hinweise gegeben, den Zusammenhang realistischer zu beschreiben als dies in kommunikativ orientierten Ansätzen häufig geschieht. Die Macht des Wortes Gottes ist danach gerade in den Schwachen mächtig (2. Kor 12, 9) und in ihrer Anstößigkeit und Torheit (1. Kor 1, 18–25) weiser und stärker als menschliche Kommunikation. Dies ist keineswegs als Einladung zu verstehen, sich in eine religiöse Herrschaft oder Sonderexistenz zurückzuziehen, die ein Zugangsmonopol zum Wort Gottes für sich behauptet und auf Verständigung mit anderen Wissenschaften oder menschlicher Erkenntnis überhaupt verzichtet. Vielmehr soll gerade die *grundsätzliche* Unauflösbarkeit des Sprachgeschehens ‚Predigt' in kommunikative Prozesse betont werden, ohne dass die Notwendigkeit der Verständigungsbemühung bestritten wird.

‚Kirche des Wortes' ist eine Gemeinschaft, deren Existenz nicht in ihr selbst und ihren kommunikativen Leistungen gründet, sondern die sich dadurch auszeichnet, dass sie zu unterscheiden gelernt hat zwischen ihrer Existenz im Lautraum des Wortes Gottes und ihrer eigenen kommunikativen und sozialen Verfasstheit. Sie weiß um ihre eigene Bedeutung als Trägerin des Wortes Gottes; aber sie weist auch immer wieder von sich

---

62 Grözinger, 1989, 113.
63 Bukow, 1994, 77.
64 Grözinger, 1989, 116.
65 Grözinger, 1989, 120.
66 Grözinger, 1989, 123.
67 Schenda, 50. Vgl. auch seine Hinweise auf die Wirkung des Erzählens in überschaubaren Gemeinschaften, etwa die Verwendung des Wortes ‚dorfed' für geplaudert im Schweizer Haslital, Schenda, 114–124, hier: 117.

weg auf die Macht des Wortes Gottes, das ihr von außen zukommt. Die Externität und Unauflösbarkeit des Wortes realisiert sich dann u.a. darin, *dass die Predigtgemeinde gerade auch auf die Stimmen hören wird, die sich nicht in die herrschenden kommunikativen Strukturen einpassen,* die am Rande stehen, fremd klingen und wenig überzeugend. In der Machtsphäre des gekreuzigten Gottes sind die Erfahrungen des Scheiterns, der Gefährdung und Erneuerungsbedürftigkeit menschlicher Heilsvorstellungen im Wort präsent und weisen uns an diejenigen, deren öffentliches Schweigen und Leiden, deren öffentliche Verachtung im Wort vom Kreuz aufgehoben sind.[68]

Genau an dieser Stelle gewinnt im Gottesdienst, aber auch in der Predigtvorbereitung und der Predigt selbst die Stille an Bedeutung, denn sie ermöglicht es, auch die fernen, zarten und schwachen Klänge wahrzunehmen, auch diejenigen, die uns so alltäglich und vertraut sind, dass wir sie gar nicht mehr hören.[69] Im Verkündigungsgeschehen werden sich Menschen also nicht nur „gegenseitig affirmieren als zu systematischer Kommunikation fähige, füreinander erkennbare und gemeinschaftsfähige Subjekte, die einander dazu bestimmt wissen, dass sie der Geist Gottes selber durch die Sprache der Bilder einzeln in alle Wahrheit führt"[70], sondern ebenso werden diejenigen Gehör finden und gute Worte hören, die andere nicht bestärken können und sich unwürdig fühlen, sich bestärken zu lassen. Sie hören, dass sie Gott recht sind!

Die Gemeinde im Lautraum des Wortes Gottes lebt aus der Gesprächsunterbrechung: Das Predigtwort unterbricht die Wirklichkeit von Menschen, sagt ihnen in allen ihren Gebundenheiten, die sie durchsichtig macht, die Zugehörigkeit zu einer neuen Wirklichkeit zu. In diesem Sinne entsteht Gemeinde im Hören, wird sie erst und immer wieder neu durch die Unterbrechung durch das Predigtwort zu einer sozialen Größe, zur Gemeinde verbunden.[71] Im Predigtakt wird sie sich ihrer selbst als Gemeinschaft erfahrbar und bewusst, die aus einer Gewissheit lebt, die sie nicht selbst gewinnen kann, die ein Ende oder zumindest eine Unterbrechung des Diskurses vergegenwärtigt, der in der zwischenmenschlichen Kommunikation auf Endlosigkeit und Zirkularität angelegt ist. Ecclesia creatura verbi heißt dann: das Wort als handhabbares Instrument zur Kommunikation vorausliegender eigener Erfahrungen wird Menschen aus der Hand genommen; individuelle Erinnerungen an und Erfahrungen über ein heilvolles Leben kommen an ihr Ende. Jetzt zeichnet die Ge-

---

68 Vgl. Welker, 1992, 130.
69 Vgl. Grözinger, 1995, insb. 48f, der – allerdings zumeist nur im Blick auf das Sehen – eindrücklich beschreibt, wie Gott unser Wahrnehmen ändert und verwandelt, indem er es aufnimmt.
70 Herms, 1984, 157.
71 Vgl. Wingren, 241 ff.

meinde allein das eine aus und verbindet sie, dass sie sich in Gottes Herrschaftsbereich befindet: Ihr lebt nicht aus euren „aktiven moralischen und kommunikativen Anstrengungen", auch wenn deren „lebensspendende Wirkungen"[72] für das Miteinander auf Erden von großer Bedeutung sind, denn wenn „die menschliche Rede" zerfällt, geht „der Reichsäther Solidarität" verloren und es kommt zu einer „Verwilderung der Gesellschaft durch Kommunikationsverlust."[73] Ihr seid die Gemeinschaft der Heiligen, derjenigen, die Gott recht sind und die in seinem Geist leben!

Wie der Zugriff auf die Gemeinde so wird auch der auf die einzelnen Hörenden im Predigtgeschehen unterbrochen. Die Person der einzelnen Hörerin und des einzelnen Hörers bleiben gegenüber jedem machtförmigen Umgang mit ihr frei: stets entzieht sich der andere Mensch unserem Versuch, ihn mit unseren Worten einzuholen. Er ist Resonanzkörper im Klangraum Gottes; wir begegnen ihm, insofern sich an ihm Klänge brechen, verstärken, absorbieren. Seine Wirklichkeit aber kennt nur Gott, uns bleibt er fremd. Uns bleibt er ein Geheimnis, das es zu wahren gilt, das es mit einem „Lob des Fehlers"[74] und des Fragmentarischen zu verteidigen[75], dessen Schweigen es zu schützen gilt.[76]

Es scheint der so beschriebenen Konstellation angemessen, sie als einen *punktuellen Akt* zu verstehen. „Das heilvolle Wort"[77] hat die Gemeinde im Gottesdienst „zum Leib Christi zusammengebunden."[78] Nach dessen Ende aber zerfällt sie „wieder in Individuen."[79] Von Luther her ist diese Konzentration auf den Akt jedoch zu korrigieren: für ihn wirkt das Wort auch nach der Predigt und außerhalb der Mauern der Kirche weiter; Gottes Wort will in der Welt laut werden. Kirche ist dann creatura verbi nicht nur dort und in dem Moment, in dem das reine Evangelium in der Kirche gepredigt wird, sondern weit darüber hinaus: in der Generationenfolge nicht nur der Familien, sondern z. B. auch der Jugend- und Konfirmandenarbeit, in der Vielfalt der ökumenischen Bewegung, in der Bewegung in den Herzen der Menschen, die es gehört haben und damit leben, in seiner Wirksamkeit auch außerhalb von Wegen, die wir kirchlich legitimieren, kanalisieren und kontrollieren, auf Wegen also, auf die Luther vertraute, als er sich mit Melanchthon in das Wirtshaus setzte.

---

72 Sloterdijk, 1993, 352.

73 Sloterdijk, 1993, 353.

74 Zilleßen, 1994, 226.

75 Zum Stichwort des Fragmentarischen vgl. u.a. die wichtigen Arbeiten des früh verstorbenen Marburger Praktischen Theologen Henning Luther, 1992; vgl. auch das Themenheft „In Memoriam Henning Luther" ThPr 27, 1992, 176–254.

76 Vgl. A 4.3. und A 5.3.

77 Josuttis, 1996, 102–118.

78 Josuttis, 1996, 118.

79 Ebd.

C 3. Homiletische Perspektiven

Die Predigt hat in der gegenwärtigen kirchlichen Situation und praktisch-theologischen Theorie an Bedeutung verloren; beispielhaft sei auf die Ergebnisse der Studie ‚Fremde Heimat Kirche' verwiesen, die sich eine Verbesserung der Kommunikation zwischen der Kirche und ihren Mitgliedern insbesondere durch eine Stärkung der Verankerung von religiösem Brauchtum im (frühkindlichen) Sozialisationsprozess, eine Intensivierung persönlicher Kontakte und einen Ausbau der Öffentlichkeitsarbeit erwartet.[1] Selbst wer die Erneuerung des gottesdienstlichen Geschehens in den Mittelpunkt rückt, fragt eher nach liturgischen Veränderungen als nach einer Erneuerung der Predigt.

Demgegenüber hat die vorliegende Arbeit versucht, die evangelischen Kirchen an den Sinn und das Gewicht der reformatorischen Entscheidung für die nicht nur systematisch, sondern auch praktisch-theologisch grundlegende Orientierung am Wort zu erinnern. Sie hat andere als die verständigungsorientierten Aspekte im Wortverständnis hervorgehoben und verdeutlicht, dass diese insbesondere auch für einen modifizierten Zugang zur Predigtgemeinde wichtig werden können. Abschließend möchte ich auf einige homiletische Perspektiven hinweisen, die sich durch die Umorientierung im Predigtverständnis ergeben können: das Ende der Predigt gewinnt Gewicht und eine spezifische Gestalt (3.1.); der Ernst der Predigt nötigt zu einer neuen Konzentration auf die Bibel in der Predigtarbeit (3.2.); die Unterscheidung von Gesetz und Evangelium fördert den Realismus der Predigt (3.3.).

3.1. Das Ende der Predigt im Klangraum Gottes

Der kommunikative Charakter der Predigt lässt sich auf vielfältige Weise verbessern: sei es durch eine Veränderung ihrer monologischen Struktur mit Hilfe dialogischer oder meditativer Elemente oder durch ihre Einbindung in kommunikative Prozesse im Umfeld der Predigt, sei es durch die Einbeziehung des Predigttextes in die vielfältigen Kontakte des Predigenden während der Woche[2] oder durch eine Streckung der Predigt

---

1 Fremde Heimat Kirche, 1997, 356–364.

2 Hiervon berichtet schon der hannoversche Pastor Paul Graff in seinen Visitationsberichten von 1911, 1918 und 1924. Vgl. Cornelius-Bundschuh, 1991, 17.

mit Hilfe von Nachgesprächen. Rudolf Bohren hat im Rahmen seiner pneumatologisch ausgerichteten Homiletik den Sinn solcher Schritte begründet und insbesondere die Notwendigkeit der Predigtkritik für die Zukunft der Gemeinde verdeutlicht.[3] Trotz allem berechtigten Bemühen um die Integration der Predigt in ein verstetigtes kommunikatives Gesamtgeschehen ‚Gemeinde' bleibt aber nach den bisherigen Überlegungen in der ‚Kirche des Wortes' die Frage der Unterbrechung dieser kommunikativen Vorgänge ein theologisch zentrales Thema.

Am Predigtschluss lässt sich dies in besonderer Weise verdeutlichen: Es ist homiletisch *realistisch*, dieses Ende in besonderer Weise im Auge zu behalten, denn in der Predigt sagt ein Prediger, eine Predigerin „ein paar Sätze und muss die Worte sich dann selbst überlassen."[4] Dies gilt auch dann, wenn auf der Seite der Hörenden oder der Predigenden der Eindruck besteht, dem Text, der Gemeinde oder der Situation noch nicht gerecht geworden zu sein.[5] Gerade indem sie an ihr Ende kommt, verweist die Predigt auf eine für sie grundlegende und unaufhebbare Struktur: sie fügt sich mit ihrer Botschaft und Wirkung letztlich nicht unseren Planungen und lässt sich nicht unseren Zweck-Mittel-Relationen unterordnen. Dies bestätigen nicht zuletzt die neueren Untersuchungen von Martin und Engemann[6], von Bieritz[7], H. Luther[8] und A. Grözinger.[9] *Im Kraftfeld des Wortes Gottes ist diese bruchstückhafte Realisierung in der Predigt jedoch eine voll gültige[10]; sie ist Teilhabe an Gottes Macht, die um die Grenze ihrer eigenen Gestalt angesichts der Differenz zwischen Gott und Mensch weiß.*

Mit dem Ende der Predigt wird die Frage drängend, inwieweit das Predigtwort *verhallt* oder weiter wirkt. Von Luthers Konzeption in den Invokavitpredigten her wird, wer gepredigt und gehört hat, am Ende der Predigt frei für den Alltag: er kann wie Luther zum Frühschoppen mit Freunden und Freundinnen gehen im Vertrauen auf die Mächtigkeit von Gottes Wort. Auch wenn die Predigt mit einem Appell geendet hat, kann der Prediger ihre Folgen aus der Hand geben, denn er vertraut dem Handeln Gottes auf dem Weg vom Ohr zum Herz; sein eigener Name ist zudem viel weniger mit seinen Predigtworten verbunden, als dies bei Texten, also auch veröffentlichten Predigten oder einem Bild der Fall ist. Bei aller Entschiedenheit und allem emotionalen Engagement, die auch die Textfassung der Invokavitpredigten noch spüren lässt, zeich-

---

3 Bohren, 1980, 544–553.
4 Josuttis, 1995c, 93.
5 Vgl. Josuttis, 1985d, 202.
6 Vgl. oben A 6.
7 Vgl. Bieritz, 1989.
8 Vgl. H. Luther, 1991.
9 Vgl. A. Grözinger, 1992.
10 Vgl. Welker, 1992, 223.

net eine Predigt im Klangraum Gottes aus, dass sie „Anstrengung und Intensität mit einem Geschehen-Lassen"[11] verbinden kann.

Diese *Ruhe*[12] *und Gelassenheit* gewinnen die Predigenden nicht dadurch, dass sie sich auf die folgende Ergänzung durch die Gemeinde oder auf den existentiellen Kraftakt der Hörenden verlassen, die in der Pluralität der Weltauslegungen angesichts der (guten) sonntäglichen Predigt „der biblischen Lesart der Wirklichkeit den Vorzug"[13] geben. Auch wenn es sinnvoll ist, das Weiterwirken des Predigtwortes durch Integration in einen kommunikativen Gesamtzusammenhang zu stabilisieren, das Vertrauen, dass die Predigt wirkt, erwächst aus der Erfahrung, dass sie im Raum des Wortes Gottes laut wird, dessen Wirkmächtigkeit die spezifische Predigtsituation übersteigt. Damit ist keine „Ergänzungsunbedürftigkeit" behauptet, wie sie nach Bubner die ästhetische Erfahrung kennzeichnet: „nichts harrt einer … sprachlichen Auslegung, um verständlich zu werden. Die Ordnung ist längst erbracht, die Auslegung wird mitgeliefert."[14] Es ist jedoch vorausgesetzt, dass die folgenden Ergänzungen, Gespräche und Kritiken in dem einen Klangraum geschehen, dessen Energiepotenzial, Struktur und Entwicklungsdynamik durch den dreieinigen Gott bestimmt sind.[15] Wenn die Hörenden das aktuelle Predigtwort nicht mehr hören, klingt es doch in ihnen, in den Menschen um sie herum und in den Beziehungsfeldern nach, in die sie eintreten. Predigt hebt die Unverfügbarkeit Gottes nicht auf, sie schafft auch nicht den Klangraum, in dem Gottes Wort laut wird; sie festigt jedoch die Struktur, die Gott diesem Raum eingeprägt hat, indem sie „jeden Sonntag das Gleiche"[16] verkündigt: den „Tod alles Menschlichen"[17] und die „kommende[…], … hereinbrechende[…], … ganz und gar andere[…], neue[…] Welt Gottes."[18] Sie gewinnt am Ende eine elementare Gestalt, die in unterschiedlichen Begegnungen mit Menschen und Symbolen, mit Lebenswelten, kulturellen und sozialen Konstellationen anschlussfähig ist, die Anteil hat an der Dynamik Gottes, die Menschen Freiheit schenkt und sie an die verheißene Zukunft erinnert, die den Klangraum des Wortes Gottes expandieren, aber sich auch an spezifischen Orten konzentrieren lässt.

Jede Predigt hört auf in der *Gewissheit*, dass unsere Wirklichkeit zu

---

11 Ebach, 1995b, 106.
12 Vgl. Ebach, 1995b.
13 Schieder, 1995, 336.
14 Bubner, 1989, 62.
15 Zu einer solchen Fassung der Dreiheit des Wortes in Analogie zur Dreifaltigkeit der Gottheit vgl. schon Hildegard von Bingen, 1992, 121 f.
16 Thurneysen, 1971, 105.
17 Thurneysen, 1989, 104.
18 Ebd.

einem guten Schluss finden wird.[19] „Im richtigen Aufhören verbirgt sich die Idee einer guten Negation der Welt."[20] Gerade „in der Epoche verabsolutierter Kommunikation", in der „die Einheit und Autonomie der Welt von der Universalität und Ununterbrochenheit der Vermittlungsströme"[21] abhängig zu sein scheint, ist dies grundlegend: das Ende der Predigt in Gestalt der Unterbrechung der Kommunikation ist nicht „katastrophentheoretisch"[22] oder als Schock zu verstehen, nicht als Unterbrechung um der Unterbrechung willen. Es ist vielmehr ein hoffnungsvolles Zeichen[23], Vorwegnahme des heilvollen Endes, das der Welt im Namen Jesus Christi angesagt ist.

Die Gewissheit des guten Endes bildet sich gerade darin ab, dass sich kirchliche Existenz nicht in endlose kommunikative Prozesse auflöst. Denn die Lebenskraft des Wortes Gottes erfüllt den Klangraum in einem solchen Maße, dass nicht ununterbrochen gepredigt werden muss, als wäre nur so die energetische Qualität des Raumes zu sichern. Vielmehr können die Predigenden getrost aufhören zu reden, denn sie wissen, es gibt ein *Ende der Diskurse*, es lassen sich Worte finden, die nicht andauernd durch andere untermauert werden müssen, sondern die gewiss sind und noch im Angesicht des Todes trösten. Gegen das Lebensmodell der permanenten Kommunikation und der Überforderung durch dauerndes Wachsein weist gerade das Ende der Predigt auf ihren zentralen Inhalt hin: sie unterbricht die Kreisläufe von Selbstzweifel, Selbstrechtfertigung und Todesverdrängung und reißt den homo incurvatus in se ipsum aus ihnen heraus, indem sie ihm unterscheiden hilft zwischen sich und Gott und ihm das Wort der Rechtfertigung zuspricht, ja ihm hilft, es in seinen Worten nachzusprechen und anderen weiterzusagen.

Damit ist kein Predigtschluss gemeint, der auf alles eine Lösung weiß oder das gute Ende beschwört.[24] Aber die Wirkmächtigkeit Gottes in seinem Wort gewinnt am Predigtende prägnant Gestalt, wenn dieses Ende mit Gott um ein Wort ringt, das die Heillosigkeit der Welt nicht übersieht und trotzdem Lebensperspektiven eröffnet; wenn es weitersagbar ist, ohne zur Formel oder zum Klischee zu verkommen; wenn es das Einverständnis in der Predigtgemeinde sucht und trotzdem die konstitutive und bleibende Fremdheit untereinander nicht verleugnet; wenn es ‚abschließt‘, ohne eine Lösbarkeit aller Probleme zu unterstellen; wenn es mit Gott um das gute Ende der Welt ringt im Bewusstsein der doxo-

---

19 Vgl. Josuttis, 1985d, 212f; vgl. Gestrich, 1989, 358: „Predigt soll uns von der Angst lösen, ein ganz anderer Ausgang der Dinge bahne sich an."
20 Sloterdijk, 1993, 244.
21 Sloterdijk, 1993, 107; vgl. auch Wagner, 1980.
22 Sloterdijk, 1993, 109.
23 Vgl. Ebach, 1987, 121–125.
24 Zu den verschiedenen Möglichkeiten, eine Predigt zu beenden und ihren psychologischen und theologischen Begründungen vgl. Josuttis, 1985d, 212–215.

logischen Differenz zwischen Gott und Mensch und ihrer Unterbrechung in Kreuz und Auferstehung. Möglicherweise wird am Predigtende manchmal gerade der Gattungswechsel von der Predigt zum (überlieferten) *Gebet* als bewusste, gestaltete Unterbrechung des eigenen und freien Redens diesen vielfältigen Bedingungen gerecht, insofern er die Handlungsmacht explizit wieder zurück in Gottes Hand legt.

Gattungswechsel kennzeichnen eine Predigt, die vom Aspekt der Unterbrechung her denkt, auch noch in anderer Hinsicht: da bedarf die narrative Predigt reflexiver Elemente, die Lehrpredigt der seelsorgerlichen Konkretionen, damit die Form dem Inhalt entspricht und soziale Zuordnungen erkennbar und gleichzeitig verflüssigt werden. Z. B. werden Segmentierungen in Frage gestellt, wenn die symbolische Kommunikation der Unterschichten in der erzählenden Predigt nicht einfach verdoppelt wird[25], sondern Reflexionen und Poesie grundlegende Erfahrungen von Differenz und Befreiung ermöglichen. Wenn es zu einem Miteinander leibhaftiger Menschen in ihrer Individualität und in ihrer Typik im Horizont ,nahsinnlicher Kommunikation'[26] im Wort Gottes kommt, das Menschen mit den befreienden, biblischen Erzählungen „vom zum Kreuz gehenden und auferstandenen Jesus Christus"[27] ergreift, wird wechselseitige Nähe und Fremdheit realistisch bestimmbar, jedoch nicht festgeschrieben. Die ,Kirche des Wortes' bleibt sich bei allem ,In-Sein' ihrer Relativität als soziale Größe bewusst. Es ist gerade das Ende der Predigt wie ihrer formalen Einheit, das Freiheit lässt, weil es „eine andere Zeiterfahrung ermöglich(t)"[28] und das Tempo der Zuschreibungen verlangsamt[29], weil es im Unterbrechen und Aufhören aufhorchen lässt.

3.2. Der Ernst der Predigt und die biblische Konzentration

Der Versuch, die Disziplinen der Praktischen Theologie stärker empirisch und pragmatisch zu konzipieren, hat zu einer Betonung des „beruflichen, professionellen Charakters der Predigtarbeit"[30] geführt. Wer predigt, kennt die exegetischen und hermeneutischen Verfahren, um mit einem Bibeltext umzugehen, reflektiert den eigenen Zugang zur Situation und zur Predigtgemeinde, ist sich kommunikativer Prozesse und rhetorischer Strategien bewusst. Professionalität führt Predigende in

---

25 Vgl. Grözinger, 1994, 52–54.
26 Vgl. Bieritz, 1997, 26.
27 Albrecht, 1985, 48.
28 Peter Ohnesorg in Daiber, 1991, 368.
29 Vgl. Sloterdijk, 1993, 108, der „Langsamkeit ... als funktionales Äquivalent von Transzendenz" bezeichnet.
30 Hermelink, 1992, 121; vgl. neuerdings Karle.

Distanz zu ihren Texten und zu den Hörerinnen und Hörern und lässt sie in der Predigtvorbereitung und in der Predigt sich selber zuschauen und zuhören.

Andererseits will die Predigt vollmächtig reden, Worte sagen, die heilvolles Leben schaffen. Sie geschieht in einer „Atmosphäre, die ein Gefühl (oder eine Konstellation von Gefühlen) als ergreifende Macht ist" und sich gerade darin als göttliche auszeichnet, dass „ihre Autorität für den Ergriffenen unbedingten Ernst besitzt."[31] Mit dem Gegenüber von Vollmacht und Professionalität ist eine Spannung bezeichnet, die sowohl die Predigenden betrifft wie die Hörenden. Die von Predigerinnen und Predigern geforderte Arbeit im Horizont der für homiletische Professionalität notwendigen Reflexionsebenen lässt sie der Wirklichkeit der sie selbst ergreifenden Worte gegenübertreten; kann ich aber selbst in dem Schmitz'schen Sinne ‚ernst' nehmen, worüber ich – jedenfalls in erheblichem und unter professionellen Gesichtspunkten unendlich steigerbarem Umfang – verfüge? Bedeutungsvoll werden Worte im Kontext der Religion für Redende wie Hörende nur, wenn sie in einem Klangraum laut werden, der voller Energie ist, dessen Struktur nicht der Professionalität untergeordnet ist und dessen Dynamik so stark ist, dass sie die Predigenden wie die Hörenden überwältigen kann. Andernfalls verliert sie auch für die Hörenden an Bedeutung, wie schon Thurneysen beklagt: „Unsere Worte werden nicht ernst genommen."[32]

Manfred Josuttis hat in einer neueren Veröffentlichung diese Konstellation im Horizont des Umgangs mit einer Paradoxie beschrieben und betont: „Gesetzlich wird die Verkündigung dann, wenn die Dynamik des Geistes im Akt des Redens nicht wirksam wird."[33] Strategien der Vergesetzlichung sind also solche homiletischen Konzepte, die Hörende wie Predigende vor der Begegnung mit dem lebendigen Gott schützen und den Ernst der Predigt gefährden. Die Analysen von Josuttis zeigen, dass diese paradoxe Konstellation nicht letztlich aufzulösen ist, weil allererst homiletische Professionalität, die Gesetzlichkeit wahrnehmbar macht. *Das Abstandhalten, das einer Vorsicht gegenüber dem entspringt, was mächtig und lebenswichtig, aber zugleich unzugänglich und Furcht erregend ist, ist für die Predigtarbeit unhintergehbar.*

Insofern geht es gerade nicht um eine vermeintlich unmittelbar geistgewirkte, intuitive Predigt oder den Abschied von der vor Hermeneutik, Rhetorik, Sozialpsychologie und Kommunikationswissenschaften verant-

---

31 Schmitz, 1977, 91. Vgl. auch Gestrich, 357: „Was aber heißt hier: ernst? Dies meint, dass uns das gültige Urteil über unser Leben schon jetzt eröffnet wird."

32 Thurneysen, 1971, 106; vgl. zu diesem grundlegenden Element von Krisendiagnostik jüngst Lüdemann, 1996, 126: „Theologie und Kirche leben heute vielfach davon, dass niemand sie mehr ernst nimmt."

33 Josuttis. 1995d, 197.

worteten Predigt, sondern um ein Plädoyer für eine professionelle Predigt, die mehr von sich erwartet, als sie in ihrer Professionalität begründen kann. Sie kann ihre Ziele nicht selbst setzen, kann das Erreichen ihrer Ziele nicht kontrollieren oder in eindeutige Zweck-Mittel-Relationen übersetzen; sie kann nicht anfangen, wo sie will und nicht aufhören, wann sie will; sie ist gefangen in der Freiheit, die im Lautraum des Wortes Gottes herrscht.

Die Predigt zielt auf den „Ernstfall"[34] und unterscheidet sich vielleicht gerade in diesem manischen Zug von der Rhetorik und der Literatur. Sie sucht die Auflösung mentaler Reserven gegenüber der aktuellen und heilvollen Gegenwart Gottes. Arbeit an einer Predigt im Klangraum des Wortes Gottes erfordert unbedingte Anstrengung im Blick auf Verständlichkeit und Aktualität, zwingt aber zugleich zur Suche nach Worten, die nicht beliebig sind, sondern entscheidend – über Tod und Leben.[35] Weniger von der Predigt zu erwarten, hieße den Geist zu leugnen, der Rettung aus der Ausweglosigkeit verspricht.[36] Versuche, vor dieser (Über-)Forderung in Zynismus oder in Reflexionen der eigenen Minderwertigkeit oder Ohnmacht auszuweichen, unterstellen, einen Platz außerhalb des Machtbereichs des Wortes Gottes einnehmen zu können. Es ist gerade das ‚In-Sein‘, das es erlaubt, die ‚angestrengte Ernsthaftigkeit‘ und die oben beschriebene Gelassenheit miteinander zu verbinden.

Die biblischen Berichte von der Berufung des Mose, der Propheten[37], aber auch der Jünger Jesu[38] zeigen, dass Gottes Wort Menschen, die Gottes Wort weitersagen, in ihrem alltäglichen Leben „überwältigt, unterbricht."[39] Aus solcher ‚Unterbrechung‘, aus solcher Differenzerfahrung lebt auch die Predigt, die professionell erarbeitet und gehalten und in der Kraft des Geistes laut wird. Genauso wie in der Predigtarbeit eine Auseinandersetzung mit hermeneutischen oder rhetorischen Problemen zu leisten ist, gilt es, in ihr dieses ‚In-Sein‘ im Klangraum Gottes zu gestalten: wie geht gegenwärtig das Wort Gottes im pastoralen Alltag im Schwange? Wie gelingt es, die Energie, die in diesem Raum vorhanden ist, aufzunehmen, die Struktur, die sich ihm eingeprägt hat und je neu einprägt, wahrzunehmen, sich von der Dynamik seiner Entwicklung bewegen zu lassen, und damit vor allem die Differenz gegenüber allen Versuchen zu gestalten, Gottes heilvolles Handeln zu relativieren und die Gewissheit des Todes des Todes zu bestreiten?

---

34 Sloterdijk, 1993, 32.
35 Vgl. Sloterdijk, 1993, 33.
36 Vgl. Welker, 1992, 204.
37 Vgl. Long, 1980.
38 Vgl. z. B. zu Mt 4, 18–22: Luz, 1985, 174–177.
39 Long, 1980, 679.

Im Blick auf diese Gestaltungsarbeit scheint es mir wesentlich, in der Predigtarbeit *Zugänge zur Bibel*[40] *zu fördern, die ihre Ganzheit, ihre Einheit und ihren konziliaren Charakter betreffen.* Dabei zielt das Stichwort ‚Ganzheit' auf die (Wieder-) Entdeckung *alltagsrelevanter, Zeit, Raum und Biografie strukturierender Formen des Umgangs mit der Bibel,* die etwa in solch unterschiedlichen Ausprägungen wie den Exerzitien des Ignatius von Loyola[41], aber auch der Bibellektüre der Basisgemeinden Lateinamerikas[42] oder dem Bibliodrama[43] begegnen. Zentral für all diese Ansätze ist, dass der Umgang mit der Bibel bzw. biblischer Tradition in den Horizont einer geistlichen Schriftauslegung stellt, in einen Raum, der über die Rezeption einzelner Sätze, Geschichten oder Erzählungen, über einzelne Traditionsstränge hinausführt, dass er Menschen einübt, die signifikante Erfahrungen, die das Wort Gottes verheißt, wahrzunehmen. In diesem Raum verbleiben die ‚Lesenden' bzw. Hörenden nicht in der Rolle der Subjekte der Lektüre, sondern sie erleben, dass die Worte der Heiligen Schrift ihren Körper, ihren Alltag, ihr Miteinander verändern und erneuern. Sie erfahren, dass sich die überlieferten Worte sperren gegen die Einordnung in kirchlich (und gesellschaftlich) dominante Wahrnehmungsmuster.[44]

Auch wenn methodische Reflexion an ihre Grenze stößt, wenn sie die Bibel als *Einheit* rekonstruieren will; im Leben der jeweiligen Gemeinde konstituiert die Bibel *einen* Klangkosmos, der jetzt aktuell und relevant ist, wie er dies an anderen Orten und zu anderen Zeiten war und bleiben wird. Wie im ökumenischen Zusammenspiel haben in der Bibel verschiedene Sprachformen ihren je spezifischen Ort, korrelieren Geschichten, Lieder, Berichte, Reden usw. miteinander, ergänzen einander, relativieren und widersprechen sich. Den Texten wachsen Erfahrungen zu, sie werden ihrer Zeit angepasst, sie werden auf ein Zentrum hin gelesen oder korrigiert. Als Ganzes aber bilden sie einen Lebensraum, in den, wer predigen will, hineingezogen wird, der den Predigenden „Heimat"[45] wird, in dem sie sich einrichten – und in dem sie doch auch die Erfahrung der Fremdheit, der Unterbrechung, der Heimatlosigkeit machen.

Die vielfältigen Resonanzen und Klangintensitäten in diesem Hörraum sind für die Konstitution des Ganzen notwendig: erst im ökumenischen Horizont, in der wechselseitigen und gemeinsamen Lektüre, in der Überwindung segmentierter Zugänge zur Wirklichkeit des Wortes Gottes lässt

---

40 Vgl. Das Buch Gottes, 1992; zu Bemühungen um eine Biblische Theologie Hübner aber auch das Jahrbuch Biblische Theologie.
41 Vgl. Ignatius von Loyola.
42 Vgl. noch immer prägend: Cardenal.
43 Vgl. Martin, 1979 sowie die übrigen Beiträge im Themenheft 4 der PTh 68, 1979.
44 Vgl. im Blick auf Fragen der Aus- und Fortbildung: Bauer, 1996, bes. 65 ff.
45 Karrer, 37.

sich die Bibel angemessen lesen. Ihren Charakter als ‚Heilige Schrift'[46] erweist sie gerade darin, dass sie in die *Vielfalt kommunitärer und konziliarer Lektüre in der einen Kirche* führt. Die Predigenden sind dann weder „überlegene Lehrer"[47], die sich außerhalb ihrer Predigt verorten, noch solidarische Diakone der Gemeinde; sie sind Verstärker der Klänge, die im Raum des Wortes Gottes laut werden und dabei manchmal ebenso Gegner ihrer selbst wie der Gemeinde, bereit auch „außerhalb der Grenzen der Delegation mit Worten zu handeln (in der Wüste zu predigen, außerhalb der Gemeinde)."[48]

3.3. Gesetz und Evangelium und der Realismus der Predigt

Die Predigt kämpft im Machtbereich des Wortes Gottes mit Worten gegen die Mächte des Todes. Sie nimmt diese Aufgabe angemessen wahr, wenn sie „die höchste kunst jnn der Christenheit"[49] gelernt hat und lehrt: zu unterscheiden zwischen Gott und Mensch, Gott und Welt, Gott und Kirche. Solches Differenzieren gewinnt seine vordringliche Gestalt in der *Unterscheidung von Gesetz und Evangelium,* die sich gegenwärtig vor allem in zwei Richtungen bewähren muss: einerseits in der Abwehr gesetzlicher Tendenzen in der gegenwärtigen Predigttheorie[50] und -praxis[51], andererseits in der konsequenten und realistischen Wahrnehmung und Kritik der sich der Macht Gottes widersetzenden Konstellationen.

Gesetzlichkeit in der Predigt lässt sich fassen als die Anpassung des „Evangelium(s) an den Auslegungshorizont des Gesetzes."[52] Im Horizont der in der vorliegenden Untersuchung erarbeiteten Terminologie formuliert: Gesetzlichkeit konzentriert die Hörenden derart auf die alltägliche Wirklichkeit, dass sie sich nicht der grundsätzlich kreatorischen Kraft des Wortes anvertrauen können. Sie verhindert die Unterbrechung des kommunikativen Geschehens, das Menschen im Zweifel am Wert der eigenen Person, im Misstrauen gegen den vergewissernden Zuspruch des Nächsten und in der Unsicherheit über Gottes Zusage des guten Endes gefangen hält. Sie fördert eine Struktur in der Gemeinde, die auf Intimität und Übereinstimmung zielt, statt den sozialen Horizont zu öffnen und die neue Gemeinschaft im Miteinander der bleibend Fremden vor Gott zu finden.

---

46 Vgl. Das Buch Gottes, 1992, 183 f.
47 Daiber, 1991, 272.
48 Bourdieu, 1990, 75–77 Anm. 5; vgl. Jörns, 1982.
49 WA 36, 9.
50 Vgl. Josuttis, 1995d.
51 Vgl. Josuttis, 1969.
52 Josuttis, 1995d, 182.

Demgegenüber zeigt sich die Macht des Wortes Gottes darin, dass es in der Predigt die gegenwärtige Wirklichkeit einschließlich ihrer Idealbilder[53] unterbricht und in dieser Unterbrechung die Hörenden in eine neue Wirklichkeit hineinzieht. Die Behauptung einer solchen neuen, grundlegend anderen Wirklichkeit wirkt angesichts der in den Predigten zumeist ausführlich und fundiert beschriebenen herrschenden Strukturen der modernen Welt häufig naiv oder fundamentalistisch, in jedem Fall: lebensfern, zumal wenn die Predigt darauf achtet, dass die Proklamation dieses neuen Lebens nicht selbst wieder zur Anpassungsstrategie an sozial gebundene „Glücksverheißungen"[54] verkommt.

Diese Ferne kann und wird die Predigt nicht überwinden durch ihre Anpassung an die so genannte Lebenswirklichkeit der Menschen und die Selbstzurücknahme in ein allgemein plausibles Plädoyer für eine „humanistische Lebenspraxis"[55]. Vielmehr muss sie selbst so laut werden, dass die Hörenden (und zuvor die Predigenden als die im Bohrenschen Sinne ersten Hörenden) ihren Machtcharakter spüren: Macht, die umfängt, verändert, erneuert und doch Freiheit lässt, Geduld hat, auf Gewalt verzichtet; machtvolle Worte, die von weiter her kommen, die die Redenden bestimmen und bedrängen und ihnen doch Gelassenheit geben und die Bereitschaft, sich um Verständigung zu bemühen; Worte, die die Hörenden zu reproduzieren vermögen, die ihnen Trost und Zuversicht geben, die sie weitersagen können an andere[56]; Wirken des Geistes Gottes, der die Predigenden nicht überfordert, weil er „auch fragwürdige Gesetze fragwürdiger Menschen mit Lebenskraft zu erfüllen"[57] vermag.

Die klare Unterscheidung von Gesetz und Evangelium ermöglicht es, beides „ohne Einschränkung"[58] anzusagen. Gleichzeitig gehören beide zusammen, sind bestimmt von der Kraft, die im Wort Gottes in Gesetz und Evangelium Gestalt gewinnt; sie lassen sich nicht von einander trennen, ohne je für sich Schaden zu nehmen: droht die Predigt des Gesetzes ohne die des Evangeliums zu einer Kapitulation vor den Gesetzen der Evolution, des Marktes, der Macht, der modernen Welt zu werden, verharmlost die Predigt des Evangeliums ohne die des Gesetzes die Konflikthaftigkeit des Lebens und wird „nichts sagend"[59]. Wie die Predigt an der Macht des Wortes Gottes nur Anteil gewinnt, wenn sie als Predigt des Evangeliums den Zuspruch Gottes vergewissert und dem Zynismus der freiwilligen Unterwerfung unter die Macht des Todes wi-

53 Vgl. Josuttis, 1995d, 190.
54 Josuttis, 1995d, 188.
55 Josuttis, 1995d, 190.
56 Vgl. B 2.2.
57 Josuttis, 1995d, 196.
58 Josuttis, 1995d, 193.
59 Josuttis, 1995e, 19.

dersteht, so kann sie an seinem Kampf nur mitwirken und den Lautraum Gottes ausweiten, wenn sie die Machtkonstellationen benennt, die Menschen im Zirkel des Selbstzweifels gefangenhalten, die sie hin- und herschwanken lassen zwischen Angst und Allmachtsfantasien[60], die Feindseligkeit und Ungerechtigkeit unter den Menschen nährt, die Menschen aufs Dießeits, auf das Glück, das der Warenkonsum verspricht[61], auf Illusionen über eine mögliche heilvolle Perfektion dieser Welt fixiert und die Gemeinschaft mit Gott behindert.

Deshalb gehört es zu einem angemessenen Verständnis der *Predigt des Gesetzes*, dass sie zu einer „Kritik des Allmachts-, Autoritäts- und Heilswahns"[62] in der Lage ist, wie sie Luther in seiner konzentrierten Auseinandersetzung mit dem Tod und der Situation der Sterbestunde in den überlieferten Invokavitpredigten geleistet hat. Sie nimmt die Realität des Todes und die die Gemeinschaft zersetzenden Kräfte wahr und benennt sie. Es gibt keine Möglichkeit, dem Tod zu entgehen, es gibt keinen Weg, eine perfekte Gemeinschaft zu gestalten, es gibt keine Überwindung von Ungleichheit und Unfreiheit – es sei denn im Machtbereich Gottes, in seinem Wort. Dort und nur dort ist Gewissheit zu finden und Hoffnung für das bedrohte Leben.

Hat Luther diese Konfliktkonstellation mit Hilfe der Rede vom Kampf mit dem Teufel mit sprachlichen Mitteln beschrieben[63], so scheint eine solche Personalisierung und Externalisierung des Bösen[64] gegenwärtig nicht mehr plausibel. Stattdessen kommt es häufig zu einer „Bagatellisierung des Bösen"[65] oder das Böse wird als das ‚Dunkle' *im einzelnen Menschen*[66] gesehen und damit seine Machthaltigkeit bezweifelt. H.-M. Gutmann hat aus der Begegnung mit jugendlichen Lebenswegen heraus darauf hingewiesen, dass im Gegensatz hierzu in populärer (Jugend-) Kultur häufig gerade „das gesichtslose, bewusstlos wirksame, allgegenwärtige Böse in der modernen … Zivilisation"[67] thematisch wird. Für ihn manifestiert sich darin „die zerstörerische Gestalt des ‚Mammons' und der ‚herrenlosen politischen Gewalt'"[68], die unsere Wirklichkeit prägt. Im Kampf um den Klangraum, der unser Leben bestimmt, gilt es für die Predigt, das Bedrohliche, das in der uns umgebenden Symbolwelt Gestalt und Mächtigkeit gewinnt, nicht zu verdrängen, sondern es kon-

---

60 Vgl. Josuttis, 1995e, 15–18.
61 Vgl. Ziegler.
62 Josuttis, 1995e, 19.
63 Vgl. B 2.2.
64 Vgl. Colpe, 1993.
65 Vgl. Gestrich, 40–42.
66 Vgl. in theologischer Rezeption etwa: Gestrich, 182–186: vgl. 185: „Der einzelne ist mit seinem Bösen allein."
67 Gutmann, 1998, 116.
68 Gutmann, 1998, 252; vgl. auch ders., 1995.

kret zu benennen und ihm im Bewusstsein, im Raum des Wortes Gottes zu reden, entgegenzutreten in der Gewissheit des guten „Ausgangs der Dinge"[69].

Nur in dieser Unterscheidung beider Gestalten der Predigt des Wortes Gottes und in der Erkenntnis ihrer differenzierten Zusammengehörigkeit wird die Predigt einem zentralen homiletischen Kriterium gerecht: sie ist *realistisch*. Dies bedeutet, dass sie die Wirklichkeit als eine bestimmt, in der Gott die Menschen „verteidigt"[70]. In ihr können die Menschen frei und selbstbewusst versuchen, die Welt angemessen zu gestalten, weil sie ihre Grenzen nicht verdrängen müssen, weil sie nicht verleugnen, dass sie anderen etwas schuldig bleiben, weil sie nicht übersehen, dass der eigene Wert und der der anderen sich nicht an ihren Perfektionsvorstellungen, sondern an Gottes Wort über sie misst. Eine realistische Predigt macht in diesem Sinne gerade die Fremdheit von Situationen hörbar und hilft sich auf andere Zugänge einzustellen.

Zur *realistischen Predigt* gehört die kritische Wahrnehmung von Feind-, Selbst- und Idealbildern in der Predigt.[71] Denn im Kampf um die Macht wird die Predigt selbst in die Auseinandersetzungen um die herrschenden Machtverhältnisse hineingezogen. Dies lässt sich an den Fragen einer sozialen Homiletik nachweisen, wie Horst Albrecht überzeugend gezeigt hat.[72] Dies gilt aber z. B. auch für die Frage der Herrschaftsverhältnisse zwischen den Geschlechtern. Findet sich bereits 1. Kor. 14, 34f ein Redeverbot für Frauen[73], so kennzeichnet Wenzel die mittelalterliche Lage mit dem Satz: „Der Frau ist grundsätzlich nicht gestattet, mit ihrer Rede aktiv den Raum zu erobern."[74] Eine realistische Homiletik muss sich damit auseinandersetzen, dass sich auch gegenwärtig ein spezifisches Machtverhältnis zwischen den Geschlechtern in der Predigt abbildet. Bereits eine erste Durchsicht einzelner Predigten ergibt z. B. eine positive Aufnahme von vermeintlichen Frauentugenden[75]: freiwillige Selbstzurücknahme, fürsorgliches Handeln, Rücksichtnahme, teilen, versöhnen, die zur Kennzeichnung eines angemessenen christlichen Lebens verwandt werden.[76] Typischerweise den Männern zugeschriebene Zugänge zur Wirklichkeit wie Machtbewusstsein oder Zweckrationalität werden dagegen diskriminiert: „Beherrscht von den Imperativen der Karriereplanung und Erfolgssicherung, bleibt Leben eingesperrt."[77]

---

69 Gestrich, 358.
70 Gestrich, 359.
71 Vgl. die Beiträge von Josuttis, 1985c, 1985e und 1985f.
72 Vgl. A 4.
73 Zu einer kritischen Auslegung vgl. Schottroff, 1998.
74 Wenzel, 1995, 146.
75 Vgl. Gilligan, bes. 83–131.
76 Vgl. etwa Kreuser, 35ff und 39 ff.
77 H. Luther, 1991b, 44.

Vorausgesetzt diese These ließe sich in weiteren Untersuchungen verifizieren, hieße das für eine Predigtarbeit, die sich bewusst dem Kriterium ‚realistisch' stellt: in solchen Predigten kommt es zu einer Reproduktion gesellschaftlicher Wahrnehmungsmuster von Frauen und Männern, die auf der Ebene des Idealbildes die gesellschaftlichen Machtverhältnisse umkehrt. Zieht man jedoch in Betracht, dass die überwiegende Zahl der Menschen, die die Predigt hören, Frauen sind, so stellt sich diese Hervorhebung der typischen Frauentugenden zwar als Bestätigung der Hörerinnen dar, gleichzeitig aber auch als ihre Festlegung auf die Werte, die im Reproduktionsbereich gelten und somit als Bestätigung gegenwärtiger Verhältnisse. Dadurch wird der Herrschaftsbereich des Wortes Gottes beschränkt auf einen Teilbereich des gesellschaftlichen Lebens. Dies hätte realistische Predigtarbeit wahrzunehmen, aufzudecken und Gottes Handeln und Zusage an Mann und Frau (vgl. Gal. 3, 28) im reproduktiven wie im produktiven Bereich unseres Lebens laut werden zu lassen.

Literaturverzeichnis

Die Abkürzungen folgen dem Abkürzungsverzeichnis der TRE, Berlin, New York [2]1994.

Abendmahl und Gemeindeerneuerung. Werner Jetter zum 70. Geburtstag, PTh 72, 1983, 71–150.

Aland, K., Hilfsbuch zum Lutherstudium, Witten [3]1970.

Albrecht, H., Kirche im Fernsehen. Massenkommunikationsforschung am Beispiel der Sendereihe ‚Wort zum Sonntag‘ (Konkretionen 19), Hamburg 1974a.

Ders., Sprachbarrieren unter der Kanzel. Schichtspezifische Hindernisse der Predigt am Beispiel der Rundfunkandacht, in: ders. (Hrsg.), Christus hinter Sprachbarrieren. Versuche mit Rundfunkandachten. Ein Lernbericht, Stuttgart 1974b, 46–65.

Ders., Arbeiter und Symbol. Soziale Homiletik im Zeitalter des Fernsehens, (GT.P 38), München, Mainz 1982a.

Ders., Antworten und nichts sagen können. Literaturbericht über empirische Untersuchungen zum Predigthören, in: ThPr 17, 1982b, 137–145.

Ders., Predigen. Anregungen zur geistlichen Praxis (Praktische Wissenschaft: Kirchengemeinde), Stuttgart u. ö. 1985.

Ders., Die Religion der Massenmedien, Stuttgart, 1993.

Althaus, P., Luther auf der Kanzel, in: Luther 3, 1921, 17–24.

Ders., Die Theologie Martin Luthers, Gütersloh 1962.

Anderegg, J., Sprache und Verwandlung. Zur literarischen Ästhetik, Göttingen 1985.

Angenendt, A., Geschichte der Religiosität im Mittelalter, Darmstadt 1997.

Ariés, P., Geschichte des Todes, München, Wien 1980.

Ders., Studien zur Geschichte des Todes im Abendland, München [2]1982.

Arndt, E., Brand, G., Luther und die deutsche Sprache. Wie redet der Deudsche man jnn solchem fall?, Leipzig 1983.

Bader, G., Die Abendmahlsfeier, Tübingen 1993.

Bänziger, H., Kirchen ohne Dichter? Zum Verhältnis von Literatur und institutionalisierter Religion, I: Deutschsprachige Literatur der Neuzeit, Tübingen, Bern 1992.

Bahr, H.-E., Verkündigung als Information. Zur öffentlichen Kommunikation in der demokratischen Gesellschaft, Hamburg 1968.

Baltz-Otto, U., Poesie wie Brot. Religion und Literatur: Gegenseitige Herausforderung, München 1989.

Barben-Müller, C., Segen und Fluch. Überlegungen zu theologisch wenig beachteten Weisen religiöser Interaktion, in: EvTh 55, 1995, 351–373.

Barge, H., Andreas Bodenstein von Karlstadt 1. Band: Karlstadt und die Anfänge der Reformation; 2. Band: Karlstadt als Vorkämpfer des laienchristlichen Puritanismus, beide Bände: Nieuwkoop [2]1968.

Barth, H.-M., Der Teufel und Jesus Christus in der Theologie Martin Luthers (FKDG 19), Göttingen 1967a.

Ders., Luthers Predigt von der Predigt, in: PTh 56, 1967b, 481–489.

Ders., Leben und Sterben können. Brechungen der spätmittelalterlichen ‚ars moriendi' in der Theologie Martin Luthers, in: H. Wagner (Hrsg.), Ars moriendi. Erwägungen zur Kunst des Sterbens (QD 118), Freiburg 1989, 45–66.

Ders., Einander Priester sein. Allgemeines Priestertum in ökumenischer Perspektive (KiKonf 29), Göttingen 1990.

Ders., „… sehen, wie freundlich der Herr ist?" Das Verhältnis von Wort, Bild und Sakrament im Protestantismus, in: KuD 39, 1993, 247–263.

Barth, K., Wort Gottes als Aufgabe der Theologie, in: J. Moltmann (Hrsg.), Anfänge der dialektischen Theologie, Teil 1: Karl Barth, Heinrich Barth, Emil Brunner (TB 17), München 1962, 197–218.

Bastian, H.-D., Verfremdung und Verkündigung. Gibt es eine theologische Informationstheorie? (TEH 127), München 1965.

Baudrillard, J., Der symbolische Tausch und der Tod, München 1982.

Bauer, K.-A., ‚Ohne Übung und Erfahrung kann niemand gelehrt werden.' Das Pastoralkolleg als Ort erfahrungsbezogener Theologie, in: ders., Josuttis, M., Dass du dem Kopf nicht das Herz abschlägst. Theologie als Erfahrung, Düsseldorf 1996, 13–132.

Bauer, Walter, Griechisch-Deutsches Wörterbuch zu den Schriften des Neuen Testaments und der übrigen urchristlichen Literatur, Berlin, New York [5]1971.

Baur, J., Extreme Theologie, in: Ders., Luther und seine klassischen Erben. Theologische Aufsätze und Forschungen, Tübingen 1993a, 3–12.

Ders., Luther und die Philosophie, in: Ders., Luther und seine klassischen Erben. Theologische Aufsätze und Forschungen, Tübingen 1993b, 13–28.

Ders., Zur Aktualität des neuen Ansatzes in Luthers Theologie, in: Ders., Luther und seine klassischen Erben. Theologische Aufsätze und Forschungen, Tübingen 1993c, 29–45.

Ders., Sola Scriptura – historisches Erbe und bleibende Bedeutung, in: Ders., Luther und seine klassischen Erben. Theologische Aufsätze und Forschungen, Tübingen 1993c, 46–113.

Bayer, O., Promissio. Geschichte der reformatorischen Wende in Luthers Theologie (FKDG 24), Göttingen 1971.

Beck, U, Risikogesellschaft. Auf dem Weg in eine andere Moderne, Frankfurt a. M. 1986.

Beintker, H., Luthers theologische Begründung der Wortverkündigung. Eine Anregung für die Verkündigung heute, in: Wort und Welt (FS E. Hertzsch), hg. v. M. Weise, Berlin 1968, 19–27.

Ders., Wort – Geist – Kirche. Zur Frage der pneumatischen Leiblichkeit der Kirche, in: ders. Wort – Geist – Kirche. Ausgewählte Aufsätze zur Theologie Luthers, Berlin 1983, 32–58.

Ders., Geist und Wort bei Luther. Seminarbericht vom 6. Internationalen Lutherkongreß Erfurt 1983, in: LuJ 52, 1985, 284–286.

Berendt, J.-E., Ich höre – also bin ich. Hör-Übungen, Hör-Gedanken, München 1993.

Berger, J. u. a., Sehen. Das Bild der Welt in der Bilderwelt, Reinbek bei Hamburg 1992.

Berger, P. L., A Market Model for the Analysis of Ecumenicity, in: Social research 1963, 77 ff.

Ders., Pluralistische Angebote. Kirche auf dem Markt, in: Synode der EKD, Leben im Angebot – Das Angebot des Lebens. Protestantische Orientierung in der modernen Welt, Gütersloh 1994, 33–48.

Betz, H. D., Der Galaterbrief. Ein Kommentar zum Brief des Apostels Paulus an die Gemeinden in Galatien, München 1988.

Beutel, A., Offene Predigt. Homiletische Bemerkungen zu Sprache und Sache, in: PTh 77, 1988, 518–537.

Ders., In dem Anfang war das Wort. Studien zu Luthers Sprachverständnis (HUTh 27), Tübingen 1991.

Ders., Sprache und Religion. Eine fundamentaltheologische Skizze, in: PTh 83, 1994, 2–23.

Bickhardt, S., „daß die Predigt die Menschen erreiche". Predigten im Kontext des Politischen am Beispiel der Grenzöffnung, in: ZZ 45, 1991, 26–32.

Bieritz, K.-H., Verbum facit fidem. Homiletische Anmerkungen zu einer Lutherpredigt, in: ThLZ 109 (1984), 481–494.

Ders., Daß das Wort im Schwange gehe. Reformatorischer Gottesdienst als Überlieferungs- und Zeichenprozeß, in: JLH 29, 1985, 90–104.

Ders., Gottesdienst als „offenes Kunstwerk", in: PTh 75, 1986, 358–373.

Ders., Das Kirchenjahr. Feste, Gedenk- und Feiertage in Geschichte und Gegenwart, Berlin 1986b.

Ders., Predigt-Kunst? Poesie als Predigthilfe, in: PTh 78, 1989, 228–246.

Ders., Herausforderungen der Predigt in der gegenwärtigen Situation, in: Gottesdienst als Lebensraum, EpdD 10, 97, 25–28.

Bizer, C., Unterricht und Predigt. Analysen und Skizzen zu einer katechetischen Theologie, Gütersloh 1972.

Ders., Liturgik und Didaktik, in: JRP 5, 1989, 83–115.

Ders., Vorgaben und Wege zu meiner Predigt. Ein homiletischer Traktat, in: Ders., Von Drachen, von Engeln, vom christlichen Wesen. Psalmenpredigten mit einem homiletischen Traktat, Neukirchen-Vluyn 1993, 82–106.

Bizer, E., Fides ex auditu. Eine Untersuchung über die Entdeckung der Gerechtigkeit Gottes durch Martin Luther, Neukirchen 1958.

Blofeld, J., Die Macht des heiligen Lautes. Die geheime Tradition des Mantra, Bern u. ö. 1978.

Bohren, R., Predigt und Gemeinde, Beiträge zur Praktischen Theologie, Zürich 1963a.

Ders., Die Gestalt der Predigt, in: Ders., Predigt und Gemeinde, Beiträge zur Praktischen Theologie, Zürich 1963b, 47–69.

Ders., Predigtlehre, (EETh 4), München ⁴1980.

Ders., Die Differenz zwischen Meinen und Sagen. Anmerkungen zu Ernst Lange, Predigen als Beruf, in: PTh 70, 1981, 416–430.

Ders., Schlaf der Kirche, Gottes Erwachen. Predigtforschung und Gemeinde, in: EvTh 49, 1989, 380–388.

Ders., Lebensstil: Fasten und Feiern, Neukirchen-Vluyn 1986.

Ders., Predigtanalyse und Gemeindeaufbau, in: Ders., Jörns, K.-P. (Hrsg.), Die Predigtanalyse als Weg zur Predigt, Tübingen 1989a, 93–100.

Ders., Predigt und Gemeindeaufbau, in: Ders., Wider den Ungeist. Predigten, München 1989b, 9–12.

Bonhoeffer, D., Finkenwalder Homiletik. 1935–1939, in: ders., GS IV: Auslegungen und Predigten – Berlin, London, Finkenwalde – 1931–1944, München 1961, 237–289.

Ders., Zur theologischen Begründung der Weltbundarbeit, in: ders., GS I: Ökumene: Briefe, Aufsätze, Dokumente – 1928–1942, München 1978, 140–158.

Bornkamm, H., Art. Luther I. Leben und Schriften, in: RGG, ³1960, 480–495.

Borst, A., Lebensformen im Mittelalter, Frankfurt a. M. u. ö., 1979.

Bourdieu, P., Was heißt sprechen? Die Ökonomie des sprachlichen Tausches, Wien 1990.

Brand, G., Volksmassen, sprachliche Kommunikation, Sprachentwicklung unter den Bedingungen der frühbürgerlichen Revolution (1517–1526) (Bausteine zur Sprachgeschichte des Neuhochdeutschen), Berlin 1988.

Braunschweiger, H., Auf dem Weg zu einer poetischen Homiletik, in: EvTh 34, 1979, 127–143.

Brecht, M., Martin Luther. Band 1: Sein Weg zur Reformation 1483–1521, Stuttgart ²1983.

Ders., Martin Luther. Band 2: Ordnung und Abgrenzung der Reformation 1521–1532, Stuttgart 1986.

Ders., Martin Luther. Band 3: Die Erhaltung der Kirche 1532–1546, Stuttgart 1987.

Ders., Art. Luther I, in: TRE 21, 1991, 513–530.

Bredekamp, H., Kunst als Medium sozialer Konflikte. Bilderkämpfe von der Spätantike bis zur Hussitenrevolution, Frankfurt a. M. 1975.

Brockhaus, G., Schauder und Idylle. Faschismus als Erlebnisangebot, München 1997.

Brunner, P., Die Bedeutung des Altars für den Gottesdienst der christlichen Kirche, in: KuD 20, 1974, 218–244.

Brunners, C., Die Hörer, in: Handbuch der Predigt. Voraussetzungen – Inhalte – Praxis, Berlin 1990, 138–182.

Bubenheimer, U., Luthers Stellung zum Aufruhr in Wittenberg 1520–22 und die frühreformatorischen Wurzeln des landesherrlichen Kirchenregiments, in: ZSRG.K 71 = 102, 1985, 147–214.

Ders., Der Streit um das Bischofsamt in der Wittenberger Reformation 1521/22. Von der Auseinandersetzung mit den Bischöfen um Priesterehen und den Ablaß in Halle zum Modell des ev. Gemeindebischofs. Teil 1 in: ZSRG.K 73 = 104, 1987, 155–209.

Ders., Art. Karlstadt, in: TRE 17, 1988, 649–657.

Ders., Unbekannte Luthertexte. Analecta aus der Erforschung der Handschrift im gedruckten Buch, in: LuJ 57, 1990, 220–241.

Bubner, R., Ästhetische Erfahrung, Frankfurt a. M. 1989.

Buchwald, G., Zur Kenntnis der Predigt Luthers, in: LuJ 5, 1923, 19 ff.

Bukow, W.-D., Magie und fremdes Denken. Bemerkungen zum Stand der neueren Magieforschung seit Evans-Pritchard, in: Heimbrock, Streib, 1994, 61–103.

Burbach, C., Argumentation in der ‚politischen Predigt'. Untersuchungen zur Kommunikationskultur in theologischem Interesse, (ErTh 17), Frankfurt 1990.

Busch, E., Das Wort in der Kirche. Jesus Christus und die Verkündigung, in: Mechels, Weinrich, 1992, 15–38.

Butor, M., Die Wörter in der Malerei, Frankfurt a. M. 1992.

Cardenal, E., Das Evangelium der Bauern von Solentiname. Gespräche über das Leben Jesu in Lateinamerika, Wuppertal ³1977.

Caruso, I. A., Die Trennung der Liebenden, München 1974.

Christsein gestalten. Eine Studie zum Weg der Kirche, hg. v. Kirchenamt im Auftrag des Rates der EKD, Gütersloh ²1986.

Colpe, C. (Hrsg.), Das Böse. Eine historische Phänomenologie des Unerklärlichen, Frankfurt a. M. ²1993.

Conti, C., Abschied vom Bürgertum. Alternative Bewegungen in Deutschland 1890 bis heute, Reinbek bei Hamburg 1984.

Cornehl, P., Art. Gottesdienst VIII. Evangelischer Gottesdienst von der Reformation bis zur Gegenwart, in: TRE 14, Berlin, New York 1985, 54–85.

Ders., Teilnahme am Gottesdienst. Zur Logik des Kirchgangs – Befund und Konsequenzen, in: J. Matthes (Hrsg.), Kirchenmitgliedschaft im Wandel. Untersuchungen zur Realität der Volkskirche. Beiträge zur zweiten EKD-Umfrage: „Was wird aus der Kirche?", Gütersloh 1990, 15–53.

Cornelius-Bundschuh, J., Liturgik zwischen Tradition und Erneuerung. Probleme protestantischer Liturgiewissenschaft in der ersten Hälfte des 20. Jahrhunderts dargestellt am Werk von Paul Graff (VEGL 23), Göttingen 1991.

Ders., Zukunft mit der Kirche, in: PTh 83, 1994, 110–126.

Ders., Praktische Theologie und Ästhetik, in: VuF 40, 1995b, 2–27.

Crystal, D., The Cambridge Encyclopedia of Language, Cambridge 1987.

Csikszentmihalyi, M., Flow: Studies of Enjoyment, Chicago 1974.

Daiber, K.-F., u. a., Gemeinden erleben ihre Gottesdienste. Erfahrungsberichte, Gütersloh 1978.

Ders. u. a., Predigen und Hören. Ergebnisse einer Gottesdienstbefragung. Band 1: Predigten: Analysen und Grundauswertung, München 1980.

Ders. u. a., Predigen und Hören. Ergebnisse einer Gottesdienstbefragung. Band 2: Kommunikation zwischen Predigern und Hörern: Sozialwissenschaftliche Untersuchungen, München 1983.

Ders., Predigt als religiöse Rede. Homiletische Überlegungen im Anschluß an eine empirische Untersuchung. Predigen und Hören 3, München 1991.

Dalferth, I. U., Wirkendes Wort. Handeln durch Sprechen in der Verkündigung, in Heimbrock, Streib, 1994, 105–143.

Dannowski, H.-W., Kompendium der Predigtlehre, Gütersloh ²1990.

Das Buch Gottes. Elf Zugänge zur Bibel. Ein Votum des Theologischen Ausschusses der Arnoldshainer Konferenz, Neukirchen-Vluyn 1992.

Debus, G., Bohren, R., Brates, U., Grün-Rath, H., Vischer, G., Thesen zur Predigtanalyse, in: Bohren, R., Jörns, K.-P., Die Predigtanalyse als Weg zur Predigt, Tübingen 1989, 55–61.

Degen, R., Hansen, I., Lernort Kirchenraum. Erfahrungen – Einsichten – Anregungen, Münster u. ö. 1998.

Denecke, A., Gottes Wort als Menschen Wort. Karl Barths Predigtpraxis – Quelle seiner Theologie, Hannover 1989.

Diem, H., Die Geburt der Gemeinde in der Predigt, in: EvTh 9, 1949/50, 193–211.

Dinzelbacher, P., Sterben/Tod: Mittelalter, in: ders. (Hrsg.), Europäische Mentalitätsgeschichte, Stuttgart 1993, 244–260.

Doerne, M., Predigtamt und Prediger bei Luther, in: Wort und Gemeinde (FS E. Schott), Berlin 1967, 43–55.

Duchrow, U., Christenheit und Weltverantwortung. Traditionsgeschichte und systematische Struktur der Zweireichelehre (FBESG 25), Stuttgart ²1983

Ebach, J., Kassandra und Jona. Gegen die Macht des Schicksals, Frankfurt a. M. 1987.

Ders., Streiten mit Gott. Hiob: Teil 1: Hiob 1–20 (Kleine Biblische Bibliothek), Neukirchen-Vluyn 1995a.

Ders., Über ‚Freiheit‘ und ‚Heimat‘. Aspekte und Tendenzen der Menucha, in: ders., Hiobs Post. Gesammelte Aufsätze zum Hiobbuch, zu Themen biblischer Theologie und zur Methodik der Exegese, Neukirchen-Vluyn, 1995b, 84–107.

Ebeling, G., Des Todes Tod. Luthers Theologie der Konfrontation mit dem Tod, in: ZThK 84, 1987, 162–194.

Eco, U., Das offene Kunstwerk, Frankfurt a. M. 1977.

Ders., Der Name der Rose, München, Wien 1982

Ders., Lector in fabula. Die Mitarbeit der Interpretation in erzählenden Texten, München 1990.

Ders., Semiotik. Entwurf einer Theorie der Zeichen, (Supplemente Bd. 5), München ²1991.

Ders., Zwischen Autor und Text. Interpretation und Überinterpretation. Mit Einwürfen von R. Rorty, C. Brooke-Rose, J. Culler u. S. Collini, München, Wien, 1994.

Ders., Die Suche nach der vollkommenen Sprache (Europa bauen), München 1994b.

Elias, N., Über den Prozeß der Zivilisation. Soziogenetische und psychogenetische Untersuchungen: 1. Band: Wandlungen des Verhaltens in den weltlichen Oberschichten des Abendlandes; Frankfurt a. M. ⁶1978; 2. Band: Wandlungen der Gesellschaft. Entwurf zu einer Theorie der Zivilisation, Frankfurt a. M. ⁸1982b.

Ders., Über die Einsamkeit der Sterbenden in unseren Tagen, Frankfurt a. M. 1982.

Ders., Die Gesellschaft der Individuen, hg. v. M. Schröter, Frankfurt a. M. 1991.

Elliger, K., Deuterojesaja 40,1–45,7 (BK XI, 1), Neukirchen-Vluyn 1978.

Engemann, W., Wider den redundanten Exzeß. Semiotisches Plädoyer für eine ergänzungsbedürftige Predigt, in: ThLZ 115, 1990, 785–800.

Ders., Semiotische Homiletik: Prämissen – Analysen – Konsequenzen, (THLI 5) Tübingen, Basel 1993.

Eurich, C., de Haen, I. (Hrsg.), Hören und Sehen. Die Kirche des Wortes im Zeitalter der Bilder, Stuttgart 1991.

Faulstich, W., Medien und Öffentlichkeiten im Mittelalter 800–1400, Göttingen 1996.

Fausel, H., D. Martin Luther, Stuttgart ²1955.

Fechtner, K., Friedrichs, L., Predigt als Exorzismus? Überlegungen zum Umgang mit einer umstrittenen Tradition, in: dies. u. a. (Hrsg.), Religion wahrnehmen, FS K.-F. Daiber, Marburg 1996, 307–319.

Feldmann, K., Tod und Gesellschaft. Eine soziologische Betrachtung von Sterben und Tod, Frankfurt a. M. 1990.

Frauen fordern eine gerechte Sprache, hg. v. H. Wegener, H. Köhler u. C. Kopsch, Gütersloh 1990.

Fremde Heimat Kirche. Die dritte EKD-Erhebung über Kirchenmitgliedschaft, hg. v. K. Engelhardt u. a., Gütersloh 1997.

Frey, H. J., Der unendliche Text, Frankfurt a. M. 1990.

Frick, R., Luther als Prediger, dargestellt auf Grund der Predigten über 1.Kor 15 (1532/33), in: LuJ 3, 1921, 17 ff.

Fuchs, O., Zu Gert Ottos Predigtverständnis, in: Otto, G., Rhetorisch predigen: Wahrheit als Mitteilung; Beispiele zur Predigtpraxis, Gütersloh 1981, 107–140.

Ders., Kirche – Kabel – Kapital: Standpunkte einer christlichen Medienpolitik, Münster 1989.

Fuchs, W., Todesbilder in der modernen Gesellschaft, Frankfurt a. M. 1969

Furth, H. G., Intelligenz und Erkennen. Die Grundlagen der genetischen Erkenntnistheorie Piagets, Frankfurt a. M. 1976.

Gadamer, H.-G., Wahrheit und Methode. Grundzüge einer philosophischen Hermeneutik, Tübingen ⁶1990.

Gassen, R. W., Pest, Endzeit und Revolution. Totentanzdarstellungen zwischen 1348 und 1848, in: Totentanz. Kontinuität und Wandel eines Bildthemas vom Mittelalter bis heute, Baden-Baden 1988.

v. d. Geest, H., Du hast mich angesprochen. Die Wirkung von Gottesdienst und Predigt, Zürich 1978.

Gehring, H.-U., Schriftprinzip und Rezeptionsästhetik. Rezeption in Martin Luthers Predigt und bei Hans Robert Jauß, Neukirchen-Vluyn 1999.

Geitner, U., Die Sprache der Verstellung. Studien zum rhetorischen und anthropologischen Wissen im 17. und 18. Jahrhundert (Communicatio Bd. 1), Tübingen 1992.

Gembris, H., Musikhören und Entspannung – Theoretische und experimentelle Untersuchungen über den Zusammenhang zwischen situativen Bedingungen und Effekten des Musikhörens, Diss., Berlin 1985.

Gerke, F., Die satanische Anfechtung in der ars moriendi und bei Martin Luther, in: ThBl 11, 1932, 321–331.

Gestrich, C., Die Wiederkehr des Glanzes in der Welt. Die christliche Lehre von der Sünde und ihrer Vergebung in gegenwärtiger Verantwortung, Tübingen 1989.

Giesecke, M., Sinnenwandel, Sprachwandel, Kulturwandel, Studien zur Vorgeschichte der Informationsgesellschaft, Frankfurt a. M. 1992.

Gilligan, C., Die andere Stimme. Lebenskonflikte und Moral der Frau, München, Zürich ⁴1990.

Glaser, H. A., Deutsche Literatur. Eine Sozialgeschichte Band 2: Von der Handschrift zum Buchdruck: Spätmittelalter – Reformation – Humanismus 1320–1572, Reinbek bei Hamburg 1991.

Glaue, P., Der predigtmüde Luther, in: Luther 11, 1929, 68–91.

Gräb, W., Predigt als Mitteilung des Glaubens. Studien zu einer prinzipiellen Homiletik in praktischer Absicht, Gütersloh 1988.

Ders., „Ich rede mit dem Hörer über sein Leben". Ernst Langes Anstöße zu einer neuen Homiletik, in PTh 86, 1997, 498–516.

Grözinger, A., Noch einmal: Homiletik und Rhetorik, in: DtPfrBl 87, 1987a, 8–11.

Ders., Praktische Theologie und Ästhetik. Ein Beitrag zur Grundlegung der Praktischen Theologie, München 1987b.

Ders., Erzählen und Handeln. Studien zu einer trinitarischen Grundlegung der Praktischen Theologie, München 1989.

Ders., Die Sprache des Menschen. Ein Handbuch; Grundwissen für Theologinnen und Theologen, München 1991.

Ders., Die Predigt soll nicht Antworten geben, sondern Antworten finden helfen. Zum Verständnis der Predigt bei Henning Luther, in: ThPr 27, 1992, 209–218.

Ders., Praktische Theologie als Kunst der Wahrnehmung, Gütersloh 1995.

Ders., Die Kirche – ist sie noch zu retten? Anstiftungen für das Christentum in postmoderner Gesellschaft, Gütersloh 1998.

Ders., J. v. Lüpke (Hrsg.), Im Anfang war das Wort. Interdisziplinäre theologische Perspektiven, Neukirchen-Vluyn, Wuppertal 1998.

Grözinger, E., Dichtung in der Predigtvorbereitung. Zur homiletischen Rezeption literarischer Texte – dargestellt am Beispiel der „Predigtstudien" (1968–1984) unter besonderer Berücksichtigung von Bertolt Brecht, Max Frisch und Kurt Marti (EHS.T 446), Frankfurt a. M. 1992.

Guilhaumou, J., Sprache und Politik in der französischen Revolution, Frankfurt a. M. 1989.

Gutmann, H.-M., Über Liebe und Herrschaft. Luthers Verständnis von Intimität und Autorität im Kontext des Zivilisationsprozesses (GTA 47), Göttingen 1991.

Ders., Die tödlichen Spiele der Erwachsenen. Moderne Opfermythen in Religion, Politik und Kultur, Freiburg u. ö. 1995.

Ders., Der Herr der Heerscharen, die Prinzessin der Herzen und der König der Löwen. Religion lehren zwischen Kirche, Schule und populärer Kultur, Gütersloh 1998.

Haas, A.M., Die Auffassung des Todes in der deutschen Literatur des Mittelalters, in: H.H.Jansen (Hrsg.), Der Tod in Dichtung, Philosophie und Kunst, Darmstadt 1978, 165–176.

Habermas, J., Theorie des kommunikativen Handelns. Bd. 2: Zur Kritik der funktionalistischen Vernunft, Frankfurt/M. 1981.

Hahn, A., Einstellungen zum Tod und ihre soziale Bedingtheit. Eine soziologische Untersuchung, Stuttgart 1968.

Hamdorf-Ruddies, H., Josuttis, M., Stolze, H.-D. (Hrsg.), Zitate für die Predigt, (Dienst am Wort 63), Göttingen 1993.

Hamm, B., Von der spätmittelalterlichen reformatio zur Reformation: der Prozeß normativer Zentrierung von Religion und Gesellschaft in Deutschland, in: ARG 84, 1993, 7–82.

Ders., Bürgertum und Glaube. Konturen der städtischen Reformation, Göttingen 1996.

Ders., Moeller, B., Wendebourg, D., Reformationstheorie. Ein kirchenhistorischer Disput über Einheit und Vielfalt der Reformation, Göttingen 1995.

Harrer, G. (Hrsg.), Grundlagen der Musiktherapie und Musikpsychologie, Stuttgart 1982.

Hauschildt, E., Milieus in der Kirche. Erste Ansätze zu einer neuen Perspektive und ein Plädoyer für vertiefte Studien, in: PTh 87, 1998, 392–404.

Hegewald, W., Zur Bedeutung des Poetischen für Prediger und Predigt, in: Rhetorik. Ein internationales Jahrbuch, hg. v. J. Dyck, W. Jens, G. Ueding, Bd. 5: Rhetorik und Theologie, Tübingen 1986, 39–60.

Heimbrock, H.-G., Magie, Alltagsreligion und die Heilkraft des Glaubens. Etappen und Probleme theologischer und kulturwissenschaftlicher Magiediskussion, in: Heimbrock, Streib, 1994, 17–59.

Ders., H. Streib (Hrsg.), Magie: Katastrophenreligion und Kritik des Glaubens. Eine theologische und religionswissenschaftliche Kontroverse um die Kraft des Wortes, Kampen 1994.

Heintze, G., Luthers Predigt von Gesetz und Evangelium, München 1958.

Heinz-Mohr, G., Vom Licht der letzten Stunde. Sterben lernen heißt leben lernen, Freiburg 1986.

Hermelink, J., Die homiletische Situation. Zur jüngeren Geschichte eines Predigtproblems (APh 24), Göttingen 1992.

Herms, E., Die Sprache der Bilder und die Kirche des Wortes, in: Die Kunst und die Kirchen. Der Streit um die Bilder heute, hg. v. R. Beck u. a., München 1984, 242–259.

Ders., Das Evangelium für das Volk. Praxis und Theorie der Predigt Luthers, in: LuJ 57, 1990, 19–56.

Heussi, Kompendium der Kirchengeschichte, Tübingen [16]1981.

Hirsch, E. (Hrsg.), Luthers Werke in Auswahl: Bd. 7: Predigten, Berlin 1950.

Ders., Vorrede, 1950a, in: Ders., 1950, VII-IX.

Ders., Luthers Predigtweise, in: Luther 25, 1954a, 1–23.

Ders., Gesetz und Evangelium in Luthers Predigten, in: Luther 25, 1954b, 49–60.

Hildegard von Bingen, Scivias – Wisse die Wege. Eine Schau von Gott und Mensch in Schöpfung und Zeit, Freiburg im Breisgau [3]1992.

Hofmann, W., Die Geburt der Moderne aus dem Geist der Religion, in: ders. (Hrsg.), Luther und die Folgen für die Kunst, München 1983, 23–71.

Hoffmann, K., Die reformatorische Volksbewegung im Bilderkampf, in: Martin Luther und die Reformation in Deutschland. Ausstellung zum 500. Geburtstag Martin Luthers. Veranstaltet vom Germanischen Nationalmuseum Nürnberg in Zusammenarbeit mit dem Verein für Reformationsgeschichte, Frankfurt/M. 1983, 219–254.

Huber, W., Reuter, H.-R., Friedensethik, Stuttgart u. ö. 1990.

Hübner, Biblische Theologie des neuen Testaments, 1. Prolegomena, 1990, 2. Die Theologie des Paulus und ihre neutestamentliche Wirkungsgeschichte, 1993, 3. Hebräerbrief, Evangelien und Offenbarung. Epilegommena, 1995, alle Göttingen.

Huizinga, J., Herbst des Mittelalters. Studien über Lebens- und Geistesformen des 14. und 15. Jahrhunderts in Frankreich und den Niederlanden, Stuttgart [8]1961.

Hunziker, P., Medien, Kommunikation und Gesellschaft, Darmstadt 1988.

Huth, W., Flucht in die Gewißheit. Fundamentalismus und Moderne, München 1995.

Ignatius von Loyola, Die Exerzitien, übertragen von H.U. v. Balthasar, Einsiedeln [10]1990

In Memoriam Henning Luther, Themenheft der ThPr 27, 1992, 176–254.

Isensee, J., Staat im Wort, Sonderdruck aus: Verfassungsrecht im Wandel, hg. v. J. Ipsen u. a., Köln, Berlin, Bonn, München, 1995.

Iwand, H. J., Luthers Theologie, Nachgelassene Werke Bd. 5, München [2]1983.

Jäggi, C. J., Krieger, D. J., Fundamentalismus – ein Phänomen der Gegenwart, Zürich 1991.

Jahrbuch für biblische Theologie, Neukirchen-Vluyn 1,1986 ff.

Janssen, J., Die Modulierung der Stille. Magische und religiöse Aspekte der Gregorianik, in: Heimbrock, Streib, 1994, 285–296.

Jetter, W., Symbol und Ritual, Anthropologische Elemente im Gottesdienst, Göttingen 1978.

Jörns, K.-P., Der Gang in die Wüste als Weg zur Predigt. Über die Schwierigkeit, zur ,tiefsten Kenntnis der Welt' (Bonhoeffer) und unserer selbst zu kommen, in: EvTh 42, 1982, 389–403.

Ders., Bilderverbot und Bildersucht. Eine theologische Studie zur Medienwirkungsforschung, in: ders., Der Lebensbezug des Gottesdienstes. Studien zu seinem kirchlichen und kulturellen Kontext, München 1988.

Ders., Predigen ist Hörensagen. Zum Zusammenhang von Predigtanalyse und Predigtgestaltung, in: Bohren, R., ders. (Hrsg.), Die Predigtanalyse als Weg zur Predigt, Tübingen 1989, 155–175.

Joest, W., Ontologie der Person bei Luther, Göttingen 1967.

Jones, H., Ritschl, D., ,Story' als Rohmaterial der Theologie, TEH 192, München 1976.

Josuttis, M., Gesetzlichkeit in der Predigt der Gegenwart, München [2]1969.

Ders., Materialien zu einer künftigen Homiletik, in: VF 23, 1978/2, 19–49.

Ders., Homiletik und Rhetorik, in: PTh 57, 1968, 511–527; auch in: ders., Rhetorik und Theologie in der Predigtarbeit, Homiletische Studien, München 1985a, 9–28.

Ders., Über Idealbilder in der Predigt, in: ders., Rhetorik und Theologie in der Predigtarbeit, Homiletische Studien, München 1985c, 142–165.

Ders., Über den Predigtschluß, in: ders., Rhetorik und Theologie in der Predigtarbeit, Homiletische Studien, München 1985c, 201–215.

Ders., Über Feindbilder in der Predigt, in: ders., Rhetorik und Theologie in der Predigtarbeit, Homiletische Studien, München 1985e, 87–114.

Ders., Über Selbstbilder in der Predigt, in: ders., Rhetorik und Theologie in der Predigtarbeit, Homiletische Studien, München 1985f, 115–141.

Ders., Der Weg in das Leben. Eine Einführung in den Gottesdienst auf verhaltenswissenschaftlicher Grundlage, München 1991.

Ders., The Authority of the Word in the Liturgy: The Legacy of the Reformation, in: Societas Liturgicae 22, 1992, 53–67.

Ders., Predigtarbeit mit Zitaten, in: Zitate für die Predigt, hg. v. H. Hamdorf-Ruddies u. a., Dienst am Wort 63, Göttingen, 1993, 9–14.

Ders., Die Predigt des Gesetzes nach Luther, in: ders., Gesetz und Evangelium in der Predigtarbeit. Homiletische Studien 2, Gütersloh 1995a, 22–41.

Ders., Die Predigt des Evangeliums nach Luther, in: ders., Gesetz und Evangelium in der Predigtarbeit. Homiletische Studien 2, Gütersloh 1995b, 42–65.

Ders., Unterhaltsam von Gott reden? Gesetz und Evangelium in der Rundfunkverkündigung, in: ders., Gesetz und Evangelium in der Predigtarbeit. Homiletische Studien 2, Gütersloh 1995c, 82–93.

Ders., Gesetzlichkeit in neueren homiletischen Konzeptionen, in: ders., Gesetz und Evangelium in der Predigtarbeit. Homiletische Studien 2, Gütersloh 1995c, 182–197.

Ders., Gesetz und Evangelium. Über den anthropologischen Sinn einer theologischen Unterscheidung, in: ders., Gesetz und Evangelium in der Predigtarbeit. Homiletische Studien 2, Gütersloh 1995e, 9–21.

Ders., Die Einführung in das Leben. Pastoraltheologie zwischen Phänomenologie und Spiritualität, Gütersloh 1996.

Ders., „Unsere Volkskirche" und die Gemeinde der Heiligen, Erinnerungen an die Zukunft der Kirche, Gütersloh 1997.

Jüngel, E., Tod (ThTh 8), Stuttgart, Berlin 1971.

Ders., Gott als Geheimnis der Welt. Zur Begründung der Theologie des Gekreuzigten im Streit zwischen Atheismus und Theismus, Tübingen ³1978a.

Ders., Zur Freiheit eines Christenmenschen. Eine Erinnerung an Luthers Schrift, München 1978b.

Junghans, H., Wittenberg als Lutherstadt, Göttingen 1979.

Käßmann, M., Die eucharistische Vision. Armut und Reichtum als Anfrage an die Einheit der Kirche in der Diskussion des Ökumenischen Rates, Gütersloh, Mainz 1992.

Kallscheuer, O., Glaubensfragen. Über Karl Marx & Christus & andere Tote, Frankfurt a. M. 1991.

Kann, Irene, Schuld und Zeit: Literarische Handlung in theologischer Sicht. Thomas – Robert Musil – Peter Handke, Paderborn u. ö. 1992.

Kantzenbach, F. W., „... und laß mich sehen dein Bilde in deiner Kreuzesnot." Frömmigkeitsgeschichtliche Erwägungen zu Sterben und Leben, in: Strobel, A. (Hrsg.), Der Tod – ungelöstes Rätsel oder überwundener Feind? Stuttgart 1974, 103–125.

Kanzelsprache und Sprachgemeinde. Dokumente zur plattdeutschen Verkündigung, hg. v. J. D. Bellmann, Bremen 1975 (SINDS.K 1)

Karle, I., Pastorale Kompetenz, in: PTh 89, 2000, 508–523.

Karrer, M., „Im Anfang war das Wort". Zum Verständnis von Joh 1, 1–18, in: Grözinger, Lüpke, 21–39.

Kessel, M., Sterben/Tod: Neuzeit, in: Dinzelbacher, P. (Hrsg.), Europäische Mentalitätsgeschichte, Stuttgart 1993, 260–274.

Kiesow, E.-R., Plädoyer für den Prediger und die Predigerin, in: Rhetorik. Ein internationales Jahrbuch, hg. v. J. Dyck, W. Jens, G. Ueding, Bd. 5: Rhetorik und Theologie, Tübingen 1986, 27–38.

Klessmann, M., Predigt als symbolischer Kommunikationsprozeß, in: Praktische Theologie 30, 1995, 291–305.

Ders., Predigt als Lebensdeutung. Pastoralpsychologische Überlegungen zu einem offenen homiletischen Problem, PTh 85, 1996, 425–441.

Klie, T. (Hrsg.), Der Religion Raum geben. Kirchenpädagogik und religiöses Lernen, Münster 1998.

Kluge, F., Etymologisches Wörterbuch der deutschen Sprache, Berlin, New York [22]1989.

Knolle, T., Luthers Predigt in ihrem Verhältnis zum Text, dargestellt an den Predigten von 1522, in: MPTh 10, 1919, 361 ff.

Ders., Zu Luthers Predigtvorbereitung, in: MPTh 13, 1922, 142 ff.

Köhler, W., Homiletik – feministisch? Predigerin und Hörerin als überfälliges Thema der Homiletik, in: WzM 48, 1996, 132–150.

Köster, R., Das gute Gespräch. Gesunden und Wohlbefinden im Dialog, Göttingen, Zürich 1996.

Kollmann, B., Jesus und die Christen als Wundertäter. Studien zu Magie, Medizin und Schamanismus in Antike und Christentum (FRLANT 170), Göttingen 1996.

Kreuser, K., Die Liebe vermag alles. Predigten, Waldenbuch 1998.

Krieg, G. A., Der exemplarische Hörer, in: ZThK 90, 1993, 328–354.

Krötke, W., Gottes Wort und die Erfahrung des Heiligen Geistes, in: Mechels, Weinrich, 39–53.

Krotz, F., Im Licht der Verheißung. Die homiletische Theorie E. Langes, in: WuPKG 69, 1980, 14–25.

Krug, B., Die Predigt als Kampfhandlung, in: PastBl 100, 1960, 142–146.

Krusche, P., Die Schwierigkeit, Ernst Lange zu verstehen. Anmerkungen zu dem Versuch von Rudolf Bohren, in: PTh 70, 1981, 430–441.

Kuckenburg, M., Die Entstehung von Sprache und Schrift. Ein kulturgeschichtlicher Überblick, Köln 1989.

Kühn, U., Art. Kirche VI: Protestantische Kirchen VI/1: Reformation und protestantische Orthodoxie, in: TRE 18, 1989, 262–267.

Ders., Kirche (HST 10), Gütersloh [2]1990.

Kunst der Reformationszeit, hg. v. d. Staatl. Museen zu Berlin, Berlin 1983.

v. d. Laan, J. H., Die Predigt als ,neues Wort'. Über den Beitrag Ernst Langes zur Theorie und Praxis der Predigt, in: BThZ 9, 1992, 202–216.

Lange, E., Die verbesserliche Welt – Möglichkeiten christlicher Rede erprobt an der Geschichte vom Propheten Jona, Stuttgart, Berlin 1968.

Ders., Sprachschule für die Freiheit. Bildung als Problem und Funktion der Kirche, München, Gelnhausen, 1980.

Ders., Aus der Bilanz 65, in: ders., Kirche für die Welt, 1981, 63 ff.

Ders., Chancen des Alltags. Überlegungen zur Funktion des Gottesdienstes in der Gegenwart, hg. v. P. Cornehl, München 1984.

Ders., Zur Theorie und Praxis der Predigtarbeit, in: Predigen als Beruf. Aufsätze zu Homiletik, Liturgie und Pfarramt, München [2]1987a, 9–51.

Ders., Zur Aufgabe christlicher Rede, in: Predigen als Beruf. Aufsätze zu Homiletik, Liturgie und Pfarramt, München [2]1987b, 52–67.

Ders., Der Pfarrer in der Gemeinde heute, in: Predigen als Beruf. Aufsätze zu Homiletik, Liturgie und Pfarramt, München [2]1987e, 96–141.

Lasch, Chr., Das Zeitalter des Narzißmus, München 1986.

Leder, H.-G., Die Berufung Johannes Bugenhagens in das Wittenberger Stadt-pfarramt, in: ThLZ 114, 1989, 481–504.

Leisi, E., Paar und Sprache. Linguistische Aspekte der Zweierbeziehung, Hei-delberg, Wiesbaden ²1990.

Leroi-Gourhan, A., Hand und Wort. Die Evolution von Technik, Sprache und Kunst, Frankfurt/M. 1988.

Leuner, H., Imagination als Spiegel unbewußten Seelenlebens, Bremen 1974.

Liedtke, K., Wirklichkeit im Licht der Verheißung. Der Beitrag Ernst Langes zu einer Theorie kirchlichen Handelns, Würzburg 1987.

Liedtke, R., Die Vertreibung der Stille. Wie uns das Leben unter der akustischen Glocke um unsere Sinne bringt, München 1988.

Lienemann, W., Gewalt und Gewaltverzicht. Studien zur abendländischen Vor-geschichte der gegenwärtigen Wahrnehmung von Gewalt, München 1982 (FBESG 36).

Ders., Die Finanzen der Kirche. Studien zu Struktur, Geschichte und Legitima-tion kirchlicher Ökonomie, München 1989 (FBESG 43).

„Linguistische" Theologie. Biblische Texte, christliche Verkündigung und theo-logische Sprachtheorie, hg. von U. Gerber u. E. Güttgemanns, Bonn 1972 (FThL 3).

Link, C., Art. Bann V: Reformation und Neuzeit, in: TRE V, 1980, 182–190.

Lischer, R., Die Funktion des Narrativen in Luthers Predigt. Der Zusammenhang von Rhetorik und Anthropologie, in: A. Beutel, V. Drehsen, H. M. Müller (Hrsg.), Homiletisches Lesebuch. Texte zur heutigen Predigtlehre, Tübingen 1986, 308–329.

Lohse, B., Glaube und Trost. Luthers Botschaft an die Trostlosen unserer Tage, in: Luther 68, 1997, 111–126.

Long, B. O., Art. Berufung I: Altes Testament, in: TRE V, 1980, 676–684.

Lorenzer, A., Das Konzil der Buchhalter. Die Zerstörung der Sinnlichkeit. Eine Religionskritik, Frankfurt a. M. 1981.

Luhmann, N., Einfache Sozialsysteme, in: Soziologische Aufklärung 2. Aufsätze zur Theorie der Gesellschaft, Opladen 1975, 21–38.

Ders., Funktion der Religion, Frankfurt a. M. 1977

Lukatis, W., Der Pfarrer im Kommunikationssystem Gemeinde, in: Daiber, 1991, 122–152.

Luther, H., Predigt als Handlung, in: ZThK 80, 1983, 223–243.

Ders., Spätmodern predigen, in: Frech achtet die Liebe das Kleine. Biblische Texte in Szene setzen, Stuttgart 1991, 10–14.

Ders., Unter dem Pflaster liegt der Strand, 1991b, in: ders., 1991, 42–48.

Ders., Religion und Alltag. Bausteine zu einer Praktischen Theologie des Sub-jekts, Stuttgart 1992.

Luther, M., Werke. Kritische Gesamtausgabe (WA), Weimar, 1883 ff.

Ders., Studienausgabe, hg. v. H.-U. Delius (StA), Berlin 1979 ff.

Luz, U., Das Evangelium nach Matthäus (Mt 1–7) (EKK I/1), Zürich u. a. 1985.

Maas, U., Sprachpolitik und politische Sprachwissenschaft, Frankfurt a. M. 1989.

Magaß, W., Der Prediger und die Rhetorik, in: Rhetorik. Ein internationales Jahrbuch, hg. v. J. Dyck, W. Jens, G. Ueding, Bd. 5: Rhetorik und Theologie, Tübingen 1986, 13–26.

Marbach, R., Säkularisierung und sozialer Wandel im 19. Jahrhundert – Die

Stellung von Geistlichen zur Entkirchlichung und Entchristlichung in einem Bezirk der hannoverschen Landeskirche, Göttingen 1978.

Martin, G. M., ,Bibliodrama' als Spiel, Exegese und Seelsorge, in: PTh 68, 1979, 135–144.

Ders., Predigt als „offenes Kunstwerk"? Zum Dialog zwischen Homiletik und Rezeptionsästhetik, in: EvTh 44, 1984, 46–58.

Ders., (Magische) Heil – Kraft des Wortes? Die Markierung einer Leerstelle, in: Heimbrock, Streib, 1994, 145–160.

Matthes, J., Unbestimmtheit: Ein konstitutives Merkmal der Volkskirche? Anmerkungen zu einem Thema der Diskussion um die EKD-Mitgliedschaftsstudien 1972 und 1982, in: Kirchenmitgliedschaft im Wandel: Untersuchungen zur Realität der Volkskirche; Beiträge zur 2. EKD-Umfrage „Was wird aus der Kirche?", hg. v. dems., Gütersloh 1990, 149–162.

May, G., Art. Bann IV: Alte Kirche und Mittelalter, in: TRE V, 1980, 170–182.

Mechels, E., Weinrich, M. (Hrsg.), Die Kirche im Wort. Arbeitsbuch zur Ekklesiologie, Neukirchen-Vluyn 1992.

Menge-Güthling, Langenscheidts Großwörterbuch Griechisch-Deutsch, Berlin u. ö. [22]1973.

Menninghaus, W., Walter Benjamins Theorie der Sprachmagie, Frankfurt a. M., 1995.

Metzger, G., Gelebter Glaube. Die Formierung reformatorischen Denkens in Luthers erster Psalmenvorlesung, dargestellt am Begriff des Affekts, Göttingen 1964.

Moeller, B., Was wurde in der Frühzeit der Reformation in den deutschen Städten gepredigt? ARG 75, 1984, 176–193.

Ders., (Hrsg.) Stadt und Kirche im 16. Jahrhundert (SVRG 190), Gütersloh 1978.

Ders., Reichsstadt und Reformation, Berlin 1987.

Ders., Die Rezeption Luthers in der frühen Reformation, in: LuJ 57, 1990, 57–71.

Ders., Die frühe Reformation als Kommunikationsprozeß, in: Boockmann, H. (Hrsg.), Kirche und Gesellschaft im Heiligen Römischen Reich des 15. und 16. Jahrhunderts, Göttingen 1994, 148–164.

Ders., Die Rezeption Luthers in der frühen Reformation, in: Hamm, B., Ders., Wendebourg, D., Göttingen 1995a, 9–29.

Ders., Stackmann, K., Städtische Predigt in der Frühzeit der Reformation. Eine Untersuchung deutscher Flugschriften der Jahre 1522 bis 1529 (AAWG.PH 220), Göttingen 1996.

Möller, C., Lehre vom Gemeindeaufbau Bd. 1: Konzepte – Programme – Wege, Göttingen 1987.

Ders., „Heute, wenn ihr seine Stimme hören werdet …". Predigt als Stimme der Gemeinde, DtPfBl 89, 1989, 255–260.

Ders., Lehre vom Gemeindeaufbau Bd. 2: Durchblicke – Einblicke – Ausblicke, Göttingen 1990.

Mohr, R., Der Tote und das Bild des Todes in den Leichenpredigten, in: R. Lenz, Leichenpredigten als Quelle historischer Wissenschaften, Köln 1975, 82–121.

Ders., Art.: Ars moriendi II: 16.–18. Jahrhundert, in: TRE 4, 1979, 149–154.

zur Mühlen, K.-H., Art. Luther II, in: TRE 21, 1991, 530–567.

Mühlhaupt, E., Martin Luther, der Prediger, in: ders., Luther im 20. Jahrhundert. Aufsätze, Göttingen 1982, 246–250.

Müller, H. M., Luthers Kreuzespredigt und die Christuspredigt der Kirche, in: KuD 15, 1969, 35–49.

Ders., Art. Homiletik, in: TRE 15, Berlin, New York 1986, 526–565.

Ders., Homiletik. Eine evangelische Predigtlehre, Berlin, New York 1996.

Müller, K. E., Das magische Universum der Identität. Elementarformen sozialen Verhaltens. Ein ethnologischer Grundriß, Frankfurt a. M., New York 1987.

Münch, R., Globale Dynamik, lokale Lebenswelten. Der schwierige Weg in die Weltgesellschaft. Frankfurt a. M. ²1998.

Murray Schafer, R., Klang und Krach. Eine Kulturgeschichte des Hörens, Frankfurt a. M. 1988.

Nassehi, A., Weber, G., Tod, Modernität und Gesellschaft. Entwurf einer Theorie der Todesverdrängung, Opladen 1989

Nembach, U., Predigt des Evangeliums. Luther als Prediger, Pädagoge und Rhetor, Neukirchen-Vluyn 1972.

Ders., Predigen heute – ein Handbuch, Stuttgart, Berlin, Köln 1996.

Neuhaus, D., Der Schatten der Bilder. Versuch eines Protestanten, den Bildern ins Wort zu fallen, in: Einwürfe 4: Welche ein Mensch?, München 1987, 79–114.

Ders., Wort und Bild, in: Mechels, Weinrich, 1992, 86–102.

Niebergall, A., Luthers Auffassung von der Predigt (nach „De servo Arbitrio"), in: H. Grass u. W.G. Kümmel (Hrsg.), Reformation und Gegenwart, Marburg 1968, 83–108.

Niebergall, F., Wie predigen wir dem modernen Menschen? – 1. Teil: Eine Untersuchung über Motive und Quietive, Tübingen ⁴1920. – 2. Teil: Eine Untersuchung über den Weg zum Willen, Tübingen ²1906. – 3. Teil: Predigten, Andachten, Reden, Vorträge, Tübingen 1921.

Ders., Die moderne Predigt, Tübingen 1929.

Nipperdey, Luther und die Bildung der Deutschen, in: H. Löwe, C.-J. Roepke (Hrsg.), Luther und die Folgen: Beiträge zur sozialgeschichtlichen Bedeutung der lutherischen Reformation, München 1983, 13–27.

Nusser, P., Deutsche Literatur im Mittelalter. Lebensformen, Wertvorstellungen und literarische Entwicklungen, Stuttgart 1992.

Oberman, H.A., ‚Immo'. Luthers reformatorische Entdeckungen im Spiegel der Rhetorik, in: Lutheriana. Zum 500. Geburtstag Martin Luthers von Mitarbeitern der Weimarer Ausgabe, G. Hammer, K.-H. zur Mühlen (Hrsg.), Köln, Wien 1984, 17–38.

Ders., Luther. Mensch zwischen Gott und Teufel, Berlin 1982.

Oestergaard-Nielsen, H., Scriptura sacra et viva vox. Eine Lutherstudie (FGLP 10/X), München 1957.

Ong, W.J., Oralität und Literalität. Die Technologisierung des Wortes, Opladen 1987.

Otto, G., Predigt als Rede. Über die Wechselwirkungen von Homiletik und Rhetorik, Stuttgart u. ö. 1976.

Ders., Von geistlicher Rede. Sieben rhetorische Profile, Gütersloh 1979.

Ders., Rhetorisch predigen: Wahrheit als Mitteilung; Beispiele zur Predigtpraxis, Gütersloh 1981.

Ders., Wie entsteht ein Predigt? Ein Kapitel praktischer Rhetorik, München 1982.

Ders., Grundlegung der praktischen Theologie, München 1986a, (Praktische Theologie Bd. 1).

Ders., Zur Kritik am rhetorischen Predigtverständnis, in: Rhetorik. Ein internationales Jahrbuch, hg. v. J. Dyck, W. Jens, G. Ueding, Bd. 5: Rhetorik und Theologie, Tübingen 1986b, 1–12.

Ders., Predigt als rhetorische Aufgabe: homiletische Perspektiven, Neukirchen-Vluyn 1987.

Ders., Handlungsfelder der Praktischen Theologie, München 1988 (Praktische Theologie Bd. 2).

Ders., Sprache als Hoffnung: über den Zusammenhang von Sprache und Leben, München 1989.

Ders., Die Kunst, verantwortlich zu reden, Gütersloh 1994.

Ders., Rhetorische Predigtlehre. Ein Grundriss, Mainz, Leipzig 1999

Otto, R, Das Heilige. Über das Irrationale in der Idee des Göttlichen und sein Verhältnis zum Rationalen, München 1987.

Perelman, C., Das Reich der Rhetorik. Rhetorik und Argumentation, München 1980.

Person und Institution. Volkskirche auf dem Weg in die Zukunft. Arbeitsergebnisse und Empfehlungen der Perspektivkommission der Evangelischen Kirche in Hessen und Nassau, hg. v. der Evangelischen Kirche in Hessen und Nassau, Frankfurt a. M. [2]1992.

Postman, N., Wir amüsieren uns zu Tode, Frankfurt a. M. 1985.

Powers, W.K., Sacred Language. The Nature of Supernatural Discourse in Lakota, Norman 1986.

Prenter, R., Spiritus Creator. Studien zu Luters Theologie (FGLP 10/VI) München 1954.

Ders., Die göttliche Einsetzung des Predigtamtes und das allgemeine Priestertum bei Luther, in: ThLZ 86, 1961, 321–332.

Preul, R., Deskriptiv predigen. Predigen als Vergegenwärtigung erlebter Wirklichkeit, in: Ders., Luther und die Praktische Theologie. Beiträge zum kirchlichen Handeln in der Gegenwart, Marburg 1989, 84–112.

Ders., Kirchentheorie. Wesen, Gestalt und Funktionen der Evangelischen Kirche, Berlin, New York 1997.

Puntel, L.B., Wahrheitstheorien in der neueren Philosophie. Eine kritisch – systematische Darstellung (EdF 83), Darmstadt 1978.

Quellen religiöser Selbst- & Weltdeutung. Die themenorientierten Erzählinterviews der dritten EKD-Erhebung über Kirchenmitgliedschaft, Studien und Planungsgruppe der EKD, Band 1: Dokumentation, Band 2: Interpretationen, Hannover 1998.

Raguse, H., Zur Psychoanalyse des Glaubens an den Teufel, in: WzM 46, 1994, 134–147.

Raschzok, K., Der Feier Raum geben. Zu den Wechselbeziehungen von Raum und Gottesdienst, in: Gemeinsame Arbeitsstelle für gottesdienstliche Fragen 31, 1998, 20–42.

Reid, C., Die leere Kanzel. Von der Predigt zum Gespräch, Wuppertal 1973 (Gemeinde und Welt 4).

Reschke, T., Thiele, M., Predigt und Rhetorik. Ein Querschnitt durch den Kern der Homiletik aus rhetorisch-praktischer Sicht, St. Ottilien 1992.

Richter, A., Luther als Prediger. Ein homiletisches Charakterbild, Leipzig 1883.

Rödzsus-Hecker, M., Der buchstäbliche Zungensinn. Stimme und Schrift als Paradigmen der theologischen Hermeneutik, Waltrop 1992.

Rössler, D., Beispiel und Erfahrung. Zu Luthers Homiletik, in: Reformation und Praktische Theologie (FS W. Jetter), hg. v. H. M. Müller u. D. Rössler, Göttingen 1983, 202–215.

Ders., Grundriß der Praktischen Theologie, Berlin, New York 1986.

Roosen, R., Gemeindehaus vor dem ‚Aus'? Die Milieugesellschaft und die Reform der evangelischen Gemeindearbeit, in: DtPfrBl 98, 1998, 63–66.

Roth, G., Die Sprache ist kein Mann, Madame! Bemerkungen zur inklusiven Sprache, in: PTh 79, 1990, 41–57.

Rothermundt, J., Der Heilige Geist und die Rhetorik, Gütersloh 1984.

Rudolf, R., Art.: Ars moriendi I: Mittelalter, in: TRE 4, 1979, 143–149.

Ruschke, W. M., Entstehung und Ausführung der Diastasentheologie in Karl Barths zweitem ‚Römerbrief', Neukirchen-Vluyn 1987 (NBST 5)

Schaefer, F. O., Luther als Prediger, in: Die Hochkirche 1933, 289 ff.

Schapp, W., In Geschichten verstrickt. Zum Sein von Mensch und Ding, Frankfurt a. M. ³1985.

Scharfenberg, J., Kämper, H., Mit Symbolen leben. Soziologische, psychologische und religiöse Konfliktbearbeitung, Olten 1980.

Scharffenorth, G., Den Glauben ins Leben ziehen ... Studien zu Luthers Theologie, München 1982.

Schenda, R., Von Mund zu Ohr. Bausteine zu einer Kulturgeschichte volkstümlichen Erzählens in Europa, Göttingen, 1993.

Schieder, R., Der „Wirklichkeitsbezug" der Predigt. Vom Nutzen einer diskurstheoretischen Predigtanalyse, in: EvTh 55, 1995, 322–337.

Schmitz, H., Das Göttliche und der Raum, System der Philosophie III/4, Bonn 1977.

Schmölders, C., Die Kunst des Gesprächs. Texte zur Geschichte der europäischen Konversationstheorie, München ²1986.

Schneider, H.-D., Unter welchen Voraussetzungen kann Verkündigung Einstellungen ändern? Sozialpsychologische Überlegungen über die Wirkung der Predigt, in: MPTh 58, 1969, 246–257.

Schneider, M., Luther mit McLuhan. Zur Medientheorie und Semiotik heiliger Zeichen, in: F. A. Kittler, Ders., S. Weber (Hrsg.), Diskursanalysen 1: Medien, Opladen 1987, 13–25.

Schnyder, A., Johannes von Tepl, in: H. A. Glaser (Hrsg.), Deutsche Literatur. Eine Sozialgeschichte 2: Von der Handschrift zum Buchdruck: Spätmittelalter – Reformation – Humanismus 1320–1572, Reinbek bei Hamburg 1991, 225–230.

Schoch, M., Verbi Divini Ministerium. Erster Band: Verbum – Sprache und Wirklichkeit, Tübingen 1968.

Schottroff, L., Der erste Brief an die Gemeinde in Korinth. Wie Befreiung entsteht, in: Kompendium feministische Bibelauslegung, hg. v. ders. u. M.-T. Wacker, Gütersloh 1988, 574–592.

Schröer, H., Umberto Eco als Predigthelfer? Fragen an Gerhard Marcel Martin, in: EvTh 44, 1984, 58–63.

Schulte, A., Religiöse Rede als Sprachhandlung, Eine Untersuchung zur performativen Funktion der christlichen Glaubens- und Verkündigungssprache (EHS.T 464), Frankfurt a. M. u. ö. 1992.

Schulze, G., Die Erlebnisgesellschaft. Kultursoziologie der Gegenwart, Frankfurt a. M., New York 1993.

Schulze, W., Deutsche Geschichte im 16. Jahrhundert. 1500–1618 (Neue Historische Bibliothek), Frankfurt/M. 1987

Schuster, P.-K., Abstraktion, Agitation und Einfühlung. Formen protestantischer Kunst im 16. Jahrhundert, in: Hofmann, W. (Hrsg.), Luther und die Folgen für die Kunst, München 1983, 115–266.

Schwab, M., Redehandeln. Eine institutionelle Sprachakttheorie (Philosophie. Analyse und Grundlegung 4), Königsstein/Ts. 1980.

Schwarz, R., Martin Luther, Stuttgart ²1998.

Scribner, R., Oral culture and the diffusion of reformation ideas, in: Ders., Popular culture and popular movements in Reformation Germany, London 1987, 49–69.

Selbach, U., Kirche als Geschöpf des Wortes. Ein Plädoyer gegen die Erschöpfung in der Kirche, Waltrop 1995.

Semmler, H., Listmotive in der mittelhochdeutschen Epik. Zum Wandel ethischer Normen im Spiegel der Literatur (PStQ 122), Berlin 1991.

Sheldrake, R., Das Gedächtnis der Natur. Das Geheimnis der Entstehung der Formen in der Natur. München ³1997.

Sider, R. J., Andreas Bodenstein von Karlstadt. The Development of His Thought 1517–1525 (SMRT 11) Leiden 1974.

Sloterdijk, P., Zur Welt kommen – Zur Sprache kommen. Frankfurter Vorlesungen, Frankfurt a. M., 1988.

Ders., Weltfremdheit, Frankfurt a. M. 1993.

Soeffner, H.-G., Luther – Der Weg von der Kollektivität des Glaubens zu einem lutherisch-protestantischen Individualitätstypus, in: Ders., Die Ordnung der Rituale. Die Auslegung des Alltags 2, Frankfurt a. M. 1992.

Ders., Der Geist des Überlebens. Darwin und das Programm des 24. Deutschen Evangelischen Kirchentages, in: KZS.S 33/1993 ‚Religion und Kultur‘, 191–205.

Sölle, D., Gott denken. Einführung in die Theologie, Stuttgart ³1990.

Sommer, V., Lob der Lüge. Täuschung und Selbstbetrug bei Tier und Mensch, München 1992.

Ders., Die evolutionäre Logik der Lüge bei Tier und Mensch, in: EuS (Ethik und Sozialwissenschaften. Streitforum für Erwägungskultur) 4, 1993, 439–449.

v. Soosten, J., Die Sozialität der Kirche. Theologie und Theorie der Kirche in Dietrich Bonhoeffers ‚Sanctorum Communio‘ (Öffentliche Theologie Bd. 2), München 1992.

Steck, K. G., Luther und die Schwärmer (ThSt 44), Zürich 1955.

Ders., Lehre und Kirche bei Luther (FGLP 10/XXVII), München 1963.

v. d. Steinen, U., Rhetorik – Instrument oder Fundament christlicher Rede? in: EvTh 39, 1979, 101 ff.

Steiner, G., Von realer Gegenwart. Hat unser Sprechen Inhalt? München 1990.

Stirm, M., Die Bilderfrage in der Reformation (QFRG XLV), Gütersloh 1977.

Stolt, B., Docere, delectare und movere. Analysiert an der Predigt, daß man die Kinder zur Schule halten soll, in: dies., Wortkampf. Frühneuhochdeutsche Beispiele zur rhetorischen Praxis (Respublica literaria 8), Frankfurt 1974, 31–77.

Dies., Neue Aspekte der sprachwissenschaftlichen Luther-Forschung. Ein kritischer Rückblick, in: H. L. Arnold (Hrsg.), Martin Luther (edition text & kritik Sonderband), München 1983, 6–16.

Dies., Martin Luthers Rhetorik des Herzens, Tübingen 2000.

Streiff, S., ‚Novis linguis loqui‘. Martin Luthers Disputation über Joh 1, 14 ‚verbum caro factum est‘ aus dem Jahr 1539 (FSÖTh 70), Göttingen 1993.

Strunk, R., Vertrauen. Grundzüge einer Theologie des Gemeindeaufbaus, Stuttgart 1984.

Ders. (Hrsg.), Schritte zum Vertrauen. Praktische Konsequenzen für den Gemeindeaufbau, Stuttgart 1989.

Suhr, U., Poesie als Sprache des Glaubens. Eine theologische Untersuchung des sprachlichen Werkes von Marie Luise Kaschnitz, Stuttgart u. ö. 1992

Talkenberger, H., Kommunikation und Öffentlichkeit in der Reformationszeit. Ein Forschungsreferat 1980–1991 (IASL.SF 6), Tübingen 1994, 1–26.

Thiemann, R., Religion in Public Life, Washington D.C. 1996.

Thurneysen, E., Die Aufgabe der Predigt, in: ders., Das Wort Gottes und die Kirche (ThB 44), München 1971, 95–106.

Timm, H., Die Kanalisierung des Heiligen. Zur Ästhetik postmoderner Medienreligiosität, in: PTh 82, 1993, 189–200.

Ders., Zwischenfälle. Die religiöse Grundierung des All-Tags, Gütersloh 1993.

Tomatis, A., Der Klang des Lebens, Reinbek bei Hamburg, 1990.

Trillhaas, W., Evangelische Predigtlehre, München [5]1964.

Ueding, G., Steinbrink, B., Grundriß der Rhetorik. Geschichte, Technik, Methode, Stuttgart [2]1986.

Umbach, H., Wie im Himmel – so auf Erden. Über Raumträume und Traumräume im Gottesdienst, in: Theologisches geschenkt. (FS Manfred Josuttis), hg. v. C. Bizer u. a., Bovenden 1996, 59–75.

Vögele, W., Kirchen als freiwillige Assoziationen der Zivilgesellschaft. Theologische Überlegungen im Anschluß an Ronald Thiemanns Rezeption des Kommunitarismus, in: PTh 87, 1998, 175–183.

Wagner, F., Geld oder Gott, Stuttgart 1980

Warning, R. (Hrsg.), Rezeptionsästhetik. Theorie und Praxis, München 1988.

Warnke, M. (Hrsg.), Bildersturm. Die Zerstörung des Kunstwerks, Frankfurt a. M. 1977.

Weder, H., Neutestamentliche Hermeneutik, Zürich 1986.

Weimer, M., Die Religion der Traumatisierten. Erfahrungen und Reflexionen aus der Telefonseelsorge, in: Heimbrock, Streib, 1994, 259–272.

Weiß, Johannes, Die Soziologie und die Sterblichkeit des Menschen – Einige Überlegungen, in: Tod und Sterben, hg. v. B. Henn und J. Weiß, Duisburg 1980, 148–156.

Welker, M., Der Vorgang Autonomie. Philosophische Beiträge zur Einsicht in theologischer Rezeption und Kritik, Neukirchen-Vluyn 1975.

Ders., Kirche ohne Kurs? Aus Anlaß der EKD-Studie ‚Christsein gestalten‘, Neukirchen-Vluyn 1987.

Ders., Gottes Geist. Theologie des Heiligen Geistes, Neukirchen-Vluyn 1992.

Ders., Kirche im Pluralismus, Gütersloh 1995.

Wendebourg, D., Geist oder Energie. Zur Frage der innergöttlichen Verankerung des christlichen Lebens in der byzantinischen Theologie, München 1980.

Wenzel, H., Hören und Sehen, Schrift und Bild: Kultur und Gedächtnis im Mittelalter, München 1995.

Werdermann, H., Luthers Wittenberger Gemeinde wiederhergestellt aus seinen Predigten zugleich ein Beitrag zu Luthers Homiletik und zur Gemeindepredigt der Gegenwart, Gütersloh 1929.

Wernicke, H., Dichterische Wirklichkeit und christliche Verkündigung. Versuch einer Verhältnisbestimmung, in: ThPr 5, 1970, 13–32.

Weyer, A., „Das Euagelium wil nit aleyn geschrieben, sondern viel mehr mit leyblicher stym geprediget seyn.“ Luthers Invokavitpredigten im Kontext der Reformationsbewegung, in: H. L. Arnold (Hrsg.), Martin Luther (edition text & kritik Sonderband), München 1983, 86–104.

B.d. Wieden, S., Luthers Predigten des Jahres 1522. Untersuchungen zu ihrer Überlieferung (AWA 7), Köln, Weimar 1999. (noch nicht veröffentlicht, deshalb nach einer ms. Fassung zitiert.)

Wilkinson, H., Kinder der Freiheit. Entsteht eine neue Ethik individueller und sozialer Verantwortung?, in: U. Beck (Hrsg.), Kinder der Freiheit, Frankfurt a. M. [3]1997.

Wingren, G., Die Predigt, Göttingen 1955.

Winkler, E., Impulse Luthers für die heutige Gemeindepraxis, Stuttgart 1983.

Ders., Aus der Geschichte der Predigt und Homiletik, in: Handbuch der Predigt. Voraussetzungen – Inhalte – Praxis, Berlin 1990, 571–614.

Winkler, K., Die Zumutung im Konfliktfall. Luther als Seelsorger in heutiger Sicht, Hannover 1984.

Wintzer, F. Die Homiletik seit Schleiermacher bis in die Anfänge der ‚dialektischen Theologie‘ in Grundzügen (APTh 6), Göttingen 1969.

Ders. (Hg), Predigt. Texte zum Verständnis und zur Praxis der Predigt in der Neuzeit. (ThB 60), München 1989.

Wohlfeil, R., ‚Reformatorische Öffentlichkeit‘, in: Grenzmann, L., Stackmann, K. (Hrsg.), Literatur und Laienbildung im Spätmittelalter und in der Reformationszeit, Stuttgart 1984.

Wolf, E., Barmen. Kirche zwischen Versuchung und Gnade, München [2]1970.

Wolf, H., Martin Luther. Eine Einführung in germanistische Luther-Studien, Stuttgart 1980.

Wonneberger, R., Hecht, H.P., Verheißung und Versprechen, Göttingen 1986.

Zerfaß, R., Grundkurs Predigt 1: Spruchpredigt, Düsseldorf 1987.

Ziegler, J., Die Lebenden und der Tod, Darmstadt 1977.

Zilleßen, D., Sicherung und Bedrohung des Körpers im Ritual. Spuren sakramentalen Handelns, in: Heimbrock, Streib, 1994, 199–226.